新たなルネサンス時代をどう生きるか

開花する天才と増大する危険

イアン・ゴールディン＆クリス・クターナ 著
桐谷知未 訳

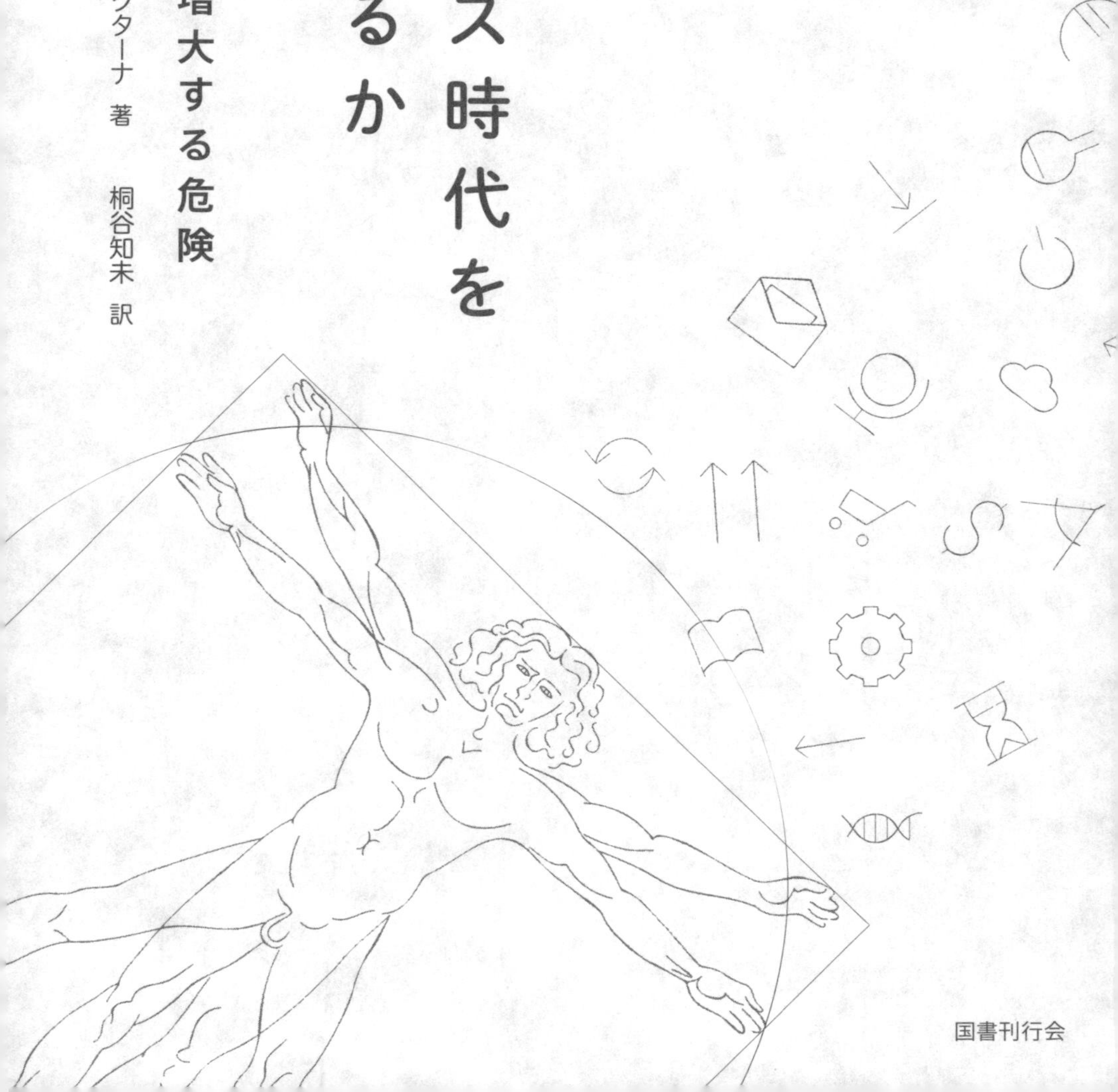

国書刊行会

新たなルネサンス時代をどう生きるか

——開花する天才と増大する危険

オリヴィアとアレックス
そして新たなルネサンス時代における彼らの繁栄に

——イアン・ゴールディン

わたしの知る誰よりもルネサンス的な教養人の
父に

——クリス・クターナ

目次

献辞　11

献辞

本書は、並外れて広範な主題、歴史的な参考文献、学問分野を扱っている。多くの人たちの専門的な指導、研究への助力、友情と支えがなければ完成しなかっただろう。また、オックスフォード・マーティン・スクールと、オックスフォード大学の仲間たちほど刺激的で恵まれたコミュニティー、寛大で知識豊富な情報源はとうてい望めなかっただろう。

ルネサンス時代に注目することは、現代と、万人が向き合う選択肢を理解するのに役立つ。長期的な視野からこの時代を眺めることは、混乱しがちな世界を正しい角度で見直すのに役立つ。しかし、歴史は注意深く解釈する必要がある。現代の中核となっている多くの概念——たとえば〝科学〟——は五百年前にはまったく違う形で理解されていたからだ。惜しみない手引を与えてくれたオックスフォード大学歴史学部教授、ダイアメイド・マカロックとハワード・ホッソンに心から感謝する。十五〜十六世紀についての彼らの驚くべき知識は、人類共通の人間性という美徳によって今日にも通用する過去数世紀の見識と、社会とテクノロジーの変化によって的外れになってしまった見識とのバランスを見出す助けになった。

本書の現代に関する部分では、ナディア・オウェイダットを紹介してくれたユージーン・ローガンに感謝する。彼女の優れた洞察は、過激主義についての理解を深めるのに役立った。アンガス・ディートンは、自身の経済学研究から、知識や数値を惜しみなく共有してくれた。テリー・ドワイヤーとカゼム・ラヒミは、医学的なことを理解する手助けをしてくれた。オックスフォード大学歴史学部、神学部、物理学部、化学部、医学部、経済学部、政治学部、哲学部の最近の卒業生たちは、事実や情報源、議論を確認し、補うための研究支援をしてくれた。これについては、アーネスト・オイアバイド、ジョナサン・グリフィス、ジュリアン・ラトクリフ、ポール・テイラー、ガーハード・トウズにお礼を言いたい。マクシミリア・レーンには特別の感謝を捧げる。誰にもまねできないほど巧みに事実を突き止め、本文にいくつもの改善を加えてくれた。言うまでもなく、なんらかの誤りが残っているとすれば、それは著者らのみの責任だ。

ボドリアン図書館は国際的な財産であり、熱心に支援してくれた図書館長リチャード・オヴェンデン、本書で紹介した歴史地図を提供してくれた地図担当司書ニック・ミレア、地図担当副司書マイケル・アサンザンに、心から感謝する。資料の複写を許可してくれた出版社、必要な許可を取りつけてくれたクレア・ジョーダン、そして一五〇〇年代のヨーロッパの地図を使わせてくれたダイアメイド・マカロックには今一度、お礼を申し上げる。

本書でのイアンの仕事は、日誌を管理してくれたリンジー・ウォーカーと、オックスフォード・マーティン・スクールを円滑に運営して、これほど大量の疑問提起と回答発見に集中できる環境を整えてくれた理事ローラ・ラウアーによるところが大きかった。

クリスは、ビジネスパートナーであるデイヴ・アンダーソンと、博士課程の指導教官ヴィヴィアン・シューの計り知れない忍耐がなければ、本書に何年も没頭することはできなかった。どちらも、本書のために自身の貴重な時間を割いてくれた。また、本の書きかたを教えてくれたジム・ギャラガー、言葉の有効な使いかたを教えてくれたボストン・コンサルティング・グループのリック・ボーヴェンにも大いに恩恵を受けた。

エージェントのエズモンド・ハームスワーズは、そもそもの発端から本書に不可欠の人物であり、主題を明確にして、出版社を確保する手助けをしてくれた。わたしたちの原稿に熱烈な興味を示してくれたブルームズベリー社長ナイジェル・ニュートンと、同僚たちと模範的な協力体制で働き、優れた編集者であることを証明したイアン・ホールズワースに心から感謝する。

最後に、本書に吸い取られた多くの長い時間、ずっとそばにいてくれた家族と友人たちに深い感謝を捧げたい。

イアン・ゴールディン&クリス・クターナ
オックスフォード

1 苦悩か、成功か？

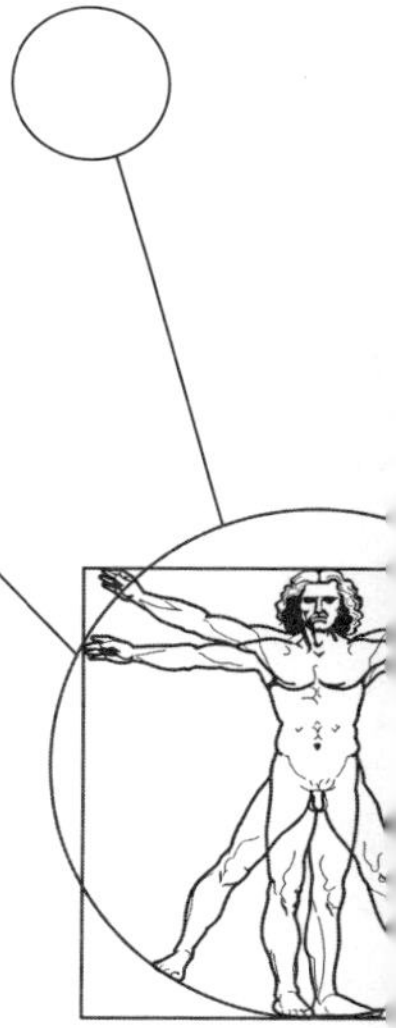

今という時代

もしミケランジェロが今日、いかにも現代らしいありとあらゆる混乱のただなかによみがえったとしたら、苦悩するだろうか、それともふたたび成功するだろうか？

毎年、何百万もの人々が列を成してシスティナ礼拝堂に入り、ミケランジェロ・ブオナローティの『アダムの創造』を驚嘆の目で見上げる。さらに何百万もの人々が、レオナルド・ダ・ヴィンチの『モナ・リザ』に敬意を表する。五世紀のあいだ、人類はそういうルネサンスの傑作を注意深く保存し、美しさと霊感の対象として大切にしてきた。

しかし、それらは同時に、人類に課題を突きつける。

五百年前にこういう天才的偉業を成し遂げた芸術家たちは、魔法のような普遍的な美の時代ではなく、かなり騒がしい時代を生きていた――確かに歴史的な出来事や発見に満ちてはいたが、そこには苦痛を伴う激変もあった。彼らの世界は、グーテンベルクの印刷術の発明（一四五〇年代）や、コロンブスのアメリカ大陸発見（一四九二年）、ヴァスコ・ダ・ガマのアジアの富に至る航路開拓（一四九七年）のおかげで、これまでになかった形で絡み合っていた。そして人類の運命は、いろいろな意味で根本的に変化していた。ペストはしだいに収まり、ヨーロッパの人口は回復し、富と教育は著しく向上していた。

こういう状況のもとで、秀でた才能が開花した。芸術的な業績の数々（特に一四九〇年代から一五二〇年代）、コペルニクスの革命的な太陽中心説（一五一〇年代）、さらには生物学から工学、航海学、医学まで、幅広い分野で同様の進歩が見られたことからも、それは明らかだ。何百年も、何千年も議論の余地がなかった基本的で常識的な〝真実〟が、失われていった。地球は静止してはいない。太陽はそのまわりを回ってはいない。〝既知の〟世界は、全体の半分ですらなかった。人間の心臓は魂ではない。それはポンプだった。たった数十年のうちに、印刷術のおかげで本の出版が年に数百点から数百万点に増えたことで、そういう奇妙な事実と新しい概念は、これまで不可能だったほどすばやく遠くまで伝わった。

しかし、リスクも増大した。新たな恐ろしい病気が、すでにつながっていた大西洋の両岸で、野火のように広がった。オスマン帝国が――〝新しい〟武器、火薬を手に――陸と海の両方で途方もない数の勝利を収めて、イスラム教徒のために地中海東岸を征服し、ヨーロッパ全体に暗い影を落とした。マルティン・ルター（一四八三～一五四六）が、印刷物の新たな力を利用してカトリック教会への痛烈な非難を広め、大陸じゅうの宗教暴動に火をつけた。教会は、千年以上にわたってその権威へのあらゆる挑戦に耐え、ヨーロッパの人々の人生で最も重要で支配

図１－１　大理石に刻まれた瞬間。
ミケランジェロ・ブオナローティ『ダビデ』（1501～1504年）——部分図。フィレンツェ。写真提供者：アート・リソース。

的な権威となってきたが、こうした重圧のもとで永久に分断された。

一五〇四年九月八日、イタリアのフィレンツェにて、ミケランジェロが街の中央広場で『ダビデ』像を公開したのはそんな時代だった。高さ五メートル超、重さ六トン超のみごとなカラーラ大理石製の『ダビデ』は、街の富と彫刻家の技能がたちどころにわかる記念碑的名作だった。前ページの図1－1を見てほしい。

『ダビデとゴリアテ』は、よく知られた旧約聖書の物語だった。勇敢な若い戦士が、とても勝てそうになかったにもかかわらず、一対一の戦いで奇跡的に巨大な敵を打ち倒す。しかしミケランジェロは、のみと槌で、これまで誰も見たことがなかった瞬間を石に刻みつけた。それは、除幕式に出席した人の一部を混乱させたに違いない。ダビデの顔と首は張り詰めていた。眉はひそめられ、目はどこか遠くの一点をしかと見据えていた。敵の死体の上に意気揚々と立つのではなく（よくある描写）、次の行動はわかっているが結果はわからない者の悲壮な決意を込め、体勢を整えていた。そして、観衆は芸術家の意図をはっきり見た。ミケランジェロは、決意と行動、すべきことの自覚とそれを行うための奮起のあいだという決定的な瞬間にいるダビデを彫ったのだ。

観衆は、その瞬間のことを知っていた。そのただなかにいたのだから。

過去はプロローグ

わたしたちも、そのただなかにいる。

現代は戦いだ。地球規模の絡み合いと人類の発展によるよい結果と悪い結果の戦い、包括の力と排除の力の戦い、開花する才能と増大するリスクの戦い。ひとりひとりが苦悩するか成功するか、二十一世紀が歴史の本に人類最高の時代と記録されるか、あるいは最悪の時代と記録されるかは、その戦いがもたらす可能性を活かし、危険を抑えるためにわたしたちが何をするかにかかっている。

賭け金はこれ以上ないほど高い。現代の人はみんな、歴史的な時――決定的な時――つまり、自分の人生の出来事と選択が、未来を生きるおおぜいの人生の境遇を決定する時に生まれるという、危険をはらんだ運命を負った。もちろん、どの世代もそう考えてうぬぼれるものだが、今回は本当だ。長期的な事実が、自負心などとても及ばないほど雄弁に物語っている。人類の都市への移動は、新石器時代の祖先によって約一万年前に始まり、近年になって全体の半数を超えた。[1] わたしたちは都市時代の第一世代だ。今日の二酸化炭素汚染で大気中に放出された温室効果ガスは、新石器時代以来見たことのない濃度になった。気候記録にある最も暑い年の上位十五年のうち、十四年は二十一世紀に入ってからだ。[2] 史上初めて、世界の貧困層の数が激減し（一九九〇年から十億人以上）、同時に総人口は増加した（約二十億人）。今日健在の科学者は、一九八〇年までに存在した科学者全員の数を上回っている。そして、ひとつには彼らのおかげで、平均寿命は過去千年より過去五十年のほうが伸びている。

短期的にも、歴史はつくられつつある。インターネットは、二十年前にはほとんど存在していなかったが、二〇〇五年には十億人、二〇一〇年には二十億人、二〇一五年には三十億人をつないだ。現在では、人類の半数以上がネットを利用している。[3] 中国は自給自足経済から抜け出し、世界最大の輸出国および経済大国になった。インドがそのすぐ後ろにいる。ベルリンの壁は消え、二十世紀後半を定義していた経済イデオロギー間の衝突も、それとともに消えた。すべてが、新しい千年紀の変わり目以降の新聞見出しと比べると、古いニュースに思える。9・11、破壊的な津波やハリケーン、世界最高の報酬を得ているブレーンたちを唖然とさせた世界金融危機、とびきり安全な日本での原発事故、〝愛の街〟パリ中心部での自爆テロ、不平等をめぐる暴動――もっと楽しい出来事としては、モバイルメディアとソーシャルメディアの爆発的普及、ヒトゲノムの解析、３Ｄプリンターの出現、同性結婚などの長年のタブー撤廃、重力波の検出、恒星のまわりを回っている地球のような惑星の発見。

毎日、新しいショックで目を覚ましているような気がする。そして〝ショック〟そのものこそ、この時代がきわめて特別であるという最も説得力のある証拠になっている。それが内側から出てくるデータだからだ。ショックは、歴史的変化が起こっている個人的な証――現実と期待の精神的衝突――であり、現代人の人生の容赦ないテーマとなってきた。それは人々を煽り、駆り立てる。これからもずっとそうだろう。今のところ、気候工学（ジオエンジニアリング）や、有機エネルギー、超知性マシン、生体工学による伝染病、ナノファクトリー、ヒト人工染色体などについて話す人はあまりいないが、近いうちに――驚くなかれ――みんなそのことばかり話すようになるかもしれない。

現代に欠けている展望が必要

人々はどこへ向かっているのかわからず、目前の危機とそれが呼び起こす不安に振り回されて――痛めつけられてさえ――いる。手を伸ばさずに、引っ込めている。行動すべき時代に、ためらっている。世界的に、それが現在の風潮だ。かつて世界第一の自由貿易推進国だったアメリカでは今、反対意見を持つ国民がますます増えている。(4)世界じゅうの産業は、最高水準の現金を、投資せずに蓄積あるいは分配している。二〇一五年後半には、グローバ

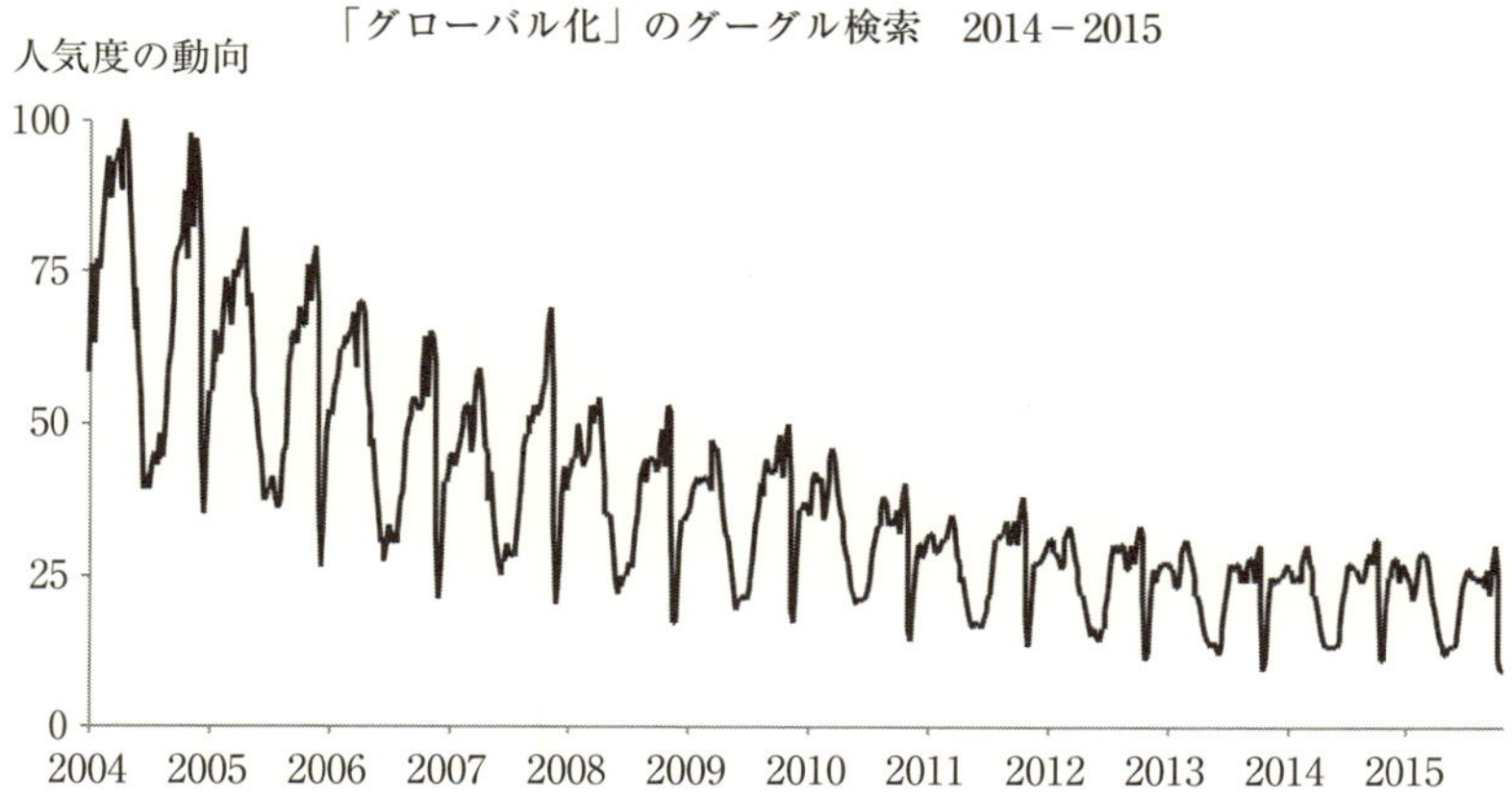

図１－２　「グローバル化」をグーグルで検索する回数は、十年間減り続けている。
出典：グーグル・トレンド「人気度の動向：グローバル化」（2015年）。www.google.com/trends からの引用。

ル企業は現金および現金等価物を、推定で十五兆ドル以上保有していた――十年前の四倍だ。[5] S&P500社は、一グループとして、二〇一四年の利益のほぼ全額を、新たな事業やアイデアに投資せず、株主に（配当と自社株買いによって）還元した。[6] 政治上の極右（同性愛者や移民、世界規模の責任に対する社会の受容を覆すことを目的とする）と極左（貿易や自由経済への社会の受容を覆すことを目的とする）の両方が、多くの先進国で急激に支持を集めている。一九九〇年代、〝グローバル化〟という言葉は至るところで聞かれた。多くの人にとって、その言葉は世界的な協力を意味し、万人にとってのよりよい世界という壮大な希望を表していた。今日、その言葉はすっかり人気を失った（政治家のあいだで、解決できない問題の便利なスケープゴートとして引き合いに出される場合を除いて）。図1－2を見てほしい。

現代人に欠けていて、すぐにでも必要なのは〝展望〟だ。展望があれば、自分の人生を特徴づけている戦いが見え、世界を形づくる幅広い力に対する自分の意志をはっきり示せる。

ショックに襲われたら、その緊急性から一歩退き、もっと広い文脈に置いてみれば、その意味（と自分の反応）に影響力を持てる。市民団体や政治の指導者は、変化の大きな原動力と日常生活をつなぐ説得力のあるビジョンをつくるための展望を必要とする。実業家は、混沌とした絶え間ないニュースと情報を押し分けて進み、賢い決断を下すための展望を必要とする。若者は、差し迫った大きな問題に対する答えと、情熱を傾ける方向を見つけるための展望を必要とする。展望は、ひとりひとりに、積み重ねた日常を壮大な旅に変える力を与える。ともに二十一世紀を人類最高の時代にするチャンスを高めてくれる。

〝展望とは案内役であり、道である。それがなければ、何もうまくできはしない〟[7] この言葉を書いたとき、レオナルド・ダ・ヴィンチ（一四五二～一五一九）は芸術家たちに助言していたのだが、自分の世代全体に助言していたと言ってもよかった。ミケランジェロ（一四七五～一五六四）の同時代人だったレオナルドは、同業者が大理石のなかにとらえたのと同じ、決定的な戦いの瞬間を生きていた。現代の展望を得るには、ただ一歩退いて、過去に目を向け、気づくことだ。以前にも経験したことがあると。五百年前ヨーロッパに集中し、天分を発揮して社会秩序をひっくり返したいくつもの力が、今ここにふたたびある。しかも今のほうが、ずっと強く、全世界にわたっている。

それが、本書のいちばん伝えたいメッセージだ。入り交じった希望と決意が、胸に満ちあふれるだろう。希望があるのは、ルネサンスが人類史上屈指の輝かしいものとして、五百年たった今も賞賛され続ける遺産を残したからだ。自分たちの黄金時代を築きたいなら、きっとできる。機は熟している。この瞬間をとらえて、新たな繁栄が、その規模や地理的範囲、人間の福祉につながる有益な結果においても、前回のルネサンス――いやそれどころか、歴史上のどんな繁栄をもはるかに上回ることを実感できるはずだ。決意が必要なのは、この新たな黄金時代がすんなりとはやってこないからだ。自分たちで勝ち取る必要がある。

その仕事は、簡単ではないだろう。一五一七年、当代随一の哲学者で現代政治学の創始者であるニッコロ・マキアヴェリ（一四六九～一五二七）は、こう書いた。

> 未来を予測したい者は誰でも、過去を調べなければならない。人の世の出来事はいつも、先立つ時代の出来事に似ているからだ。これは、出来事が、かつていた人々、これから現れる人々によって生み出され、同じ情熱によって動かされるという事実による。結果として、あらゆる時代には、同様の問題が常に存在する。[8]

わたしたちは警告を受けてきた。前回のルネサンスは、社会を限界点まで、ときにはそれを超えるほどひずませるはなはだしい大変動の時代だった。現代の人々は個人として、社会として、種として、ふたたび必死に手探りで進みながら危険を冒している。そして、すでに何度か大きくつまずいている。多くの人は冷笑的になり、未来を恐れるようになった。人類がもう一度、ふさわしい偉大さを獲得したいなら、その可能性を信じなくてはならない。それを実現するためにできることをしなくてはならない。進歩の恩恵を拡大して、もっと広く共有しなければならない。そして、誰にも予測できないショックに対処するため、互いに助け合わなければならない。

進むべき道

本書では、現在を新たなルネサンス時代として、四部に分けて解説する。

第一部では、現代の重大で確かな事実を説明し、今日の公的な論説にありがちな不正確でしばしば無責任な言葉に反論する。一歩下がって、五百年前のルネサンスを特徴づけ、過去四分の一世紀のあいだに完全に現代世界をつくり替えた〝つながり〟と〝発展〟の力を明らかにする。コロンブスの発見の旅と、ベルリンの壁崩壊──どちらの出来事も、長年にわたる無知と神話の障壁の崩壊と、政治的・経済的交流の新たな世界的システムの始まりをあらわにした。グーテンベルクの印刷術とインターネット──どちらも、人間のコミュニケーション全体を、豊富な情報、安価な流通、極端なほどの多様性、幅広い参加という新たな基準へ移行させた。

発展の力──健康と富と教育の向上──も、人間の進歩を支え、現代の人々を引き上げている。歴史を通じて人間の進歩に対する最も重いふたつの足かせとなってきた戦争と病気は、ルネサンスに至るまでの数十年間で収まった。今日、全体的な戦場での死者数は──シリア内戦をめぐる暴力を考慮に入れても──急速に減少していて、病気と老化への対策が成功したことで、世界的な平均寿命は二十年近く延びた。(9) そして、読み書き能力と基本的な計算能力は、選ばれた人々の贅沢から、生活に必要な大切なものに変わった。現在、これから成人する世代は、史上初めてほぼ全世界的に読み書きができる世代になる。

テクノロジー、人口統計学、健康、経済学でのこれらの革命は、人間の活動全体に弾みをつけ活力を与えた。変わり日が来るたびに、人々は人的資本をさらに蓄積して再投資し、高まり続ける熱意を持って交流し、行動する。第二部で示すように、天才の開花がさらに進歩を加速するまで。

ルネサンスの正の遺産は、天才の爆発的開花だった。先の千年紀に他の追随を許さなかったヨーロッパの芸術、科学、哲学での並外れた業績は、次の数世紀に、ヨーロッパを科学革命と啓蒙思想へ続く道に導いた。現代人は、規模と範囲でその時代をはるかにしのぐ、もうひとつの爆発的開花のただなかにいる。それはわかっている。第一に、条件が整っているから、第二に、数々の基礎的な躍進を見れば、すでに成功への道を進み始めているからだ。次に、第一部で明らかにした力が、現在天才の開花に役立っていることを示し、この繁栄が人類にもたらすはずの重大な変化を予測する。また、拡大している人類の集合的な功績の力についても探る。できることの限界を引き伸ばす、破壊的にもなる新たな共有とコラボレーションの能力だ。ルネサンス時代、集合的な努力によって、世界最大の大聖堂が建てられた。今日では、大規模なコラボレーションによって、病気の新たな治療法が発見され、多言語で人類の知識ベースがつくられ、可視宇宙の地図が作成されている。

第三部の「増大する危険」では、希望と警戒のバランスを考える。人間の想像力をかき立てるつながりと発展の力は、危険な形で複雑さを生み、人々の活動を集中させる。このふたつの結果が、特に危険な種類のリスク――〝体系的〟リスクにさらされる機会を増やす。五百年前には、体系的ショックが、いくつかの途轍もなく大きな悲嘆の時を招いた。恐ろしい速度で襲いかかり広まった奇妙な新しい病気。新しい金融市場の破滅的な金融崩壊。アジアへの新たな航路によって貿易の中心地が変わるにつれ、荒廃していったシルクロード沿いのあらゆる地域社会。二〇〇八年の金融危機はすでに、この種の脅威を念頭に置くよう教えたが、それがどのくらい浸透したかはまだわからない。

体系的リスクは、国内・国際政治のなかでも高まっている。ルネサンス時代は、大きな勝者と大きな敗者をつくる。団結を求めたり、反乱を呼びかけたりするテクノロジーが普及して強力になっているまさに今、社会契約はぐらついている。五百年前には、〝虚栄の焼却〟や宗教戦争、宗教裁判、ますます頻繁になる民衆の暴動によって、天才が懸命に生きていた平和な世の中が乱れ、その時代の最も輝かしい光のいくつかが消された。今の時代には、過激主義や保護貿易主義、さらには外国人嫌いによって、現代の天才を開花させるつながりが引き裂かれようとしているうえに、民衆の不満によって、大胆な行動を取るべき正当性が公的機関から奪われている。

第四部「未来に向けた戦い」で旅は終わる。ここでは、あらゆる人々――政府、企業、市民社会、わたしたち全員――が、偉大なことを成し遂げ、この時代に起こりうる危機を切り抜けるためにすべきことを説明する。手にするのは、前回のルネサンスの栄光か苦難、それとも両方なのか？ それが問題だ。全員で、ゴリアテに向き合わなければならない。

下準備

しかしまずは、三つの問題を整理する必要がある。

〝ルネサンス〟とは何を意味するのか？

世界じゅうの歴史学の学生が、一世紀以上にわたってこの疑問に向き合ってきた。〝時代、範囲、内容、重要性のいずれにおいても、ルネサンスの概念は定義されていない。あいまいさと、不完全さと、偶発性に悩まされる……ほとんど使用できない言葉である〟[10]と書いたのは、オランダの歴史家ヨハン・ホイジンガだ。一九二〇年のことだった。それから一世紀、学者たちの議論はますますあやふやになっていった。〝ルネサンス〟という言葉に歴史家が不満をいだくおもな理由は、その時代が普遍的に美しいかのような誤った印象を与えることだ。この言葉が使われるようになったのは、イタリアの画家・美術史家のジョルジョ・ヴァザーリ（一五一一～一五七四）が、一五五〇年の著書『画家・彫刻家・建築家列伝』で、近年の芸術の傾向を称え、以前のゴシック様式から切り離すために用いたのが始まりだった。十九世紀のヨーロッパの歴史家たちはその言葉を取り上げて意味を広げ、芸術と文化、知性の繁栄の時代（今日、博識家を表す〝ルネサンス・マン〟という言葉に残っているような意味）を描写した。そうすることで、レオナルドやミケランジェロやその同業者たちが生きていた時代を冷静に描写していたわけではない。むしろ、〝ルネサンス・ヨーロッパ〟が他の文明を一気に飛び越えたという考えを巧みに練り上げていた。十九世紀ヨーロッパ帝国主義の起源物語であり、大義名分でもある考えだった[11]。

今日、歴史家は躊躇なく、〝ルネサンス・ヨーロッパ〟も醜悪だったことを指摘する。忘れないでほしいのは、ミケランジェロがシスティナ礼拝堂の天井画を仕上げて十年もたたないうちに、天然痘を始めとするヨーロッパの細菌が、アメリカ大陸のアステカ族や、インカ族、他の先住民をほとんど絶滅させたことだ。つまり歴史家は、〝ルネサンス〟という言葉を使うとき、慎重な態度でとても批判的に、十五～十六世紀のヨーロッパにおいて、古代ギリシャ・ローマから復活させたある種の知識、様式、価値観の〝再生〟についておもに言及する。

本書では、この言葉の一般によく知られている意味——大規模な繁栄が生まれた希有な時代——から始める。その概念はよい出発点になる。みんなが暮らす現代世界を正確に描写しているからだ。しかしそれは、両面が見えた場合に限る。本書では繰り返し、当時も現在も、どのようにルネサンス時代が善と悪、天才とリスクをはらむかを強調している。終わりまでには、定義は明確になる。ルネサンスとは、大きな成功と大きな失敗のどちらに転ぶかわからない瞬間の、未来に向けた戦いなのだ。

ルネサンスとはいつだったのか？

歴史は、すべてひとつにつながっている。じっくり眺めれば、一章を次の一章に織り込む糸が必ず見つかる。学者たちは、まとめた物語を読みやすくして、広範囲にわたる歴史の流れを明確にするために、〝始まり〟と〝終わり〟のブックマークをつけるが、そういう線は鉛筆以外で引くべきではない。

本書では、おもに一四五〇～一五五〇年の百年間を振り返る。一四五〇年は手堅い出発点だ。レオナルド・ダ・ヴィンチは一四五二年に生まれ、一四五二～一四五四年にはその世紀の後半を前半とはまったく違う特別なものに感じさせる一連の出来事が起こった。ほぼ同時期に、イギリスとフランスの百年戦争という、一三三七年以来延々と続いていた日常生活の暴力的な破壊が終わった。また、千百年以上にわたってヨーロッパの東の国境を守っていた古代ローマの首都、コンスタンティノープルがついに、オスマン帝国の新しい火薬を使った大砲の力に屈した。対立していたイタリアの勢力——ミラノ、ヴェネツィア、フィレンツェ、ナポリ、そして教皇領——はイタリア同盟、つまり半島全体の戦時編制を解いて、平時の営みに精力を注ぐための相互不可侵条約を結んだ。[12]

同様の理由から、本書では、一九九〇年を新たなルネサンスのおおよその出発点と定める。たった数年の短い期間に、冷戦が終わり、ベルリンの壁が崩壊し、中国が世界経済に復帰して、商用インターネットに火がついた。突然、世界はきわめて特別なものに感じられるようになった。第一部で見ていくように、この時代が特別であることは確かなデータが示している。

前回のルネサンスは、大まかに一五五〇年ごろで区切ることにする。思想と出来事の進展については、たとえその大局的な意味を明らかにするのにどれほど長い時間がかかっても追跡する必要がある。しかし実際面では、百年間を見れば多くの変化についてしっかりした全体像が見られるだろう。一五五〇年にはすでに、その時代の結果、善と悪がはっきりしてきた——そこに至るまでに人々が行った選択の賢さと愚かさも。

新たなルネサンスがいつ終わるのかについて、予言はしない。しかし今の〝時代〟は今年やこの十年間より長い。それは二十一世紀全体を形づくる現象であり、戦いになるだろう。

なぜヨーロッパに注目するのか？

ルネサンスは、本書で定義したとおり、あらゆる文明で見られる。十五〜十六世紀のヨーロッパで起こったことは、マヤ文明古典期（三〇〇〜九〇〇）や、朝鮮王朝（一三九二〜一八九七）の前期、イスラム黄金時代（七五〇〜一二六〇）、中国の唐朝（六一八〜九〇七）、インドのグプタ朝（三二〇〜五五〇）、アクバル皇帝時代のムガル帝国（一五五六〜一六〇五）で起こったことと、広い意味で共通点がある。ぜひ誰かに、それらの時代を振り返って現代をより深く考察するプロジェクトに着手してもらいたい。本書では、ヨーロッパが経験した特別な時代から展望を得ることにする。

なぜか？　十五世紀のヨーロッパが当時最も進んだ文明社会だったからではない。その栄誉を授かったのは中国であり、それを何世紀も保持した。早くも十二世紀には、中国の当時の首都、開封《かいほう》は、百万人が住む大都市だった。グーテンベルクが登場する三百年前、中国の活版印刷はすでに、中流家庭が買えるほど安価な本を大量生産していた。(13)十五〜十六世紀当時ヨーロッパの東の玄関口にいたオスマン帝国は、マキアヴェリが著書で扱ったどんな国よりはるかに洗練された世界主義的国家を運営していた。キリスト教徒ではなくイスラム教徒が、群を抜いて世界最大の宗教的共同体を築いていた。ヨーロッパは発達の遅れた地域と見なされることが多く、十五世紀の多くの世界地図はヨーロッパをそのとおり——端に描いた。

しかしルネサンスの到来で、これが突然変わり始めた。次の数世紀で、ヨーロッパはほとんどの人類の進歩について他のあらゆる文明に追いつき、次に追い越し、現代世界の基本的な形を整えた。この時代は、現代に最もよく似ていて、最も直接的な教訓を与えてくれる。

もちろん、五百年前の出来事と今日の出来事では、細部の多くが異なっている。しかしそういう細部のせいで、天才とリスクがあふれ返る現代への過去の教訓を無視してよいのだろうか？　あなた自身がそれを決めなくてはならない。きっとあなたも、同じことに気づくと思う。

新たなルネサンス時代がやってきたのだと。

第一部　ルネサンス時代の事実

ここに至る道のりと、現代が際立っている理由

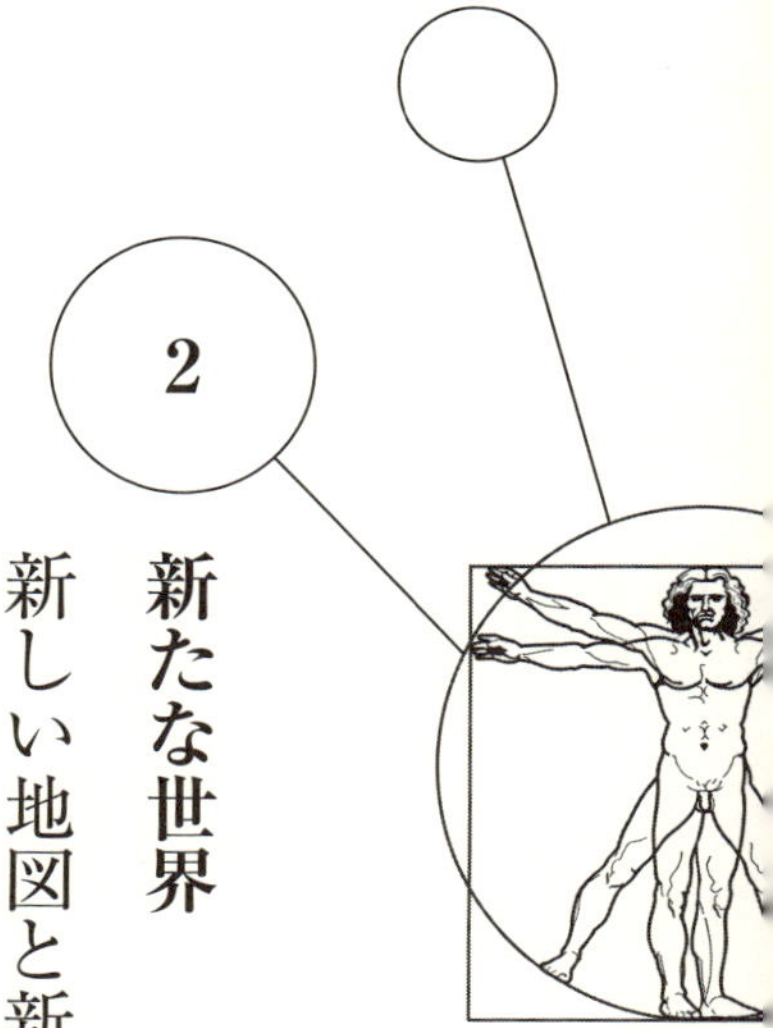

2

新たな世界

新しい地図と新しいメディアが、どのように現代世界をつくり替えたか

わたしの人生にとってはごく自然な環境ではあるが、並外れた物事のなかでも、まず最もすばらしいのは、世界全体が自分たちに向かって開かれている今世紀に生まれたことだ。

ジェロラモ・カルダーノ（一五〇一〜一五七六）[1]

新しい地図

啓示から観察へ

一四五〇年、ヨーロッパは世界についての知識のほとんどを、聖書から得ていた。地球は六千歳だった。ノアの洪水からは四千五百年が過ぎていた。ヨーロッパとアジアとアフリカの人々は、ノアの三人の息子を祖先とした。

ここまでは常識で、マッパ・ムンディと呼ばれる世界地図にたびたび反映された。地図のなかでは、エルサレムが世界の中心に置かれ、上方が東（太陽が昇る方角）で、縁に沿っていろいろな怪物が並んでいた。図2-1を見てほしい。

ヨーロッパの学者が入手できるもっと広い世界のいちばん正確な地図は、一世紀のギリシャの博学者プトレマイオスが描いたものだった。地図作成学を扱ったその主要な著書『地理学』が、つい最近（一四〇〇年ごろ）再発見されたのだった。次々ページの図2-2を見てほしい。

明らかに、この地図作成者は、地中海、北アフリカ、アラビア半島、近東はよく把握している。しかしそれらの陸と海を越えると、地図の正確性は徐々に薄れていく。プトレマイオスのインド洋（右下）は陸地に囲まれている。アフリカには南端がなく、インドの半島は見落とされ、アジアには東海岸がない。アメリカ大陸と太平洋はまるごと欠けている。縮尺は大きく狂っている。プトレマイオスは、この地図が地球全体の半分近くを網羅していると判断した。実際には、半球の五分の一以下にすぎない。

一四五〇年のヨーロッパには、こういう明らかな間違いに反論するためのデータがなかった。[†] どうやら、足を踏み込めない未知の領域がデータの入手をほぼ不可能にしていたようだ。海が西方を保護していた。プトレマイオスが知っていたように、学者たちは世界が丸いはずだと知っていた。そこまでは、ヨーロッパの西海岸に立ってかすかに曲がっている水平線を眺めたことのある人、あるいは近づいて来る船の帆がいつも船体より先に見える理由をよく考えたことのある人には明白だった。しかし、もしあるとしたらほかにどんな大陸があるのか、そこにたどり着ける可能性があるのかは、わからなかった。文字どおり、めどが立たなかった。絶望的に遠い距離への恐怖に加

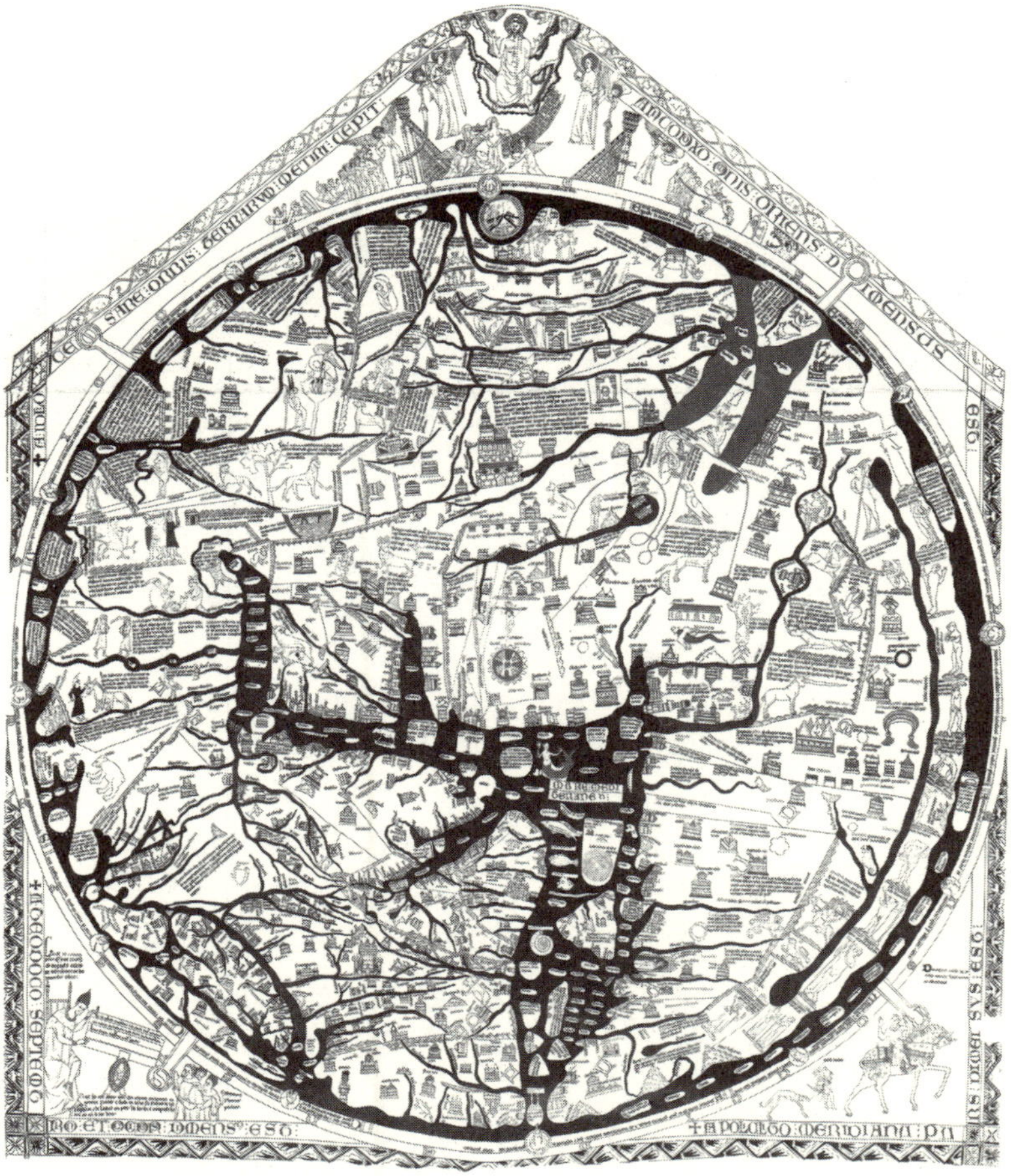

図２－１　聖書に基づく世界（1300年ごろ）。
リチャード・デ・ベロ「世界地図」（1285年）。オックスフォード大学ボドリアン図書館提供。

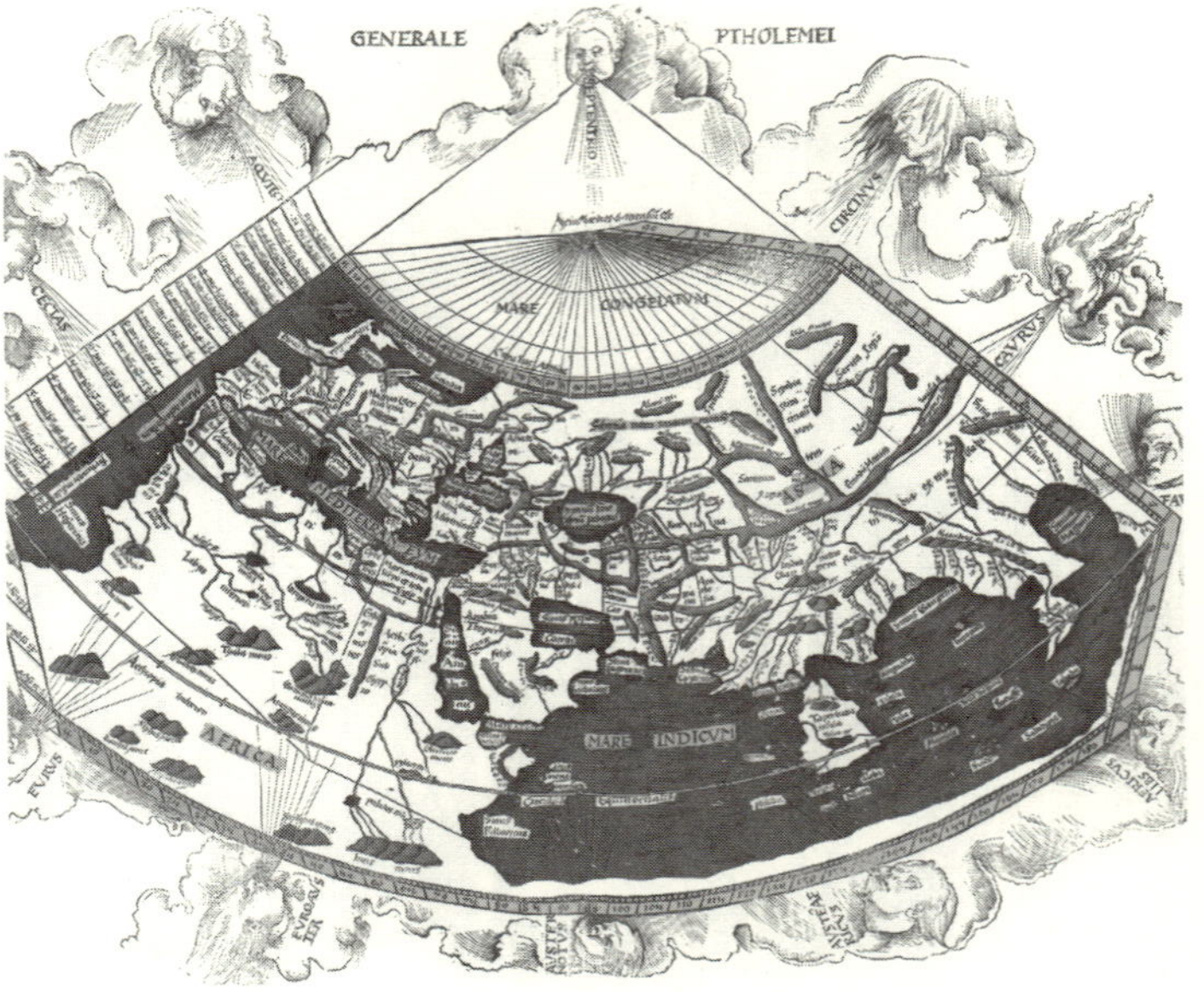

図2－2　プトレマイオスによる世界（150年ごろ）。
プトレマイオス（2世紀）にならってヨハネス・ショットが作成。「既知の世界」（1520年）。ストラスブール、バラーマン&サン。オックスフォード大学ボドリアン図書館提供。

え、神の啓示とギリシャ神話に授けられた真実への信仰が、ほとんどの船をなじみの海にとどまらせた。

東方では、障害ははるかに明確だった。ヨーロッパの視野は、トルコの支配が始まるところで終わっていた。メフメト二世統治下の多民族・多宗教のオスマン帝国は、一四五三年、キリスト教の都市コンスタンティノープルを征服し、イスタンブールと改名した。こうして、かつて強大だったローマ帝国は幕を閉じた。次の百年間、オスマン帝国の陸と海での軍事的勝利は、ヨーロッパの勢力（特に貿易で栄えていたヴェネツィアとジェノヴァ）を地中海東岸、バルカン半島全体、黒海、北アフリカ沿岸、中東の大半から押しのけた。

しかし一五〇〇年までには、ヨーロッパ

はすでにまったく違う世界地図を手に入れていた。航海と観察によって積み重ねた新たな証拠が、古い真実を追い詰め、覆し始めた。一四八七～一四八八年には、ポルトガルの航海者バルトロメウ・ディアスが、アフリカの南端を見つけた。十年後、同国人のヴァスコ・ダ・ガマがその岬を回って航行し、次にアフリカの東海岸に沿って進んで、インド洋を横切り、〝香料の都〟カリカット（別名コジコーデ）の港に到達した。ダ・ガマの航海は、プトレマイオスが間違っていたことを証明した。インド洋は陸地に囲まれてなどいなかった。その知らせは、アジアとヨーロッパをつなぐシルクロード沿いのあらゆる共同体の存続を脅かすことになった。航路は存在しないという確信のもとに築かれた途方もない富を生む陸上交易路だったからだ。同時代人にはそれほど重要ではないが世界史にとってさらに重要なことに、一四九二年、クリストファー・コロンブス――やはりアジアへの新たな航路を探していた――は、イスパニョーラ島（今日のハイチとドミニカ共和国）にたどり着いた。アメリカ大陸を発見したのだ。‡

彼らの成功は、さらに大胆な真実と宝の探索をあおった。ポルトガルは、アジアへの東回り航路の開拓を続けた。ダ・ガマは特筆すべき宝をほとんど持たずにリスボンへ戻ったが、次の五年間で、十組以上のポルトガルの遠征隊が七千人以上を連れて、ダ・ガマの成し遂げた発見を大いに活用した。火薬で武装した彼らは、一五〇七年にホルムズ（現在と同様、当時もペルシア湾を通るあらゆる貿易にとっての関門だった）を、一五一〇年にインド西部の

†原注：ここでも、ヨーロッパは他の文明に遅れを取っていた。早くも一四〇二年、朝鮮王朝の宮廷にある地図には、アフリカの南端に関する知識が示されていた。おそらくアラブ地域でつくられ、中国との貿易で伝わったのだろう。

‡原注：厳密に言えばカリブ海諸島。イギリスから送り出されたジョン・カボットが、一四九七年に北アメリカ大陸を発見した。

港町ゴアを、一五一一年に香料の中心地マラッカを征服した。一五一三年までには、ポルトガルは中国南部の港に到達し、インド洋を通る貿易をほぼ独占した。西回りでは、スペインの探検家エルナン・コルテスが、コロンブスに続いて一五〇四年にイスパニョーラ島に上陸し、スペインのキューバ征服（一五一一～一五一八）と、奥地の現在のメキシコに住むアステカ征服（一五一八～一五二〇）を後押しした。アステカは、豊かな富に恵まれた都市に加え、世界有数の肥沃な農耕地を誇り、大量のトウモロコシやカボチャや豆を生産できる洗練された灌漑設備を発明していた。帝国づくりの新たな時代から取り残されることを懸念したフランスは、一五二四年、北アメリカ大陸の東海岸に進出するためにジョヴァンニ・ダ・ヴェラッツァーノを送り込み、一五三四年にはセントローレンス川をさかのぼる三度の侵略の第一回にジャック・カルティエを送り出した。

群を抜いて野心的な探索を企てたのは、フェルディナンド・マゼラン（一四八〇～一五二一）だった。マゼランは先人のコロンブスと同様、一五一九年、アジアへの航路を探すため、スペインを出航して西回りに進んだ。アフリカと同じように、南アメリカの南端も航行可能だとわかり、そこを回れば〝香料諸島〟（インドネシア）にたどり着けるだろうと考えたからだ。半分は正しかった。南の航路を発見し、マゼラン海峡は彼の名を記念してつけられた。また、反対側に新たな大海を発見し、〝太平洋《パシフィック》〟と名づけた。その穏やかな微風《パシフィック》にちなんだものだ。

その名前の選択によって、マゼランは世界の地理に関するヨーロッパの最後の大きな無知をさらけ出した。いまだにプトレマイオス時代の投影図を参照していたマゼランは、西回りでのスペインからアジアまでの距離を経度百三十度ほどと推定していた。(2) 実際には二百三十度で、マゼランのいわゆる〝太平洋〟がその差を埋めていた。世界で最も大きく荒々しい海は、一億三千万平方キロメートル——地球全体の三分の一にわたって広がっている。五隻

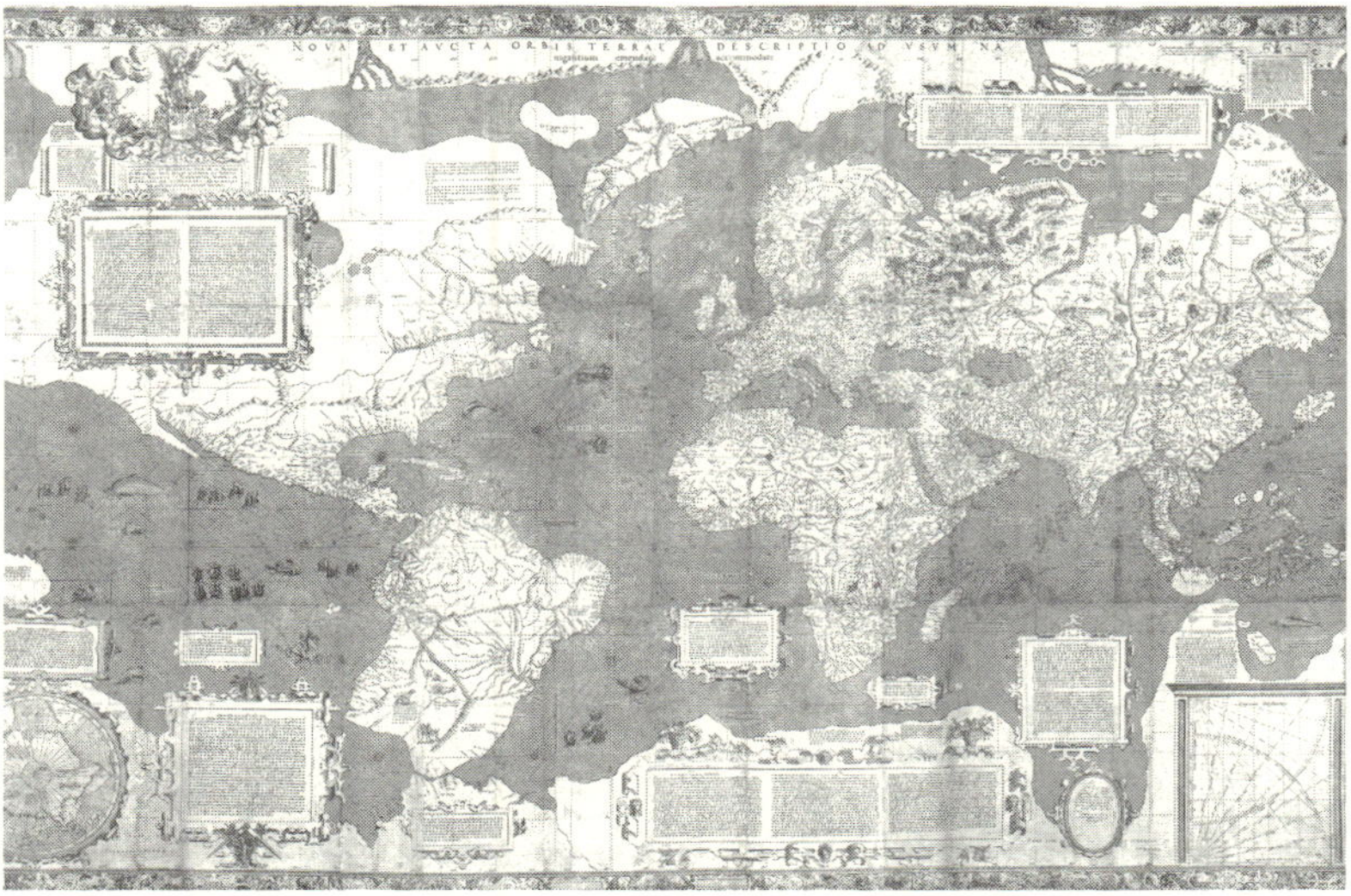

図2－3　メルカトルによる世界（1569年）。
ルモンド・メルカトル「世界における新たな拡大を詳述し、正確な航海への使用に適したもの」（1569年）。アントウェルペン。プランタン・プレス。フランス国立図書館提供。

の船と二百三十七名の男がスペインから西へ出航した。三年に及ぶ飢えと殺人、反乱とのちの難破を経て、ただ一隻が十八名の乗組員を乗せて戻り、世界一周を成し遂げたことで、ヨーロッパに地球の大きさと形についての決定的な証拠が示された。

この発見の時代における地図作成学最大の業績は、一五六九年に出版されたゲラルドゥス・メルカトル（一五一二〜一五九四）による世界地図だった。図2-3を見てほしい。メルカトルは何十年もの探検、航海、地図作成を研究に組み入れた。その成果は、決定的な地球の地図としてプトレマイオスの地位を奪った。いくつか改良が加えられたあと——オーストラリアは一六〇〇年代まで発見されなかった——それは今日も地図の基本的な原型となっている。

メルカトルの地図は、新しいデータをまとめただけではなかった。それは、新しい、そして（まだきわめて信仰の厚い時代に）やや冒瀆的な哲学への基礎を描いていた。直接観察（〝自然の書〟）から得た知識は、古代人の英知や聖書の啓示（〝神の書〟）とは違う、相反していることさえあるという事実だ。装飾的な海の怪物や聖像、あいまいな殴り書きは、北の方位、識別できる海岸線、正確に描かれた経度と緯度に差し替えられた。アジアとアフリカは正しい比率に縮小され、プトレマイオスが端に置いたヨーロッパは、世界の流れの中心的指導者としての新たな役割を意識して、中央に置かれた。新しい世界の到来だった。

イデオロギーから市場経済へ

ほんの三十年前、現代の人たちも、足を踏み込めない未知の領域に向き合った。大洋ではなく、イデオロギーに関することだ。しかしそれは、真実を左右する支配力と、代案を見つける観察力のあいだに同じ戦いをもたらした。今は誰もが知っていることを、当時の人々は知らなかった。行きすぎた中央集権的計画が、国家の経済を停滞と崩壊に向かわせるということを。一九七〇年代、共産主義は、民主主義諸国が実践している資本主義的アプローチに対する永続的で有効な代案に見えた。なにしろ、共産主義はうまくいっていた。共産主義諸国はおおむね、国民に基本的な福祉――栄養、教育、医療――を提供できることを証明し、ソビエト連邦は科学、特に宇宙開発で飛躍的進歩を遂げて、資本主義の観察者たちに恐れと羨望をいだかせた。

こうして人類は、政治的には鉄のカーテンで、物理的にはベルリンの壁で、互いに相容れず核武装したふたつの世界観の戦いへと分断された。一方には第一世界があった。北アメリカ、西ヨーロッパ、アジア太平洋、その同盟諸国。もう一方には第二世界があった。ソ連（一九一七年のボリシェビキ革命以降）、東ヨーロッパ（第二次世界

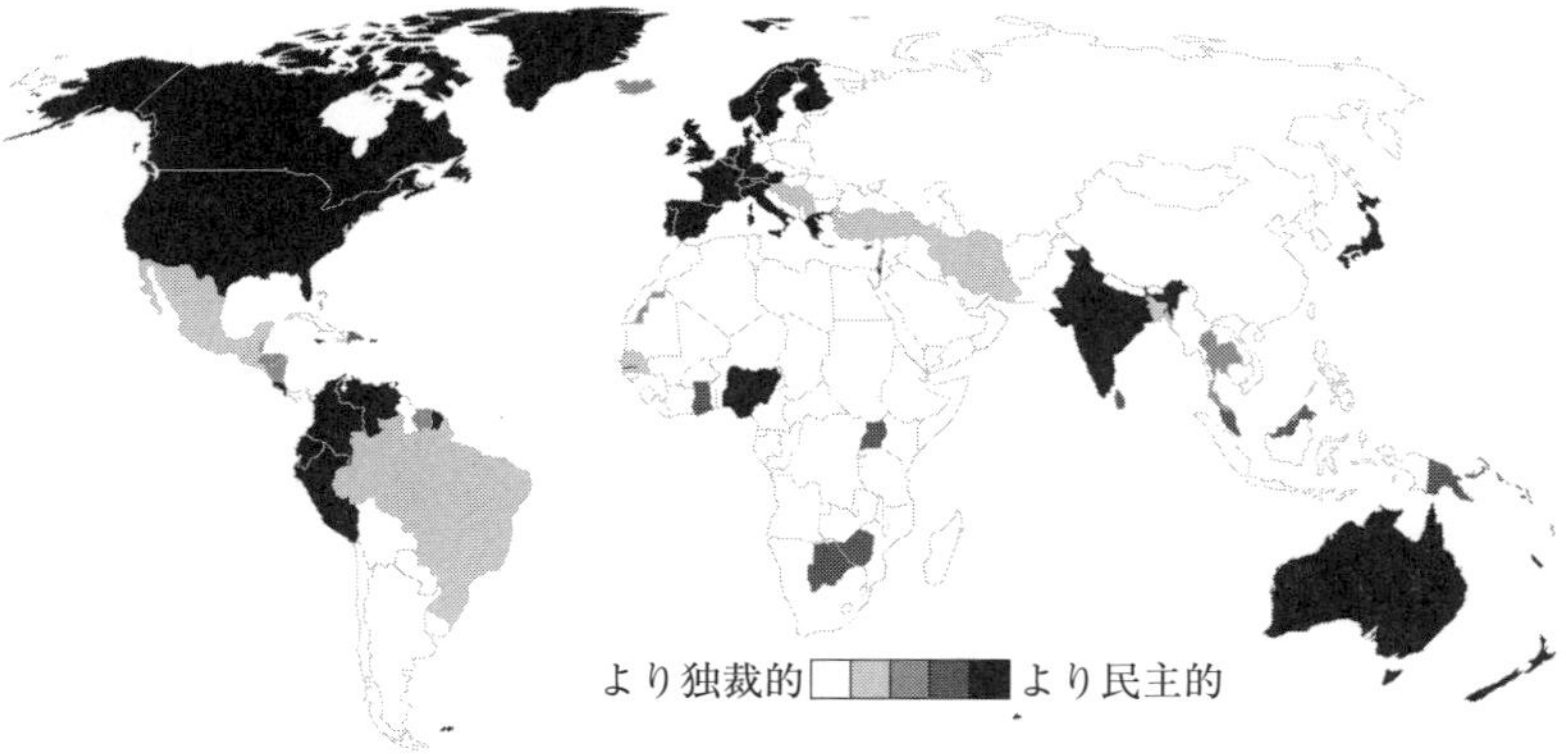

図２－４　1980年ごろの政治の世界。
出典：センター・フォー・システミック・ピース「ポリティⅣプロジェクト、政治体制の特徴と移り変わり、1800－2014」（2015年）社会の紛争研究のための統合ネットワーク。www.systemicpeace.org/inscrdata.html からの引用。

大戦後ソ連の影響下に置かれて以降）、中国（一九四九年の中華人民共和国建国以降）、その他の社会主義諸国。残りの国々は第三世界に分類された。多くの国は貧しかったので、徐々にこの言葉は一般に、低開発国のことを指すようになった（現在では、そういうレッテルは侮辱的と考えられている）。図２－４を見てほしい。

今日では、この地図は時代遅れになっている。

一九八〇年代までには、中央集権的計画経済の失敗——魅力に欠ける産業、腐敗した報酬制度、やる気のない労働者——が悲惨なくらい明白になり、最強国でさえ経済の現状に膝を屈した。鄧小平《とうしょうへい》は中国の市場を開放し、当時の十億人経済は西側諸国との貿易関係を正常化していった。ソ連最高指導者ミハイル・ゴルバチョフはペレストロイカ（〝再建〟）を宣言した。フィリピンからザンビア、メキシコ、ポーランド、チリ、バングラデシュ、ガーナ、北朝鮮、モロッコまで、幅広い国々に及んだ経済崩壊がきっかけで、どの国もよりよい成長モデルを探し始めた。自国の産業を育てるために国が互いに貿易の壁を高くするという輸入代替は、失敗に終わった。産業は、国内需要の支えだけでは規模や優越性を獲得できず、分厚い関税障壁の外で競争できるほどしっかりしてもいなかった。急上昇する負債とインフレに屈する国はますます増えた。それらの国々は世界銀行と国際通貨基金（ＩＭＦ）の支援を受けるしかなく、新たな輸出主導型アプローチの採用を迫られた。貿易障壁を取り払い、外国からの競争と投資を受け入れ、私有財産を保護し、国際的な金融と製造の連鎖への統合を奨励するということだ。ほんの十年ほどのあいだに、四十億人以上が世界市場に参入した(3)。

ソ連最高指導者ゴルバチョフは、国が停滞している根本原因を政治的なものと考え、資本主義の波を民主化の波に変えた。一九八九年、ポーランドの自主管理労働組合〝連帯〟の運動は、自由選挙によってみずからの指導者を選ぶ権利をポーランド人に勝ち取らせた。二年もしないうちに、ハンガリー、ブルガリア、チェコスロバキアはみんな、民主主義的な将来を選び、東ドイツはベルリンの壁を取り壊した。一九九一年十二月には、ソ連自体が解体し、ロシアは初の大統領（ボリス・エリツィン）を選挙で選び、民主主義はアジア北部全域に広がった。

冷戦が緩和するにつれ、どちらの陣営でも、地政学的な安全保障上の理由から独裁政権に支配されていた人々が、権力と富の内部集中に怒りを示し始めた。一九八〇年には、ラテンアメリカ諸国のほとんどは軍事政権に支配されていた。グアテマラ、ブラジル、ボリビア、アルゼンチン、ペルー、パナマ、パラグアイ、ホンジュラス、チリ、ウルグアイ、スリナム、エルサルバドル。一九九三年には、民主革命がそれらすべての政権を追放した。同時期に、サハラ以南のアフリカ四十六カ国のうち三分の二で、一般国民が権力を掌握した。そこには南アフリカも含まれる。多くの人が、アパルトヘイトを終わらせるには何世代もかかるだろうと考えていた国だ。全体として、一九七〇年

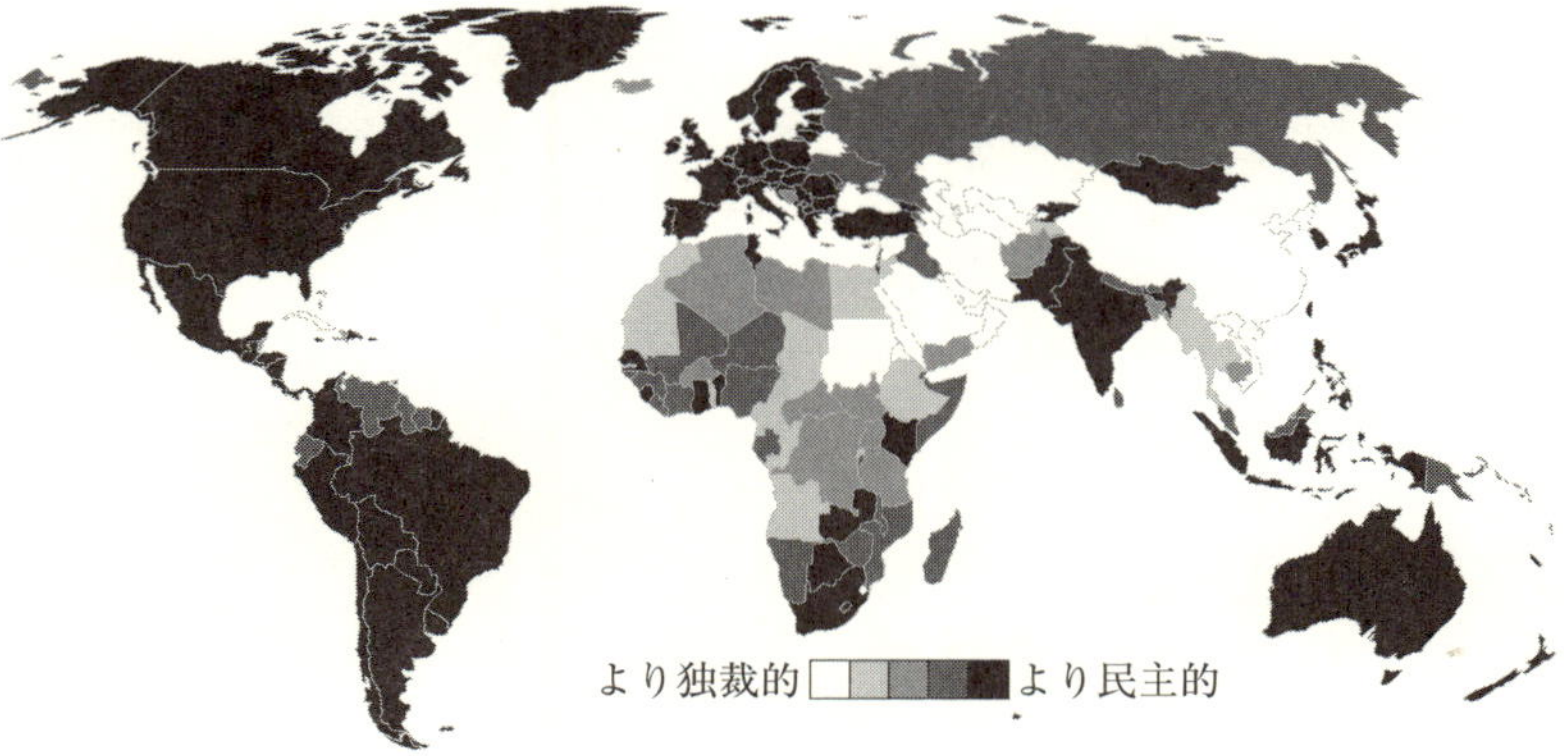

図２－５　2015年ごろの政治の世界。
出典：センター・フォー・システミック・ピース「ポリティⅣプロジェクト、政治体制の特徴と移り変わり、1800－2014」（2015年）。社会の紛争研究のための統合ネットワーク。www.systemicpeace.org/inscrdata.html からの引用。

から今日までに、形式上の民主主義国の数は、国連加盟国の三分の一から五分の三に増えた。[4] 図２－５を見てほしい。

もちろん、政治体制の違いは残っている。〝民主主義〟が（１）自由で公正な選挙で決定される多数決原理、（２）マイノリティーの保護、（３）基本的人権の尊重、（４）国民の法的平等を意味するのなら、そのなかで暮らしているのは世界の国々の四十七パーセント、世界人口の四十八パーセントにすぎない。[5] そして多くの場所で、民主主義は脅かされている。ロシア連邦議会のかつて大荒れだった下院（ドゥーマ）は、今ではほとんどウラジーミル・プーチンのポスト・ポスト冷戦の政策議題を形式的に承認する機関にすぎない。ラテンアメリカ諸国、トルコ、ハンガリー、中東、北アフリカでは、不安定な政府が景気を低迷させるにつれ、報道の自由が制限されていった。先進民主主義国では、有権者投票率が長期にわたって低下し、市民の自由が公安という名目で後退している（エドワード・スノーデンが二〇一三年に国家安全保障局（ＮＳＡ）

による監視活動を告発して以来、かつては黙認されていたことが声高に議論されるようになったが、事態は好転していない)。一方、二〇一〇年以降にアラブ世界全域で起こった〝アラブの春〟や、二〇一一年のミャンマーの軍事政権崩壊、キューバの政治改革への動き、二〇一四年の香港《ホンコン》での〝雨傘革命〟による民主化デモ、そして中国共産党の巧妙な話術の変化を見ても、なんらかの形の〝民主主義〟が、今日の世界のどこでも〝合法性〟に必要不可欠であることははっきりしている。

一九九〇年代を通して〝国民による統治〟という概念が広がるにつれ、経済的成果が政治指導力の試金石になった。世界規模の安全保障に関わる現実政治《レアルポリティーク》は、ソ連と共産主義中国の脅威が薄れると、もはや有権者たちの最大の関心事ではなくなり、もっと日常的な福祉への考慮が注目を集めた。教育、健康と栄養、インフラとテクノロジー、通貨安定、環境。〝いいかい、大切なのは経済だよ〟一九九二年に、ビル・クリントンがジョージ・H・W・ブッシュとの選挙戦でこう宣言したのは有名な話だ。現職大統領の外交政策での成果は揺るがなかったはずだが、突然的外れになった。

経済成長を第一とする世界的な合意はますます広がり、国家間に残っていた多くの政治的相違を超越した。一九九五年の創設以来その合意の象徴となってきた世界貿易機関(WTO)には現在、世界の全経済大国を含め百六十一カ国が加盟している(最後の大国と呼ばれたロシアは二〇一二年に加盟した)[6]。互いに門戸を開いただけでなく、人々はWTOを通して、互いの経済のなかで活動する際の違和感をさらに減らすために、模様替えも行った。つまり、国内の規則や制度を調整した。世界的な貿易交渉の勢いは近年失速した――金融、社会、環境の危機が、かつて人々をあおり立てた成長第一主義の勢いを削いだ――が、すでに二十年にわたるWTOの交渉と紛争解決が、世界的な貿易障壁を壊していた。先進経済諸国では、輸入品に対する平均関税率はすでにほぼゼロで、アメリカ合衆国と環太平洋地域の十一カ国との環太平洋経済連携協定（TPP）や、アメリカと欧州連合（EU）との環大西洋貿易投資連携協定（TTIP）などの現在の地域貿易協定は、多くの非関税障壁の撤廃を目的としている。[†] 地域的な連合体――EU（一九九三年発足）、北米自由貿易協定（NAFTA、一九九四年）、東南アジア諸国連合（ASEAN）自由貿易地域（AFTA、一九九二年）、南米南部共同市場（MERCOSUR、一九九一年）、南部アフリカ開発共同体（SADC、一九九二年）――は、隣国間の政治的・経済的な調和を深めた。

一国――北朝鮮――だけが、世界市場という概念を今も拒絶している。しかしその地にさえ、思想は入り込みつつある。ピョンヤンのエリートたちは、今では年間二千五百トンに相当する輸入コーヒーを飲み（一九九八年のゼロから増加）、二百五十万台のスマートフォンでやりとりしている（二〇〇九年のゼロから増加）[7]。一九八〇年代には五十パーセントをかなり下回っていたが、今では人類全体のほとんどが経済的なつながりを持つ。

民主主義の主張と市場経済が、世界一周を成し遂げた。

†原注：一般的な非関税障壁としては、異なる国の規制当局が同じ製品をどう扱うかの違いがある。たとえば、ほとんどのアメリカ産牛肉は、EUで販売できない。アメリカの牧場で使用される肥育ホルモンの多くが、EUでは禁止されているからだ。

新しいメディア

グーテンベルク

ルネサンス世界の新しさは、物理的な空間を超え、思考の領域まで広がった。陸と海をめぐる新たな関係構築と同時に、アイデア自体が伝わる道も変わった。

人間の目は、三十メートル先にいる知り合いの顔さえ見分けるのに苦労する。普段の環境では、人間の耳は同様の距離で交わされている会話を聞き取れない。それより遠くまで届かせるには、空気以外のなんらかの媒体で互いとの連絡を取る必要がある。一四五〇年ごろ、ドイツの都市マインツの起業家ヨハネス・グーテンベルク（一三九五ごろ～一四六八）は、のちに有名になるひとつの媒体を差し出した。それは、創意ある技術革新の組み合わせだった。何千もの小さな金属の文字（〝活字〟）をすばやく鋳造できるようにした手に収まるサイズの型、その何千もの文字を並べて単語や文章を綴れる枠、そして、活字に付着し、紙に押しつけたときうまく転写できる油性インクの製法だ。この組み合わせに、グーテンベルクは地元で一般的な材料をふたつ加えた。圧縮機（オリーブとブドウを搾るためとはいえ、古代からヨーロッパでなじみ深いテクノロジー）と紙だ。紙は三世紀前、スペインに侵入したムーア人からヨーロッパに伝わった。ムーア人は中国からその着想を得ていた。羊皮紙（動物の皮でつくられる）より安価で、グーテンベルクの時代までにはドイツの五、六カ所の製紙工場で手に入れることができた。

その結果生まれたのが、世界初の本物の印刷機だった。それはコミュニケーション革命を起こした。[†] 世界初の重

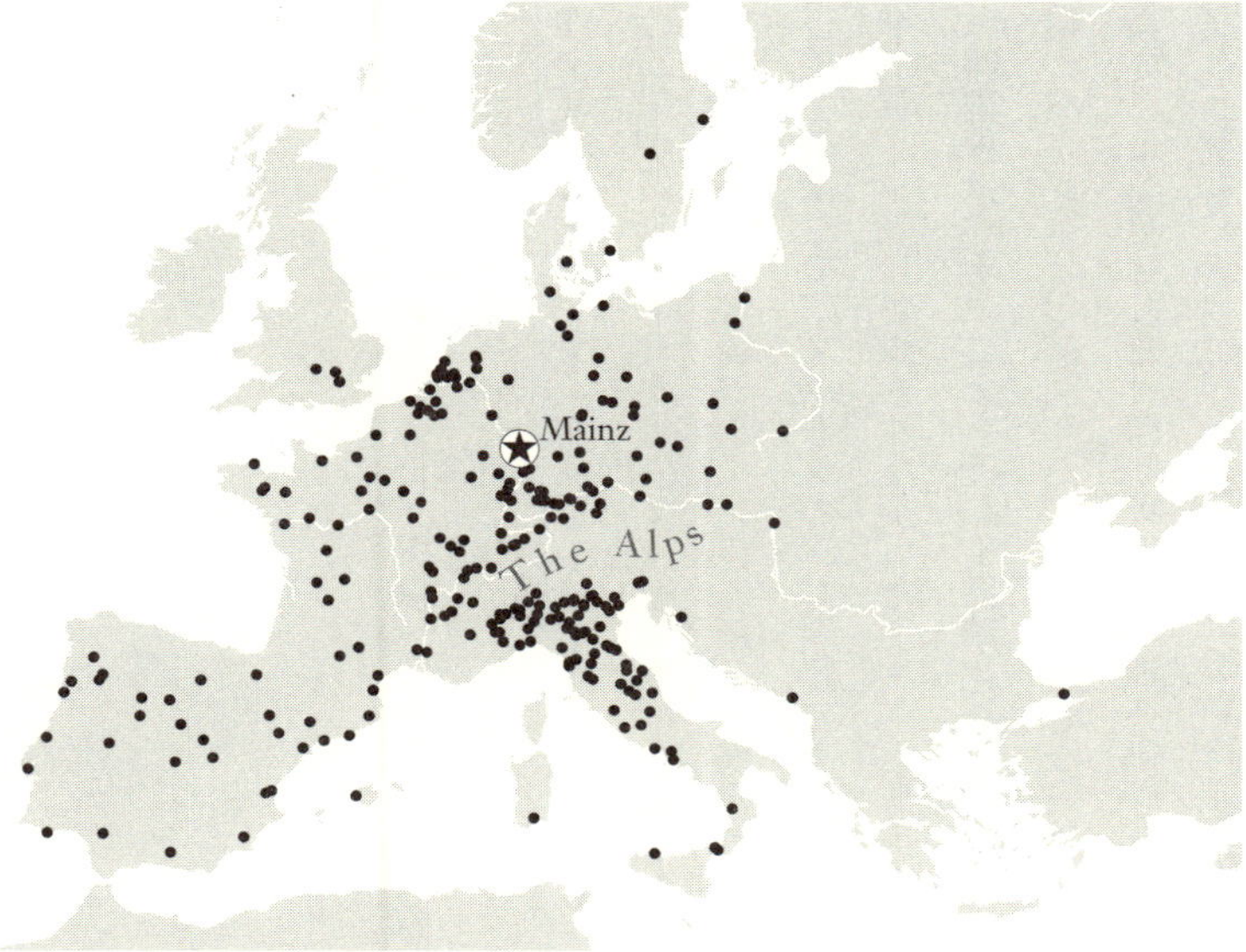

図2－6　1500年のヨーロッパの印刷ネットワーク。
出典：グレッグ・プリックマン『初期の印刷術地図帳』（2008年）。アイオワ大学図書館。atlas.lib.uiowa.edu からの引用。

要な印刷本（グーテンベルクの聖書）が現れた一四五〇年代半ばに生まれた人が、五十歳の誕生日にそれまでの生涯を振り返ってみれば、その短い期間におそらく千五百万から二千万冊の本が印刷されたことがわかっただろう。古代ローマ時代からヨーロッパの全筆写者が生み出した冊数を、優に超えている。(8) その人はおそらく、突然当たり前になった印刷物というものが存在しなかった世界を、なかなか思い出せなかっただろう。情報を伝える唯一の手段が、顔を合わせての口頭でのやり取りか、手書きの書類だった世界。〝立派な教育を受けた〟人とは、おそらく十冊ほどの手書きの写本を読んだ人のことで、それ以上読むというのは、アヴィニヨンにあったローマ教皇図書館（グーテンベルク以前のヨーロッパ最大級の図書館で、蔵書二千冊以上）あるいはキリスト教大修道院のどこかへの長い旅を意味した世界。しかし、それはもう終わった。五十年のあいだに、印刷機はヨーロッパじゅうで二百五十以上の中心都市のネットワークに広まり（前ページの図2‐6参照）、千五百年以上にわたって記録されたヨーロッパ文化の総計は二倍になった。次の二十五年間で、それはさらに倍増した。内容も、最初は徐々に、その後急激に発展していった。

影響

印刷術という新しいメディアは、それ以前のものを容赦なく時代遅れにした。

それは、本づくりの経済をひっくり返し、かつてのきわめて貴重な工芸品を、安価な日用品に変えた。ドイツの作家セバスティアン・ブラント（一四五七～一五二一）は、一四九八年にこう言った。〝印刷術によって、ひとりの人間が過去に千日かけてようやく書けたものを、一日で作成できるようになった〟[9]誇張ではない。一四八三年、リーポリ・プレスは、クインテルノ（五枚の紙をノートのように二つ折りにしたもの）一冊につきフローリン金貨三枚を請求して、プラトンの『対話篇』を製版して印刷した。写本のほうが安かった――フローリン金貨一枚ほど――が、一冊しかつくれなかった。リーポリ・プレスはそれより短時間で、千二十五冊作成した[10]。

印刷術は、学ぶことを著しく標準化した。それまで、ありとあらゆる本は唯一のものだった。異なるフォント、絵、ページ番号、意図したまたは意図しない挿入、削除などの特質は、どの本もまったく同じものは二冊と存在しないことを意味した。印刷術はそういう微妙な違いを完全になくしはしなかったが、大きく削減した。キケロを学ぼうとする人は、同じ演説を読めるようになり、何かで一冊損なわれても、学者たちには頼れる予備がたくさんあった。その影響は、特に科学と、植物学、天文学、解剖学、医学といった新たな分野で甚大だった。印刷機に対応した木版画や銅版画が手書きの挿絵に取って代わり、初めてほぼ同一の詳細な絵や図表、地図が、あちこちにいる学者や航海者の手に入るようになった。人体の筋肉の構造を詳細に示したアンドレアス・ヴェサリウスの『人体の構造についての七つの書』（一五四三）に満載されているもののような、豊富な情報のある図は、グーテンベルク以前の版ではまったくつくれなかっただろう。次ページの図2－7を見てほしい。

印刷術はアクセスを改善した。印刷術以前、知識は壁で囲まれた庭のようなものだった。ほとんどの文章はラテン語で書かれ（教育のあるエリートだけが乗り越えられるハードル）、ほとんどの専門知識は大学か徒弟奉公で口頭による教育を受けて習得するしかなかった。現地語で書かれた挿絵満載の新たな本は、知識を〝ありふれたもの〟にし、徒弟や店主、事務員にも広げ、読みかたを学ぶことへの人々の興味を高めた。‡ 同時に、歴史、哲学、自然界に関する本が大量に出版されたことで、学者は学界の門番のわきを抜けて進めるようになった。〝今や若者も勤勉によって同じ知識を得られるというのに、なぜ年少者より年寄りのほうを選ばなければならないのか？〟と、修道士ジャコモ・フィリッポ・フォレスティ（一四三四～一五二〇）は一四八三年に問いかけた。[11] 多くの若者も

†原注：組み替え可能な活字を印刷に初めて本格的に使ったことで称えられるべきなのは、畢昇《ひっしょう》（九九〇～一〇五一）で、一〇四〇年ごろに中国でそういう装置を開発した。朝鮮の高麗《こうらい》王朝も、一二三〇年ごろ組み替え可能な活字を開発した。どちらの装置も普及はしなかった。アジアの文字セットの複雑さを考えると、手彫りの木版を組み替えるのはあまりにも扱いづらく、あまりにも費用がかかったからだ。グーテンベルクは、独自に組み替え可能な活字を発明したらしい。

‡原注：反面、使われた言語のなかだけに知識が停滞するようにもなった。翻訳者は不可欠だが架け橋としては不充分だった。辞書がさらに厚くなっている現在ではさらに切実な問題だ。たとえば、現代英語の単語は五倍に増えている。

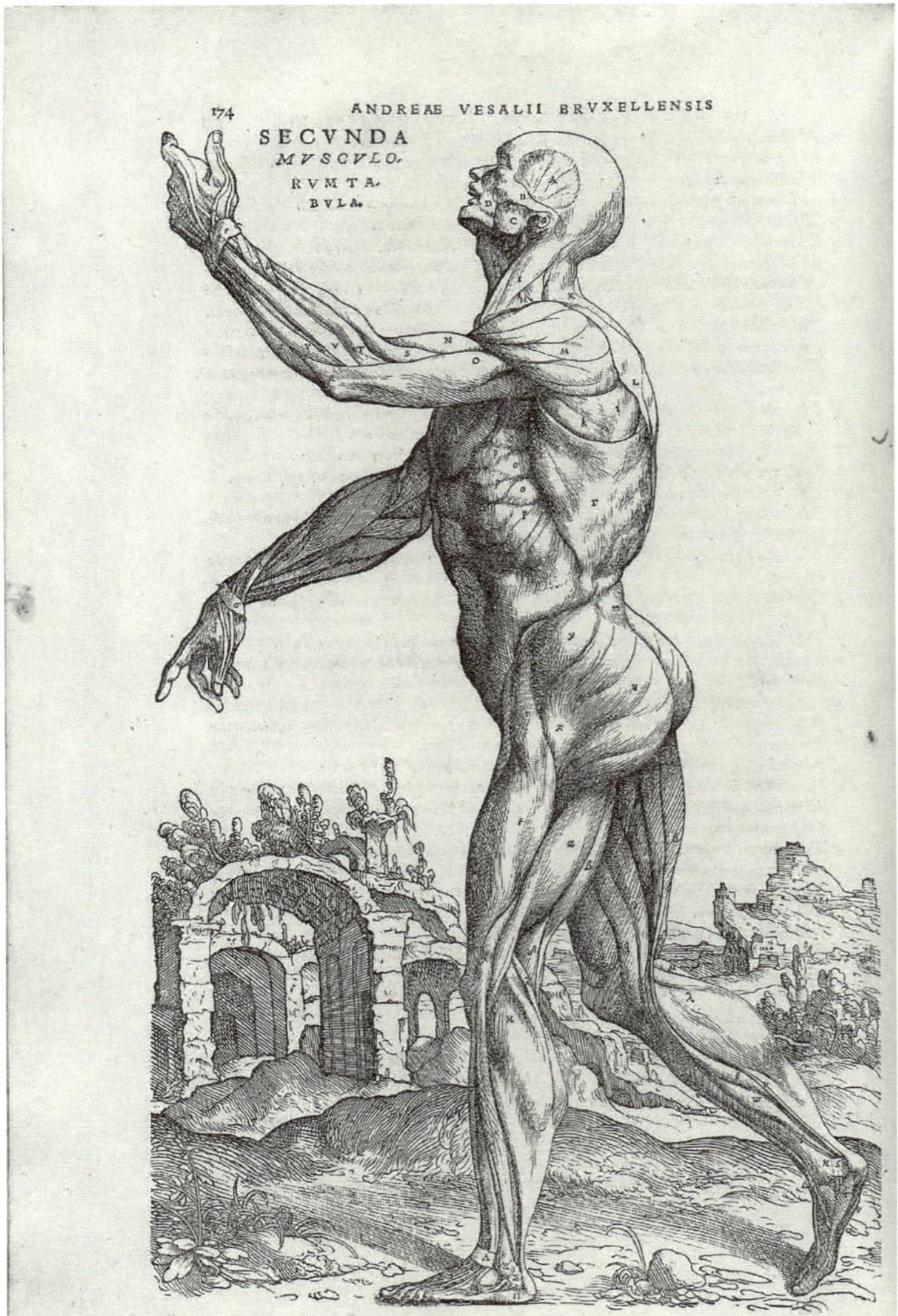

図２－７　印刷術によって複雑な視覚情報を拡散できるようになった。
アンドレアス・ヴェサリウス『人体の構造についての七つの書』（1543年）。
羊皮装、ヨハン・オポリヌス。アメリカ国立医学図書館提供。

まったく同じ疑問をいだいた。十六世紀屈指の天文学者ティコ・ブラーエは、技能の大半を、コペルニクス他が出版した本から独学で身につけた。

印刷術は、知識が共有される地理的範囲を広げた。十五～十六世紀の大半にかけて、ヨーロッパは他の大陸の天然資源や人的資源を発見し採取していたが、ヨーロッパ自体もその寄せ集めのなかにひとつの大きな材料を加えた。西洋の知識と思想だ。本は安価で軽く、遠くまで旅した。『寛大なる教会の都市』というローマ（西洋キリスト教世界の主要な巡礼地）のガイドブックは、一五二三年までに、ヨーロッパと地中海沿岸諸国じゅうでラテン語版が四十四版、現地語版が二十版にわたって売れた[12]。印刷された挿絵はアントウェルペン（アントワープ）から送り出され、一五〇〇年代までには、インド、中国、日本、メキシコ、ペルーなど、ヨーロッパ人が航行した至るところで見られるようになり、各地の芸術家がヨーロッパの形式やスタイルを目にした[13]。聖書を携えた宣教師たちは、主権、財産、神、罪と救済、人間と自然の関係などについてのヨーロッパの思想、ユダヤ教とキリスト教共通の理念を、アメリカ大陸の植民地やアジアの貿易相手国に輸出した[14]。

また印刷術は、一般消費で手に入る内容の幅と、一般人の創作への参加を広げた。活字に組まれて印刷された最初の本は、宗教関連の大冊だった。次にラテン語の書き手（キケロ、ウェルギリウス、リウィウス、ホラティウス）、続いて初期ギリシャの作家（最初はギリシャ語、のちにラテン語）、さらに同じ作品群が再度続いた——今度は現地語で（おもにフランス語、英語、イタリア語）。古代ギリシャの書物は、中世を生き延びたがひどく散逸し、しばしばへたな翻訳で残されていた。しかし十五世紀に、ギリシャの文書がまるごと、ふたたび西洋の図書館に現れ始めた。学者たちはコンスタンティノープル（当時はまだギリシャの支配下にあった）に滞在し、現場から掘り起こした。コンスタンティノープルがトルコ人の手に落ちると、この細い流れは洪水になった。オスマン帝国の支配に不満をいだいたギリシャの芸術家や学者は、プラトンやプトレマイオスの使い古した本を小脇に抱えて西に移動しイタリアへ向かった。突然、古代ギリシャの遺産が現地から完全な形で復元され、現地の翻訳者によって生き返った。西ヨーロッパの知識人たちは、この埋蔵品から、哲学、数学、天文学、生物学、建築学の古代の業績を発掘したくてたまらなかった。印刷術を通して、過去は再発見され、その重要性は現在と未来の世代のために翻訳された。

しかし、古代ギリシャとローマの文書はどうにか集まってきたものの、〝古典〟だけではヨーロッパのどんどん増える印刷所を繁盛させ続けられなかった。本の最大の目的は、過去の英知を保管し宗教的信条を広めることから、新しいアイデアや経験を普及させることへ拡大した。新しいフォーマット――パンフレット――が現れ、自己表現の可能性を広げた。簡単に安くすばやく印刷できるパンフレットは、五百年前のツイッターだった。商人、事務員、職人やそのほかの専門家、説教師たちが、一五〇〇年から一五三〇年におよそ四千種類の小冊子を発行した。[15]またパンフレットによって、学者は、発見にすばやく自分の名前を冠したり、競争相手の結果に反論したりできるようになった。一五二四年に木星と土星の大合（訳注・地球から見てほぼ同じ位置にある状態）が起こったときには、それだけについて六十人の著者がおよそ百六十種類のパンフレット（ほとんどは、終末が近いという騒ぎを煽るもの）をつくった。[16]他のパンフレットは、伝染病や政治的危機に先んじて、心配する一般大衆に、どういう人が命を奪われ、どういう人が助かるかについて事実（と虚構）を与えようとした。マルティン・ルターは、一五一七年に教会の扉に貼りつけたカトリック教会に対する辛辣な批判が、印刷されヨーロッパじゅうに広まったことで、図らずも宗教改革を始めたのだった（詳しくは第8章参照）。

これらの影響はどれも、すぐに現れたわけではなかった。社会は時間をかけて、その新しい状況に適応していった。何十年も写本はずっとあったし、印刷術の発明から一世紀たっても、保守的な人たちはそのテクノロジーの欠点をあげつらっていた。たとえば、印刷は間違いを拡散させることがある（一六三一年にロバート・バーカーがロンドンで出版したいわゆる〝姦淫聖書〟では、誤植によって第七の戒律が〝汝《なんじ》、姦淫すべし〟になってしまった）。しかし、印刷術は瞬く間にあまりに便利なことがわかり、もう勢いは止まらなかった。バチカン図書館の図書館長アンドレア・デ・ブッシは、一四七〇年にこう述べた。〝古代であれ現代であれ、人類にとってこれほど重要な発明を報告できることはまずないだろう[17]〟

ザッカーバーグ

現代の人にはできる。データを取り込み、伝え、やりとりする新しいメディアとしての〝デジタル〟の登場は、第二のグーテンベルク時代の到来を告げた。デジタル化は、人々の暮らすアナログの世界――本、演説、フットボールの試合、タッチスクリーンのタップ――を0と1の配列として表す。モールス信号と同じく、人間には長たらしく思える（〝長たらしい《tedious》〟は〝01110100011001010110010001101001011011110111010101110011〟に置き換えられる）が、コンピューターにとっては0と1、〝オン〟と〝オフ〟の区別が明確なので簡単だ。変換によっていくらか情報が失われてしまう（なめらかな形のアナログの音波が、デジタルでは階段ピラミッド型になる）が、代わりに機械の処理能力が得られる。そして、処理能力がどれほどすばやく伸びるかは、よくわかっている。一九六五年、インテルの共同創立者ゴードン・ムーアは、自社がひとつのコンピューターチップに集積できるトランジスタの数が（つまりチップの処理能力も）およそ二年ごとに二倍になったことに触れた。よく知られるようになったこの〝ムーアの法則〟は、以来ずっと実現してきた。

それはおそらく、現代で最も重要な経験的観測だろう。第一のグーテンベルク時代の決定的な特徴のなかに、速度があった。人ひとりの一生のあいだに、文化とコミュニケーションの新たなメディアが生まれ、当たり前の存在になった。現代人の人生にも同じことが起こっている。基盤にある物理的なインフラについて考えてみよう。十五世紀には、そのインフラは印刷機だった。今日のそれは、陸上と海底の光ファイバーケーブルだ。初の大陸間ファイバーケーブルは、一九八八年に敷かれた。それ以来、ケーブルを通してデータを送る計算能力が高まるにつれ、かつては細い糸に見えたものが緻密な織物になった。また、そのインフラにつながった利用者の数は、千年紀の変わり目から七倍に増え、四億人から三十億人超になった[18]。

これほどすばやく一般に浸透したテクノロジーはほかにない。少なくとも、デジタル機器を小型化して携帯可能にするまではそうだった。つい最近の一九九八年には、先進国世界の二十パーセント、発展途上国世界の一パーセントの人しか携帯電話を持っていなかった[19]。現在、先進国世界では携帯電話加入者数が人口を上回っている。発展途上国世界では、普及率が九十パーセントを超えた[20]。図2－8を見てほしい。

携帯電話利用者の三分の一近くが、今では電話でインターネットにも接続できる[21]。今現在、デジタル式携帯電話の利用より急速に成長している唯一の人類文化は、データそのものだ。おもに、毎年、情報を取り込んで共有するためのよりよい機器をさらに何十億個も製造しているからだ。そういう機器には、スマートフォンだけでなく、

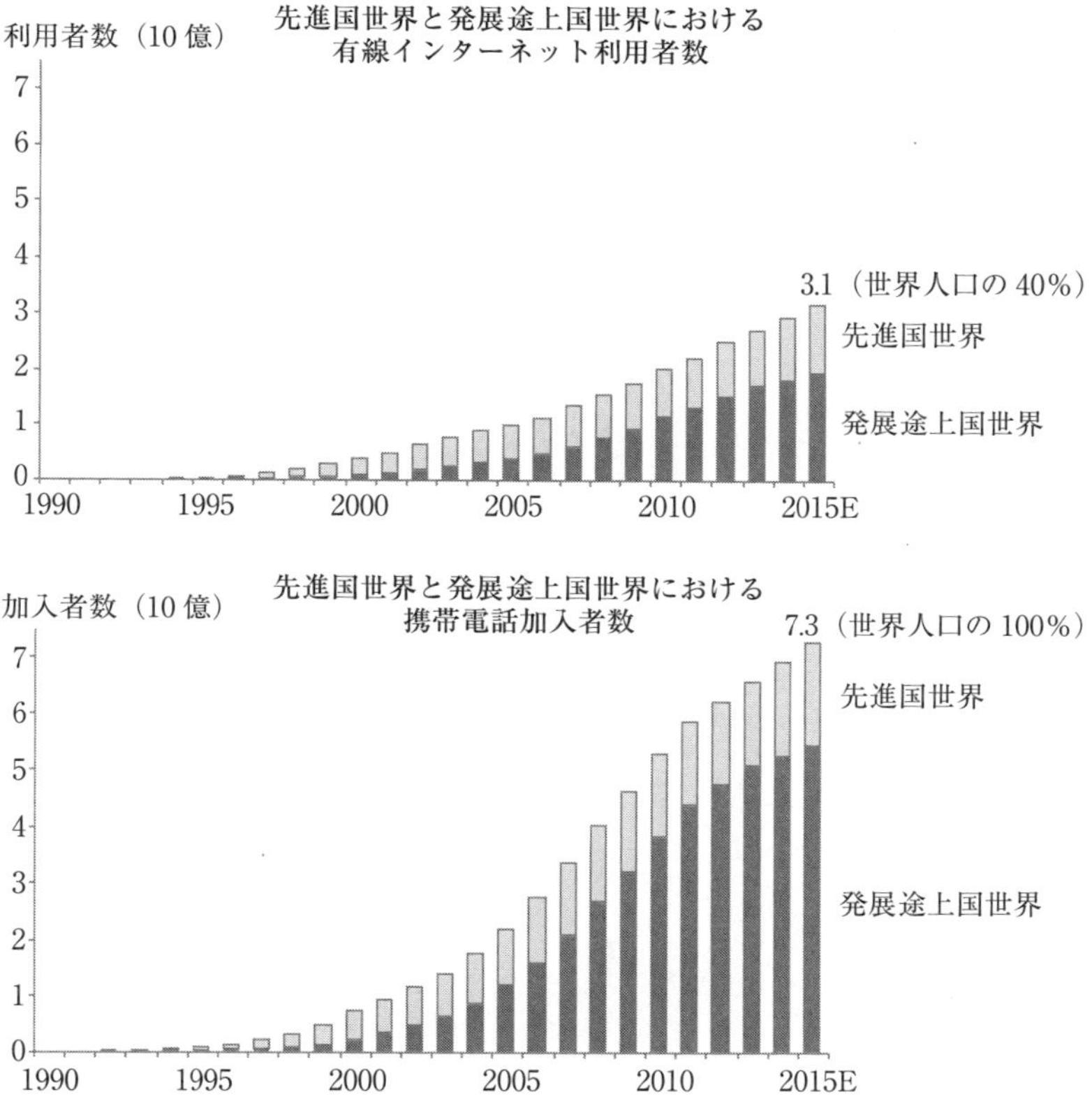

図２－８　ほんの20年のあいだに、ほとんど全人類が電話やデータでつながった。
出典：世界銀行データバンク「世界の発展の指標」（2015年）。data.worldbank.org.からの引用。

ネットワーク化された自動車や食器洗い機、ＭＲＩ装置、大型電波望遠鏡も含まれる。二〇一一年、地球上には人口と同じくらいの数のネットワーク機器があった。二〇一五年には、その数が三対一で人口を上回った。人類はそれらを使って、一年間に約四十四ゼタバイトのデータをつくり、コピーし、共有した。きわめて大きな数字だ。〝四四〟に二十一個のゼロが連なっている。大まかにいえば、二十五万キロメートルの高さ——月までの三分の二の距離――に積み上げた百二十八ギガバイトのスマートフォンを満たす量と考えればいい。つい最近の二〇〇五年には、年間のデータ量を積み上げても、マイアミからロンドンまでの距離にしかならなかった。[22]

新しい影響

かつての印刷術と同じく、デジタルメディアは人々がデータを取り込んで共有する方法の経済学をひっくり返した。ムーアの法則とそれに伴う計算能力の急速な進歩のおかげで、デジタルインターフェイスは人間のすぐそばまで――あらゆる人の耳、口、顔、指先まで――持ち込まれ、あらゆる思考や言葉をデジタル形式で取り込んで共有し、それらにデジタルの性質を与えることができるようになった。つまり、ほぼコストゼロで無限に完璧なコピーができ、何百万回でも同時あるいは連続的に消費・編集・再加工でき、保管しバックアップを取り、必要に応じて取り出すことができ、どんなに離れていてもほぼ信号損失なく光の速度で増幅して再生できる。こういう性質は、アイデアの伝達や交換に必要な距離と時間、その両方にかかるコストをほとんどなくした。

つい最近の二〇〇一年には、たとえばアメリカとイギリス間などの平均的な長距離電話は一分ごとに最大一・七五ドルかかり、それに応じて話す時間を制限しなければならなかった。今日では、スカイプなどのデジタルサービスのおかげで、コストは百分の一になり、ほとんど料金を心配しなくてよくなった。国際電話の量は、二〇〇一年以来ほぼ四倍になり、千五百億分から約六千億分に増えた。[23] 今や距離が唯一電話に関連しているのは、時差の調整をめぐる問題だ。ひとつにはこれが理由で、ワッツアップやフェイスブックのメッセンジャーなどの非同時性の通信が急速に人気を得た。

もうひとつ、かつては贅沢品で今や日用品になったのは、オンラインのデータ保存と処理――クラウドだ。グーグルは現在、約十億のクラウド利用者それぞれに、一九九五年の価格でひとり当たり約一万五千ドル分のオンライン記憶装置を提供している。言い換えると、ほんの二十年前に合計十五兆ドルかかったものが、今では無料になった[24]。多くの公的な知識だけでなく、私的なライブラリー――手紙、写真、音楽、会社のデータベース――がいつでもどこでも利用できる。〝雲《クラウド》〟は覚えやすいが誤解を招くたとえだ。どちらかと言えば、皮膚《スキン》に近い。常に人々のすぐそばにあり、アイデンティティーと切り離せないからだ。

本と、そこに収められたアイデアは、ヨーロッパの新たな地図が明らかにしたあらゆる陸路と航路を通って運ばれた。今日のデジタルデータも同じだ。二〇一四年のアカデミー賞授賞式でエレン・デジェネレスが七人のスターたちと撮った自撮り写真は、世界じゅうで二千六百万台の機器にダウンロードされ、たった十二時間で二テラバイトのトラフィックを生じた。二〇一三年には、世界のデータトラフィック量が、一日一エクサバイトの壁を突破し、一日で二〇〇三年の年間合計トラフィック量を超えた。二〇一四年のトラフィック量はさらに一・五倍に拡大した[25]。オンライン人口が増え（二〇一七年には最大五十億人に）、つながった各人がさらに多くのコンテンツ（特に映像）を消費するにつれ、合計データトラフィック量は急増し、拡大し続けるだろう[26]。

そのあいだに、最も活気に満ちた中心地はアメリカから西ヨーロッパへ移動した。そこは東ヨーロッパ、中東、アフリカのデータ交換の中枢になっていた[27]。次ページの図2-9を見てほしい。十年前には、物理的なインフラの脆さのせいで、多くの発展途上国がデジタル時代から締め出された。今では、高性能なモバイル機器が、そういう限界を一気に飛び越えさせた。二〇一五年には、最低でも第二世代携帯電話を利用できる人の割合（九十五パーセ

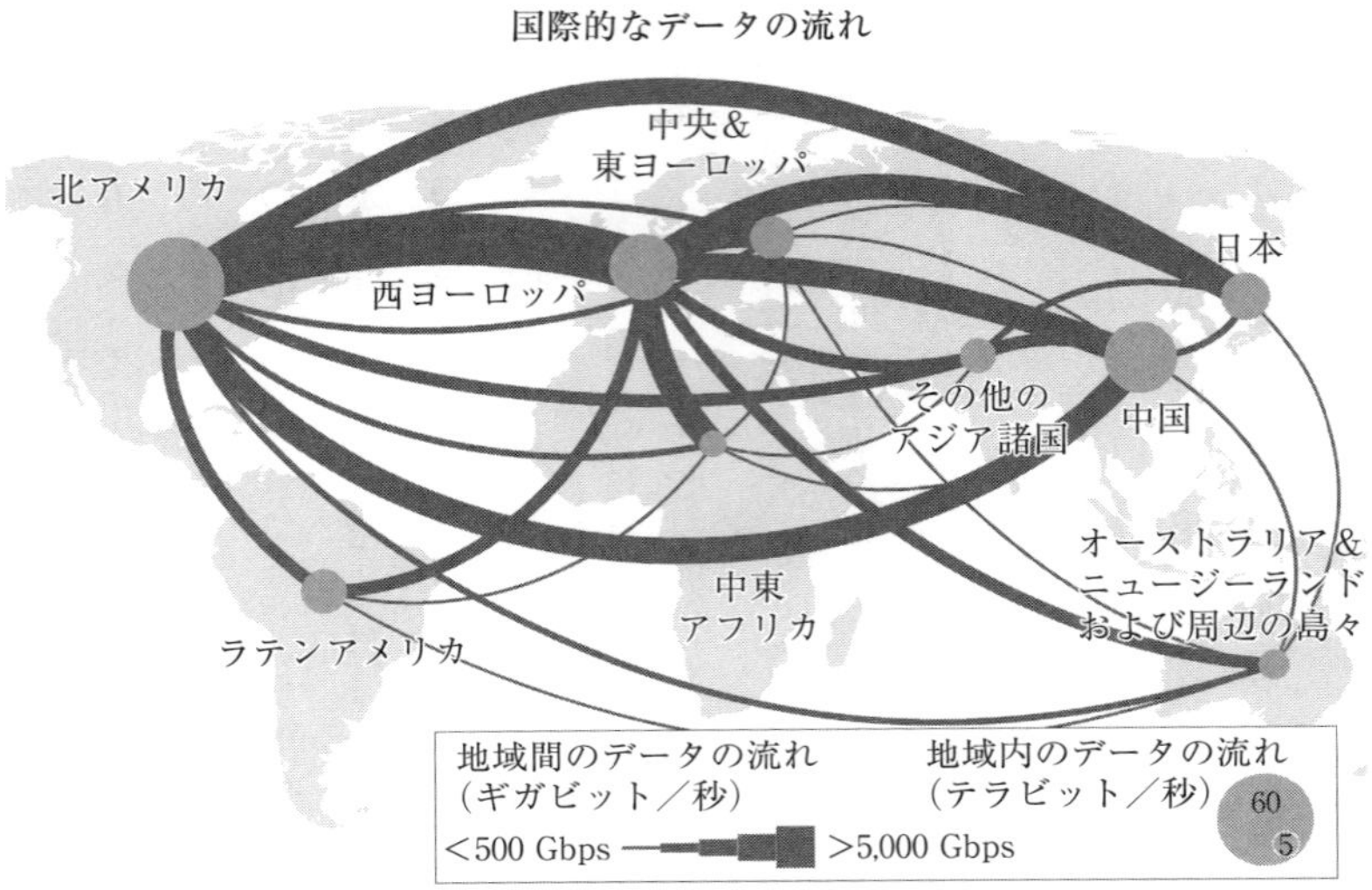

図２－９　現在、全大陸間で大量のデータが行き来している。
出典：ジェームズ・マニーカ、ジャック・ブギャン他「デジタル時代の世界的流れ」(2014年)。ニューヨーク、マッキンゼー・グローバル・インスティチュート、シスコ「全世界のモバイルデータトラフィックの予測」(2015年)。www.cisco.com からの引用および著者の分析。

ント）が、電気を利用できる人の割合（八十二パーセント）より大きくなった[†28]。

さらにデジタルメディアは、コミュニケーションの標準化にも役立った。とりわけ映像の共有による効果が目覚ましかった。映像の共有が実用的になったのは、有線ブロードバンドが一般に浸透してからだ（二〇一五年には世界じゅうの世帯の十一パーセントがつながった）[29]。映像が盛んにやりとりされていることには理由がある。映像は複雑な情報をよりよくとらえ、より完全に脳の注意を引きつけ、静止画や音声だけの形式と比べてデータ損失が少ない。こういう強みは、義理の両親に定期的に電話するときにはわからないかもしれないが、たとえば〝スリー・ディスペンサー・デカルト座標式プリンターを使用してバイオプリントした細胞構築の可能性〟を説明しようとするときに歴然と

するだろう。《ジャーナル・オブ・ビジュアライズド・エクスペリメンツ》の二〇一五年の記事が意図したように。(30)

デジタル化は言論を自由にした。二十年前、コミュニケーションは〝私的〟（一対一）と〝公的〟（一対多数、多数対一）のふたつの形に分けられた。私的なものには安価な大衆伝達手段（電話、郵便制度）があったが、公的なものには昔からきわめて高い流通コストがかかった。新聞や本、カセットテープ、電磁信号（テレビやラジオ）などの伝達経路を通さなければならなかったからだ。通常、企業や国の機関（出版社、メディア企業、テレビ局やラジオ局）だけが、そういう伝達経路を築ける経済力を持ち、彼らは自分たちの目的にかなうコミュニケーションだけにアクセスを制限していた。

今日では、この区別はほとんど忘れられている。公的な伝達も安価になった。かつてのティコ・ブラーエとよく似た境遇にいる現代人は、こう問いかけてもいい。今や誰もが観客に直接語りかけられるというのに、なぜ新しい声より古い声のほうを選ばなければならないのか？と。このじつにもっともな疑問が、既存のメディア全体を危機に陥れた。新聞ジャーナリズムはもはや、〝印刷するにふさわしいすべてのニュース〟を選ぶことではなくなった。今ではそれは、読者のタイムラインとニュースフィードに加えられることを願って、コンテンツを監督し、社説の見解をめぐる話題を盛り上げることになった。学校と教師の役割も変わりつつある。よい教師の仕事はもはや、情報を伝えることではない。しっかりつながった社会のなかにいる生徒はすでに、世界の知識を手近に置いている。

†原注：送電網で電気が供給されない場所では、インターネット接続電話は、発電機がある地元の店や職場、その他で充電される。電話機の充電は、貧しい地域社会に存在する無数のマイクロビジネスのひとつだ。

それを生徒の脳に転送することに、社会的な利益はあまりない。今日、教師の仕事は、生徒が情報を引き出し、批評し、自分の研究と意見に結びつけ、加える方法を学ぶ手助けをすることだ。

情報とアイデアの世界的な合唱に自分の声を加えようとする人に、二十一世紀のグーテンベルク時代はたくさんの選択肢を与えてくれる。印刷術は、小説、随筆、パンフレットを生み出した。デジタル化は、ブログ、ビデオチャンネル、マッシュアップ、ツイッター、ピンタレスト、アプリやeブックなどの数限りないバーチャルグッズを生み出した。最初の十年、インターネットの実用性は、おもに情報をすばやく安価に拡散することにあった。今ではそれが（ブロードバンドとモバイルの広がりのおかげもあって）利用者をコンテンツ・コラボレーション（Q&Aサービスのクオーラ、ソフトウェア開発のギットハブ、3Dプリントデザインのシンギバースなど）や、選り抜きの意見を集めるポータルサイト（ハフポストやプロジェクト・シンジケート）、オープン・ツリー・オブ・ライフのような科学プロジェクトに引きつけている。こういう新たな形はどれも、ひとつの共通する特徴を持っている。観客から参加者へ――消費者からコンテンツの制作者および配給者へ変わるスイッチがあるのだ。

そして現代人は、集団的知性の新たな層を築き始めている。集団としてますますたやすく、力強く、迅速に集まり、感じ取り、発言し、行動できる。互いに助け合って、行方不明の子どもを見つけたり、危機から救ったりできる。同国人が何を考え感じているのかを、もっとよく知ることができる。フェイスブックがひとつの国だとしたら、毎月十五億人以上の活発な利用者を抱えた、地球上で人口最多の国になるだろう。[31] そして彼らはみんな、地球上のあちこちに分散してはいるが、平均すると四次未満の隔たりでつながっている。[32] フェイスブックでは、たとえ面識がなくても、あなたの友人の友人は、わたしの友人の友人を知っている。

こういう新たな集団的知性は、二十一世紀で最も熱心に論じられている多くの出来事の中枢となってきた。アラブの春、ウォール街占拠運動、ハリケーン・サンディに対応した一般国民の救援活動、地球温暖化対策の国際合意であるパリ協定、ヨーロッパにおける過激派政党の台頭。多岐にわたるこれらの活動は、新たなデジタルメディアがどのように善悪両方の結果をもたらすかをはっきり示している。社会と人々は今も、この意識の層を働かせうまく操作する方法を学ぼうと試行錯誤している。それはイラク・レバントのイスラム国（ＩＳＩＳ／ＩＳＩＬ）や、宗教的暴力だけでなく宗教的統治も拒否する新しいアラブの世俗的な運動を生み出す一助にもなった（第8章参照）。困難ではあるが、それはすでに人々を変容させつつある。かつては哲学科の抽象的な用語だった〝民意〟〝社会契約〟〝国家の鼓動〟という言葉が、文化と政治の具体的で予測可能な、影響力の大きい部分になってきた。

それほど遠くない将来に、事業を行い、学び、世界とその文化を探究し、すばらしい娯楽をなんでも呼び出し、友人をつくり、近所のマーケットを訪れ、遠くの親戚に写真を見せられる日が来るだろう――机や肘掛け椅子から離れることなく。

ビル・ゲイツ、一九九五年(33)

驚くべきなのは、いかにビル・ゲイツが正しかったかではなく、どれひとつ可能ではなかった世界を思い出すのがいかに難しいかだ。デジタルメディアはあまりにも急速に広がり、あまりにも日常生活に浸透しているので、以前はモザンビークの首都がどこなのかを知るために公立図書館へ行かなければならなかったことや、休暇旅行から帰って写真を友人に見せるにはもうひと組写真を現像して郵便で送るしかなかったことが、ほとんど信じられない。印刷機のときと同じく、現代人は知識を得て交換する方法、コミュニティーをつくる方法をふたたびひっくり返した。そして前回と同じく、集団的実験が新しい社会の網を広げ、テクノロジーの恩恵を受ける者たちを結びつけている。今回が前回と違う点は、その恩恵が拡大している範囲だ。

新たな世界がやってきた。次のふたつの章では、それが人類全体をどれほど変化させているかを示そう。

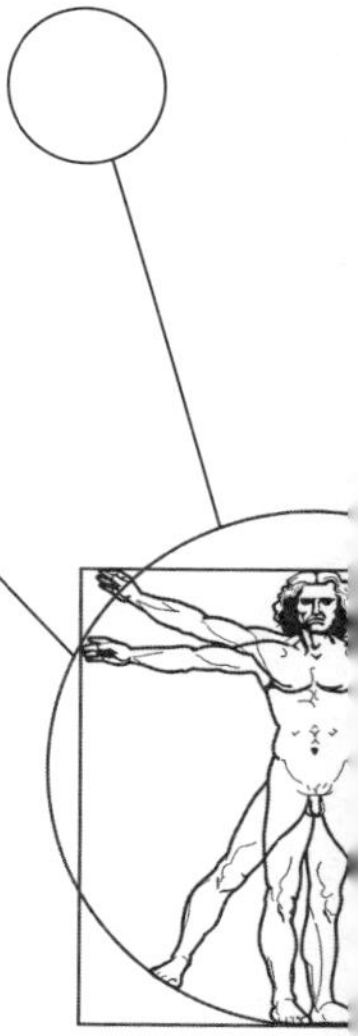

3

新たな絡み合い

人類全体のつながりがいっそう密接に、複雑になったのはなぜか

地図の四隅を引き寄せたら、何が起こるだろう?　表面上のあらゆる地点と、他のあらゆる地点の関係が変わってしまう。かつては端だった部分が、突然可能性に満ちた球体の新たな港になる。かつては不変だった中心が、他と比較されるようになる。以前は遠くをぼんやり見せていた距離が、境界のある近づきやすいものになる。

コロンブス、マゼラン、ダ・ガマ、グーテンベルク——彼らは世界をそんなふうにした。そして現代の人々も、世界に同じことをしている。その証拠は、一面に広がったデジタル領域を越えて存在する。貿易、金銭、コミュニケーション、旅行などを通じて人類がつながるあらゆる方法は、今の人々が新しい世界に生きている証拠を示している。

貿易

海の怪物を退治する

貿易は、世界的なつながりを代表するには範囲が狭く、だからこそ欠点もあるが、よい先行指標になる。歴史的に見て、利益を追求する会社や起業家は、人々を分断する障壁に新たな亀裂ができれば、いち早く入り込もうとする者たちだ。クリストファー・コロンブスがアメリカを〝発見〟したとき、ヴァスコ・ダ・ガマがアフリカの南端を経由してインドにたどり着いたとき、マゼランの乗組員が間違った方向からアジアへの航海を成功させたとき、彼らの重要な使命は、貿易だった。とりわけ、オスマン帝国の支配下にある東への陸路に代わるものを探していた。

こういう発見の旅以前には、ほとんどの貿易は地域が限定され、存在した長距離の大陸間貿易は、おもに陸路か、内海を渡る航路を使っていた。ヨーロッパは、世界の片側の風変わりな半島にすぎなかった。大陸の名称としての〝ヨーロッパ〟は存在すらしていなかった。その住人は、不統一で、しばしば交戦中のヴェネツィア人、アラゴン人、バイエルン人、フィレンツェ人、その他の集まりだった。彼らは他の地域にはほとんど影響を及ぼさず、自給自足で暮らしていた。既知の世界（アジア、中東、アフリカ）との貿易は、ヨーロッパ経済の二パーセント程度を占めるにすぎなかった。[1] ヨーロッパの人々は、他の文明が貴重と見なすほどの製品をつくっていなかったので、磁器や絹、香料などの輸入品に現金（金と銀）を支払わなくてはならなかった。

新しい地図がそのすべてを変えた。当時貴重とされた世界の資源（奴隷、香料、砂糖、金）が、初めて地球規模で動かされた。ヨーロッパ――その言葉は徐々に意味を持ち始めた――は、ますます大きくなる大陸間の流れを指揮した。一五〇〇年代初期、大西洋の奴隷商人は恐ろしい事業を開始し、年間一万～一万五千人のアフリカ人を、母国から南北アメリカの植民地へ送り込んだ。その地で奴隷たちは、サトウキビ、コーヒー、(一五六〇年からは)タバコのプランテーションで働き、海の向こうにいるヨーロッパ人が消費する日用品を生産した。[2] また奴隷たちは、アメリカ大陸の金と銀を採掘した。十六世紀には、スペインとポルトガルがアメリカ大陸(特に南アメリカ)から百五十トンの金を掘り出した。同時期にヨーロッパ全土で産出された金に相当する量だ。[3] 一部は自国に送られ借金の返済や戦費に当てられたが、大部分はアジアに運ばれ、さらに東洋の贅沢品を買うのに使われた。磁器、絹、茶、コーヒー、そしてとりわけ胡椒(一五〇〇年代前半には、インド洋を経由するポルトガルの全貿易の八十五パーセントを占めていた[4])。

世界規模の海運業が始まって最初の百年間、船荷の量は穏当だった。ポルトガルは、インド洋経由のアジアとの貿易で年間七隻ほどの船を、それぞれに貿易品と金塊を四百～二千トン積んで送り込んだ。スペインは、アメリカ大陸の植民地とのあいだをもっと頻繁に行き来した。一五二〇年までには、大西洋経由で週に二隻の船を送り込んでいた。さらに、伝説上の海の怪物が退治されたことで、遠い地の神秘性は取り除かれ、外洋を渡る冒険は(いまだに危険だとしても)日常的になった。外洋航行による貿易がつなぎ始めたのは、世界の大陸、文化、資源、言語、国際金融、そして広範囲の営利目的の遠征にさらに多くの資金を注ぎ込むために登場した大規模な信用貸しだった。全世界の経済の重心は、古代バビロニア以来人類の交差点だった中東から、ヨーロッパへ移った。〝アメリカの発見と、喜望峰経由の東インドへの航路発見は、人類史に記録された最大かつ最重要なふたつの出来事である〟およそ三百年後に、アダム・スミスは『国富論』（一七七六年）で述べた。

陸地では、西側と東側を隔てる壁は、好戦的なオスマン帝国の亡霊がほのめかしていたより穴だらけであることがわかった。互いの国境近くにふたつの文明があり、どちらも互いを征服できなかったので、両者ともに、もっと洗練された、利益になり外交に役立つ文化的取引を展開する必要があった。ジェノヴァは黒海への交通手段を失い、ヴェネツィアはエーゲ海と地中海東岸の島々と港を失った。しかし、その経路から供給される商品への市場の需要はなくならなかった。意欲的な貿易商社、外交官、法律家はこぞって、シルクロードを事業のために開放しておこうとして、銀行業、信用貸し、会計、為替の改革を、努力によって成し遂げた。一方、一五一七年、オスマン帝国はエジプト（ペルシア湾経由でインド洋へつながる国）を征服した。そして同様に、海上輸送によるアジアとのつながりを構築し始めた(5)。

壁を破壊する

今日ふたたび、かつて孤立していた土地の貴重な資源が、地球規模で動かされるようになった。冷戦時代、〝わたしたち〟と〝彼ら〟を分断していた壁は、物理的な商品の地球規模の輸出（世界に占めるGDPのシェアで計測される）が、一九七三年の時点で第一次世界大戦勃発前の一九一三年から増えていない（十二パーセント）という事態を引き起こした(6)。その六十年のあいだに、広胴型の旅客機と貨物機、民間航空産業、一貫輸送コンテナ船、一般向けの国内・国際電話通信、国際通貨動向による為替のリスクを回避するための国際金本位制、そして多国籍企業など、越境貿易促進のために大規模かつ新規の手段が多数導入されたにもかかわらず、増えなかったのだ。

壁が崩壊すると、商品の流れは滝のようになった。過去半世紀より量も種類もはるかに増え、新しい市場と生産の中心地が世界経済のなかでつながり、相互に補強した。

新たな量

全世界の商品貿易は、経済活動全体におけるシェアと同様、一九八〇年代を通して横ばい状態だった。その後突然、拡大し始めた。一九九〇年、貿易物品は世界のＧＤＰの七分の一を占めるにすぎなかった。二〇一四年には、四分の一になった。今の世界では、稼いだ四ドルのうち一ドルは、他国に商品を売ることでもたらされる。その商品の価格は、一九九〇年の三兆五千億ドルから二〇一四年の十九兆ドルへ、五百パーセント以上高くなった。二〇〇八年の金融危機で、世界同時不況が起こったにもかかわらず。(7)

サービス貿易は歴史的にずっと少ない――たとえば散髪はハーレーダビッドソンより輸出が難しい――が、ここでも量は劇的に伸びている。国境をまたぐサービスの流れは、相対的に見て一九九〇年以来倍増し、世界のＧＤＰの三パーセントから六パーセント超になり、価格では六倍に増えて、八千億ドルから四兆七千億ドルになった。(8)

新たな多様性

量以上に、世界貿易のつながりの多様性も増してきた。

第一に、その多様性は地理的なものだ。一九九〇年、貿易の大部分は、先進国世界に限られていた。世界の商品取引の優に六十パーセントは、互いに輸出し合う豊かな国で構成されていた。発展途上国同士の貿易は、たった六パーセントにすぎなかった。しかし今では、それぞれのシェアは同等にまで近づいている。あらゆる地域の貿易が伸びているが、新興市場間で開かれた新しい通商路沿いでは、二倍の速度で伸びている。

世界のコンテナ港のランキングが、このシェアの変化を反映している。一九九〇年には、年間輸送量における世界の上位十港はすべて先進国だった。二〇一四年には、上位二十五港のうち十四港は発展途上国であり、中国だけで上位十港のうち七港を占めた。二〇一一年以来世界で最も多忙なコンテナ港である上海《シャンハイ》は、一九九〇年には上位二十五港に入っていなかった。(9)

貿易品目もさらに多様になった。世界の商品貿易の大部分を占めているのは今も、原油、ガス、コーヒー、小麦、鉄、他の原材料などの一次産品だ。しかし、工業製品のなかで現在取引されているものは、ほんの二十五年前に比べてはるかに多様になっている。国際民間航空機関の機関誌の一九九一年七月号には、中国国際航空に対する初のボーイング七四七の引き渡しが告知され、〝北京《ペキン》からロサンゼルス、サンフランシスコ、ロンドン、パリ、香港への、布地や衣類ほかの商品の輸送に利用される。帰路には、貨物機の有効積載量にコンピューターほかの電子製品が含まれる〟とある。(10)

現代の人々はそういう逸話を、半信半疑で振り返る。かつて先進国が発展途上国に取っていた単純な営利主義的アプローチ――安い労働力と豊かな資源の利用――は時代遅れになった。新興国はもはや、単に資源や市場を供給してはいない。今では国産の優れた商品が、資本と顧客、人材を獲得するために世界で競争している。二〇一二年には、中国がアメリカ合衆国を追い越して、世界一の製造大国になった。ブラジル、インド、インドネシア、メキシコ、ロシアはみんな、上位十五カ国に入っている。[11] 過去四分の一世紀の動きを見てみよう。ベトナムは、農業部門の中央集権的計画を廃止して、米《こめ》輸入国から世界屈指の米輸出国になった。バングラデシュは、ゼロから十五億ドルの衣類輸出産業を興した。[12] ニュージーランドの小さな酪農場は合併して、貿易市場の三分の一を占める世界最大の乳製品輸出国として、EU全体に取って代わった。[13] インドは、一千億ドルのIT輸出産業を興し、[14] 現在では、世界で外注された市場調査とデータ分析全体の七十パーセントを請け負うまでになっている。[15] ほかにも枚挙にいとまがない。

もちろん中国は、突出した事例だ。ほぼ完全に孤立状態だった三十年前から、中国経済は今や二百三十を超える国と地域と交易するまでになった。その数は、世界のどの国より多い。世界における輸出のシェアは一九九〇年以来六倍に増え、全世界の二パーセントから十二パーセントになった。これも、世界のどの国より大きい。[16] 輸出のドル換算額はおよそ四倍に増え、ほんの六百二十億ドルから、二〇一四年には二兆三千億ドルになった。[17] 品目は、軽工業品（衣類、靴、布地、家具）から、高額機械類や電子機器へ変わった。そして、輸出は物語の半分にすぎない。中国の輸入は着実に増え、一九八〇年の二百億ドルから、二〇一四年には二兆ドルになった。おもに先端機械類と発電装置で、エネルギーと原材料がそれに続く。[18] 中国は、同じ地域の経済大国すべて（日本、オーストラリア、韓国、台湾など）と、ラテンアメリカ第一およびアフリカ第一の経済大国（ブラジルとナイジェリア）にとって、まさに最大の顧客だ。現在、中国一国で、発展途上国世界の貿易全体のおよそ三分の一を占めている。[19]

サプライチェーンは、こういう新たな能力と脅威にすばやく対応している。一九九二年、ノキア社は、世界初の大量生産型携帯電話Ｎｏｋｉａ１０１１を発売した。これはおもに、韓国から調達した部品を使って、イギリスとフィンランド（ヨーロッパの発注元に近い場所）で組み立てられた。現在のアップル社のｉＰｈｏｎｅと比べてみてほしい。五大陸の三十あまりの国から、七百社を超える供給業者が参入している。[20] 物流の複雑さが増しているのは、ひとつには製品自体がますます複雑になっているからだ（１０１１にはタッチスクリーンはおろかカメラもついていなかった）。しかしそれは、先端商品を製造・購入する新興国の能力の向上と、供給と需要へのさまざまな国の貢献をまとめるコミュニケーションと輸送技術が発展したおかげでもある。一九九〇年代から二〇〇〇年代まで、これは〝オフショアリング〟と呼ばれた。たいていは、価値連鎖のなかの手作業や反復作業の部分（組み立てや顧客サポートなど）を低コストの国々に送り出すことを意味した。今では、この言葉は古めかしく感じられる。今日の市場で競争するつもりなら、そこにある〝自国と他国〟という発想を、経営陣は捨て去らなければならない。製品は〝世界製〟だ。たとえばｉＰｈｏｎｅなど、一部は世界じゅうで購入されてもいる。企業は価値連鎖全体をばらばらにして、戦略上の理由で、一部はオフショアリング、別の一部はリショアリングやニアショアリングを利用し、それぞれを配置している。コストは重要だが、決定を支配してはいない。二十一世紀の今、時間と諸経費、リスク、反応性をきちんと考慮に入れれば、アメリカの自動車用部品をテネシー州でつくっても、広州でつくるのと同じくらい利益を上げられる。図３－１を見てほしい。

金融

ヴェネツィアからアントウェルペンへ

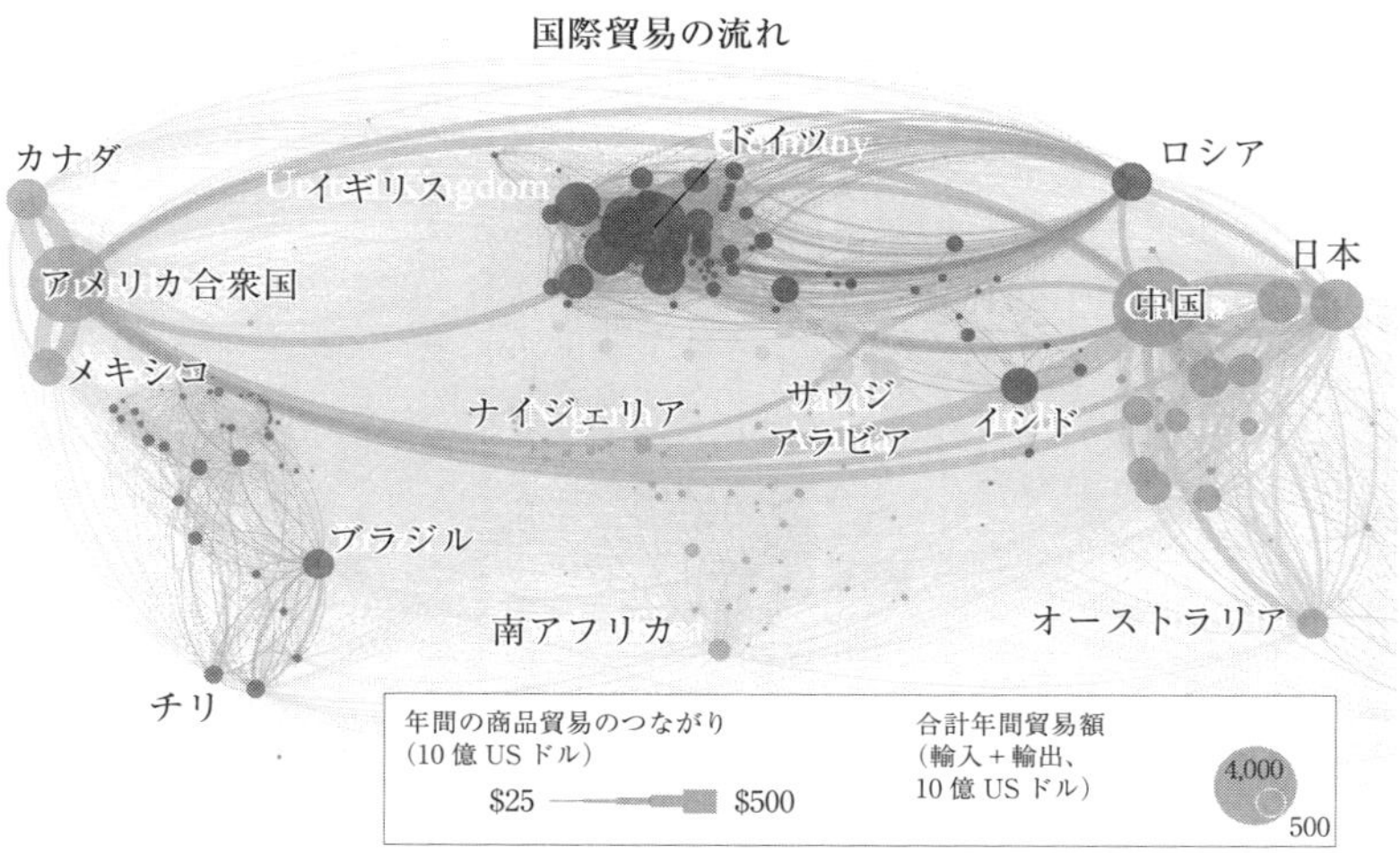

図３－１　貿易は正真正銘の世界的な現象になった。
画像著作権：ラフル・C・バソール教授&ヒョンウー・パーク。パンカジ・ゲマワット&スティーヴン・A・オールトマンのために作成。「DHLグローバル連結性指標2014」(2014年)。www.dhl.com/gci からの引用および著者による凡例とラベル。

新たな地図とメディアは、金融のつながりも変えた。金融は常に、社会が変化した証を見つけるのによい場所といえる。社会のなかで基本的な役割を果たしているからだ。人々は必ずしもその役割に気づかない。〝金融〟はあまりにもなじみ深い概念のひとつなので、その実体を整理するのが難しい。

とてつもなく高い賞与とビルディングをはぎ取れば、残るのは、経済の基本的で不可欠な機能を担う産業だ。単純に、資金を必要としている活動に遊休資金を結びつけ、その活動を実現できるようにすること。それが本当に重要な金融の側面だ。前回のルネサンス時代、この機能は、現代でもよくあるふたつの点で変わった。第一に、資金調達をめぐる地理的な状況が、ヴェネツィア支配による一地方の業務から、アントウェルペン中心の大陸全体の市場活動へ移り変わって拡大したこと。第二に、その市場の参加者が、貿易商人だけでなく王子から農民まであらゆる人で構成されるようになったことだ。このふたつの変化が合わさって、巨大な金融の流れが起こり、ヨーロッパ大陸全体の富がいっそう密接に結びついた[21]。

十五世紀後半、ヨーロッパ経済の重心は地中海から大西洋へ移り始め、イタリアの銀行とその手法もともに移っていった。ひとつには、イタリア人が新しい成長の中心地に押し寄せたからだ。たとえばメディチ銀行は、主要な支店をフィレンツェからアントウェルペンへ移動した。そしてひとつには、ドイツとネーデルラントの新興の貿易商社がイタリアの専門家を自社の会計、契約、融資業務に引き入れたからだ。

拡散とともに、改革と規制緩和がやってきた。イタリアのおもな金融商品は、為替手形だった。要するに、物理的に取引した商品の買手と売手が交わす借用証書だ。一四五〇年、イタリアの胡椒の買手は、地中海の供給業者にすぐには代金を払わなかった。代わりに、供給業者に借用証書を渡し、その香辛料を輸送して大陸の買手に転売したあとで支払いをした。借用証書は便利な信用貸しだったが、ひとつ重大な制約があった。第三者に譲渡できなかったのだ。イタリア人にとって借用証書は、現金でなく売掛けで商取引を行える信頼関係のある者同士が交わす個人的な約束だった。

しかし、十六世紀ヨーロッパの交易の新たな中心地となった沿岸の都市アントウェルペンでは、商人たちはこの制約に苛立った。インドからの胡椒、アメリカ大陸からの銀、イギリスからの布地、ドイツからの金属はすべて、この港湾都市を通過した。こういう商品の買手と売手は、ヨーロッパじゅうに広がっていた。借りたり借りられたりするたびに、何十枚、ときには何百枚もの異なる期日の異なる借用証書に対する支払いが生じた。取引の流れを円滑に保つためには、売買の清算に役立つもっと柔軟な信用貸しの手段が必要だった。そこで一五二〇年ごろには、為替手形を譲渡可能にした（難しかった部分は、債務不履行のリスクも譲渡できるよう法制度を強化することだった[22]）。

ほどなく、〝国際金融共和国〟が生まれた。総価値では、資金が供給される実際の取引より数百倍大きかった[23]。これで商人は、地元の買手や供給業者と交渉する代わりに、アントウェルペンの証券取引所で借用証書（為替手形）を売却すれば、次のインドへの胡椒買い出しに必要な資金を調達できた。公設の資本市場の優れた流動性によって、商人は資金を調達し、リスクを回避し、自分の商品の相場を知る簡単な方法を手に入れた。売却した為替手形は、所有するあらゆる船が港に着く前に、何度も持ち主を変えた。二十回はふつうで、百回もめずらしくなかった。ときには、利益の実現や損切りが動機となることもあった（胡椒の価格は乱高下しやすいことで有名だった）。ときには、為替手形を持った誰かが別の目的ですぐさま現金を必要とすることもあった。特に評判の高い貿易商社（フッガー家など）が振り出した為替手形は、ほとんど今日の紙幣のように手から手へ渡った[24]。

この新しい市場活動が最終的に、金融における広範囲な参入と大陸の統合をもたらした。ヨーロッパのあらゆる国々からおよそ五千人の商人が、代表としてアントウェルペンの証券取引所に送り込まれた。その商人のひとりがこう言った。〝そこではいろいろな言語が混じり合った音が聞こえ、色とりどりのありとあらゆる型の服装をした人が見られた。要するに、アントウェルペン証券取引所は、大きな世界のあらゆる部分がひとつに結びついた小さな世界のようだった[25]〟

もはや個人が貿易で利益を得るために、取引に携わる必要はなくなった。提示された条件と貿易業者の評判が気に入れば誰でも、為替手形の取引ができた。商人でない人たち――機関投資家、管財人、小口投資家――すべてが活発な短期の参加者になった。あまりにもたくさんの参加者が関わっていたので、利用できる資本の共同出資金が膨れ上がり、ますます多くの貿易関係のベンチャー事業が立ち上げられた。他のベンチャー事業も、その基金から生まれた。カレーからオスロまでの市政は、証券取引所で国有の土地建物を担保にし、農業、住宅建設、採鉱、輸送などの事業のために大口の資金を調達した。

証券取引所は、ヨーロッパの現実の市場を統合するのにも役立った。資本市場が資金調達のコストとリスクを押し下げると、輸送のコストと遅れは問題ではなくなった。ほどなくスペインとポルトガルのパン屋は、はるか遠くのバルト海北部で育てられた小麦が、地元近くの穀物より安いことに気づいた。同様に、フランスとポルトガルの塩が、バルト海の生産者の国内市場に強引に参入し始めた。

新たな金融市場が、大陸の経済的な命運をいっそう密接につなぎ合わせた。第7章で示すように、これは新たなリスクをもたらしたが、同時に、時代が差し延べた機会を、より多くの人がつかむ手助けをした。

ウォール街からドバイへ

統合の深化、参加の広がり、規模とリスクの急激な増大。多くの点で、それは現代の金融の物語でもある。どのようにして、二〇〇七年のアメリカの不動産バブル崩壊が、世界経済の崩壊を招く地点までたどり着いたのだろう？　一九九〇年、外国で資本を集めて投資することは、おもに富裕な国々のクラブに限定された活動だった。アメリカ合衆国と西ヨーロッパは、国境をまたぐ金融活動の中心にいた。一九九九年の時点でアメリカは、額面で、あらゆる国際取引の五十パーセントに参加していた。[26] 国境を越える資金の十分の九は、先進国間で移動した。[27] 新興市場での流出入はわずかだった。先進国世界には、新興市場に存在する機会の情報がほとんどなく、新興市場には、状況改善のためのインフラや専門知識がほとんどなかった。

前回のルネサンスでは、押しと引きの両要素によって、イタリアの信用貸し業務がヨーロッパ大陸じゅうに広まった。一九九〇年以来、同様の原動力が、地球のほぼ全域に資本市場活動を広げてきた。先進国世界の資本を新興市場に引き込んだ最も明白な要因は、またしても経済成長の中心地の移動だった。先進国世界の成長が停滞するにつれ、投資家は急速に発展している国々の、資本を渇望する経済に引き寄せられた。ほんの数年のうちに、それらの経済は、外資を誘導するよう設計された大改革を実行した。自国経済を対外開放することに加え、国際融資機関や投資銀行を経済政策の現場に招いて、周知の財政・金融政策を採用し、国内外で資金移動をしやすくして、個人投資家向けに高価な国有財産を売りに出した。一方、先進国では、金利の低下と経済成長の鈍化が、投資家を気楽な国内から押し出していた。

ここでも拡散が金融改革と同時に起こり、市場活動の規模が急激に広がった。おもな改革――〝証券化〟と〝クレジットデリバティブ〟――も同様に、負債とリスクを譲渡しやすくするものだった。証券化によって、貸手は所有するさまざまな借用証書（現代用語では債券と譲渡抵当）を混ぜ合わせた。〝クオンツ〟という新たな略称で呼ばれる人たち、数年前ならロケット科学に参入したはずの物理学と数学が専門の金融市場分析家が、全体のリスクを減らし、特大のリターンを維持するためにその混合物を注意深く計量した。そのうえで貸手が、でき上がった何杯かのカクテルを別の投資家に売却した。こうすれば、貸手は負債を帳簿から消し去り、新たな貸付が自由にできた。クレジットデリバティブは、一種の保険証券として登場し、所有する一部の怪しげな借用証書が不履行になるリスクに備えて、貸手が買った。貸手は、そのリスクを負う（手数料を取って）ことに同意した第三者からクレジットデリバティブを買う。借手が最終的に履行を怠ると、第三者が貸手の損失を補う。そのうえ、このリスクを帳簿から消すことで、貸手はさらに貸付を行えるようになった。

このふたつの改革による重要な成果のなかに、一九九〇年代半ばのサブプライム住宅ローン市場の登場があった。それまで、借手は〝プライム〟、つまり現行利率で融資を受けられるか、〝サブプライム〟つまりほぼまったく融資を受けられないかだった。しかし一九九〇年代半ばに、負債とリスクを除去できるこの新たな力（そして計算を補助する安価で能率の高いコンピューター）を持った貸手は、サブプライムの借手にローンを提供し始めた――高い利率で。サブプライムローンは、一九九五年の六百五十億ドルから、二〇〇三年には三千三百二十億ドルへと拡大した。[28]

規制緩和も大きな役割を果たした。一九八六年、イギリスでマーガレット・サッチャーが着手した改革によって、固定売買手数料が廃止され、電子取引が導入された。次の十年における欧州経済通貨同盟は、ヨーロッパ全土への資本流入をますます容易にした。一九九六年、アメリカ連邦準備制度理事会は、金融機関の支払準備率を下げるために（この場合も、貸付を増やせる）クレジットデリバティブの利用を認可し始めた。一九九九年に制定されたアメリカの金融サービス近代化法（グラム・リーチ・ブライリー法）は、一九三三年のグラス・スティーガル法を廃止し、銀行、証券会社、保険会社が相互に業界で競争できるようにした。

新たな規模

突然、国境を越える金融の流れが急増し始めた。一九九〇年から二〇〇七年のあいだに、世界的な国境を越える流れは、年間一兆ドルから十二兆ドル超に増えた。およそ二十年で年平均十六パーセント急増したことになる。[29] 二〇〇七年から二〇〇八年にかけての金融危機は、この活動の多く（ほとんどは先進国間）を追放し崩壊させたが、年間およそ四兆五千億ドルの債券と株式が現在も国境を越えている。[30]

新たな多様性

金融の流れは、二十五年前より規模が拡大しただけでなく、多くの地域を通過するようになった。

西ヨーロッパは、新興市場といっそう親密な連携を築いてきた——アフリカ、中東、ロシア、東ヨーロッパ、アジアの他の地域。そして、大きな新しい連携が、新興国間で直接結ばれてきた。現在ラテンアメリカは、新興アジア経済と投資で連携し、それを西ヨーロッパとの連携と同じくらい重視している。発展途上国への外国直接投資（ＦＤＩ）は、一九九〇年以来、世界全体のＦＤＩの五分の一未満からおよそ五分の三に増えた[31]（ＦＤＩが重要なのは、たいてい長期で、送り手と受け手のあいだにつながりができ、テクノロジーと管理技術を共有できるからだ）。先進国への債券、株式などの投資は今も停滞しているが、中国、南アジア、ラテンアメリカ、アフリカへの流れはすでに、危機以前の重要性を取り戻した。

世界の資本は、より大きく複雑で包括的な投資のネットワークをまとめ上げてきた。次ページの図３-２を見てほしい。

この新たな地球規模の金融統合を目撃するために、世界地図を見る必要はない。自分の金融資産のなかに見つか

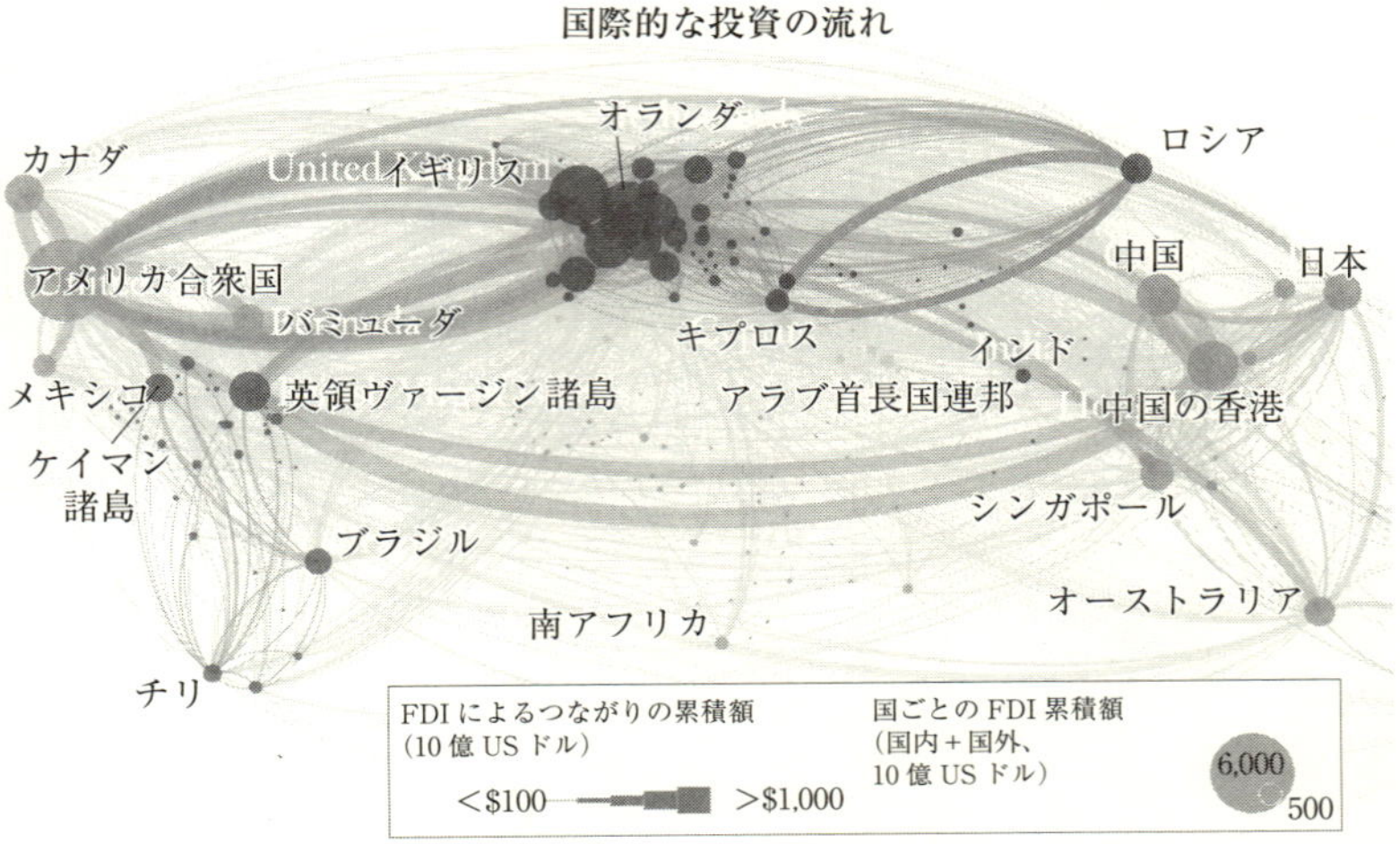

図３－２　国境を越えた金融が世界のバランスシートを絡み合わせている。
画像著作権：ラフル・C・バソール教授＆ヒョンウー・パーク。パンカジ・ゲマワット＆スティーヴン・A・オールトマンのために作成。「DHLグローバル連結性指標2014」（2014年）。www.dhl.com/gciからの引用および著者による凡例とラベル。

るはずだ――金融機関による報告がそれほど不明瞭でないなら、おそらく。あなたの年金（アメリカ合衆国なら401k）は、ヨークシャーの風力発電基地や、モンゴルの金鉱、あるいはリオデジャネイロの不動産に投資されているかもしれない。三つすべてに投資されている可能性も大いにある。数年前に組んだ住宅ローンが、現在はケイマン諸島の会社に所有されている可能性も充分にある。クレジットカードの借金、学生ローン、車のローンへの毎月の支払いは、ロンドン、ドバイ、東京、ヨハネスブルグなどの債券保有者に譲渡されようとしている。

　金融における相互連携の規模と複雑さは、新たなリスクを生んだが（金融危機自体と同じく）、機会ももたらした。世界じゅうで、資金を必要とする事業がそれを得られる可能性が高まった。見積もりによると、発展途上国じゅうで急成長している七百以上の都市が、二〇三〇年までに、総計四十兆ドルの新たなインフラを必要とする——道路、港、発電所、水道や電気通信設備、学校、病院、などなど。[32] 初期導入コストを支払える国はほとんどないだろう。しかし、支援は両方向へ流れる。集合的に見れば、二〇一五年、発展途上国は、先進国世界に対する純資本輸出国になった。[33] カナダのような先進国にはよいニュースかもしれない。豊富な天然資源に恵まれているが、人口は少ないからだ。カナダは二〇二〇年までに、およそ六千五百億ドルを自国のエネルギー部門のみに投資する計画だが、[34] 三千五百万人の国民のなかにそれだけの遊休資本は見つからないだろう。

金融にはリスクが伴い、その主要な参加者はともすれば社会での真の役割を見失いがちだが、ひとつの産業として、人類の業績を証明するのにこれほどふさわしい場所はほかにない。

以上すべてをまとめると、貿易は現在、世界経済にとって二十五年前より二倍も重要になっている。国境をまたぐ商品、サービス、資金の流れの年間総計は、一九九〇年には世界のＧＤＰの二十パーセント超にすぎなかったが、今日では四十パーセント近くまで増えている（金額では、年間約五兆ドルからほぼ三十兆ドルに達した）。総計における発展途上国世界のシェアは三倍になった。[35] ふたたび、世界の経済資源は地球規模で動かされ始めた。

人

世界で最も貴重な資源——人についてはどうだろうか？　世界地図が描き直されれば、個人個人がお互いに新たな関係を築かざるをえなくなる。古びた片隅が新しい入口になる。傍観者が参加者になる。旅に出ることは、大昔からの人間の衝動だ。世界が開かれるとき、人の——わたしたちの——流れはそのありかたを反映する。

短期の旅

前回のルネサンス時代、あちこち動き回れる才覚と手段に恵まれた人たちにとっては、行かなければならない場所が突然ぐっと増えた。ビジネスならヴェネツィアやパリ、高等教育ならパドヴァやボローニャ、文化ならフィレンツェといったお定まりの中心地に加えて、貿易と産業のアントウェルペン、大西洋とアジアへの主要な玄関口であるリスボン、セビリア、アムステルダム、（その後一六〇〇年までには）ロンドンなどが加わった。カトリック教会は長いあいだ軽視してきたローマをよみがえらせ、ふたたびすべての道はローマにつながった。ヨーロッパと東洋の貿易を取り次ぐ海辺の中継地ヴェネツィアは、以前よりさらに大きな国際都市になった。そこでは、ヨーロッパ全土と地中海東岸地方から集まったキリスト教徒とユダヤ教徒が、お互いや、オスマン帝国のトルコ人、アフリカや極東から行商や恒久的な通商代表としてやってきた少数の人々と日常的に肩をすり合わせていた。都市自体も、複雑な人口構成への配慮から、ビザンティン、イスラム、イタリアの建築様式が一風変わった形で融合する風景へと変貌した。

中心都市には、多様で豊富な文化と、かつてないほど力強い新たな人と商品とアイデアの流れが生まれた。この三つの条件——多様性、豊富さ、変化——が、港、市場、教会、宮廷、富裕層の屋敷、大学（そこでのやりとりは、共通の学術言語のラテン語によって簡略化された）にそろっていた。十六世紀前半には、クラクフの有名なヤギェウォ大学の学生の四十パーセントは外国人になり、北欧やスコットランドなど遠方の出身者もいた。イタリアのパドヴァ大学では、年間数百人のドイツ人が卒業した。そういう都市への旅は、十六世紀のエリートにとって必須になった。それは、急速に変化する世界のなかで成功するのに必要な新しい知識と技能とネットワークを得るためであり、専門的能力の開発と型破りな行動を支援してくれる新たな出資者たちに近づくためであり、そして新たな言語、特にギリシャ語だがさらにアラビア語とヘブライ語も学んで、その時代の最も学識豊かな議論に加わるためでもあった。

今日、中心地はふたたび旅行者であふれている。ニューヨーク、ロンドン、東京、パリ、シンガポール、ロサンゼルス、ブリュッセル、北京、サンパウロ。どの分野、どの国だろうと、世界的なリーダーで、そういう中心都市を一カ所も訪れたことがない人を探してみてほしい。いないはずだ。他の人々も、彼らの足跡をたどっている。一九九〇年から二〇一四年のあいだに、国際的な旅行者の到着数（最低一泊と定義される）の世界総計は、四億四千万人から十四億人に増え、なかでも中国からの旅行者が最も多い。[36] 空の交通も同じく明らかな証拠を示している。乗客の旅行回数は合計で、一九九〇年のおよそ五億回から二〇一四年には三十二億回に跳ね上がった。[37] 二〇一一年以来、国際便の数が国内便を上回っている。[38]

多くの要素がこの成長の原動力となった。ひとつは北アメリカ、ヨーロッパ、アジアで低コストの航空会社（サウスウエスト航空、イージージェット、ライアンエアー、ピーチなど）が創設され、飛行機通勤者層を大幅に広げたことだ。しかしもっと大きな要素は、世界のかつての片隅に新たな中心地が出現して、その住民がジェット機族につながったことだ。

それらの出現は、世界の最多忙空港のランキングを見れば明らかだ。一九九〇年には、世界で最も忙しい空港（年間合計乗客数による）上位二十五カ所のうち、北アメリカ以外にあるのは二カ所だけで、それはヨーロッパの主要ハブ空港であるロンドンのヒースローとフランクフルトだった。今日では十六カ所がランキング入りし、そのうち北京は第二位だ。[39] またその変化は、上位二十五カ所の重要性の低下でもはっきりしている。一九九〇年当時、それらの空港は世界の航空交通の五十パーセント以上を占めていた。今日では四分の一未満になった。乗客が流れる新しい航空路と中継点がたくさんあるからだ。特に中国では、航空交通が二十倍に増えた。[40]

二十年前、飛行機利用者の四分の三は、北アメリカとヨーロッパの住人だった。今日、北アメリカ、ヨーロッパ、アジアの旅行者はそれぞれ、空の旅人の四分の一ずつを占めている。ジェット機で各地を飛び回るのは現在も限られた富裕層の活動だが、次の二十年のうちに、数十億人がそのクラブに加わるだろう。大手航空機製造会社のボーイングとエアバスは、二〇一五年から二〇三四年のあいだに、航空機産業界で乗客数が最も急速に伸びるのはアフリカ（基点が低いとはいえ）、次にラテンアメリカとアジア、そして中東が続くと予測している。アフリカとラテンアメリカのつながりは最も急成長している地域間航空路だ。絶対数では、アジアの航空交通がじきに出発ロビーで優位を占めるだろう。航空機製造会社の予測どおりなら、二〇三四年までにアジアの旅客輸送は、北アメリカとヨーロッパを合わせた数を上回る。[41]

長期的な移動

長期の旅行者あるいは移住者は、並外れた人たちといえる。移住とは、他者から自分を切り離しているはずの地理的、文化的、社会経済的距離をなくすことだ。移住者自身にとって、そして送り出し受け入れる社会にとって、影響は大きい。その旅は――田舎から都市へ（都会化）であれ、母国から外国へであれ――多くの場合、大きな賭けに向き合う雄々しい勇気の物語だ。

前回のルネサンス時代には、移住者の流れに際立った増加が認められた。新たなルネサンス時代も同じだ。

都会化

コロンブス以前の世界では、ヨーロッパで人口五千人以上の街に住む人は（国ごとにさまざまな違いがあるが）平均でおよそ十パーセントしかいなかった。イタリア都市国家のような貿易国が都会化ランキングの上位にあった（十五〜十六パーセント）。ヨーロッパの片隅に位置する国々（スペイン、ポルトガル、イギリス諸島など）は一桁の低い数字だった。[42] しかし新たな地図によって、片隅は入口になり、それらの都市は急速に追い上げ始めた。百年のうちに、ポルトガルの人口における都市のシェアは三パーセントから十四パーセントへと五倍になっていた。[43] イギリスの都会化は二倍（二パーセントから四パーセント）になり、スペインも同様だった（六パーセントから十一パーセント）。アメリカ大陸の商品を国際的に取引する拠点となったスペインのセビリアでは、一五〇〇年には六万〜七万ほどだった人口が、一五八八年には十五万人にまで膨れ上がった。さらに何万もの人が、アメリカ大陸へ向かう途中に通過した。[44] 既存の拠点にも新たな人々の流入があった。都市は、より確かな収入と、都会的な防御設備（一四九四〜一五五九年のイタリア戦争などの紛争は、頑丈な壁に隠れてしのぐのがいちばんいい）、田舎の村より豊かな社交と知的生活を提供した。もっと重要なことに、都市——特に交易都市——への移動は、知識や市場、機会に近づける移動だった。一五〇〇年には、人口が十万を超えるヨーロッパの都市は五カ所だけだった。一六〇〇年には十カ所以上になった。

一九九〇年当時、最も都会化された国はすべて先進国世界にあった。北アメリカとオセアニアの約四分の三、ヨーロッパ、ラテンアメリカ、カリブ海地域の七十パーセントの人々は都市に住んでいた。しかし、世界経済の片隅にあるアジアとアフリカでは、都市を故郷と呼ぶ人は少数派（三十パーセント）だった。

それらの大陸は、もはや片隅ではない。今日ではアジア人の半数以上とアフリカ人の四十パーセントが都市に住んでいる。絶対数では、過去二十五年間で都会の人口は二倍になった。別の見かたをしてみよう。アジアとアフリカ全土において、現世代だけで過去五千年の都会の人口増加に匹敵する増加があったということだ。[45]

その結果、二〇〇八年には人類全体が静かに、重大な節目を越えた。史上初めて、過半数の人々が都市に住んでいる。大変動でも起こらないかぎり、数字が元に戻ることはないだろう。今や人類は都会の動物になった。居住環境の傾向は場所によってさまざまだが、世界的に見れば、将来のあらゆる人口増加は都市で生じるだろう。二〇五〇年には、人類の都会の人口はさらに二十五億人増える可能性がある。田舎の人口は一億五千万人減ると推定される。[46] 都市は物事の中心であり、人は種としてそこに押し寄せている。

新たな中心地がふたたび現れつつある。東京、ニューヨーク、ロンドン、トロント、パリ、デリー、サンパウロ、ムンバイ、メキシコシティ、上海、ダッカなどの巨大都市が世界の新聞の見出しを賑わしているが、真の物語――少なくとも都会の成長に関して――は、今日五十万超の人口を抱える七百以上の発展途上国世界の都市で展開するだろう。そして二〇三〇年には、三百五十以上の新たな都市がその数字に達するだろう。二〇三〇年までに、それらの都市の人口は合計でさらに十三億人増え、既存の大都市では一億人の増加にとどまると考えられる(47)。

そういう新しい中心地は、先進国の人々には漠然としか知られていない。人口五百万～一千万人の地方中核都市は、中国の長沙《ちょうさ》、ブラジルのジョインビレ、メキシコのベラクルスなど、およそ百五十カ所ある。インドのアフマダーバード、ロシアのソチなどの人口百万～五百万人の中型の成長都市は数百カ所あり、たいてい地方の天然資源や産業密集地の周囲に築かれている。さらに、衡山《こうざん》、雷波《らいは》、クチャマン・シティ、コンチ、カシアス、ティモン、エスコベド、アバソロなど、地図でも見つけにくい小さな新興都市が何千カ所もある。

中国は都会化の物語を牽引している。一九八二年から一九八六年にかけて国家計画農業を廃止したことで、田舎の職場から余剰人員が解放された。中国の都市人口は、四年という短く慌ただしい変革の年月で、およそ二億人からほぼ四億人に急増した(48)。中国の次なる都市の急発展は、一九九二年以後に始まった。この年、鄧小平は歴史に残る〝南巡講話〟に出かけ、中国南東部沿岸地方を視察し（期間中〝裕福になるのはすばらしいことだ〟をスローガンとしたらしい）、共産党の信条として市場改革支持の基盤を固め、田舎の労働力を沿岸地方へ引きつける輸出主導による拡大を推し進めた。中国の珠江《しゅこう》デルタに位置する深圳《しんせん》は、現代のセビリアになった。一九七〇年代には人口およそ一万人の漁村だったが、一九七九年に経済特区に選定され、次の十年間で人口二百五十万人に達した。南巡講話後には、新たな速度で飛躍的に成長し、二〇〇〇年には深圳の人口は八百万人を上回り、二〇一五年には一千万人（出稼ぎ労働者を入れれば千五百万人）になった。[49] こういう物語が他の数十カ所で再現され、今日では中国の人口の半数以上――約八億人――は都市に住んでいる。[50] つまり、一世代に、ほぼ五億人――EUの現在の人口と同じくらい――が移転した。

人口増加と都会化の物語の次章には、アフリカが登場するだろう。現在から二〇三〇年まで、中国ではなくアフリカが、世界最大で最速の都市拡大を経験するはずだ。中国の総人口は十三億〜十四億人あたりで横ばいになるだろうが、アフリカの総人口は今日の約十億人から十六億人超に膨れ上がると推定される。これら新参者の五分の四ほどは都市で生まれ、二〇三〇年にはアフリカの人口における都会のシェアを五十パーセントに押し上げるだろう。現在アフリカで最も人口密度の高い都市カイロでは、千八百万人から二千四百万人に増えるだろう。しかしそのころまでには、ラゴスやキンシャサに追い越されるかもしれない（どちらも現在の約千二百万人から倍増するペースで成長している）。[51]

✦

都会化は多くの利益をもたらす。物理的に人類を密集させることで、世界の土地、エネルギー、水などの資源を利用する際の効率がよくなる。また、社会的な関係と相互作用の密度を高めて、地球規模で人々をつなぐ物理的なインフラとデジタルのインフラに人類全体を近づける。そして都市は、人的資源を集中させる。金融資本、生産、市場、才能、情報、知識の創造。これらすべての要素が、都市では容易に見つかり集積される。第二部では、適切な支援があれば、それが人間の業績に好ましい重大な結果をもたらすことを示そう。第三部では、それが新たなリスクを伴うことを示す。

国境を越えて

前回のルネサンスは、ひとつの国からもうひとつの国に、膨大な数の人々がたいていは強制的に大移動した時代でもあった。

　この移動は、ヨーロッパ内部で始まった。東側では、オスマン帝国のコンスタンティノープル征服によって、何千人ものギリシャ人がヴェネツィア、フィレンツェ、ローマなど、イタリアの都市をめざして西へ逃げた。西側では、一四九二年、カトリック両王と呼ばれたアラゴン王フェルナンド二世とカスティーリャ女王イサベル一世が、かつてイスラム教国家の広大な領土だったアンダルスの最後の残存者を鎮圧することに成功した。北アフリカから侵攻したイスラム教徒たちは、七一一年以降、現在スペインとポルトガルがある地域の大部分を占領していたが、もはや生まれ故郷で歓迎されない客となった。フェルナンドとイサベルは、一四七八年に始まっていた異端審問を強化した。国の結束とカトリックの純粋性という名目のもと、裁判や嫌がらせによって、最終的には何万人ものユダヤ教徒とイスラム教徒が追い立てられた†。

　一五二〇年代から、ヨーロッパの他の地域でも、難民たちの新たな流れが生じ始めた——今回は、ルターの宗教改革の結果だった。キリスト教世界がカトリックとプロテスタントに暴力的に分断されたことで、ヨーロッパでは五世紀に西ローマ帝国が滅亡して以来見たことのない規模の人口移動が起こった[52]。

最も悪名高い大移動は、大西洋奴隷貿易だった。コロンブスのアメリカ大陸発見から数年以内に始まり、十九世紀半ばまで千百万を超えるアフリカ人が南北アメリカへ移住させられた。海上輸送による商品貿易と同様、このおぞましい商売は控えめに始まった。一六〇〇年までに、約四十万のアフリカ人が船で運ばれ、アメリカ大陸の植民地にいる約二十五万のヨーロッパ人のもとへ強制的に送られた[53]。始まってしまったこの非人道的行為は、次の数百年で膨れ上がっていく。

この強制的な移動を後押ししたのは、おもに経済だった。ヨーロッパは、綿やコーヒー、砂糖、煙草、インディゴのプランテーション、金鉱と銀鉱を通じて、新しい植民地から莫大な富を引き出すことを望んでいた。フランスとイギリスは、北アメリカの耕作地の新たな領土権を主張した。スペインとポルトガルは、今日のカリフォルニアからチリまでの南に延びる新たな領土を所有した。ヨーロッパと地中海には、農産物を取引できる既存の市場があった。足りないのは人的資源だけだった。十五世紀と十六世紀には、奴隷貿易が解決策になった。ヨーロッパは新たに地図に加えられたアフリカの沿岸で人々を捕獲し、アメリカ大陸に労働力を供給するため海の向こうに移動させた（現地の奴隷のほうが安価だったかもしれないが、ヨーロッパの伝染病が先住民の労働力を根絶やしにしつつあった。第4章参照）。

移住の倫理は、過去五百年で完全に変わった。本書の著者イアンと共著者たちが『並外れた人々（Exceptional People）』で指摘したように、特に難民などある種の移住者は選択の余地がない状況で故郷を捨てるものの、今日の経済的移住者は通常、はるかに自由な理由で移動を決めている。より高い賃金と良質な生活を得て（自身と、故郷で仕送りを待つ者たちのために）、お返しに外国経済の成長と活性化に貢献する。

現代でも、新たな資源市場と消費市場の開放が、労働力の移動に拍車をかけた。一九七五年、世界の労働力の三分の二は、閉鎖されるか手厚く保護された経済の壁の向こうで地道に働いていた。現在、ほとんどの人は少なくとも形式的には、開かれた取引システムを約束する国々で働いている。こうした政治的・経済的な変化によって、国家は移動の特権を誰に与えるかを考え直す必要に迫られた。歴史的な植民地時代のつながりや、人種と国籍の差別が、悲しいことに、移民受け入れ政策に大きな影響を及ぼしている。しかし、移民が技能やアイデアや金融資本で受け入れ国に貢献する能力は、ますます重要になりつつある。

現在の労働力の移動がどれほど大規模なのかは、見かたによって異なる。絶対数からすれば、外国に住む人の総数は一世代だけで三分の二増加し、一九九〇年の一億五千万人から今日では約二億五千万人になった。[54]一方で、同時期に人間の数がほぼ五十パーセント膨らんだ。したがって世界人口におけるシェアとしては、地球規模の移住者の割合は、一九八〇年代以来ほぼ横ばい――約三パーセント――にとどまっている。[55]これには少し驚かされる。なにしろ、国境を越えた人を移住者と見なすうえに、国境の数は増えているからだ。一九八〇年の国連には百五十四カ国が加盟していた。今日では百九十三カ国だ。ソ連時代にロシアからカザフスタンへ移動した人は、移住者とは見なされなかったが、今は見なされる。

†原注：オスマン帝国の支配者バヤジット二世は、自身の艦隊を送ってイベリア半島からユダヤ教徒たちを運ばせ、帝国に再定住させた。のちに、いかにカトリック教徒の移民排斥の姿勢が〝彼らの国を貧しくし、わが国を富ませたことか〟と語った。

この見かたからすれば、現代人に開かれた新たなルート沿いの移住は、やはり控えめに始まったといえる。国境を越えた仕事と生活に対する執拗な制限は、地球上を動き回れるあらゆるもののなかで、やはり人の移動を最も難しくしている。

それでも、手段はある。二〇〇四年、EUは、中央ヨーロッパ、東ヨーロッパ、バルト海沿岸の国々を加えて拡大を図り始めた。EUの拡大はこれらの国々の住人に、長いあいだ望んでいて得られなかった移動の権利を与えた。二〇一四年には、千四百万人以上のEU市民が、出生国以外のEU加盟国に住んでいた[56]。世界では、毎年約千七百万人が、さまざまな種類のビザで新しい国に移住している。毎年フィリピンやインドのような国から中東などへ移住する三百五十万人の未熟練労働者と、メキシコから国境を越えてアメリカ合衆国に入る約三十万人もそこに含まれる[57]。年々、移住者は世界じゅうのあらゆる地域を家族のように結びつけつつある。図3-3を見てほしい。

ほかの者たちは、その恩恵にあずかっている。アメリカ合衆国には、ほぼ世界じゅうのあらゆる国からやってきた約五千万人の合法移民がいる。そして不法移民がさらに千百万人いると推定される[58]。多くの社会は、人々をもっと自由に移動させる利点とコストについての激しい政治論争で意見が割れている。しかしエコノミストのあいだでは、ほとんど意見は一致している。移住者はイノベーションと将来性のある仕事の主要な源であり、移住者の自由な流れは経済成長を押し上げ、イノベーションを刺激して、貧困を減らすだろう。

未熟練および半熟練の移民は、概して現地の労働者より雇用者や政府に貢献している。受け取る賃金や手当が少ない傾向があるからだ。こういう移民は、世界のより裕福な者たちに、低価格の医療、保育、高齢者介護、そして（過酷な季節農業労働によって）安い果物と野菜を提供している。彼らは、長期在住者がますますやりたがらなく

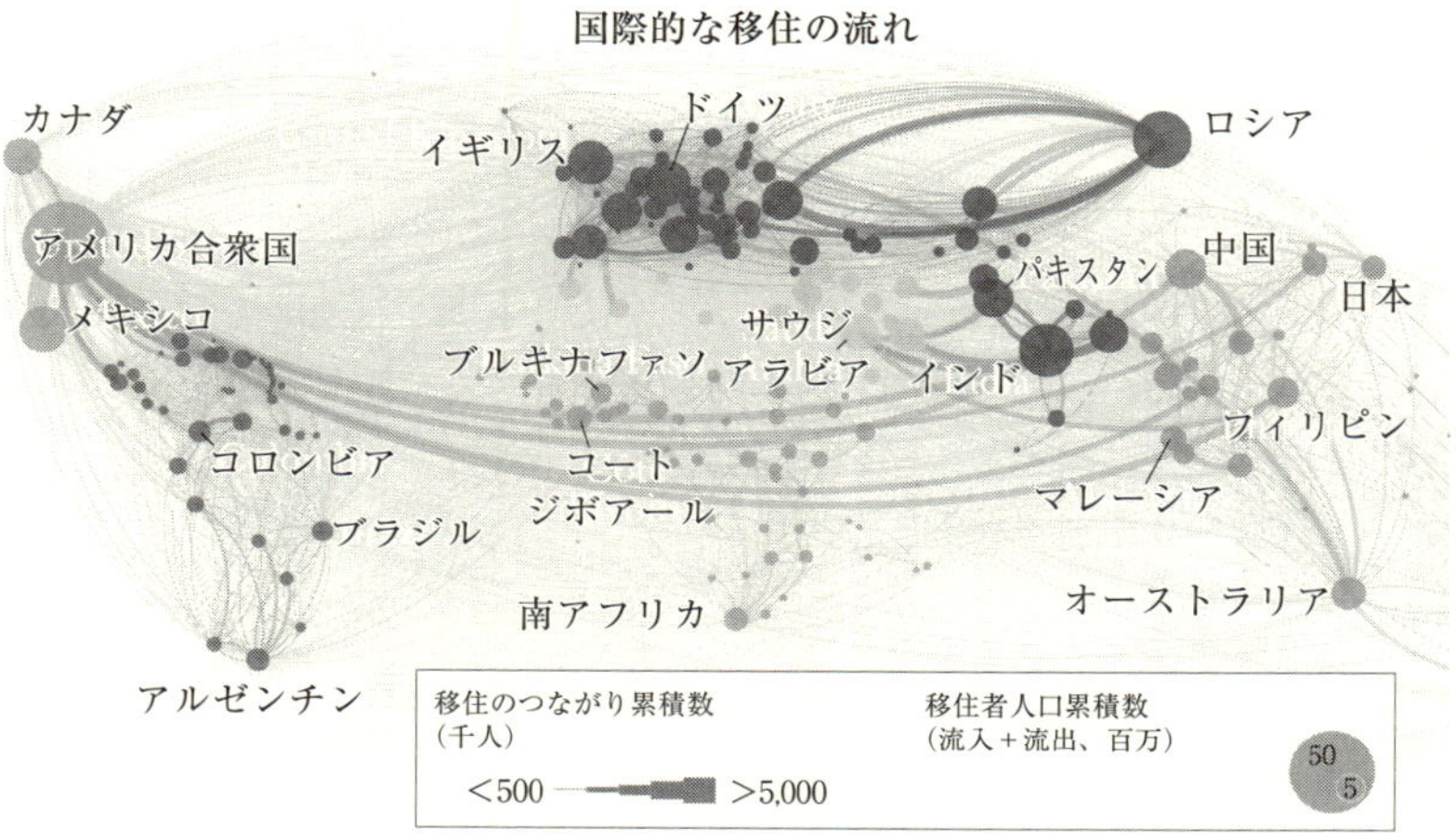

図３－３　移住者の流れが地球を交差し、あらゆる地域をつないでいる。
画像著作権：ラフル・C・バソール教授＆ヒョンウー・パーク。パンカジ・ゲマワット＆スティーヴン・A・オールトマンのために作成。「DHLグローバル連結性指標2014」（2014年）。www.dhl.com/gci からの引用および著者による凡例とラベル。

なっている――特に大学教育を受け、それにふさわしい報酬を得ることを期待する人たちが増えているので――肉体労働を担う。そして税金を払う（ＵＫエクスペリエンスの大規模な研究によると、二十一世紀の最初の十年で、移民は税金や他の公益を通じて、国の手当で受け取るより約千五百億ドル多く払っている。それに対し、現地住民は正味一兆ドルを回収している）[59]。移民は比較的若い人が多く、平均的な国民より仕事を見つけやすいので、受け入れ国の高齢化の軽減にも役立つ。これはほとんどの先進国にとって重大な問題だ。国民の高齢化が進めば進むほど、残った賃金労働者にかかる福祉サービスの負担がますます重くなるからだ（ヨーロッパでは、高齢化問題は深刻になっている。福祉制度を現状維持するだけで、現在から二〇五〇年までにさらに十四億人、働き手となる移民の入国が必要と推定される。おそらく、移民はやや増えると同時に、福祉はじわじわと減っていく結果になるだろう)。
希有な働きをしてくれる移民もいる。アメリカ合衆国では、国の科学および工学の労働力の三分の二は移民であり、ＩＴ職の十パーセントは、ふさわしい技能を持つ者が現れず、充足されていない。イギリスでは、労働力全体の十二パーセントほどを占める移民が、あらゆる新規求人の半分を埋めている。移民が供給する技能が国内では得られないか、彼らが誰もやりたがらない仕事をしているかのどちらかだ。[60]
おそらく最も重要なのは、移民が周囲を活気づけることだろう。文化や言語、アイデアを持ち込み、受け入れ国を自国の有益なネットワークとつなぐ。そのうえ、新たな国に移ることで、これまで示していた同じ勇気と創意を自分の仕事に注ぐだろう。グーグル(アルファベット)、インテル、ペイパル、テスラの創設者は、みんな移民だ。二〇〇五年には、シリコンバレーの全新興企業の五十二パーセント、過去十年に創設されたアメリカの全テクノロジーおよび工学系企業の二十五パーセントで、移民が経営のトップに立った。移民アメリカ人のノーベル賞受賞者、米国科学アカデミー会員、アカデミー賞受賞監督の数は、現地生まれの人を三対一で上回っている。[61]
一部のエコノミストの概算では、第一次世界大戦前の移民政策(労働者たちが自由に世界じゅうを動き回っていたころ)に戻すことで、次の二十五年間で世界経済に四十兆ドル——現在のアメリカ合衆国のＧＤＰの二・六倍——がもたらされ、同時に貧困もいくぶんか減らせるという。[62]〝あらゆる外国人は入国と居住について無制限の権利を持つ〟とイギリス外務大臣グランヴィル伯爵は宣言した。一八七二年のことだ。当時、世界の大国はパスポートを必要とせず、国境に移民の割当数を設けなかった。そういう移住の権利を認める政策は、すぐには復活しそうにない——アメリカ合衆国上院は二〇一三年、国境警備にさらに四百五十億ドル支出することを可決し、ＥＵ加盟諸国は国境警備兵を二十五万人雇用している――が、どうやら明らかなのは、政治が支持してもしなくても、ますます多くの人が国境を越える方法を見つけるだろうということだ[63]。

移住の第一の原動力は、金銭上の理由だ。平均的な発展途上国の移住者は、アメリカ合衆国に移ることで給料が五倍になる。第二の原動力は、世界の発展と人口増加だ。サハラ以南のアフリカと東南アジアは貧困という窮境から抜け出しつつあり、いずれ世界最大の（そしてますます有能な）労働力を持つようになるだろう。第三の原動力は、切羽詰まった事態だ。災害や迫害があれば、もはや安全や保護を与えてくれない故郷を捨てざるをえなくなる。二〇一五年だけで、シリア内戦を逃れた何百万人もの難民が、近隣のレバノン、ヨルダン、トルコに流れ込んだ。さらに百万人がヨーロッパに逃げた。彼らがリビアやエリトリア、イラク、アフガニスタンの紛争から逃れた人々に加わったことで、第二次世界大戦以来、ヨーロッパ大陸で最大の難民危機が起こった[64]。

前回のルネサンスは人類に、世界の一員としての自身を初めてちらりと見せた。今、何十年も互いに壁で遮断したあと、またそれが見えてきた。旅行者と移住者の集団が少数から多数へ膨れ上がるにつれ、現代人はみんな、彼らが世界じゅうに広げる労働力、文化、言語、ネットワーク、ニーズに接するだろう。

テクノロジー

新しい船

こういう地球規模で広がる新たな流れは、簡単には起こらない。前回のルネサンスでは、新しい地図が、問題と機会の両方を指し示した。ヨーロッパの統治者、銀行家、冒険家は、重要な資源に焦点を合わせ、大きなリスクを負った。利益獲得のため、長距離貿易や探検に伴う難題の克服を期待したのだ。船の設計の技術革新が進んだ（おそらく中国からの借用のおかげで）。[65] 新しい帆（間違いなくオスマン帝国からの借用）と新しい舵が、速度と操縦性を高めた。そして船は大きくなった。大きい船は外洋にいっそう適していて、さらに利益を上げた（貨物積載能力が、乗組員にかかるコストより先に上回った）。一六〇〇年には平均的な船の積載能力は、三百トンから千トン超に増えた。[66] また、ヨーロッパは中国の火薬の新たな利用法を考案し続け、ヨーロッパの貿易艦隊の重装備護衛船として、ガリオン船が登場した。

新たな道具と技術が、航海に革命を起こした。コロンブスは、船の緯度や経度を知る確かな方法を持たずに大西洋を渡った。真西に船を向け、最善の結果を期待して進み、初めてイスパニョーラ島を見たときには日本と間違えた（約千キロそれていた）。[†] 天文学者と数学者が難題に立ち向かい、数十年のうちに船員なら誰でも、新しい天体観測儀アストロラーベで太陽（夜なら北極星）の高さを測ってから、数表の本で緯度を調べることができるようになった（ここでも、イスラムとのコラボレーションが鍵となった。一四〇〇年代、オスマン帝国はヨーロッパに、[‡]

アラビア数字を使った記数法――アバカス（訳注：そろばんに似た計算器具）に代わって――とより高度な代数学をもたらした。これらがなければどんな数表も書かれなかっただろう[67]。一五三三年、ゲンマ・フリシウスが三角測量を発明し、これが陸上での位置情報を大幅に改善した[68]。位置情報の改善によって地図が改善され、一五六九年のメルカトルの世界地図となって結実した。

商業のテクノロジーも変化した。取引量が増えるにつれ、取引を支援して容易にするための新たなサービス産業が現れた。海上および陸上輸送は、もっぱら社内の活動だった――あらゆる貿易商は自分の船や貨物列車、乗組員を手配しなければならなかった――が、専門の輸送会社が運営する外注機能へと発展した。輸送会社は貨物積載場所を確保するか買い入れて、それを包括解決策として貿易商に転売した。商人たちは本業に集中でき、定額運送料を支払うことでリスクを減らせた。小規模な貿易商も開業しやすかった。こうして、船全体を借り上げる代わりに、サービス業者から貨物積載場所を少しずつ買えるようになった[69]。

また、仲買人も販売・購入サービスの新たな市場をつくった。大手の貿易商社は主要都市に、代わりに営業して情報を処理してくれる常任代理人のネットワークを維持した。小規模な企業には持てないインフラだ。そこで、仲

†原注：この広大な土地がまったく新しい大陸だという驚きの洞察を広めたのは、一四九九年にアメリカ大陸へ渡り、自分の航海についての論文『新世界』を発表したアメリゴ・ヴェスプッチだった。そこで、地図作成者たちがその名にちなんで大陸に命名した。

‡原注：経度はもっと手間がかかった。レーダーやＧＰＳや衛星なしで航海中に経度を知る最も簡単な方法は、船の現地時間と既知の経度における現地時間を比べてから、一時間ずれるごとに十五度加減する。残念ながら、航海中に正確に時間を計れる時計は一七六三年まで発明されなかった。

買人が介入し、利用回数制で多くの顧客と契約することで、高額な固定費用を少額なサービス料に変えた。[70]これらの新たなサービス産業が連動して、小規模な企業でも多数の遠隔市場との取引ができるようになった。

さらに新しい船

現代でも、新しいテクノロジーが同じ役割を果たし、さらに大量で多様な商品、サービス、人の往来を可能にしている。上空では、航空宇宙科学の進歩によって、航空機が飛べる範囲が広がり、運航や環境のコストが下がった。現在では、地球上で二十四時間以上離れた都市はなく、二都市間を飛行できる余裕のある人も増えている。アメリカ合衆国では、飛行コストが過去三十年で四十パーセントほども下がった。[71]

陸地では、〝物のインターネット〟の登場――車からコーラの自動販売機に至る何もかもに小さなチップとコンピューターをつけ、データネットワークと連結すること――で、物質界のものがどんどんデジタルの特質を帯びるようになってきた。そういうコンピューターとロボットに制御されたものは、人間の能力をはるかに超えて大量に、すばやく、能率的にあちこちへ移動できる。今日では、それがおよそ百五十億個ある。二〇二〇年までには、世界じゅうで五百億個に達するだろう。[72]たとえば韓国のソウルでは、公共交通機関全体――バス、タクシー、電車、公共自転車のすべて――がネットワーク化されている。[73]個々の利用者とネットワーク上の〝装置〟がコンピューター支援による交通管理を行うことで、移動時間の短縮と交通渋滞の緩和が期待される。

〝物のインターネット〟は、陸上の物理的な流通の量と種類を変えるだろう。それはわかっている。すでに海上ではそうなっているからだ。これまで、とりわけ海上では、新しいテクノロジーが新たな世界の流れを可能にしてきた。〝コンテナ輸送〟は、車からクレヨンまであらゆるものを同一の追跡可能な箱に入れることで、船積みをデジタル化した。この改革は、一九五六年にコンテナ船の登場とともに始まり、一九九〇年代前半には、全世界の主要な港がそれを利用するようになっていた。今日では、コンテナが、ばら積み以外の貨物の九十パーセントを運んでいる。(74) 簡素な箱には大きな利点がある。ものの積み降ろしという輸送最大の問題を軽減するからだ。あらゆるコンテナを同じ方法で処理でき（つまり機械が労働のほとんどを肩代わりでき）、船から飛行機、列車からトラックへ簡単にすばやく移動できる。一九九〇年には、世界じゅうで二千五百万個のコンテナが輸送された。今日その量は、年間一億五千万個近くまで押し上げられている。(75)

この話は広く語られている。あまり語られていないのは、これらの箱の輸送ルートがどう変わったかだ。船自体がいちばんよく物語っている。ここでも、新しい地図が新しい機会を差し出すにつれて、船が大きくなっていった。前回のルネサンスを支配していた同じ経済学が、今日を支配している。貨物積載能力が、コストより先に拡大しているのだ。しかし一九八四年、コンテナ船の積載能力は約五千ＴＥＵ（二十フィートコンテナ換算、標準的なコンテナのサイズ）でピークに達し、以後十二年間その限界値にとどまっていた。

造船のテクノロジーとはなんの関係もなかった。むしろそれは、五千ＴＥＵの船がパナマ運河の水門をどうにか通れる最大規模で（そういう船は〝パナマックス〟と呼ばれる）、アメリカ大陸の大西洋岸と太平洋岸をつなぐ運河である、世界輸送の最重要ルートに使えないコンテナ船を買う人はいないからだった。

しかし一九九六年、世界屈指の海運会社Ａ・Ｐ・モラー・マースクは、その定説に挑むことにした。そして六千四百ＴＥＵの〝ポスト・パナマックス〟船レジナを建造した。マースクの考えでは、経済の重心は移りつつあった。

パナマ運河は、最も急成長している貿易ルートではなかった。急成長しているのは、極東（中国、韓国、日本）と、〝アジアの虎〟（香港、シンガポール、台湾）と、南北アメリカの西海岸をつなぐ太平洋ルート、ヨーロッパと南アメリカをつなぐ大西洋ルート、そしてヨーロッパと中東およびアジアを（スエズ運河を通じて）つなぐインド洋ルートだった。

そのタブーが破られると、コンテナ船の設計は飛躍的に進歩した。一九九八年、船は七千ＴＥＵの壁を破った。一九九九年には八千の壁を破った。二〇〇三年には、初の九千ＴＥＵの船が就航し、二〇〇五年には一万ＴＥＵの船が現れた。一隻の船に六十一キロメートル相当の箱を積載できる大きさだ。当時、一万ＴＥＵの船は重要な節目だった。スエズ運河のサイズ制限〝スエズマックス〟に近づいていたからだ。エジプトのスエズ運河は、地中海とインド洋を結ぶ重要な海の連絡路で、アフリカの南端を回るヴァスコ・ダ・ガマの長い航路を必要とせず、ヨーロッパと中東およびアジアを直接つないでいる。二〇〇九年には、一万八千ＴＥＵにまで対応できるよう拡張された。二〇一五年には、第二の平行する水路が掘削され、運河の受け入れ能力はほぼ二倍になった。しかしスエズも、かつてほど重要ではなくなっている。最新のコンテナ船（二〇一五年に就航した一万九千二百ＴＥＵのＭＳＣオスカーなど）は、すでにその最大受け入れ能力を押し上げている。

それは、どれだけ物事が変化したかを反映している。二十年前にはばかげていたが、今日ではパナマ運河を通れず（二〇一六年に開通した新しく広い閘門《こうもん》でさえ）、スエズ運河をかろうじて抜けられるような巨大な船（全長四百メートル、全幅五十九メートル）を建造するのも理にかなっている。世界の貿易量が回復するにつれ、じきにどちらの運河も通れないさらに大きな〝マラッカマックス〟のコンテナ船が建造されるのも当然に思えてくるだろう。

マラッカ海峡——太平洋、中国、極東とインド洋を結ぶ世界輸送第三の要衝——は、輸送の拡大が予測される場所だ。海運会社がアフリカを避けてスエズ運河を通る今日の理由は、いずれ遠回りするほうが利益になるという理由と張り合うようになるだろう。ダーバン、モンバサ、ダルエスサラームなどのアフリカの港町はもはや片隅ではなく、アフリカとオセアニア、アフリカと南アメリカ、西アフリカと東アフリカの拡大しつつある貿易路の重要な経由地となっている。

最後に、ルネサンスの新たな貿易中継地点の発展と同じく、今日の世界の流れは、広告、支払処理、倉庫保管、データ処理、専門的サービス、資金調達などで、サービスごとに課金するさまざまな新しいプラットフォームによって可能になっている。それは、中小企業が大きなビジネスインフラを部分的に使えるようにし、より多くの業者が世界市場に参入するのに役立つ。こういうプラットフォームは、たとえば次のようなものを発展させてきた。ベーコン風味のスープから日本庭園の造園家まで、あらゆるものを扱う世界のニッチ市場。少額融資、少額決済、マイクロワーク（分業システム）などの極小規模の取引モデル。ウォール街の高頻度取引。求職者の世界的な求人探し。３Ｄプリンターの登場で、製造までが利用回数制料金になりつつある。ますます広範囲にわたる製品で、プラスチックや鋼の成形に必要だった高価な特注の鋳型や金型を、安価なデジタル設計図に置き換えられるようになった。そしてロボットが実物を、一回に一層ずつ必要なときに必要な部分だけ組み立てることができる。エンジニアは、たとえばスペースＸのロケットエンジンの部品など、従来の製造工程では複雑すぎるものをつくるのに、このテクノロジーを利用できる。それだけでなく、自分のアイデアを工場で試作する資金や規模を持たない何百万人もの設計者も同じだ。この〝メイカームーブメント〟が広がれば、生産者から消費者への多くの物流がなくなるかもしれないが、職人から万人への新たなデジタルの流れも生まれるだろう。

〝つながり〟を越えて

現代人は、西を左に置き、東を右に置き、残りを端に追いやる一九八〇年代の地図の四隅を引き寄せ、国家、組織、人々の関係を完全に書き直した。外縁——中国の広州、ブラジルのサントス、南アフリカのダーバンなど——を、商品、資本、人、アイデアの世界的な流れが出会い、交換される拠点に変えた。大都市が中心から外れ、北京やブリュッセル、あるいはサイバースペースで決められたことが、自国の首都での決定と同じくらい確実に生活を変えている。全世界が合図を送り、人々はテクノロジーをせき立てて、その合図をすべて感じ取れるようになるまで速度を上げた。

一九九〇年代には、世界はつながっていた。この言葉は、強まる相互の関連性や、目前の新しい可能性を充分ととらえていた。今日では、この言い回しはもはや適切ではない。新たな世界情勢への二十数年にわたる政治、経済、社会の適応が意味するところを伝えていないからだ。今や、人々は絡み合っている。現在の絡み合いは、三つの重要な形で、一九九〇年代のつながりを越えている。

密着

第一に、選択の余地があまりない。〝つながる〟には選択の自由——自分に最も都合のよいつながりだけを慎重に選べる――という意味合いがある。よいものだけでなく、悪いものも新たに多様な形で大量に流れている。前回のルネサンス時代には、奴隷貿易が発展した。今回は、違法経済が急成長している。推定では十兆ドルを上回るという。[76] おそらく全世界の貿易のうち二十パーセントは非合法だろう。[77] 資金洗浄業者、人身売買業者、違法武器販売業者、有害廃棄物密輸業者、海賊（オンラインおよび海上）はみんな、一般人を犠牲にして成長を享受している。

人々を結びつけるさらに多くの悪いものは、完全に合法だ。世界の資本市場は、テクノロジーが動かす成長と資金への刺激を後押しするが、気まぐれでもある。気分しだいで、地域全体がいきなり停滞する。同じように、中国経済が減速すると、世界じゅうの雇用者が人員や投資を削減せざるをえなくなる。世界の輸送船団は、毎年世界の大洋間でおよそ三百～五百万立方キロメートルのバラスト水を交換し合っている。それによって外来種が他の生態系に入り込み、在来種を押しのけて、その生息地を破壊する（アメリカ合衆国だけで、生物学的侵入が年間千二百億ドル相当の損失を生んでいる）。[78] 世界的な二酸化炭素排出によって、二一〇〇年までに地球の気温が摂氏二～四度上がると予測されている。[79] そして人はみんな、自分の見解が意図したより遠くまですばやく広がったマルティン・ルターの経験に共感を覚える。同じことが今日のソーシャルメディアで起こっているからだ。

結びつき

〝絡み合った〟世界は、〝つながった〟世界よりごちゃごちゃしているように感じられる。そのとおりだ。多くの古い結び目が残り、人間同士の糸が増えるにつれて、多くの新しい結び目がつくられる。ルネサンス時代、ひとつの頑固な古い結び目は、無知だった。迷信と未経験が、本格的な航海が始まってから少なくとも一世紀のあいだ、大洋を越える旅への意欲をくじき続けた。最先端の知識は、いまだにラテン語に限られていた。読めない人たち（大多数）は、新しい発見に加わるどころか、見ることにも苦労した。

しかし、多くの人は現地語の文学を読めるようになり、これが異なる結び目をつくった。アイデンティティーだ。印刷術は、国民としてのアイデンティティー強化に役立った。口頭言語では、何百種類もの〝英語〟があった。互いに理解できない方言だ。印刷では、種類はわずかだった。統一性が高まったこのコミュニケーションの場を通じて、英語、フランス語、スペイン語、イタリア語、ドイツ語の話者たちは徐々に、それぞれが今まで想像していたよりはるかに広く、とてつもなく強い共同体に属していることに気づき始めた。国家という共同体に。(80)国民としてのアイデンティティーは、十六世紀屈指の優れた文学者たちの創作意欲をかき立てた。イギリスではウィリアム・シェイクスピア（一五六四〜一六一六）、スペインではミゲル・デ・セルバンテス（一五四七〜一六一六）などだ。またそれは、愛国意識——わたしの国があなたの国と競っているという考え——をかき立て、〝他者〟を無視したり、疑ったり、暴力的に扱ったりするうえでの新たな大きい視点を与えた。宗教的なアイデンティティーも、時代とともに強化された（そして先に述べたように、多くの難民が故郷を追われた）。

今日でも、無知は、人間をもっと円滑につなぐはずの結合力を砕く。根本的な問題のひとつは今も、互いの母語を知らないことだ。かつてのラテン語と同じく、英語は学識ある人をつなぐ共通語になり、国際政治、ビジネス、学問に、強力な手段を与えてくれる。しかしやはりラテン語と同じく、ほとんどの人（およそ七十五パーセント）は英語を話さないので、世界的な絡み合いが提供する多くの機会をなかなか利用できない。インターネットがその最たる例だ。英語以外のインターネットコンテンツは増えてはいるが、二〇一五年でも、英語は全ウェブサイトの半分以上（五十五パーセント）を占めていた[81]（二番めに普及している言語、ロシア語は、六パーセントを占めるのみ）。両方向に影響のある壁だ。全インターネットユーザーの四分の一近くは、北京語を話す[82]。話さない者たちは、彼らの会話、興味、アイデアをなかなか共有できないだろう。

アイデンティティーも、国家主義や宗教その他に難しい結び目をつくっている。全体像を見ると、ヨーロッパにおける現在の政治統合計画は、変則的だ。過去五十年の傾向では、少数民族が小さい統一された社会をつくって国の運命を築くほうがよいと決意するにつれ、国々は結束せず分裂してきた。独立運動は、人類の最も大切な価値観のひとつを形にできる。自決権だ。しかし副作用もある。公式な国境が急増すると、各国が入口に課す政策しだいで、製品、資本、人、アイデアなどの流れがたやすく妨げられてしまう。それよりはるかに厄介なのは、異なるアイデンティティーの追求にときおり伴う過激な暴力だ。たとえばテロリズム、内戦、民族浄化、宗教的浄化などがある。過去四分の一世紀で最も醜く手に負えない人類の紛争は、国家主義あるいは宗教的アイデンティティーの主張に関わるものだった。一九九〇年代の北アイルランド、ソマリア、ルワンダ、かつてのユーゴスラビア、チェチェン。二十一世紀になってからのダルフール、スーダン、ウクライナ、シリア。全期間を通じての、イスラエルとパレスチナとの闘争、インドとパキスタンとのカシミール地方をめぐる紛争。枚挙にいとまがない。それほど暴力的ではないが不和を生じているアイデンティティーの対立は、アメリカ合衆国の人種間、EUの国家間、中国とロシアの少数民族間、インドの宗教間、キリスト教とイスラム教間にもある。

国際的な石油の流れ

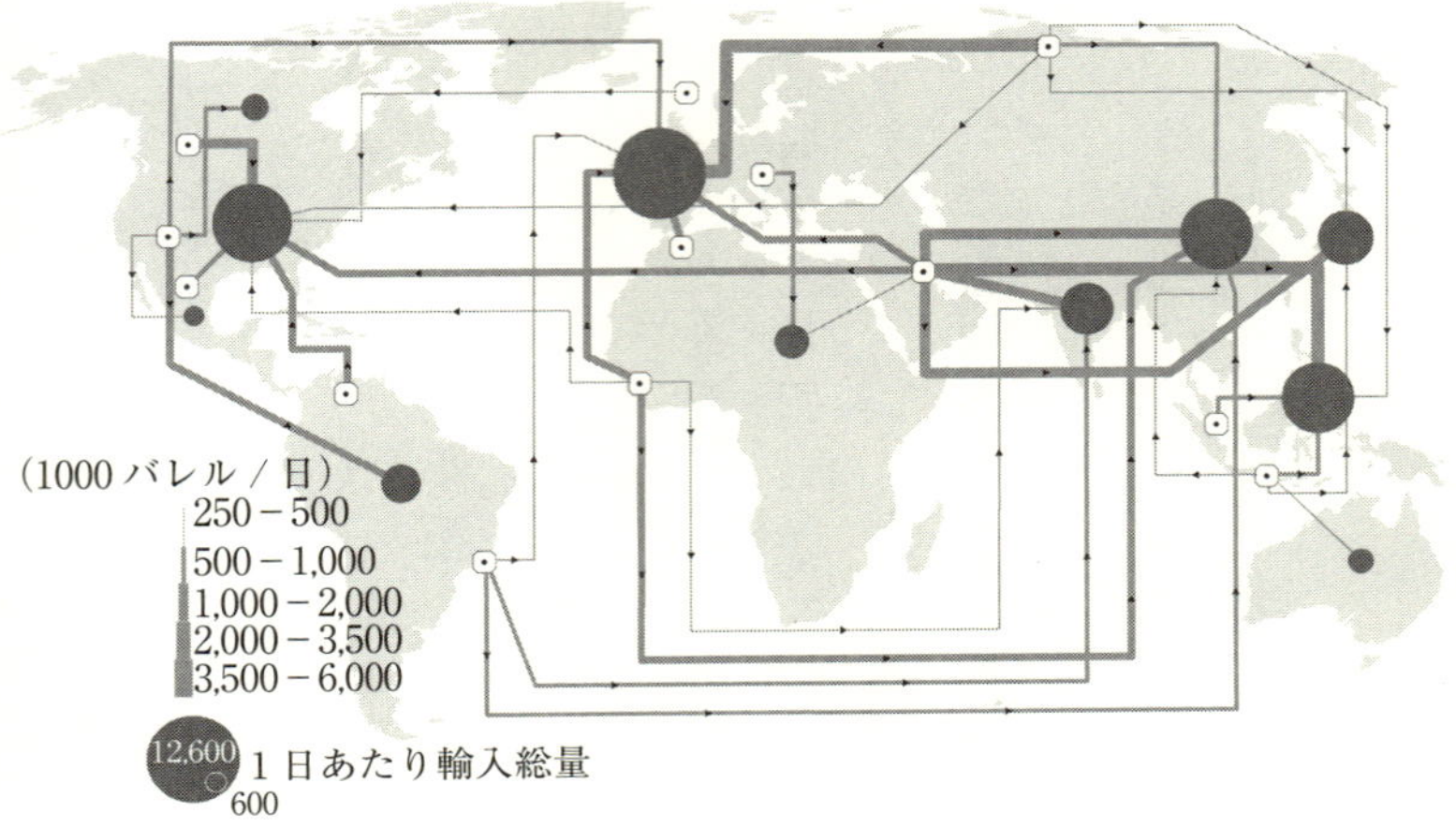

図3－4　地球規模の石油貿易は、多くの深刻な地政学的相違を越えている。
出典：BP「世界エネルギー統計（第64版）」（2015年）。ロンドン：BP。

争い

最後に、〝つながる〟は、協調の精神で互いに手を差し延べるという意味合いがある。国境をまたぐ健康、安全、経済、環境などの問題については、それが着実に実践されてきた。たとえば、世界に明かりをともし続けてきたエネルギー貿易には、多くの深刻な地政学的分断を越えた相互依存が表れている。図3－4を見てほしい。二〇一五年のパリ協定では、百九十五カ国が、二十一世紀の大半の動力源を代替燃料にすべきであるという科学主導の合意に達した。

しかし、争いも、互いに向かって手を伸ばす動機を与える。現代人は新たな目で世界全体を見ているかもしれないが、自分の取り分を確保する欲望は失っていない。

もちろん、前回のルネサンスでヨーロッパが〝発見〟したすべての領土は、ずっと昔に所有権を主張していた先住民たちとの争いで得たものだった。新しい土地を奪い取るたびに、ヨーロッパ内の争いも誘発された。アメリカ大陸の発見後間もなく、スペインとポルトガルのあいだで所有権をめぐって法廷闘争が起こった。コロンブスはスペインのために航海に出たのだが、先の一四七九年の条約――探検の主軸がまだアフリカの海岸に沿った北から南にあったころ――では、スペインは〝カナリア諸島の南にある〟(あいにくコロンブスの発見を含む)すべての島をポルトガルに譲渡していた。最終的に、ふたつの帝国は一四九四年、新しいトルデシリャス条約で合意した。〝カーボベルデ諸島の西三百七十リーグ〟の子午線に沿った東西で世界を再分割するというものだ。スペインはその線の西側で発見されたすべての土地を所有し、ポルトガルは東側を所有することになった(一五〇〇年に発見された南アメリカの東端は、その線の東まで延びていることがわかった。そういうわけで、現代のブラジル人は近隣諸国とは違って、スペイン語ではなくポルトガル語を話す)。もちろん、仮に二隻の船がその線から反対方向へ出発すれば、百八十度回ったところで再会するだろう。地図作成者たちを駆り立てて世界地図をつくり直させ、マゼランを奮い立たせて大胆な世界一周の旅に出発させ、ヨーロッパのエリートに世界を本物の球体として認識させたきっかけの大部分は、スペインとポルトガルの権力者たちが世界の反対側に境界線を引こうとする(そしてどちらの半球に商業的に重要な香料諸島が入っているかを把握しようとする)争いだった。ルネサンスは世界を発見しただけでなく、分割した。

今日でも、人間の地球上での勢力範囲の中心で、論争が続いている。民主主義と市場経済の広がりは、国々をつなぎ全般的な福祉を向上させる助けになる一方、東側諸国を、アメリカ合衆国とヨーロッパの利益を不均衡に増進させるポスト冷戦の秩序に閉じ込めた。ロシア語を話す移住者が東ヨーロッパ内でますます増えるのは、それらの地域を互いに結びつけるのに役立つかもしれないが、近隣諸国の内政に干渉する口実をクレムリンに与えもする。

アメリカ合衆国、カナダ、ロシア、デンマーク間の国際共同研究で、北極――地球上で最も遠く過酷な領土の一部――の海底地図を作成している目的は、最終的には、未開拓の石油と鉱物の豊かな資源をめぐる統治権を当事国のあいだで分割することだ。

政治、経済、社会の面から見ると、新たな世界は、古い世界からは想像しようがない。それは、人類全体を巻き込む選択と重荷、可能性と障害、相互依存と紛争の地球規模での絡み合いになった。次章では、なぜそのなかで生きる今こそが、史上最高の時なのかを示そう。

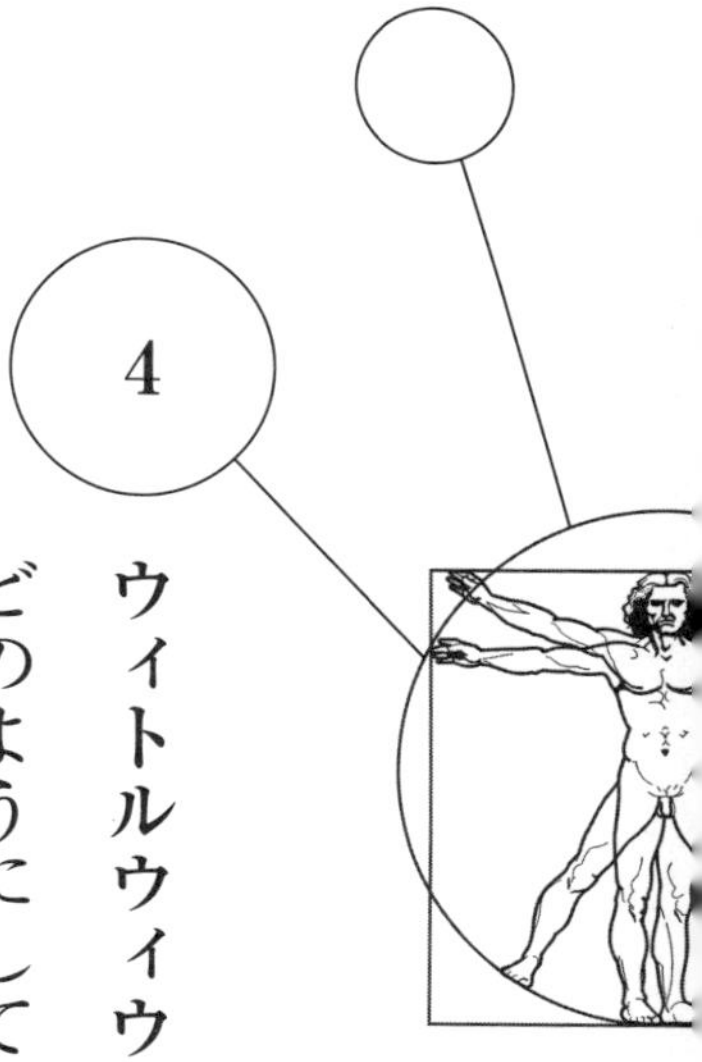

4

ウィトルウィウス的人体図
どのようにして人類の健康、富、教育が新たな高みに達したか

この百年で、わたしたちはさらなる進歩を目にした……
先祖が過去千四百年で目にした以上の進歩を。
ペトルス・ラムス（一五一五～一五七二）[1]

前回のルネサンスをとらえた大きな思想のなかに、その後〝進歩〟と呼ばれるようになったものがある。数多くの目に見える変化のなかで、幅広い哲学上の変遷が始まり、人間は〝存在の大いなる連鎖〟における重要だが不変の中間点（神と悪魔のあいだ）を占めるのではなく、その連鎖を壊して自分の運命を自分で決める者と見なされるようになった。思想の歴史のなかで、これは大きな一歩であり、近代ヨーロッパと中世の昔を分けたもののひとつだった。[†]

自分たちが進歩する可能性を持つという人間の新たな感覚は、ジョバンニ・ピコ・デラ・ミランドラ（一四六三

〜一四九四）の一四八六年の著作『人間の尊厳についての演説』で次のように表現された。

他のあらゆる生物の性質は、［神が］定めた法則のなかで定義され、制限されている。それに対して人間は（中略）自分という存在の自由で誇り高い形成者として、望ましい形に自分をつくり上げられるかもしれない。卑しく野蛮な形の生命まで落ちるか［あるいは］（中略）ふたたび神聖な生命を持つ優れた存在まで向上するかは、自分しだいなのだろう。(2)

論文全体が、しばしば〝ルネサンス宣言書〟と呼ばれる。第一の理由は、論文が生まれた背景だ。それは、当時の新たなつながりの時代を学問として体系化した。著者はボローニャで教会法を（ラテン語で）、パドヴァでギリシャ哲学を（ギリシャ語で）、フィレンツェとパリでヘブライ語とアラム語とアラビア語を習得した。目的は、キリスト教哲学、ギリシャ哲学、ユダヤ哲学、他の思想分野を結びつける人間性の基本的な哲学を見出すことだった。第二の理由は、そのはっきりとした現代的な主題だ。人間は、努力さえすればより地位の高い存在になれる、とミランドラは主張した。(3)

『人間の尊厳についての演説』は、レオナルド・ダ・ヴィンチが一四九〇年に描いたルネサンスの代表的な線画、『ウィトルウィウス的人体図』とのあいだに象徴的な共通点を持つ。次々ページの図4-1を見てほしい。円は調和の取れた完璧な天だ。正方形――四角、四元素、四季――は地だ。(4) 人間を両方の中心に置くことで、レオナルドはどちらも支配できる人間の能力を表している。そして、人間の自然な姿のなかにあるすばらしい潜在能力に気づくよう促している。目を向ければ、その可能性が見える。

どん底から中流階級へ

レオナルドの芸術的理想像は、現実の存在を伴っていた。物質的な幸福――健康と富――に関しては、ルネサンス時代、ヨーロッパ人は新たな高みに達した。一世紀前に比べれば、それは明らかだった。

最悪の時代

一三四六年、アジアから来たモンゴルの軍隊が、港町カッファ（現在のクリミア半島内）を包囲攻撃した。同時にモンゴル軍は、恐ろしい命取りの伝染病を運んできた。広く伝えられるところでは、〝死体を石弓の上に置いて、町に投げ込むよう命じ、耐えがたい悪臭でなかの者たちをみな殺しにしようともくろんだ……ほどなく腐敗の進む死体が空気をよごし、給水設備を損ない、悪臭はあまりにも激しかったので、［モンゴル］軍の残存兵から逃げられた者は数千人にひとりほどしかいなかった〟[5]。おそらく逃走した者たちは、地中海沿岸じゅうに伝染病を運び、史上最悪のパンデミックを起こしたのだろう。一三四七年から一三五三年のあいだに、〝黒死病〟として知られる

†原注：クレイグ・トルグリアの最近の研究によると、イスラムの思想家ガザーリーは、一一〇六年ごろに、それと同じ画期的な結論に達していた。

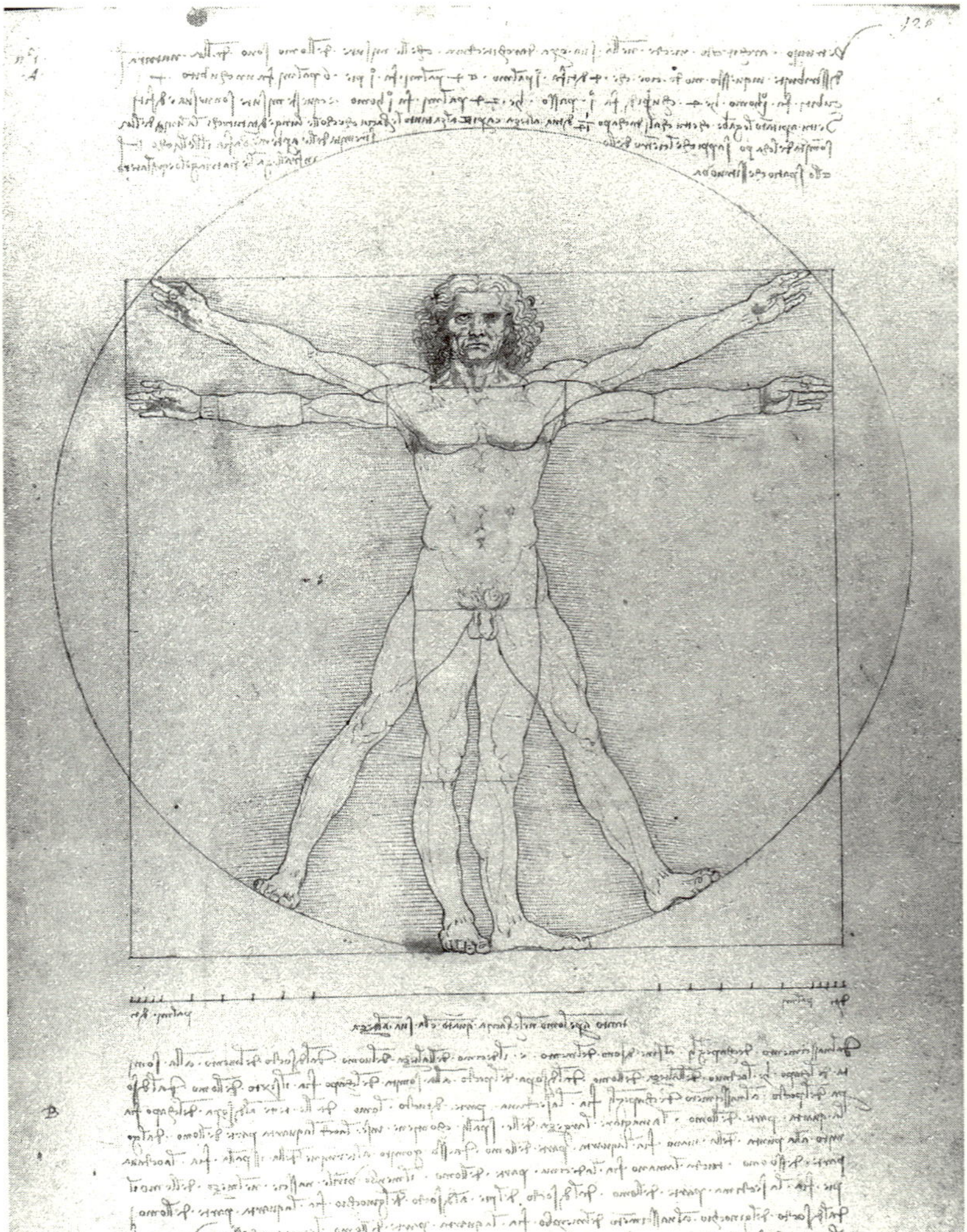

図４－１　可能性にあふれた人間の姿。
レオナルド・ダ・ヴィンチ『ウィトルウィウス的人体図』（1490年ごろ）。アカデミア美術館（ヴェネツィア、イタリア）提供。

ようになったペストは、ヨーロッパ人口の少なくとも三分の一、ほぼ半分近く――七千五百万人以上を死に至らしめた。[6] はるか遠くのイギリスでも、人口の三十～五十パーセントが死んだ。[7] 地中海はもっと大きな打撃を受けた。フィレンツェでは人口が三分の二も減り、伝染病が広がる前に約十二万人いた市民が、おそらく四万人ほどになった。[8]

伝染病と戦争（特にフランスとイギリスの百年戦争（一三三七～一四五三）と一三五二年以後のオスマン帝国の征服）による人口減少と混乱は、大陸全体の景気を悪化させた。畑で働く農民が足りず、食糧生産高が減少した。伝染病を生き延びた人の多くが餓死した。現金さえ供給不足だった。ヨーロッパにある鉱山は枯渇しかかっていて、オスマン帝国との戦争で、通常の西アフリカの黄金海岸からの金塊輸入が妨げられていた。各国の王室は、対外債務の重圧にうめいた。

生きていくには、危険なうえにたいていは悲惨な時代だった。

最良の時代

一四五〇年ごろには、ヨーロッパの状況は好転し始めた。同じころ（一四五三年）、フランスとイギリスが一時的に何世紀にもわたる領土問題を棚上げし、イタリアの列強（ミラノ、ヴェネツィア、フィレンツェ、ナポリ、教皇領）が相互不可侵条約（ローディの和）を結んだので、平和の経済的利益を享受できるようになった。自然免疫ができるにつれ、伝染病の最悪の蔓延は治まり、ルネサンス時代のヨーロッパには、大陸の平時の回復に加わる意欲と能力を備えた、若くて丈夫な、少なめの人口が残された。

ペストを生き延びた人々の生活水準は、社会の底辺から向上した。農民たちは、急激な人口移動によって大きな構造変革を迫られた。かつて生産的だった農地は、耕作する労働力の不足から荒れ放題になった。足りない農民の労働力を呼び戻すため、地主は小作料を下げ、生活環境を改善する必要があった。たとえばフランスなど、いくつかの場所では、国王が先んじて、農民に完全に所有できるわずかな土地を与えた。放置された農地を耕作地に戻すためと、新たに土地を開墾して全体の農業生産高を増やすためだった（国王としては、双方に有利な政策だった。農地には作物が植えられ、農民は食べていけるようになり、国庫は幅広い新たな税収源を獲得した。宮廷にいる貴族より、国王の収税吏の前ではるかに素直で従順な者たちだ）。[9] 西ヨーロッパのほとんどで、農民が地主所有の土地で働く封建的な農奴制が徐々に、この新しい制度へ移行し始めた。ますます多くの農民が、土地を自分で借りるか所有して、余剰農産物や自由時間を市場で売れるようになった。

新しい産業と貿易のつながりも、農民の福利を大きく改善した。特に僻地の農民が自分の労働力を好きに使えるのは初めてのことで、回復途上の都市産業はこの新たな田舎の（安価な）人材集団に仕事を外注した。田舎の農民は、植えつけや収穫で忙しくないとき、糸を紡ぐか工芸品をつくって、近くの町の商人から収入を得られた。一方では、栄養があり高カロリーのアメリカ産の食物——サツマイモ、ピーナッツ、豆類、甘蔗糖、トウモロコシ（一五四〇年以降）——がヨーロッパ人（さらには中国人、インド人、アフリカ人）の胃袋に入るようになり、徐々に食生活が向上し始めた。[10] 次の二百年で、この農作物取引はヨーロッパ人の健康を大幅に改善した（一五六〇年以降に持ち込まれた煙草は、そうでもない）。大陸の人口はふたたび増え、一五七〇年ごろにはペスト前のレベルまで回復した。[11]

図４－２　1480年ごろに建てられたイギリスのウォリックシャーにある裕福な農民の家。
写真提供者：ナット・オールコック＆ダン・マイルズ『イギリス中部地方の農民の家』（2012年）。オックスフォード：オックスボウ・ブックス。

旧来のルート沿いの貿易も回復し、新たな大陸間貿易が現れた。こういう要素が、農工業製品の需要を着実に伸ばす支えとなった。町と田舎の取引ネットワークが改善し、農業技術の向上が遠方にまで広がると、いくつかの地域の農民は、小麦などの自給用作物から、ワイン醸造用ブドウなどの高価な換金作物の生産へ、土地の一部または全部を移行し始めた。

こういう新たな状況をうまく利用できた人たちは、かなり安定した生計と生活様式を実現した。とびきり成功した者もいて、一種の農民貴族が現れ、その多くは、現在も西ヨーロッパの風景に点在する（しかもたいてい二十一世紀の中流階級の購買力をはるかに超える値段の）家々を建てた。図４－２を見てほしい。

町の生活も好転した。イタリアの地中海都市国家が先頭に立った。資源は不足していたが、機会は豊富だった。貿易、商業、銀行業のための物理的なインフラと社会制度はヨーロッパの他地域のはるか先を行っていたので、ヴェネツィアやフィレンツェのような都市国家は、大陸の運命の転換から最も早く利益を得た。ヴェネツィアはヨーロッパの香料輸入を支配し、アジアと地中海東岸諸国の磁器、宝石、香水、絹、その他贅沢品の主要な通関港でもあった。羊毛、絹、ガラス、銀器、石鹸、帆船などの主要生産地でもあり、一五〇〇年には出版の世界的な中心地になった。メディチ家の何世紀にもわたる拠点のフィレンツェは、ヨーロッパ最大級の金融の中心地だった。一五〇〇年には、イタリアはひとり当たりGDPで世界一となった。住民たちは西ヨーロッパの平均より約三十パーセント豊かで、オスマン帝国、エジプト、日本に暮らす人々よりひとり当たり二・五倍裕福だった。(12)

ルネサンス時代、裕福な者たちは地中海を越えて、ヨーロッパの他の地域へ広がった。数々の発見の旅は、スペインとポルトガルにおびただしい量の新たな富をもたらした。その大半は君主、商人、銀行家らの手に渡ったが、大西洋ヨーロッパの大部分の地域では、突然の好景気によって暮らしが向上した。ヨーロッパの大西洋岸の港湾都市は、進取的な商人、船乗り、アメリカ大陸の銀探しに田舎から押し寄せた職人たちで活気づく、新たな商業の中心地になった。都市の発展は、工業製品への新たな需要と新たな雇用の機会を刺激した。たとえば、職人ギルドや専門学校勤務、行商人や小売店主や使用人の職、秩序の維持や徴税や記録係などの非公式な仕事があった。†

最後のカテゴリーは、都市の住人にとりわけ大きな恩恵をもたらす。それは、国家の成長だ。税収源が大きく広がり、収税吏と会計官を増やす必要があった。貿易事業、航海、国家建設のために、大使、船長、事務員を増やす必要があった。疾病管理（隔離を通じた）の新しい医療計画案には、それを実施する医者と職員が必要だった。火薬——一四五三年にコンスタンティノープルの壁を破壊した大砲に始まり、一五〇三年のチェリニョーラの戦いでスペインがフランスを破った際の手持ち火縄銃にまで進歩した――の導入と広がりは軍拡競争を促し、国々は新たな武器や新たな要塞に財源を充てて装備を整えた。いっそう大きく充分に訓練された軍隊、技術者、軍事専門家と、その管理をする官僚が必要になった。変化する世界に対応した国家建設のおかげで、都市の住人に、さらに高給の仕事が生まれた。一四八〇年から一五二〇年のあいだに、パリのフランス宮廷は二倍の大きさになった。他国の宮廷も同様に拡大した。これによって、特別な才能を持つ者が家柄を越えて出世するチャンスが増えた。多くの君主は、旧来、封建的な家にさらなる権力を与えるより、有能な庶民を訓練するほうを好んだからだ。スペインでは、王室評議会の議員数人が農家出身だった。当時の高名な教育改革者、ペトルス・ラムス（一五一五～一五七二）は、炭焼き職人の息子として生まれ、パリで修辞学の欽定講座担当教授として生涯を終えた。

都市には、さらに大きな中流階級が現れた。商人、製造業者とその従業員、腕の立つ職人や芸術家とその徒弟、官僚などから成る人たちだ（彼らは本書の第二部で説明する繁栄に大きな役割を果たす）。しかし、貧しいままの人たちにとっても、貧困に関する新たな考えが急速に広まって、事態は好転した。問題に対する一般の意識が高まっていた。小説では、主題が中世の騎士と道を誤った羊飼いの娘から、荒廃した都市が背景の現代的な不幸へと変わった。イギリスの人文主義者トマス・モア（一四七八～一五三五）は、〝ユートピア〟という新語をつくり、一五一六年の著書に同じ題名をつけることで、自分の理想には遠く及ばない現実に注意を向けさせた。

見直しを求める時代の風潮に動かされ、モアのような思想家たちは、貧困を、昔から誰もが思い込んでいたよう

†原注：違法な経済活動――盗みや売春――も活発だった。

な人間社会の永久不変の障害としてはならないと説いた。根本的な解決策が広まっていった。いくぶんかは、急速に広まっていたもうひとつの思想——宗教改革のおかげだ。これについては、第8章で詳しく取り上げる。カトリックにとって、貧しい者に施しをするのはキリスト教らしい美徳の行為なので、自由意思によらなければならない。プロテスタントは、物乞いや浮浪者という社会問題の増大にもっと注目し、公的対策で取り除こうとした。一五二〇年代のほぼ同時期に、プロテスタントの地域となった約六十カ所の西ヨーロッパの都市が、貧民救済の集中方式を立案した。これらの実験的な政策の詳細はそれぞれ異なるが、代表的なものは、物乞いの禁止、裕福な都市住民に課される強制的な貧困税、困窮者が一時的な財政危機を乗り切るための低金利の融資計画、物乞いを船乗りや使用人などの社会に役立つ一員にする訓練の教育計画などだ。[13]

健康と富で測ると、先の世紀はヨーロッパの多くの世代が生きてきたなかでも最悪の時代だった。しかし突然、農民にも王室にも、最良の時代がやってきた。

新たな黄金時代

現代にも同じことがいえる。健康と富を巨視的に測れば、今も世界を苦しめる多くの不幸があるものの、現代は生きるのに最良の時代だ——世界で最も恵まれない国にとっても。貧困から逃れて長く健康な人生を送れる可能性は、これまでのどの世代よりも高い。

そして今回は、ほとんど世界じゅうの人がその恩恵を受けられる。

世界じゅうで史上最高レベルまで急上昇した人間の健康状態

人間の健康を測る最も重要な尺度のひとつは、出生時平均寿命だ。〝どのくらい生きられるのか？〟は、健康に対する栄養、病気、薬、医学、災害、戦争、そして生活習慣の影響を最も端的に表す疑問かもしれない。

この尺度によると、現代は前例のないレベルに達している。一九六〇年以来、世界の平均寿命はほぼ二十年延び、約五十二歳から七十一歳になった。[14] 前回二十年の延びを達成するまでには、千年かかった（とはいえ、その向上のほとんどは一八五〇年以降に生じた）。今回かかったのは、たった五十年だ。一九九〇年には、七十歳の誕生日を過ぎてから死亡する人は三分の一だけだった。二〇一〇年には、二分の一近くになり、全死亡者の約四分の一は八十歳を越えていた。ほんの二十年で、八十歳は新たな七十歳になった。[15]

この向上は、まさに世界的なものだ。今日、ほとんどあらゆる国で生まれる子どもは、その国の歴史上どの時代よりも長く生きられる可能性が高い。一九九〇年以降、出生時平均寿命は、南アジアで七年、東アジアと中東、北アフリカ、ラテンアメリカで六年、中央アジアとヨーロッパの開発途上地域で四年延びた。経済状態が最も悪く、ＨＩＶ／ＡＩＤＳで大きな打撃を受けているサハラ以南のアフリカでさえ、今日生まれる乳児は一九九〇年当時より六年長く生きられる可能性が高い。とてつもない延びを見せた国もいくつかある。エチオピアとブータンの平均寿命は、十五年延びた（それぞれ四十七歳から六十二歳へ、五十二歳から六十七歳へ）。南アフリカやレソト（ＨＩＶ／ＡＩＤＳによって平均寿命が二十年縮まった）、シリア（内戦が勃発して以来二十年縮まった）などのいくつかの国は後退しているが、世界的に健康が増進している並外れた時代にあっては例外的だ。

世界じゅうで史上最高レベルまで急上昇した富

大局的に見れば、最も重要な富の増加は、富裕層ではなく貧困層で起こった。収入と財産の増加は彼らに、まったく異なる生活の質と選択能力を与えた。

今日の貧者には、ルネサンス時代と特別な共通点がある。ピラミッドの底辺での生活は、過去五百年のあいだ驚くほどわずかしか変わっていない。当時、貧乏とは、パンと野菜とオートミール粥を食べ、贅沢品の肉はめったに食べられずに生きていくことを意味した。肉体労働をする者もいれば、炭焼きや廃棄物の運搬などの雑多な仕事をする者もいた。ほとんどは、両方のなんらかの組み合わせと、悲壮な忍耐力によってどうにか暮らしていた。稼いだ金の六十～八十パーセントを食糧に、残りのほとんどは服と住まいに費やした。込み合った環境で生活し、せいぜい二、三枚の古着しか持たず、わら詰めの袋か腰掛け、テーブルの上で眠った。買う余裕のない必需品は、物乞いするか、共有するか、なしで済ませた。

現代の極貧層——世界銀行の定義による一日当たり一・九〇ドル未満で暮らす人々——も同じく、おもに穀類で生き延びている。暮らし向きがよいほうの人は、肉体労働をするか、単純な仕事——屋台の食べ物をつくったり、服を縫ったり、携帯電話の通話時間を売ったり——をしている。収入の五十五～八十パーセントほどを食糧に、残りを他の必需品に費やす。一世帯に六～十二人で生活している。西インドの極貧層の調査によると、ほとんどの家にはベッドか寝台はあるが、腰掛けがあるのは十パーセント、テーブルがあるのは五パーセントだけだった。彼らは栄養不良で、赤血球不足（貧血）に陥っていた。[16] 虚弱で病気になりやすく、深刻な視覚障害などの障害を起こす可能性がかなり高い。場所によって細部は異なるが、全体的な見通しは依然として暗い。[17]

幸いなことに、極端な貧困は、ほんの二十五年前に比べてもはるかに少なくなっている。真に世界的な経済成長の時代なのだ。一九九〇年から二〇一四年のあいだに、データが得られる百六十六カ所の国と領土のうち百四十六カ所で、ひとり当たり実質所得が上がった。[18]二〇一四年のひとり当たりの世界実質GDPは八千ドルで、一九九〇年の値に比べて約四十パーセント高くなった。[19]最近起こったさまざまな危機にもかかわらず、大多数の人間の生涯に関わる機会や選択能力を一変させるような、未開発の経済資源は存在する。

その変化はかなり進んでいる。世界の貧困は過去数十年で激減した。ベルリンの壁が崩壊したとき、二十億人近く（世界の四十三パーセント）は、世界銀行の国際貧困ライン以下で生活していた。二〇一五年までには、人口は二十億人増えたが、極貧層の絶対数は半分以上減り、約九億人になった（総人口の十二パーセント）。それでも多すぎるが、めざましい改善を見せている。[20]人口が増えたのに貧困層が減ったのも、史上初めてだ。[21]五十年前、開発専門家は、極度の貧困を永久不変の障害と決めつけていた。今日では、その撲滅に要する時間が、四十年か、三十年か、あるいは二十年かが議論されている。

総人口の五分の一を構成する十四億人が住む中国では、三十余年、毎年前年比八パーセント以上の経済成長を達成したことで、平均所得が二十倍になり、約五億人が貧困から抜け出した。[22]現在の景気後退への対処法など、中国には批判すべき点が多いが、貧困の過去から脱した手腕については賞賛すべき点もたくさんある。それは世界史上最も成功した発展の物語だ。インドがすぐ後ろを追っている。一九九〇年以来、インドの経済も前年比八パーセント近い成長を続け、極貧のなかで暮らす人口の割合は半分近く減り、五十パーセント超から約三十パーセントになった。[23]

アジアの二大国が貧困撲滅に向けて長足の進歩を遂げるなか、アフリカは出遅れはしたものの、追い上げている。経済について言えば、一九九〇年代はアフリカにとって失われた十年だった。サハラ以南の地域では、ひとり当たり成長率がマイナス一・一パーセントとなり、《エコノミスト》はアフリカを〝絶望的〟と断じた。[24]しかし二〇〇〇年代初め、大陸の経済は好転した。その後GDPが前年比約五パーセント上昇し、この十年で経済が最も急成長した世界の上位十カ国のうち、六カ国がアフリカの国になった。[25]サハラ以南のアフリカにある四十カ国余りの経済はいまだに大きな問題を抱えているが、この地域の合計GDP（二〇一四年には一兆七千億ドル）[26]は現在ロシアと肩を並べるほどで、次の十年で年間約四〜七パーセント成長が続くと予測されている。[27]サハラ以南住民の極貧層の割合は、一九九三年の約六十パーセントから今では半分以下になり、着実に減少傾向にある。

全体として、今日の世界は、ほんの四分の一世紀前に比べてはるかに裕福になり、貧困層にもはるかに多くの機会と選択肢が与えられている。

世界じゅうで史上最高レベルまで急上昇した教育

選択能力が広がったとき、多くの人はまず最初に、学校で学ぶ時間を増やす。教育は発展の結果――人が選べる、選ぶもの――であり、さらなる健康と収入増加を促すものでもある。

おおぜいに向けた教育

前回のルネサンス時代、学校教育は、かなり贅沢なものから、おおぜいにとって実際的にも精神的にも不可欠な、ますますかけがえのない当たり前のものに変わった。

一四五〇年、大陸に点在していた大学は五十校にも満たなかった。一五五〇年までに、その数は三倍近くになった[28]。次ページの図4-3を見てほしい。高等教育へ進むドイツ人の数は、中世のほとんどのあいだ停滞していたが、その百年で二倍に増えた[29]。

数が増えたのは、ひとつには総人口が伸びていたからだった。しかし同時に、学生全体の構成が聖職者と貴族を越えて広がり、都市住民が加わったからでもあった。ますます複雑になる金融、商業、貿易のベンチャー事業は、読み書きと計算能力に優れた多くの人材を求め、急速に発展する国家の官僚機構は、法律教育を受けた人をさらに必要とした。どちらかをある程度学んだ者はよい仕事に就けたので、さらに多くの人々が学ぶようになった。一方で、新たなテクノロジー（印刷本）が、従来の（高価な）口頭での教えを安価な独学で補うことを可能にし、教育へのアクセスを飛躍的に改善した。

数が増えたもうひとつの理由は、人文主義（古代の著作家への新たな興味を呼び起こした精神運動）などの運動によって、また宗教改革にかき立てられた信仰の再考によって、教育を受けることの意味について新たな思想が広がったからだった。中世を通して、高等教育の中心的なカリキュラム――神学、法律、医学――は専門家にしか役立たなかった。多くの人は、初等教育でさえ必要とは感じなかった。しかし、一五二〇年代に始まり、大陸の半分を席巻したプロテスタントたちのほとんどは、必要と感じた。最終的にプロテスタントをカトリックから切り離した大きな思想のひとつは、神を崇めるのに仲介者（たとえば聖職者）は必要ないというものだった。知る必要があ

図４－３　ルネサンス時代ヨーロッパじゅうで急増した大学。
出典：ヒルダ・デ・リッダー＝シモンズ『ヨーロッパにおける大学の歴史』（1996年）。ケンブリッジ、イギリス。ケンブリッジ大学出版局。

ることはすべて、聖書——翻訳版も含めて——に書かれている。突然、読書力が救済への新たな道になり、これを信じる者全員にとって、紙に書かれたものの意味を学ぶ理由ができた。また、より純粋なキリスト教の教えに人々を引き戻す構想の一部として、多くのプロテスタントは修道院から正式な学校教育を切り離して、国の手にゆだねるべきだと主張した。この考えが、みずからの権威の強化を熱望する野心的な君主に採用され、相次いで新たな国立大学が設立された。

人文主義は前世紀に起源を発し、ペトラルカ（一三〇四～一三七四）という名の男が、少なからずその興隆に関わった。古代ギリシャとローマに心を奪われていたペトラルカは、その有名な遺跡を訪れ、古い硬貨を集め、亡き偉人たちに手紙を書きさえした。政治家でもあり、フィレンツェのエリートたちとは気が合った。そして都市国家の政治に、ひとつの力強い神話を与えた。彼らは古代ローマ共和国支配層の生まれ変わりで、腐敗していく帝国の現代版である教皇に対して、市民の美徳を守護する者なのだ、という神話。ペトラルカは当時のイタリアの生活に、古代世界の政治討論を呼び戻した。

次の世紀になって、多くの古典が復活し、グーテンベルクの発明によって印刷されると、古代の偉大さを取り戻すというペトラルカの夢が突然新たな現実味を帯び、教育に新しい威信と目的を吹き込んだ。年月が流れるにつれ、重点は中世の主要なカリキュラムから、〝人文科学〟へ移った。文法、修辞学、歴史、詩、道徳学――専門家の役割を果たすためではなく、有能で徳の高い市民を育てるための学問分野だ。より幅広い層に向けたこのカリキュラムは、多数の新しい学校が設立されるきっかけとなった。アクセスの改善について、急進的な思想を持つ学校もあった。ヴィットリーノ・ダ・フェルトレの非宗教的な寄宿学校〝喜びの家〟は、男子だけでなく女子の入学も認め、絵画や音楽、体育などの科目を含む、古典に触発されたカリキュラムを受けられるようにした。(30)

一世紀のあいだに、一般社会における教育の位置は、少数向けの探究から、多数の潜在能力を開放する手段へと広がった。

万人に向けた教育

現代では、より有能で活発な公民を求める人文主義の大望は、人権に関する法律用語でまとめられている。その主要な文書である一九四八年の世界人権宣言第二十六条は、〝すべて人は、教育を受ける権利を有する〟〝教育は、人格の完全な発展を目的としなければならない〟と宣言している。

この理想は、あらゆる教育の基本である読み書き能力から始まり、実現に向けて着実に進みつつある。一九八〇年、世界人口のほぼ半数（四十四パーセント）は読み書きができなかった。今日では、人口急増にもかかわらず、その割合は六分の一にまで減った。ほんの一世代のあいだに、人類は三十億人の読み書きできる頭脳を仲間に加えた。インターネットは、かつての印刷術と同じく、あらゆる人に読み書きを習う新しい強力な理由を与えた。若者のあいだでは、非識字率はほんの十パーセントで、下がりつつある。つまり、将来の成人集団のほぼ全体が、人類の新たな知識ネットワークに参加する基本的技能を持っているということだ。[31]

はしごの次の段、正式な学校教育へ進む人も世界じゅうで増えた。一九九〇年以来、サハラ以南のアフリカでは、小学校への入学者が二倍以上になった。二〇一五年の時点で、発展途上国世界全域において、学齢期の子どもの九十一パーセント（先進国世界では九十六パーセント）が学校に通っている。[32] 世界的に見て、二十人のうち十八人は卒業し、中等学校へ進んでいる（一九九〇年には二十人のうち十五人だった）[33]。進歩は地域によってまちまちだが、後退している国はほとんどない。

重要なのは、学校教育における男女格差が急速に縮まっていることだ。性別によって人生の機会を制限すべきという考えは不快だし、女子を教育すれば社会がはるかに豊かになるのだから、これは大切だ。高等教育を受けた女性は、子どもの数が少ないので、出産で死亡する可能性が低く、労働力に加わる可能性が高い。子どものチャンスを増やす努力もする。高等教育を受けた女性の子どもは、健康に生まれ、幼年期を生き延び、予防接種を受ける可能性が高い。また、週当たりの勉強時間が長く、試験の成績がよく、栄養摂取やその他のよい習慣を身につける一方、悪い習慣（喫煙など）を嫌う傾向がある。[34]

こういう理由から、発展途上国世界は最近、女子教育に多大な努力を傾け、いくつかめざましい成果を挙げた。一九九〇年以来、女子の小学校入学者は七十三パーセントから八十七パーセント超に、中等学校入学者は四十パーセント未満から六十一パーセント超に増えた。[35] ここでも進歩は地域によってさまざま――アラブ諸国と南アジアでは急速、サハラ以南のアフリカではゆるやか――だが、変化の方向は世界共通だ。発展途上諸国の半分では、今や学校に通う女子の数が少なくとも男子と同じくらいになっている。三分の一では、女子のほうが多い。いくつかの国では、変化の速度があらゆる予測を上回った。モロッコはたった十年で、女子の入学についてアメリカ合衆国が半世紀近くかけて行った改善を成し遂げた。[36]

はしごの最上段、すなわち中等後教育までのぼり詰める人が最も急速かつ飛躍的に増えたのは、おもに発展途上大国の中国とインドにおける高等教育の広がりのおかげだ。世界的に見て、中等学校卒業生が高等教育に進む割合は、一九九〇年以来二倍以上に増え、二〇一四年には十四パーセント未満から三十三パーセント超になった。[37] 著者の概算によると、高等教育の学位を持つ現存者の数は、一九八〇年以前の学位取得者の総数より多い。毎年、さらに二千五百万から五千万人の学位取得者がその総数に加わる。カーンアカデミーやコーセラなどの大規模公開オンライン講座（ＭＯＯＣｓ）は、その数字をさらに急速に押し上げている。

高等教育を受ける人の割合は先進国世界が最も高いものの（中等学校卒業生の七十四パーセントが進学するのに対し、発展途上国世界では二十三パーセント）、絶対数については、発展途上国世界が幅を利かせ始めている。[38] すでに世界の科学と工学、博士課程の学生の少なくとも四十パーセント、学位を持つ科学研究者の三十七パーセントは、発展途上国世界にいる。[39] 女性も躍進している。一九七〇年以来、中等後教育の入学者は、男性については四倍だが女性については七倍以上も増えたので、今日の世界では——またもや史上初めて——大学に進学した女性の数が、男性の数よりも多くなった(40)。

人類は、歴史上のどの時代より健康で、裕福で、よい教育を受けている。過去数十年で達成した進歩は、単なる長期傾向に沿った漸進的な改善ではない。むしろ現代人は、二度と戻ることのない境界を越え、その瞬間をみずからの黄金時代として印した。一九六〇年から世界の平均寿命は一世代分近く延び、世界的な人口急増のなかで貧困は確実に減り、次世代の成人のほぼ全員が読み書きでき、教育を受ける女性が数の上で優勢になったのだ。ひとりひとりの経験は異なり、大きな問題はいくつも残っている。以前は快適に暮らしていた家庭が、今では苦労している。十億人近くがいまだに一日当たり二ドル未満で生活している。しかし、かつてないほど多くの地域に住む多くの人にとって、現代は生きるうえで最良の時なのだ——前回と同様に。

なぜ今なのか？

病気との闘いに勝利しつつある現在

前回のルネサンス時代と同じく、新たなルネサンス時代の解決策は、病気の減少から始まる。人間の幸福に対するふたつの大きな脅威として、伝染病（特定の細菌、ウイルス、その他の寄生生物によって引き起こされ、広がる）と慢性病（心臓病やがん、糖尿病などの長期疾患で、生活習慣や食事、遺伝、その他の要因を含む、複雑な原因によって起こる）がある。しかしどちらも、現代のつながりと発展の力に対してはきわめて脆弱であることがわかっている。伝染病に対しては、次のような力が行使されてきた。衛生状態、下水設備、浄水、害虫駆除のテクノロジーと習慣の改善。ワクチン、抗生物質、その他の薬。ミネラルと栄養分が強化され改良された農作物と主要穀物。これらすべてに投資するための公共予算と個人所得の増加。それらを吸収して賢く適用する教育。

一九九〇年には、五歳未満の子ども千三百万人が、主な四種類の伝染病で死亡した。呼吸器感染症（肺炎）、下痢、結核、そして麻疹やポリオ、百日咳、ジフテリア、破傷風などの小児期疾病だ。[41] こういう死亡例のほとんどは、発展途上国世界で生じた。これらの原因で死亡する先進国の子どもはほとんどいない。

二〇一五年には、そういう伝染病で死亡した子どもは五百九十万人だった。とてつもない悲劇は、予防接種、より安全な飲用水、教育、行動の変化のおかげで、半減した。[42] また、避妊薬使用の広がり、出産前後のケアへのアクセス改善、熟練助産師の増加のおかげで、出産時に死亡する母親の割合も半減した。[43] 未熟児の割合も、おもに所得増と輸入された農業改良技術のおかげで半減し、一九九〇年の二十九パーセントから、今日では約十五パーセントになった。これらすべての効果で、子どもの命が毎日一九九〇年より一万九千人多く救われている。しかも、そのめざましい功績は毎年更新されている。

人間の寿命の後半では、心臓病やがんなどの慢性病という苦難が撃退されつつある。先進諸国全域で、今日なんらかの心血管疾患で死亡する確率は、一九六〇年代の半分以下だ。[44] コレステロール値を下げる薬や、開胸手術なしで動脈を拡張できるステントなどの新たなテクノロジーの進展によって、研究者たちは人々の健康を保っている。しかし、同じくらい大きな影響力を持ったのは、一般の人々が貢献した予防の知恵の大きな広がりだった。かつてはどこでも見られた喫煙は、今では社会的に後ろめたい習慣になっている。アルコール依存症者更生会（ＡＡ）は国際化した。人は脂肪の摂取を控えて、運動を増やしている（少なくとも、そうすべきだとわかっている）。広がりつつあるこういう生活習慣の重要性は、世界の死亡統計にはっきり現れている。それはふたつの事実を示す。第一に、役立つ薬や外科手術が利用できるようになる前に、慢性病との闘いは有利になり始めた。第二に、予防の知恵を遮断した地域は、たとえそこに新たなテクノロジーがあっても、闘いに負け続けた。[45] ロシアでは、国と国民（特に男性）の両方が、飲酒と喫煙を控えるべきと告げる証拠に逆らった結果、今日の平均寿命（六十六歳）は一九六〇年代より約三年縮み、今日の北アメリカやヨーロッパの他地域の数値より約十三年短くなっている。[46]

乳幼児死亡率が大幅に低下するとともに、慢性病の予防と管理が進歩したおかげで、一九五〇年から二〇〇五年のあいだに、総人口は人類史上最も短い期間で倍増した。人口統計予測が正しいとすれば、今後さらに速度が上がるだろう。

いつまでも続くこの人口急増はすでに、東アジア（おもに中国）と南アジア（おもにインド）に大きな利益をもたらし、アフリカにも利益をもたらし始めている。少し前まで、開発経済学者たちはおおむね、急速な人口増加は悪いことだと確信していた。一九七二年、非営利シンクタンクのローマクラブは、今では有名になった報告書『成長の限界』を発表し、環境汚染によって生態系が破壊され、天然資源が枯渇するまで採掘され、ついには社会が崩壊すると予測した。しかし一九九〇年までには、前回のルネサンスですでにわかっていたことが、ようやく認められるようになった。人口急増はよいことかもしれない。世界銀行が発表した一九九〇年の『人間開発報告書』は〝人間はまさに国の財産である〟という一文で始まった。確かに、人口が増えるほど、人々を支えて養うのに多くのコストがかかる。そして確かに、地球には限界がある。しかし、増えた口にはそれぞれ、両手と脳がついてくる。人々に行き渡るだけの食糧があるかぎりは（その警告に対して、ルネサンス時代はさらに土地を開墾して対処し、現代は灌漑や肥料、種子発育の改良によって世界的な農業生産高を倍増させて対処している）、利益――手腕と知力が増えること――がコストを上回るだろう。[47] この理論は特に、労働過剰を取引利益や幅広い福祉拡充に転換できる開放的でつながりのある経済環境のなかで有効になる。

つながっていく経済の恩恵を受けつつある現在

経済のつながり強化と幸福拡大との結びつきは、自然に発生したのではない。この結びつきがうまく働いていることを示す事例は多いが、妨害要因（機会不均等やまずい政治、突発的事件など）がそれを引き裂いてしまう事例もある。

こういう警告は重要だ――これから見ていくように、最上層で得られる利益が最下層で得られる利益を上回る原因になることも多い――が、世界の貿易と金融のつながりが、多くの方法で貧困を減らし、富を創造し、健康と教育の向上に資金提供するのに役立っていることを否定してはいない。

第一に、貿易を拡大すれば、現地の限界のある周期的需要以上に商品の市場規模と安定性が増し、貧困層の仕事が生まれ、所得が増える。この利点は、小規模で労働集約型の商品――おおぜいの失業者を競争力にできる――にも当てはまる。少数の高度熟練者を雇用している大規模な資本集約型産業よりも利益は大きい[48]。

ルネサンス時代、暇な田舎の農民は、農閑期に遠方の市場向けに織物を織り、収入を増やした。一九八〇年代後半から一九九〇年代前半に、ベトナムが世界に向けた米の生産を開始すると宣言したときにも、似たようなことが起こった。一九八七年から一九八八年のたった一年間に、ベトナムは米輸入国から世界第二位の米輸出国に変わり、それ以来輸出を拡大し続けている(一九九〇年の百五十万トンから、二〇一四年には約七百万トンへ)。それとともに、国は田舎の栄養摂取を改善し、七百二十万人の新たな田舎の雇用をつくり、小規模農家のために新たな年収を生み出した(二〇一三年には三十億ドル相当)[49]。もっと最近の例を挙げると、バングラデシュでは二百三十億ドルの衣料品輸出部門がつくられ、二〇一五年にはその部門が国の輸出総額の八十パーセント超を占め、四百万人超を雇用するまでになった[50]。確かに、賃金と労働条件はひどいが、それも改善している(二〇一三年には、政府が衣料産業労働者の最低賃金を七十七パーセント引き上げた)[51]。極貧と貧困のどちらかを選ぶしかないなら、多くのバングラデシュ人は後者を選ぶ[52]。

第二に、新たな経済のつながりは競争を促す。以前にどんな条件が存在したかにもよるが(特に独占があった場合)、競争は、人々が購入できる製品やサービスの種類を増やし、質を高めて価格を下げる。つまり、きびしい家計のやりくりが楽になり、中小企業の経営に余裕ができる。ルネサンス時代には、バルト海沿岸からヨーロッパへ運ばれた安い穀物が、パンの値段を手ごろにするのに役立った。今日では、小麦、米などの穀類の世界貿易が、世界じゅうの必需食料品の値段を制御するのに役立っている。

新たなつながりは、生産性も上げる可能性がある。ミシンの前に座っている人は、針と糸を持っているだけの人より多くのシャツを、一時間で縫えるだろう。〝生産性〟とは、経済学者がそういう違いをとらえるのに使う言葉だ。それは人間の幸福にとって重要になる。一時間でできることが増えれば、ほかの誰かにとってその時間がさらに有益になり、見返りとして期待できる賃金が（したがって所得も）上がる。

世界経済のつながりは、さまざまな経路を通して生産性を高める。最も単純なのは、専門化だ。ルネサンス時代、貿易のつながりが向上すると、一部の農家は穀物に代わってブドウを専門に育て始めた。そしてブドウを売り（生産可能な穀物より多く）、収益の一部を使って必要な穀物を買い、残りをポケットに入れた。

今日でも専門化は、貿易を通じて生産性を高める手段のひとつ（ベトナムの例が示すように）だが、あくまでひとつにすぎない。もうひとつの主要な方法は、テクノロジーの進歩によるものだ。新たな機械には、利用者の新たな技能開発を必要とする新たなテクノロジーが組み込まれる。資源の乏しい小さな島である台湾は、一九八〇年代以降、外国のテクノロジーをもとに、千八百億ドルの製造部門を発展させた[53]。現在その二倍大きい製造部門を持つ韓国も、同様の手段をとった。一九八〇年代半ばにアメリカ合衆国と日本から採り入れたテクノロジーのおかげで、韓国は高度な半導体からスタートできた[54]。二〇一三年には、韓国の半導体製造業は日本を追い越し、世界第二位になった[55]。

最後に、経済のつながりが強まると、仕事の質そのものと労働力の構造が、重要なプラスの方向に変わる可能性がある。ルネサンス時代には、新たに興った田舎の手工業と織物業が、暇な農民だけでなく、田舎の女性、子ども、高齢者にとっても恩恵となった。彼らは労働力に加わる新しいチャンスを得て、物質的な生活を向上させた。同じように、今日では経済の開放によって、女性が農業から抜け出して製造・サービス部門に進みやすくなり、教育や健康、所得、技能開発などの面でよい結果を上げている。[56]

つながっていく人々の恩恵を受けつつある現在

人々のつながりも、人類の幸福にとって恩恵となってきた。

高度経済成長の国に生まれるほど幸運でなかった人に、移住は、別の場所での快適な暮らしに加わる方法を差し出す。低成長国から高成長国へ、あるいは発展途上国から先進国へ移動すれば、あらゆる技能と教育水準を持つ人が、同等の仕事で所得を増やせる。

移住者は差額をポケットに入れるだけではない。多くの人は故郷にその一部を送金する。移住は双方向に働く。人は自分自身と、労働力、技能を持ち込み、たいていは反対方向に現金を送付する。この非公式な財政援助は、一九九〇年以来ほぼ二十倍に拡大した。二〇一六年の発展途上諸国への送金総額は、五千億ドル以上と見積もられている。[57]それらの国々が、毎年他国政府から受け取るあらゆる公式な開発援助（すなわち対外援助）の総額の三・五倍だ。対外投資の流入ほど多くはないが、たいていは対外投資が届かない地域社会に流れ込み、はるかに信頼性が高いことがわかっている。図4－4を見てほしい。投機家たちは、その年、あるいはその時間にどの機会が最良に見えるかによって、ある国から金を引き出して、別の国に注ぎ込む。送金は家族に根づいている。国が危機に直面すれば、対外投資は消え去るが、送金は増えることが多い。

熟練した移住者の流れは、特に医学の分野で〝頭脳流出〟と批判されることが多い。ハイチの看護師の九十五パーセントと医者の六十パーセントは、もっと高収入が得られる国で働くために出て行く。極端な事例だが、これ

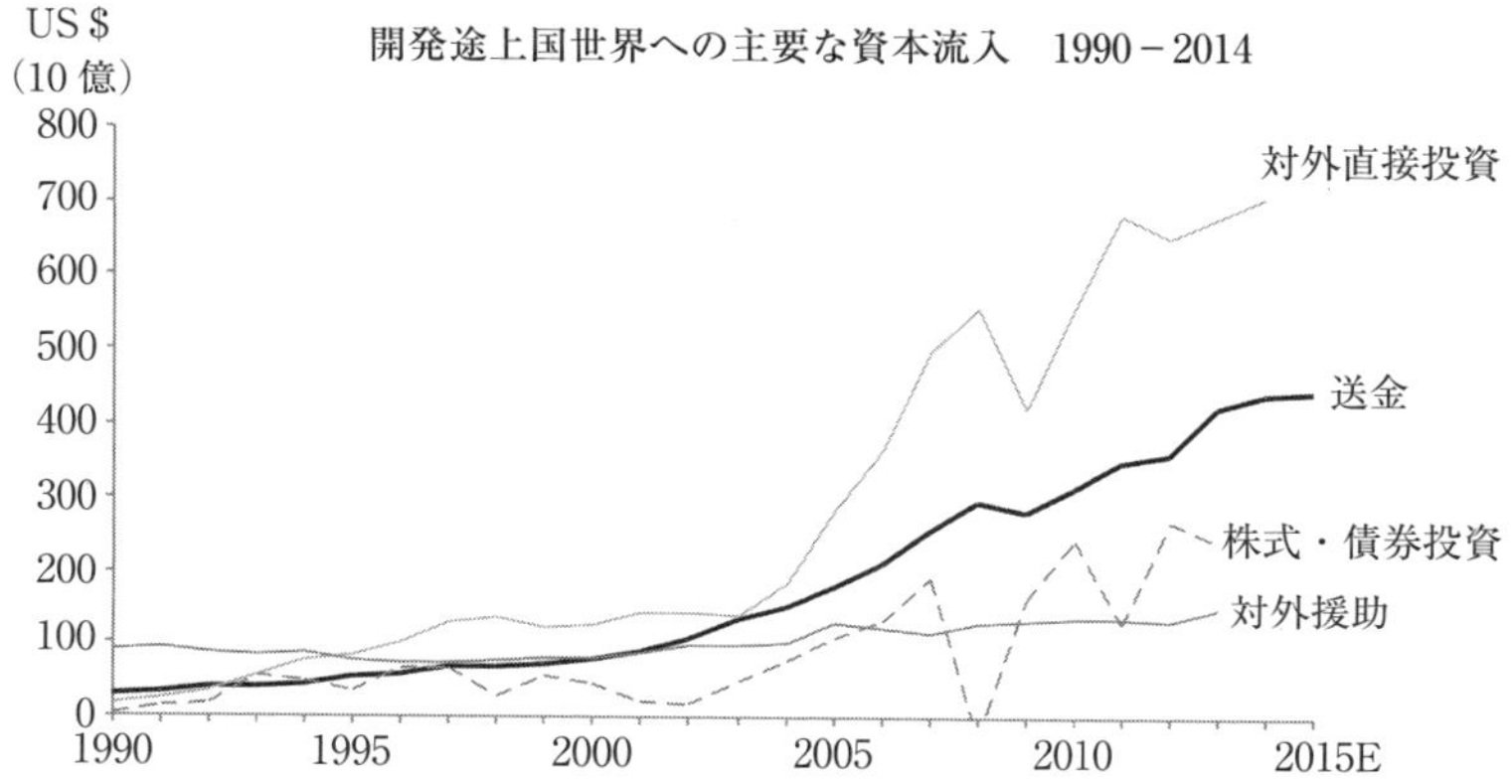

図４－４　送金の流れは対外援助より大きく、対外投資より安定している。
出典：世界銀行データバンク「世界の発展の指標」(2015年)。data.worldbank.org からの引用。世界銀行による送金推定値「移民と送金に関する報告書24」(2015年４月13日)。

だけではない[58]。明らかに、医者や他の専門職の人々の大移動は、母国に負担をかけている。どうやって引き留めるかを考案することが、タイからタンザニアまでの活発な政策実験の主題だ。それでも、多くの証拠は、送り出し国にとって、長期的には移住の利益がコストを上回ることを示している。たとえば、フィリピンは、世界屈指の看護師輸出国であると同時に、発展途上国中、国内医療制度における看護師と患者の最良の比率が維持されている国のひとつだ。現地での報酬と研修プログラムが、両方の市場に貢献するのに充分な供給を生み出している。

　移住は、受け入れ国の人々の生活にも純益をもたらす。移民が仕事を奪うとか、社会福祉事業を妨げるとかいった恐れは誇張されている。大都市や新しい国をめざすときに直面するあらゆる障害をうまく乗り越えられる人は、共通の特質として、勇気と大望と能力を持っている。そこまでたどり着く人は、集団として、消費するサービスのコストより多く税金を払う。受け入れ国の労働市場が埋めきれない仕事（看護師）やりたがらない仕事（清掃係）を請け負うことも多い。また、受け入れ国と母国をより密接に結びつけ、事業の資源を生み出すこともある。たとえば、台湾とイスラエルからの集団移民は、それぞれの送り出し国と受け入れ国の両方で、ハイテク産業の繁栄に貢献した。こういう結びつきは、世界的視野を持った政治をはぐくみ、時代の要求に不可欠な支援を与えることもある。二〇一四年にロシアがクリミア併合のために国際法を破ったとき、最も率直に批判した国のひとつはカナダだった。そこには、百三十万人のカナダ人はウクライナ系だからという理由もある。(59)

つながっていくアイデアの恩恵を受けつつある現在

最後にもうひとつ、人々が暮らす新たな世界と成し遂げた人類発展の新たな高みを結びつけるのは、アイデアの広がりだ。こういうアイデアが取るひとつの形は実用知識で、その伝達は、先に概説したあらゆるつながりの力を通して行われている。発展へのその影響は、きわめて大きい。いったん知識が生み出されれば（たいてい莫大な費用をかけて）、共有のコストは事実上ゼロだからだ。そして、他の製品とは違って、知識を消費する人が多ければ多いほど、他の人も消費しやすくなる。何より、知識がどんなパッケージに収められていても――機器、錠剤、注射、あるいはマニュアル一式であっても――発展途上諸国はそれを採用することで、開発にかかった何年、あるいは何十年を飛び越えて、すぐに恩恵を受けられる。(60)

こういう恩恵は、開発統計を調べるとはっきりする。図4-5を見てほしい。ひとり当たりGDPと出生時平均寿命をグラフで表したものだ。一九七五年に初めて作成した経済学者にちなんでプレストンカーブと呼ばれるこの

出生時平均寿命とひとり当たりGDPの関係1960年と2014年
（点は一国を示す）

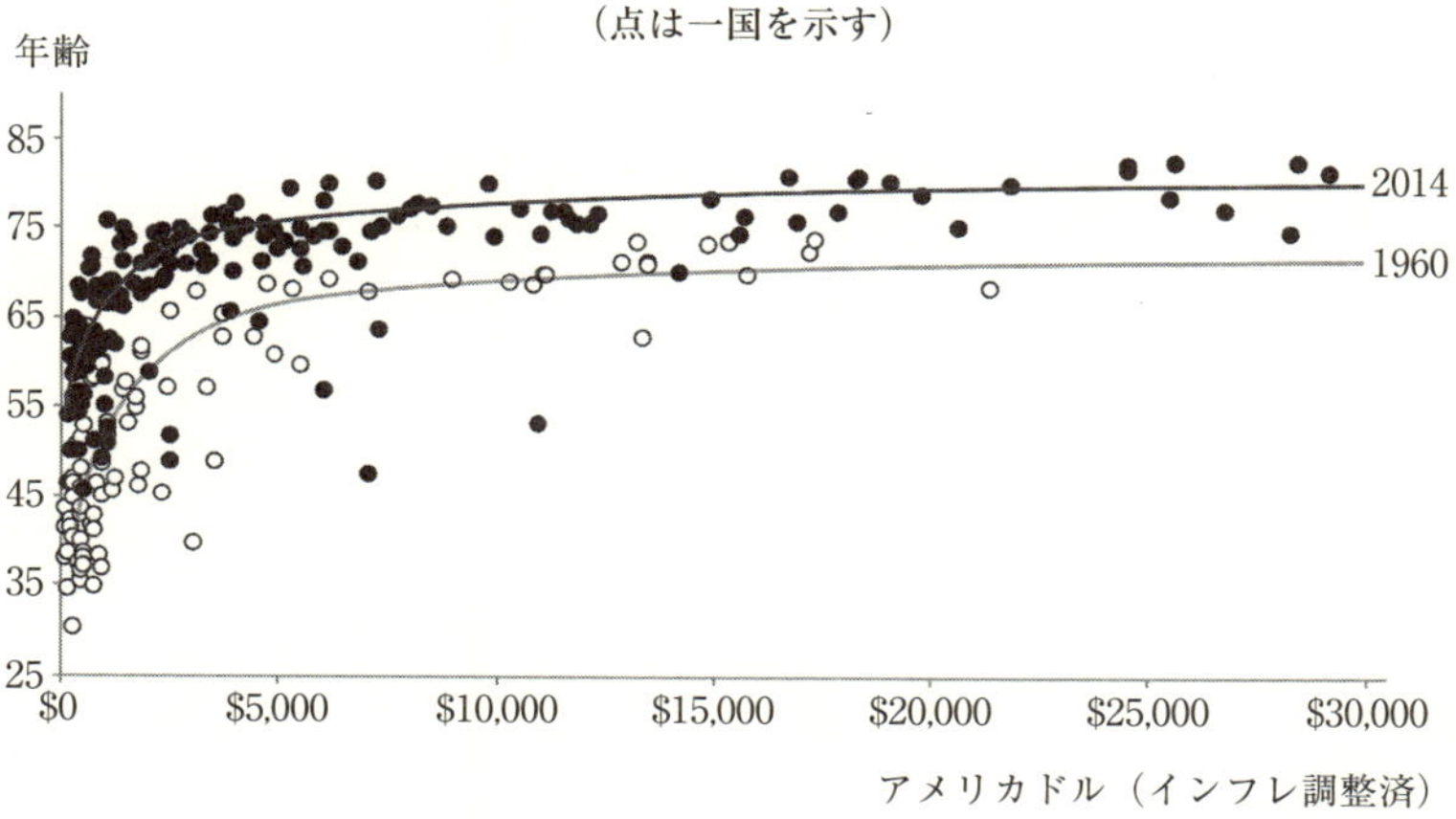

図４－５　新たなアイデアとテクノロジーの広がりによって、あらゆる所得層で、今日生まれる子どもが長生きするようになった。

出典：世界銀行データバンク「世界の発展の指標」（2015年）。data.worldbank.orgからの引用。アンガス・ディートン『大脱出─健康、お金、格差の起原』（2013年）。プリンストン、プリンストン大学出版局からの引用。この主題に対する氏の快いご協力に感謝する。

グラフは、所得が増えると、その曲線に沿って平均寿命も延びることを示している。低所得層ほど急速な延びを見せ、その後はゆるやかな延びになる。しかし、時とともに曲線全体が上へ移動し、今日では一九六〇年より、あらゆる所得層で平均寿命が長い。なぜわたしたちは、両親とは異なる曲線上に生まれたのか？　それは、知識環境が変わったからだ。

広がるアイデアの一部は、好ましいものだ。実用に役立つからではなく、もっと幅広い意味で、豊かな生活を形づくるものについて違う見かたをさせてくれるからだ。そういうアイデアは〝価値〟と呼ばれる。民主主義は、第2章で過去四分の一世紀におけるそのめざましい広がりを図で示したとおり、最も重要な例だ。アリストテレスの時代にまでさかのぼる文明の大きな思想のひとつとして、政治参加は人間特有の能力であり、よい社会とは、あらゆる人に自分の政治的発言を発展させ表現するチャンスを与える社会である、というものがあった。開発経済学者たち、特にアマルティア・センは、経験的事実として、民主主義は他の政治体制より自国民にとって破滅的な政策決定をしにくいと指摘することで、この哲学的な見解に実質的な重みを加えた。民主主義の広がりは、安定性の広がりにも役立つと考えられるので、世界的な人間の幸福のためにも重要だ。五百年前の場合と同じく、戦争は発展を妨げる。武力衝突は人々を家から追い出し、家族から稼ぎ手を、子どもから親を奪い、さまざまな身体・精神障害を引き起こす。今日では、乳児死亡の七十パーセントと、学校を退学する子どもの約八十パーセントは、紛争の被害を受けている国々に集中している。[61] 戦争が勃発すると、国は何十年分もの進歩を失う。

民主主義国同士が戦争になることはめったにない。この言葉が妥当かどうかは〝民主主義〟と〝戦争〟をどう定義するかにもよるが、公式な民主主義国のもとで暮らす世界人口の割合が増えるにつれ、国同士の大きな紛争の全体的な規模は、冷戦終結時のピークから約六十パーセント縮小した。[62] また、民主主義の広がりは、国内の争いのよりよい解決策を示す。軍事クーデターは、世界的にそういう行為の正当性が認められにくくなるにつれ、ラテンアメリカからはほとんど消え失せ（一九七〇年から一九八九年にはそういう事件が三十件あったが、それ以降は三件のみ）、アフリカでもはるかに少なくなった（一九九〇年代には十五件あったが、二〇〇〇年以降は五件のみ）。[63] 二〇一一年にシリア内戦が勃発するまでは、二十一世紀の内戦での死亡者数（年間約四万人）は、一九八〇年代の圧倒的な死亡者数（年間十六万人以上）の四分の一にとどまっていた。[64] メディアはよく事実のとらえかたを歪曲するが、世界の武力衝突は減少してきた。民主主義（さらには人権、国際正義、そのほか関連の規範）のような思想の広がりが、理由のひとつだ。

黄金時代に影を落とすもの

線遠近法の発明者フィリッポ・ブルネレスキ（一三七七〜一四四六）の教えによれば、目に見えるものは、どう見るかによって変わる。前回と新たなルネサンスのどちらの利益についても、同じことがいえる。前から見た景色はすばらしいが、後ろから見るとそうでもない。進歩は二極化している。大躍進する人もいるが、そうでない人は単に動かないことで遅れを取る。物事の進歩が早ければ早いほど、周囲に目を配って全体像を見る必要がある。

遅れを取る

ルネサンス時代、進歩の二極化の影響は、はっきり見えていた。大半の期間にわたって平均的な人々の暮らし向きは改善したが、社会の両端、富裕層と貧困層の隔たりはますます広がった。イギリスの歴史家W・G・ホスキンズの言葉にもあるように〝羊毛を刈る者たちにとっての黄金時代であり……刈られた羊の背中には、かろうじて生きていける分だけが残され、それさえあるとは限らなかった[65]〟。

新しい環境をうまく利用できた農民たちは、大きな利益を得た。できなかった者たちは、あまりうまくいかなかった。田舎では、所有する土地が時とともに減っていく傾向にあった。かつて農民一家を支えるのに充分な大きさがあった農地は少しずつ削られていった。親の財産を複数の相続人のあいだで分ける相続や、領地を統合することに熱心な貴族が起こす訴訟（たいていは不正な訴え）、そして一家が借金を負うしかなくなる不運――不健康、不作、強盗、病気や戦争――のせいだ。農民にとって、借金から追い立てへの道は短く、ありふれた行程だった。安い輸入穀物――バルト海沿岸から船で運ばれた――との新たな競争が、作物価格を下げたことも悪いほうへ働いた。

都市でも同様に、経済の最下層にいる人にとって環境はさらにきびしくなっていた。その時代のデータはまばらだが、手に入る例はどれも、一四五〇年ごろから、貿易と新たな形の製造業が拡大するにつれ、富裕層と貧困層の格差が広がったことを示している。一五五〇年には、西ヨーロッパの大きめの都市のほぼすべてで、住人の上位五～十パーセントが富全体の四十～五十パーセントを所有する一方、下位五十パーセントは自身の労働力と同程度しか所有していなかった。イギリスのサフォーク州（当時はヨーロッパ屈指の〝工業化された〟地域だった）では、人口のわずか一・五パーセントが地域の富の五十パーセントを掌握する一方、下位半分はわずか四パーセントを所有するのみで、五分の四は貧困生活を送っていた。[66]

おもな原因は、所得の最下層で実質賃金が下がっていたことだ。貧困に陥った田舎の住民が絶え間なく流入し、都市の賃金が、特に未熟練労働者のあいだで下がり続けた。都市の製造業者による田舎への外注は、都市住民の同業組合の規則と団体交渉力を巧みに回避した。状況は、女性にとりわけきびしくなった。一四八〇年から一五六二年まで、子守の賃金はまったく上がらなかった。同時期、生活必需品の値段は百五十パーセント上がった。[67]

富裕層と貧困層の格差拡大は、前向きな進歩を超える速度で進んだ。ときには、貧困層は後退させられた。第7章の主題となる突発的事件は、富裕層より貧困層にずっと大きな打撃を与えた。一五二〇年代にヨーロッパじゅうで繰り返し起こった不作のせいで、多くの農民は借金を背負い、最後には追い立てられた。そのころ、特定の場所で市場の需要や消費者の嗜好が変動することは、生死に関わる問題だった。穀物を育てていた農民には、少なくとも必ず食べるものがあった。ブドウのような儲かる換金作物を育てることにした農民は、不意に貿易が途絶えれば飢え死にするかもしれなかった。近隣で病気や紛争が生じたときには、よくあることだった。[68]そして紛争は近づいていた（第8章参照）。

その間ずっと、人口は増え続けた。何十年にもわたって、人口の回復は貧しい人々にとってよいことだった。労働力の供給増大が食物の生産高を上げ、工業製品の需要を高めたからだ。しかしついに、数字が貧困層に不利に働き始めた。一四五〇年には、西ヨーロッパじゅうで、失業している健常な男性はほとんどいなかった。一五五〇年には、若者の失業はよくあること――これも都市の賃金が上がらない一因――になる一方で、住宅需要が増えて、田舎の地主が小作人の地代をつり上げることが可能になった。[69]

富裕層と貧困層の格差拡大は、その時代の崇高な理想主義を裏切った。人文主義者は〝人類〟を賞賛したが、多くは平凡な人の惨めな状態を無視しているようだった。貧民救済計画は、貧困層を助けたいという気持ちより、見苦しい存在を取り除いて通りを上品にしたいという気持ちから維持されることが多かった。多くの都市では、貧民救済のおもな目的は、低コストの労働力供給を管理することになった。一五二九年以降のヴェネツィアでは、物乞いは半分の賃金で商船に乗せられ働かされた。一五三六年からは、イギリスの救貧法のもと、生活保護受給者の子どもは他の農民や職人のために無給で働かなければならなかった。一五四一年にルーヴェンで成立した法律は、失業者たちに一日二回、道具を持って市庁舎に集まることを義務づけ、守らなければ生活保護該当者名簿から削除した。規則をつくった者たちは、重労働が貧しい人々を豊かにすると論じたが、雇用者にとっては、未熟練労働者の賃金を抑えられるという好都合な副次的効果があった。

地理的な相違

ルネサンスはヨーロッパの現象であり、西側の現象だった。西ヨーロッパのなかでは、北側（貿易上のつながりに優れる）が徐々に南側の前面に出始め、大西洋は（同じ理由で）地中海の前面に出始めた。[70] 東ヨーロッパは主として農業にとどまり、その農民たちは封建制度の圧力がゆるまず、さらに重くなるのを感じていた。全般的な経済面では、この時代のアジアはおおむね現状を維持していた。

他の大陸は、後方へ押しやられていた。アフリカでは、一四五〇年から一五〇〇年のあいだに約十五万人が奴隷にされ、次世紀にはさらに二十五万人が続いた。[71] アメリカ大陸では、ヨーロッパの発見の時代が、既存の文明の崩壊を印した。ヨーロッパとの交易が、アメリカ先住民に一定の利益をもたらしたのは事実だ。ヨーロッパ人は新しい作物を持ち込んだ。ヨーロッパの小麦、アジアの米とサトウキビ、地中海東岸のオリーブ、アフリカのコーヒー。家畜化された牛、羊、豚、鶏、山羊、荷馬車用家畜など、新しい動物を連れてきた。帆船、金属工具と武器、鋤《すき》など、新しいテクノロジーをもたらした。車輪を再発明さえした。メソアメリカ文明が紀元前一五〇〇年ごろ独自に発明していたが、荷車を着想させるほど大きな家畜がいなかったので、玩具としてしか知られていなかったものだ。

しかし、悪いもの――病気、略奪、征服――が明らかによいものを覆い隠し、生きてそれを楽しめた先住民は驚くほど少なかった。千年にわたるヨーロッパとアフリカとアジアの交易は、伝染病の専門家が各大陸の〝ウイルス貯蔵庫〟と呼ぶものを統合していた。そういう生物学的混合が、歴史上の殺人鬼――たとえばペスト――を生み出すとともに抵抗力を与えた。アメリカ大陸は、この上なく幸福な隔離によって、こうした死の波にとらわれることなく生き延びてきたが、ヨーロッパの探検家と征服者の到着が、先住民族のあいだに何千年分もの自然の脅威を持ち込んだ。ヨーロッパ人が運んだ天然痘、麻疹、インフルエンザ、発疹チフス（さらにはアフリカの奴隷が運んだ黄熱病とマラリア）は、数百万のハイチの先住民を数百人だけ残してほぼ全滅させ、アステカ族（メキシコ）とインカ族（ペルー）の九十～九十五パーセントを殺戮した（それぞれ、最少で二千万人から最多で百万人に、九百万人から六十万人に減った）[72]。アメリカ先住民のほとんどが病死し、残りは銃で殺されるか征服され、ヨーロッパの強国は、その金、銀、耕作適地という富をみずからのものにした。一五〇〇年以降、少なくとも三世紀のあいだ、アメリカ大陸は世界の銀の八十五パーセントを供給し、金の七十パーセントを生産した[73]。

現代の汚点

最近手に入れた利益についても、ブルネレスキの遠近法の概念が当てはまる。目に見えるものは、どの角度から見るかによって変わる。

数歩下がって人類全体で見れば、物語は大まかに言って肯定的だ。世界の新興中流階級――所得で分けた中央三分の一の人々――は、一九八八年以来、約六十~七十パーセントの実質所得の増加を経験した。下三分の一では、四十パーセントの上昇だった。(74) しかし、世界最上位と世界最下位の富を比較すると、まったく違った構図が現れる。世界的な暮らし向きの平均値は改善したが、両極はさらに大きく広がったので、今日では上端と下端は互いにまったく対照的な生活を送っている。二〇一〇年には、世界で最も裕福な億万長者三百八十八人が、全人類の下位半分より多くの富を支配した。二〇一五年には、たった六十二人で同じことがいえるようになった。(75) 世界人口の下位半分――三十六億人――は、平均して一日あたりわずか数ドルで生活している。そこには、基本的な衛生設備なしで暮らす二十五億人と、電気なしで暮らす十三億人、充分な食糧なしで暮らす八億人が含まれる。(76) 下位半分は、あらゆる児童死亡の九十九パーセント、慢性疾患によるあらゆる死亡の五分の四、伝染病によるあらゆる死亡の四分の三を負わされている。(77)

一歩近づいて人類を国家という構成要素で分ければ、また構図は変わる。世界の国々を比べて最初に目につくのは、経済学者が〝収斂《しゅうれん》〟と呼ぶ肯定的な現象だ。(78) 全体として、過去四分の一世紀で、貧しい発展途上諸国の平均所得は裕福な先進諸国の平均所得に追いついてきた――しかも急速に。二〇〇〇年以来、五十カ国で、十年以上にわたってひとり当たり成長率が三・五パーセントを超えており、世界銀行が〝低所得〟と分類する国家数は六十五カ国以上から三十三カ国へと半減した。(79) この経験的証拠は、直観的な見解を裏づけている。つまり、基礎的なインフラ、教育、健康などの成長の大きなエンジンに点火したばかりの発展途上国は、すでにそれらすべてを備えた成熟経済より急速に成長するのが当然だ。

しかし、いくつかの重大な警告が、多くの国でのこうした効果に影を落としている。人にも、国家にも起こることは同じだ。世界最上層と最下層の富を比較すると、その差は大きく開いている。一九九〇年以来、世界で最も貧しい二十カ国の平均所得は、実質で約三十パーセント上がり、二百七十ドルから三百五十ドルになった。八十ドルの増加だ。一方、最も裕福な二十カ国の所得も約三十パーセント上がり、三万六千ドルから四万四千ドルになった。八千ドルの増加だ。[80]

今も、どの国で生まれたかは、どんな人生を送るかを大きく左右する。ヨーロッパに生まれたなら、中央アメリカや南アジアで生まれるより約二十〜二十三センチ背が高くなるだろう（複数世代の健康についての適正な集約尺度）[81]。ニジェールで生まれたなら、デンマークで生まれるより二十六年平均余命が短く、修学期間が九年短くなるだろう。[82] 軍事クーデター、内戦などの武力衝突を体験する可能性もずっと高い。そういう事態が起これば、その結果、殺害されるか、障害を負うか、強姦されるか、孤児や難民になるかもしれない。

最後に、もう一歩近づいて国の内部に目を凝らすと、分岐がふたたび構図のなかで優勢になる。最貧国から最富裕国までほぼすべての国の内部で、過去数十年にわたって富裕層と貧困層の格差は広がっている。[83] 今やアフリカ最大の経済大国ナイジェリアも、世界有数の不平等国になった。過去二十年間で、ナイジェリア経済が生み出した総所得は、ひとり当たり実質でほぼ倍増した。ところが、驚いたことに、貧困生活を送るナイジェリア人の割合も倍増した（三十パーセント超から六十パーセント超へ）[84]。アメリカ合衆国では、上位五分の一の実質所得が一九九〇年以降、二十五パーセント上がった一方で、下位五分の一の実質所得は五パーセント下がった。[85] 下位五分の一は、アメリカ経済がひとり当たり四十パーセント少ない所得を分配していた当時のほうが、たくさん稼いでいた。デンマークやドイツ、スウェーデンなど、昔から所得均等で知られていたヨーロッパの国々でさえ、富裕層が残りの層を大きく引き離している。[86] この乖離は、統計上だけでなく場所に存在するものでもある。生まれた国で生活の質が予測できるように、生まれた地域も大きく影響する。イギリスのオックスフォードの高級住宅街で生まれた住民は、貧民街で生まれた住民より平均寿命が十五年長く、市名の由来の大学に子どもが進学する可能性もはるかに高い。

他国に遅れを取る

ここでも、〝遅れを取る〟と〝後退する〟が、国の命運を分けるふたつの大きな理由となる。最初の要因は、多くの相違、特にテクノロジーと貿易、投資に影響されるものに関わっている。理論的には、新たなアイデアの共有にコストはかからないが、実際には、その採用にかなりコストがかかる場合がある。コストの一部は、新たなテクノロジーを買ったり、認可したりという直接的なものだが、大きなコストは、国民に使いかたを教えるなど、間接的なものが多い。世界の各国政府は、公教育に生徒ひとり当たり平均で四千六百ドル以上支出している。サハラ以南のアフリカは、百八十五ドルしか支出していない。それでも一九九〇年から十五パーセント増えている。[87] この不足が、禁煙の知識から、預金口座、半導体、男女平等の概念まで、ありとあらゆるものの発展を難しくしている。よい教育制度があり、独自の研究や事業をたくさん行い、それらを支えるインフラを築く予算がある国は、そうでない国より、新たなテクノロジーやアイデアをずっとすばやく利用できる。†

情報格差は最近の好例で、社会に大きな影響を及ぼしている。インターネットやモバイルテクノロジーは、情報や教育、コミュニケーションの障壁を飛び越える手助けをする。電気通信インフラは、今日のどんなテクノロジーも及ばない進歩の証だ。

しかし、平等に利用できるわけではない。国際電気通信連合（ＩＴＵ）は、電話と携帯電話の普及率、家庭用コンピューターとインターネットへのアクセス、有線および無線ブロードバンド契約数などの国の電気通信インフラの水準によって、百五十カ国以上の格付けを行っている。上位二十カ国――すべてヨーロッパ、北アメリカ、アジアの高所得地域――は、充分なインターネット帯域幅、高いブロードバンド普及率、人口より多いワイヤレス契約数を誇る。情報格差の反対側、下位二十カ国――すべてアフリカ――は、いまだに制限された（ほとんどはダイヤルアップ）インターネットアクセス、少ないユーザー、低い無線ブロードバンド普及率、国際データ通信回線へのつながりにくさを抱えている。ＩＴＵは全体で、二十四億人の祖国である三十九カ国を、この描写に当てはまる〝最も接続が悪い国々〟として特定している[88]（フェイスブックの太陽光ドローンやグーグルの高高度気球などの革新的な解決策によって、アフリカはじきにそういう格差を埋められるかもしれない）。

どのようにして国が貿易と投資で遅れを取るのかについては議論の余地があるが、理論的には以上のような事態に続いて起こる。古典派経済学の理論は、より開かれた貿易によってあらゆる側が利益を得る（それぞれが最善を尽くすことに集中して、他のものと交換できる）と教えるが、現実ははるかに厄介であることが証明されてきた[89]。資本や人、アイデア、商品の流れに対する規制の障壁が取り壊されると、一国が他国に対して持つ残りの欠点が、

†原注：教育だけでは、新しいアイデアとテクノロジーの採用速度は変わらない。教育制度が世界をどう説明し、社会的態度をどう形成するかも重要だ。サウジアラビアは適度に高い教育水準を保っているが、現在も女性に車の運転を禁じている（訳注：二〇一八年六月に解禁される予定）。ドイツは世界屈指の教育水準の高い国だが、遺伝子組換え作物と新たな原子力の研究を禁じている。一方でアメリカ合衆国や中国は、どちらのテクノロジーも利用している。

いっそうはっきりする。貿易の利益は、山頂から流れた雪解け水がみんなに行き渡るかのように、単純に〝トリクルダウン〟はしない。むしろそれはプールされる――残ったいろいろな差異の特質によって利点を持つ国や都市に。そういう特質には、自然なものもある。人工的な特徴もある。たとえばシンガポールは、理想的なアジアの貿易拠点となる中心的な位置と、深い港に恵まれている。もうひとつの島国ジャマイカは、シンガポールより自然の利点を多く持つ。天然資源はより豊富で実入りがよく、大きな自由市場にきわめて近く、はるかに良質な砂浜がある。一九六〇年、このふたつの島は、ひとり当たりGDPで肩を並べていた。その後、シンガポールのひとり当たりGDPは、アメリカ合衆国を抜くまでに急上昇した。一方、ジャマイカの実質GDPは、五十年にわたって横ばい状態だった。今日、ジャマイカの乳児死亡率は、シンガポールの八倍高い。この国は殺人率と強姦率が世界有数の高さだが、シンガポールは最も低い。ひとつ違いがある。シンガポールは投資ときわめて有能な人材を引きつける政策に踏み出し、世界レベルの教育、輸送、エネルギー、ITインフラを構築した。ジャマイカはしなかった。

場所、資源、労働力供給、技能レベル、インフラ、公益の選択能力、法律・金融機関の特性、人種や性別についての偏見――すべて関税表より改めるのがずっと難しい。だからこそ、過去二十年で世界の貿易障壁が大幅に削減されたにもかかわらず、今日ではたった十カ国が世界貿易の総額の六十パーセントを占め、六十カ国が九十二パーセントを占めている。それどころか、アフリカのいくつかの国は、金融と産業が他の（もっと事業に前向きな）アフリカやアジア諸国に移転するにつれ、より単純な経済状態（製造業が減って鉱山業が増えた）へ逆戻りした(90)。国際通貨基金はかつて、貧困国が産業を国外からの投資や競争に開放することを条件に、資金援助を行った。今日では、国が他の特質についても競争できるだけの機関と政策をきちんと整備していないかぎり、そういう資金援助が

愚行であることをしぶしぶ認めるようになった。†

他国民に遅れを取る

ルネサンス時代の経済改革——農村開発、農業における封建的な労働から賃金労働への移行、穀物と商品の国際貿易による競争拡大——は、素質のある者を後押しし、恵まれない者がついていくのを困難にした。今日の人にとっても同じことがいえる。貿易と投資の障壁が崩れ、労働集約的な生産を低賃金の地域に移転させることが可能になった。テクノロジー、特にコンピューティングとロボット工学の進歩で、より多くの労働者を機械に置き換えることが可能になった（まさに、スラヴ語で〝仕事〟を表す〝ロボット〟という言葉は、十四～十五世紀の東ヨーロッパに源を発し、本来は農民の一週間のうち——たいていは二～四日間——地主のために無給で働いた日のことを意味した）[91]。このふたつの動向によって、経営者と投資家の利益は増大し、こういう新たな変動に対処できる管理能力と技能のある者たちの賃金は上がった。しかし、仕事を外国や新しい機械に奪われた賃金労働者の所得は下落した。要するに、経済の開放は技能に支払われる割増金を増やし、学歴の高低による賃金格差を広げた[92]。

†原注：関税表自体に、多くの発展途上国の利益に反した偏りがある。低所得国はいまだに、貿易協定でひどく不利な立場に置かれている。そういう協定は、外国からの投資と競争を受け入れさせるが、彼らの国内産業、特に基幹産業の農業にまで相互参入を開設していない。貧困国の農民は、自分たちの農産物について、先進国の農民が直面するより二倍高い貿易障壁を乗り越えなければならない。

後退する

よい政治は、景気停滞分野の迅速な追い上げを後押しできる（中国、ガーナ、シンガポール、その他多くの国々がそれを実証してきた）。しかし、突然の予想外の後退——社会、経済、環境、生物学、紛争に関連した重大事件——は、きわめて優れた開発計画で苦労して勝ち得た利益さえ消し去ってしまうことがある。そういう事件は、ますます頻繁に起こっている。一九八〇年以降の、世界で最も破壊的な自然災害上位十件を並べてみると、八件は二〇〇二年以降に発生した[93]。五百年前と同じく現在も、そういう重大事件は貧困層に最も大きな打撃を与える。貧しい人々と貧しい国々は、昔ながらの大災害、戦争（発展途上諸国は、十大交戦地帯すべてをにない、世界に二千万人いる難民の八十六パーセントの受け入れ先となっている）[94]、そして第7章で取り上げる新たなリスクに最も影響されやすい。彼らには、脆弱性を減らす予防手段——新たなテクノロジー研究、食糧と燃料の貯蔵、防波堤の構築、災害に備えた公務員の訓練——をとるための資金が不足している。また、失業保険、医療、年金、個人貯蓄を通じて国民の回復力を高める資金が不足している。先進国世界では、ＨＩＶ／ＡＩＤＳは慢性だが管理可能な病気だ。しかしサハラ以南のアフリカのほぼ全域では、経済的・社会的大惨事を起こしてきた。病気のショックによって、すでに最低生活で苦労している人々は学校や職場から追い出され、赤貧に陥ったり、犯罪や虐待や民族抗争に巻き込まれたり、自殺や餓死に至ったりすることもある。

悪い政治、あるいは失敗した政治のせいで後退することもある。北朝鮮政権は、一九九〇年のソ連崩壊による支援打ち切り以来、国民に対してなんの対策もとらず、経済イデオロギーの間違いを認めることより、一九五〇年代に逆戻りさせることを選んだ。ソマリアは一九九一年から二〇一二年まで血みどろの内戦を続け、国民を丸二十年も新たなルネサンスの進歩から取り残しただけでなく、国を世界有数の生誕に適さない場所にした。今日、子どもの十人にひとりは一歳までに死亡し、正規の学校教育はほとんどなく、次世代の女性の七十五パーセントは読み書きができず、ひとり当たり所得（年間二百八十四ドル）は、世界最貧地域（サハラ以南のアフリカ）のうちでも、平均の五分の一にすぎない。[95] シリアは、二〇一一年の内戦勃発前は、中東屈指の優れた医療制度を誇っていた。二〇一四年には病院の六十パーセントが破壊され、国の医者の半数が姿を消し、ワクチンプログラムの中断によってポリオと麻疹がふたたび発生した。[96]

さらに、悪質事業のせいでつまずくこともある。ルネサンス時代のヨーロッパによるアメリカ大陸の略奪と同じことが、同じく世間の注目から外れた場所で、小規模に繰り返されてきた。ここ数十年で最悪のスキャンダルのいくつかでは、外国企業が一役買っている。たとえば一九八四年のボパールのユニオンカーバイドの事故、インドネシアほかの熱帯多雨林の破壊、そして多くの発展途上国での労働者の権利抑圧と独裁者への支持などだ。トランスペアレンシー・インターナショナル、グリーンピース、採取産業透明性イニシアティブなどの民間社会組織が、人々の関心を集め、こういう企業の責任を問う手助けをしているが、不正を働く機会は今もたくさんある。

垣間見えた偉大さ

人々の暮らし向きの二極化は、社会制度に途轍もないストレスをもたらす。ルネサンスとは、激動の時代だ。人をすばやく遠くまで押してくれる風が、大きな波を引き起こしもする。全員が総力を挙げるべきその時に、排除と軽視の感情が高まると、人々はその場から抜け出し、反乱を起こすことさえある。こういう問題については、第8章で扱う。それでも、最上層と最下層の富の格差が、広い視野で見た真実を変えることはない。世界は、新たなルネサンスが始まる以前より、飛躍的に健康で、裕福で、教育の行き届いた場所になっている。これは特に、貧しい生まれの人にいえることだ。現代人は、歴史上のどの時代より、貧乏から逃れて長く健康な人生を送れる可能性が高い。

肯定的な成果は、ふたつの理由で優位を占める。第一は規模だ。ありていに言えば、衰亡国家や後退の最悪の事例はやや小さい一方で、過去二十年ほどの最良の成果はとても大きい。世界の最貧国六カ国合計の人口は、中国やインドの平均規模の行政区の人口にも及ばない。

この事実で、人類の最近の成果が空疎であることがわかると論じる人もいる。方程式から中国を外せば、全体像は進歩から停滞へとひっくり返る。確かに、一九九〇年以来、極貧の人々の総数は半減したが、中国を除く世界では、それほど大きくは減っていない。図4-6を見てほしい。

この主張には穴がある。どこで起ころうと、貧困という監獄からの新たな脱出はどれも平等に尊重しなければならない。しかも、中国が先頭に立っているとはいえ、インド、そして今ではアフリカが、次の数十年でその大きな発展の成果に追いつこうとしている。経済面では、インドの二十一世紀は中国よりずっと有望に見える。人口の規模は同じくらいだが、ずっと若い。二〇二五年までの年月で、インドは一億七千万人以上の労働者をその労働力に加えることになるだろう。一方、中国の労働力はすでに縮小し始めている（最近〝ひとりっ子〟政策をふたりまでに改定したあとも）[97]。インドでは、健康、富、教育の向上も続くはずだ。アフリカの未来はあまりはっきりしない

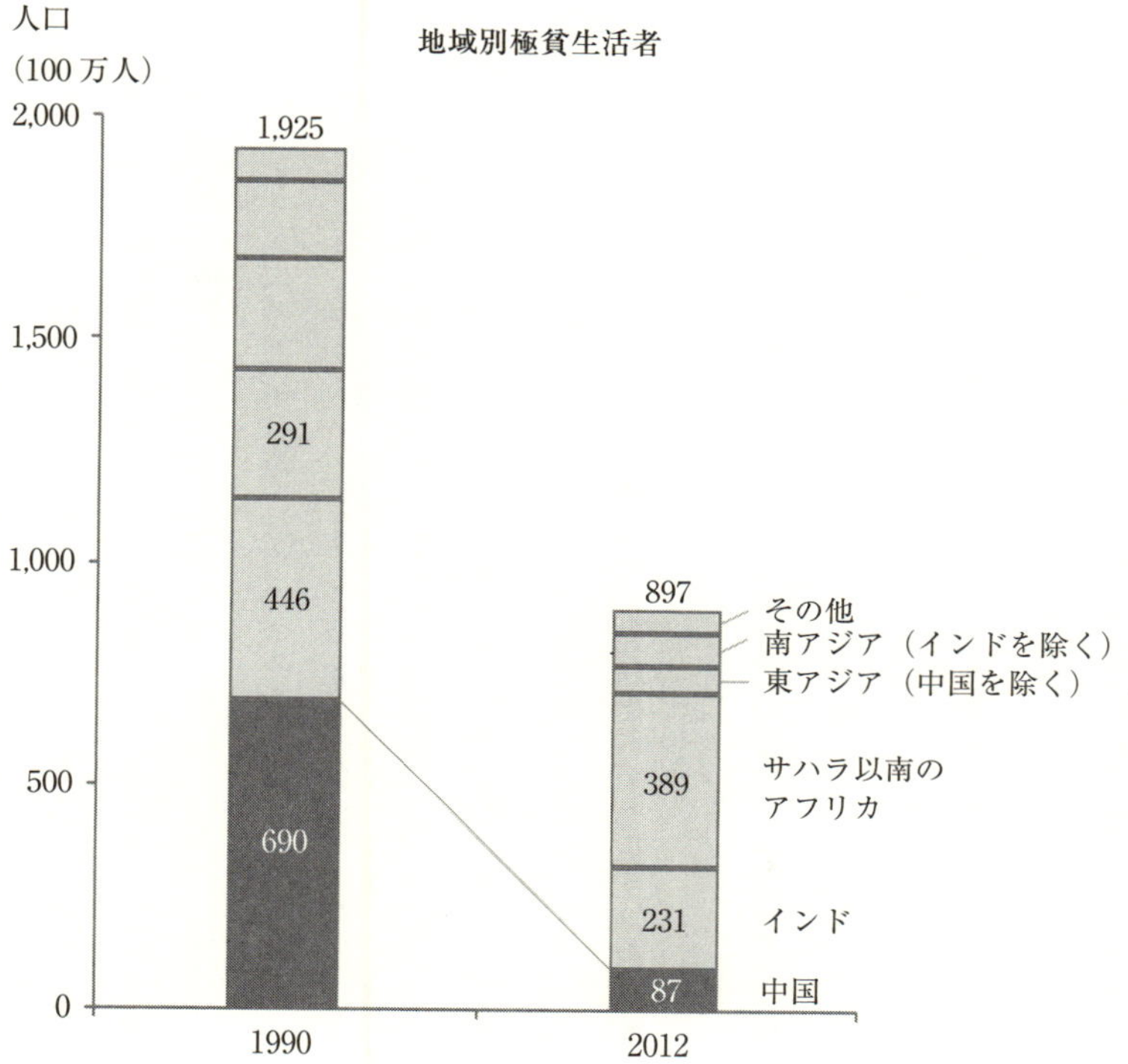

図４－６　極貧の減少はおもに中国で起こった。
出典：世界銀行 PovcalNet「2011年購買力平価（PPP）に基づく地域別人口と１日1.9ドルの貧困ライン」（2015年）。iresearch.worldbank.org/povcalNet/povDuplicateWB.aspx からの引用。

が、同じくらい明るいかもしれない。世界経済の他の諸国にとって、アフリカ大陸は発見されたばかりだ。もちろんすべてではないが、数カ国は豊かな資源（世界の金の四十パーセントとプラチナの九十パーセントはアフリカにある）を享受している。よい政府の管理下なら、資源を公的なインフラや技能に投資できるだろう。そして、よい政府は理解されやすい。国民は自分たちの権利をずっとよく知り、ますます頻繁に政権を握る者たちに責任を課すようになる。[98] またアフリカは、近い将来における人口統計上の利点にも恵まれている。二〇四〇年までには、生産年齢人口が、現在の五億人から十一億人へと膨らむだろう。[99] 地方自治体がスラム街の代わりに地域社会をはぐくむ方法を学び、国の政府が小さすぎる経済をもっとうまく統合し、よりよい制度を構築できれば、アフリカは今世紀半ばまでに国内から極貧を一掃できるかもしれない。

新たなルネサンスの健康、富、教育の成果が欠点にまさる第二の理由は、その幅広さだ。過去二十年にわたる分岐は、経済的側面に最もはっきり表れている。しかし、GDPは人間の進歩を測るよい出発点ではあるが、到達点にするのはよくない。考えてみてほしい。中国のGDPは、三十年にわたってチュニジアより優に五パーセントも速く成長したが、同じ期間にチュニジアの女性の平均寿命は十四年（六十三歳から七十七歳へ）延びた一方、中国では七年（六十九歳から七十六歳へ）の延びにとどまった。[100] チュニジアは、健康の最も基本的な測定基準のひとつで中国に追いつき、今では追い越した。健康と教育を向上させるたくさんの低コストのアイデアが広がったことで、今日の幅広い人間の進歩は、所得がどれほど急速に伸びるかより、国々がそれらのアイデアをいかにうまく利用するかにかかっている。所得だけに注目する代わりに、平均寿命や教育期間とともに所得を見る——パキスタンの経済学者故マブーブル・ハックが開発した複合統計で、人間開発指数（HDI）と呼ばれる——尺度では、データが存在するほぼすべての国が、一九九〇年以来人々の暮らしを向上させ、貧困国は明らかに富裕国に近づいている。[†] 現在の速度で進歩が続けば、二〇五〇年には人類の四分の三以上が、現在のイギリスの開発指数と同じスコアを達成するだろう。[101] 最大の飛躍は、ほとんど語られていない国々のなかで生まれている。たとえばルワンダは、二〇〇八年以来、他のどの国より速く、十七位もHDIの順位を上げた。[102]

現在では、人間の可能性が、よりはっきり見えている。現代人は唐突に、その間近に立たされた。前回のルネサンス時代に垣間見えた人間の偉大さは、数々の功績に命を吹き込み、その時代を歴史に残した。それが天才の力だ。

†原注：例外は、内戦やＨＩＶ／ＡＩＤＳで後退させられたジンバブエ、イラク、シリア、ソマリアなどほんのひと握りの国々だ。

第二部

開花する天才

現代が天才を生み、集団的成果の規模を拡大している理由

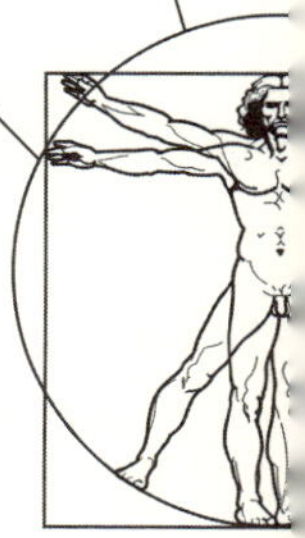

5
コペルニクス的転回
今なぜ大きな変化が起こっているのか

パラダイムシフト

一五〇四年、昼間は教会の司祭、夜は熱心な天文学者だったニコラウス・コペルニクス（一四七三～一五四三）は、特別なものを観測する準備を整えた。二十年に一度の木星と土星の大合だ[1]。コペルニクスにとって、天文学は信仰のひとつの形だった。天界を研究すること以上に、神を崇めるよい方法があるだろうか？　だから、イタリアに住んで医学と教会法を学んでいた七年間、私的な情熱を満足させるあらゆる機会を逃さなかった。幾何学の選択科目を履修し、夜の観測で天文学教授たちを補佐し、古代（プトレマイオス）と同時代（プールバッハ、レギオモンタヌス）両方の天文学者たちの理論と星図が印刷されるとすぐさま、むさぼるように読んだ。故郷のポーランドに戻った一年後の当時、天体観測儀アストロラーベと信頼できる天文暦（アルフォンソ天文表の第千四百九十二版）を用意して、惑星が互いに近づく様子を図に記そうとした。

目にしたものが、ふたつの点でコペルニクスを悩ませた。第一に、天文暦がそれほど信頼できないことがわかった。アルフォンソ天文表は、十三世紀に編纂されていた。一二五二年以後の太陽、月、既知の惑星の位置を計算したもので、中世の天文学の定番だった。しかし、精確ではなかった。一五〇四年の大合は予想どおり起こったが、タイミングは一～二週間ずれ、天空での位置は一～二度ずれていた。

第二の懸念は、哲学的なものだった。天文表はプトレマイオスの天文モデルを基礎としていた。コペルニクスはそれを、神の心を反映するには乱雑すぎ、優美でなさすぎると考えた。プトレマイオスは地球を、宇宙の固定された中心に位置づけていた――日の出と日の入りで毎日確認できる明らかな事実。しかし、惑星はもっと込み入った動きをしていた。地球から見ると、おかしなダンスを踊っているようで、最初はこちらへ次にあちらへと走り回り、奇妙な間隔で暗くなったり明るくなったりした。そのすべてを説明するために、プトレマイオスは、入念な一連の周期、周転円（訳注：その中心が大円の円周上を回転する小円）、エカント（訳注：惑星の運動速度は一様であるという仮説に従って考え出した円）から成る奇妙で複雑な太陽と月と惑星の動きの規則を考案した。つじつまが合うという理由だけで、この理論は千四百年間維持された。一～二週間と一～二度の誤差の範囲で、すべての天体がいつどこに現れるかきちんと予測できたからだ。

一五〇〇年代最初の十年間、コペルニクスはこういう懸念に心を奪われ続け、一五一〇年ごろ、ひらめきの瞬間を迎えた。(2) 明快すぎるほどの洞察だったので神聖に感じられたが、あまりに衝撃的だったので、考えを完全な形で発表する気になるまで三十年以上かかった。その後、一五一四年ごろ学者仲間の小集団に向けて仮の草稿を配ったところ、それに魅了されたある教え子にしつこく促され、ようやく発表した。地球ではなく、太陽を宇宙の中心に置く。昼と夜を、太陽の動きではなく、地球の自転の結果とする。そして地球を他の惑星と同じように太陽のまわりを回るひとつの惑星にする。

それはばかげた主張だった。もし地球が本当に軸を中心に東に回転して夜と昼を生み出しているなら、その速度は途方もないはずだ。どうして塔や木や人など、何もかもがまっすぐ立っていられるのか？　なぜ鳥や雲が、空気の勢いによって空から吹き飛ばされないのか？　コペルニクスにはわからなかった。しかも、もし地球が太陽のまわりを回っているなら、なぜ星は止まって見えるのか？　片方の目を閉じてから次にもう片方の目を閉じると、見えているものが左右にずれる（パララックスと呼ばれる効果）ように、もし実際に人間が太陽の片側から反対側へ旅しているのなら、星々も毎年移動するはずだ。自分の説が正しいと確信していたコペルニクスは、星々は実際に移動するのだが、あまりに遠く離れている――プトレマイオスが想像していたより千倍遠い――ので、人間の目や機械ではその差が見えないと推測するしかなかった。十九世紀前半の望遠鏡なら天の極を正しく示せただろうが、十六世紀当時の人々は、試験できないその見解をあざけった。ティコ・ブラーエは生涯にわたって、コペルニクスが間違っていることをいつか証明しようと、天界に関するきわめて細かい記録を集めた。皮肉なことに、そのデータがプトレマイオスのモデルよりコペルニクスのモデルが優れていることをはっきり示し、世間に受け入れられる時機を早めた。

コペルニクスは、すべての天文学が基礎としていた根強い前提に挑戦し、それをひっくり返した。二十一世紀の哲学者トーマス・クーンは、この特別な種類の偉業を区別する〝パラダイムシフト〟という言葉をつくった。実用上の前提は人の考えに深く植え込まれているので、そういう変化を起こすのはきわめて難しい（コペルニクスの一五四三年の著書『天体の回転について』は、教会によって二百年以上のあいだ禁書とされた）。また、きわめて重要でもある。あらゆるパラダイム（理論的枠組み）には限界があり、いずれその限界は挑戦を受けなければならないからだ。そうでなければ、進歩は止まる。コペルニクスの太陽中心説には欠点があった――太陽も地球と同じく宇宙の中心ではない――が、その功績のおかげで天文学はプトレマイオスを超え、生産的な疑問探究への新たな道がたくさん開かれた。どうすれば、惑星が地球ではなく太陽のまわりを回っていることを証明できるのか？　一六一〇年、ガリレオ・ガリレイ（一五六四～一六四二）はこの疑問に駆り立てられ、当時最新のネーデルラントの発明品（望遠鏡）を空に向けて、金星の相や木星の衛星から新たな証拠を集めた。地球の軌道をどう描くのがいちばんよいか？　楕円だ、とヨハネス・ケプラー（一五七一～一六三〇）は気づいた。ケプラーは、十分の二度以内の誤差に収まる新しい暦がつくれる惑星運動の三つの法則を導き出した。[†]さらに、もし地球が本当に宇宙のなかで回転しているなら、なぜ誰もそれを感じられないのか？　慣性のせいだ、とサー・アイザック・ニュートン（一六四二～一七二七）は答えた。その答えは、運動の三法則の第一法則になった。コペルニクスの功績の影響は、ルネサンスの時間的範囲をはるかに超え、天文学をはるかに超えて広がった。コペルニクスは、現代のあらゆる物理学が築かれていくための新しい土台をつくったのだ。

天才が平凡になるとき

このまれな種類の功績は〝天才〟のわざと呼ばれる。ルネサンス時代、それは驚くほど広く見られるようになった。哲学、科学、テクノロジー、芸術のすべてが、技能を左右していた原則から根本的に脱却した。総合すると、こういう社会全体のパラダイムシフトは、現代の歴史家が中世から近代世界への過渡期と見なしているものを形づくった。その共通の核は、第4章の始めで触れたように、〝存在の大いなる連鎖〟における天与の人間の位置を重んじることから、その上をめざして奮闘することへの哲学的な変化だ。人生の意味を根本的に考え直すことに付随して、真実のありかが聖書から観察へと徐々に移っていった。この新しい考えが、地球の想像図を一変させ（第2章参照）、コペルニクスを通して、天界の想像図を一変させた。

医学では、この新しい考えかたが、人体のモデルを精神的なものから解剖学的なものへ変化させ始めた。医学校では人体の解剖がありふれたことになり、人間の骨格、筋肉、静脈と動脈、臓器、神経系、脳の精確な図解が広く印刷された。ミゲル・セルベト（一五一一～一五五四）は、心臓が魂のありかではなくポンプであることを発見した。化学は錬金術から実験へと変わり始めた。古代の配合法で鉛を金に変えようとする試みは徐々に、実際にどんな反応が起こるかについて最新のデータを集め、アルコールや酸などの物質を抽出するよい方法を開発し、そういう薬が病人にどんな効果を与えるかを確かめることに道を譲った。

新たな研究分野が生まれた。今日、ニッコロ・マキアヴェリは〝権謀術数主義者《マキアヴェリアン》〟と見なされている。有名な著作『君主論』が、よい指導者の資質として暴力と策略を容認しているように思えるからだ。しかし五百年前、本当に衝撃的だったのは、マキアヴェリが支配階級の美徳についての通例のお世辞を並べるだけでなく、彼らの実際の

†原注：残りの誤差は、ケプラーの知識にはない力のせいだった。惑星同士が引き合う重力（ニュートンが特定）と、一般相対性理論（アインシュタインが特定）だ。

行動を観察して発表したことだった。以後の政治学者は、それにならうようになった。

世界の新しい見かたと手を携えてやってきたのが、新しい道具とテクノロジーだった。航海に適した船はさらに大きく頑丈に建造され、融通の利く帆と舵を備えて、大洋の航海に適した船になった。羅針盤や他の航法機器がより精確になったおかげで、水先案内人はこれまで挑んだことのない方向へ船を進めることができた。農業は新しい習慣を採用し始め（畜舎での牛の肥育や輪作）、次の三世紀にわたって農業生産高を増やした。ヨーロッパの浅い鉱床を枯渇させた採鉱は、新たに深部へ掘り進み、そのための技術的な課題に立ち向かった（そして乗り越えた）。排水、通気、鉱床の垂直搬送、浸水や爆発の予防などだ。冶金技師が初の溶鉱炉を建造し（大量の良質な鉄を生産できるようになり）、新しい合金を開発した。水力工学の専門家は、古代ローマの水道設備への関心を復活させ、進歩させて、ダムやポンプ、配水管を開発し、鉱山や製粉所、港で利用できるようにした。建築家は新しい巻き上げ機械を設計し、シーザーの時代以来見られなかった規模の巨大なドームを持ち上げられるようにした。初期のバイオリンやギター、その他の楽器が現れ、音楽家は新しい形の音楽を創作し始めた。

今日最もよく記憶されている変化は、視覚芸術に起こった。中世の芸術は慎ましく神秘的といえるが、平板で型どおりでもある。おもな目的は、神聖な物語を伝えるという宗教的なものだった。盗作は日常的に行われていた。革新は不敬とも受け取られた。徐々に、そういう規範はゆるみ、芸術家の仕事は見たままの世界の断片をとらえることだという考えに場所を譲った。こうして、いっそう真に迫った独創的で世俗的な作品が生み出されるようになった。図5－1を見てほしい。

変化は、ブルネレスキやヤン・ファン・エイク（一三九〇ごろ～一四四一）のような芸術家から始まった。ブル

図５－１　ルネサンスは視覚芸術を一変させた。

（ａ）聖母子像、14世紀（？）。

由来不明、おそらくクレタ島『絶えざる御助けの聖母』（1400年ごろ？）。提供：聖アルフォンソ・デ・リゴリ教会、ローマ、イタリア。

（ｂ）聖母子像、15世紀。

サンドロ・ボッティチェリ『本の聖母』（1480年ごろ）。提供：ポルディ・ペッツォーリ美術館、ミラノ、イタリア。


ネレスキは、線遠近法（遠くのものを小さく描くことで平らなキャンバス上で奥行きを表現する）の先駆者だった。ファン・エイクは、理想化された裸体画を描く代わりに、目の前に裸の人を立たせて、個々人を特徴づける細部をとらえた。ルネサンス最盛期までに、レオナルド・ダ・ヴィンチとミケランジェロは、芸術の新たな理想を極めていた。次ページの図５－２を見てほしい。今日、彼らの作品はそのすばらしい美しさで賞賛されているが、当時はその独創性でも賞賛された。レオナルドの『モナ・リザ』ほど真に迫った肖像画を描いた者は、それまでひとりもいなかった。人間の目が実際にどのようにものを見ているのかを何年も研究して生まれた奥義は、モナ・リザの口元と体の曲線をあいまいなままにして、画家の筆ではなく、見る者の脳に細部を補わせることだった。同様に、

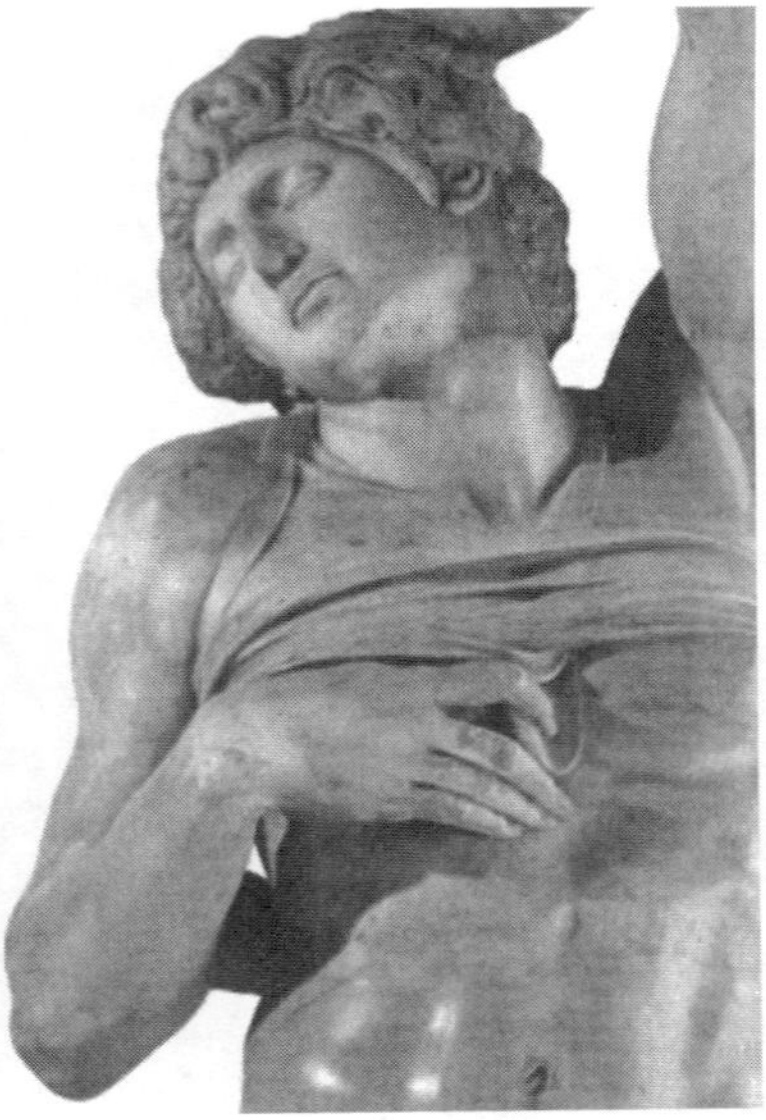

図５−２　レオナルドとミケランジェロは、現実世界の観察と個人の霊感を結びつけた。

レオナルド・ダ・ヴィンチ『モナ・リザ』（1503〜1517？）。提供：ルーブル美術館、パリ、フランス。

ミケランジェロ・ブオナローティ『瀕死の奴隷』（1513〜1516）。——部分図。提供：ルーブル美術館、パリ、フランス。

ミケランジェロは、人間の解剖学的構造を入念に調べ、あらゆる筋肉や腱がほどよい位置に備えられた、どこかゆがんでいながら優美な大理石の彫像をつくり上げた。

これらの革命は、一朝一夕に完成したわけではなかった。神は円で物事を考えるので地球の軌道は円でなくてはならない、とコペルニクスは頑固に言い張った。[3] ルネサンス時代の医学の記録を見れば、おそらく現代の読者は顔をしかめるだろう。レオナルドは、他のみんなと同様、錬金術に手を出した。科学革命は始まったばかりで、これから何世紀もかかる。しかし、これらの新しいパラダイムのもとで初期の成果は充分に上がり、そのパラダイムは実証され、推し進められた。

一四五〇年には、西ヨーロッパは、科学、探検、航海術、製鉄・製鋼、兵器製造、農業、織物、計時など多くの進歩の尺度で、中国とアラブ世界に大きく遅れを取っていた。しかし一五五〇年までには、ハーバード大学の歴史学者ニーアル・ファーガソンが二〇一一年の著書『文明――西洋が覇権をとれた六つの真因』で示したように、ヨーロッパはあらゆる側面で他国を一気に追い越し、かつて存在した地球上のどの文明よりしっかり組織化され、多くのエネルギー資源を持つようになった。(4)

それはほぼ間違いなく、人類の歴史上最も偉大で急速な天才の開花だった。

新たな変革

それも今日までの話だ。

現代のコペルニクス規模の変革は、すでに始まっている。第一部で説明した変革――閉ざされた政治・経済体制から開かれた政治・経済体制へ、アナログメディアからデジタルメディアへ――は最も幅広いが、もっと狭い領域でも同様の現象が起こっている。外交では、国政に関する国家の絶対的な主権――少なくとも一五五五年にまでさかのぼる国際関係の基盤†――には疑いが投げかけられている。それは、他国民を〝守る責任〟という人道主義的な

†原注：一五五五年、アウクスブルクの和議で、神聖ローマ帝国内では〝領土が属する者に、宗教も属する〟という原則が確立された。これによって帝国内の君主は、自国の宗教（カトリックかルター派か）を決める権限を得た。

意見や、〝人道に対する罪〟を裁く権限を持つ国際刑事裁判所、国際社会とつながりを持たずに国内の繁栄を達成できる国はない（北朝鮮の例が示しているように）という認識の広がりからの疑念だ。ビジネスでは、〝会社〟の概念そのものが再発明されようとしている。古い発想――必要なあらゆる商品やサービスを市場で入手するより経済的だから、起業家は会社をつくる――は、デジタル・プラットフォームに競争を挑まれている。それは取引費用を押し下げ、新しくさまざまに細分化されたサービスを可能にするからだ。新しい考えかたでは、会社のいちばんの価値は、それが持つひとそろいの独特な価値観と活動のなかにある。同じように、仕事の本質も、常勤から臨時契約に変わりつつある。一九九五年以来、先進（ＯＥＣＤ）諸国で生まれたあらゆる仕事の半分以上は、非常勤か、自営か、自由契約だ。[5] アップウォークやタスクラビット、サムタックなどの自由契約のデジタル・プラットフォームは、ミネアポリスからムンバイまでの各地で急発展している。[6] 芸術では、芸術家と観客の基本的な区分が壊れつつあり、創作行為への参加がありふれたことになっている。

しかし、最も明らかな証拠は科学にある。前回のルネサンスで天才が開花したことは、五百年たって振り返れば明白に見える。ヨーロッパがどう変わったかを、世界の他の地域がそれぞれの異なる状況下でどう変わらなかったかと比較できるからだ。もちろん、今現在そういう贅沢は望めない。五百年先の未来はのぞけないし、簡単に場所同士を比較することはできない。現代を形づくるつながりと発展の力は、世界規模だ。だから、たとえば、ソーシャルメディアが単に互いと連絡を取り合う便利な方法なのか、社会の物理的な形から仮想的な形への基本的な変容なのかを判断するのは難しい。

科学、特に自然科学では、重要な躍進がさらにはっきり見て取れる。コペルニクスが発見したように、科学の根底にある基本原則を書き換えるのはきわめて困難だ。理論と実践は、何十年、ときには何百年にわたる確かなデータで裏打ちされる。それらを変えるとは、一連の証拠に対して、客観的にもっと優れたもので真っ向から対決するということだ。とはいえ、もしその主張が勝てば、科学はどの分野よりも急速で決定的な、新しいパラダイムへの移行を達成する（誰も、間違いだと証明された道をたどってさらに研究したいとは思わない）。つまり、短い時間しかたっていなくても、大きな変革に目を留め、その永続を信じることはできる。

自然科学は、人間の頭脳労働でつくられた広大で複雑な生態系であり、多くの分野と下位分野から成るが、ごく簡略化すると、ふたつの基礎的な部門に分かれる。生命科学（生物の研究）と物理科学（非生物の研究）だ。第一の部門は、物理学（物質とは何か）から、化学（物質がどう反応するか）へ、そして生物学（生命のある物質の配列）へと進む。それは医学——生命科学を延命にどう応用するか——に行き着く。第二の部門も同じく物理学と化学に基礎を置くが、次に材料（生命のない物質の配列）を調査し、工学——役立つものをつくるために材料の知識をどう応用するか——に行き着く。

どちらの部門でも、現在進行中の変革はきわめて大きく、時間をかけてそれを理解すれば、芸術上のどんな飛躍にも負けないほど美しいことがわかる。総合すると、このふたつの部門は、現代の生活がまさに変容しようとしている最大の証拠となっている。一方の部門は、人間ひとりひとりの人生の質と長さを決める。もう一方の部門は、人間の人生を満たすあらゆるものをつくる。

生命科学――治療から遺伝子組換えまで

五千年にわたる医学の歴史のほとんどで、人体は与えられたものと解釈されてきた。人間は〝自分で書いたわけではない芝居の、小さな駒にすぎなかった〟と一九五三年にフランシス・クリックとともにDNAの共同発見者となったジェームズ・ワトソンは言った。その演劇での医学の役割は、治療だった。人体がどう働き、なぜときどき働かなくなるのかを説明して、病気をもっとよく予防する、あるいは予防が失敗したとき体を治せるようにするためだ。医学的な説明は、過去数千年にわたって発展した――神と聖霊から、〝体液〟へ、そして細菌と選択の間違いへ――が、医学の役割は不変だった。つまり、これらの敵と戦うことだ。

治療は、おおまかにまとめれば薬と手術と教育であり、これまですばらしく役立ってきた。医学はワクチンを開発し、歴史上有数の危険な病気、たとえば天然痘（一七九〇年代）やポリオ（一九五〇年代）から人々を守った。研究者は、膵臓《すいぞう》でつくられ血糖値を制御する天然のタンパク質インスリンを抽出し（一九二一年）、自分のインスリン供給がうまく働かない二億五千万人の糖尿病患者にいっせいに与えた。さらに、ペニシリンが発見され（一九二八年）、そこから伝染病に抵抗するためのあらゆる種類の抗生物質や抗菌薬が生み出された。人体の化学への理解が進むにつれ、科学者は目的によって微調整された新しい薬を開発した。そして受胎能力を調整する避妊薬、精神状態を整えるプロザックなどの抗鬱薬、コレステロール値を下げるリピトールなどのスタチン、勃起を長引かせるバイアグラがつくられた。

手術の業績のリストも、同じくらい印象的だ。たとえば、移植を見てみよう。移植は、医学における最高の功績のひとつに数えられる。臓器の構造についての深い知識に加え、人体の化学工場についても精通することが求められるからだ。さもないと、移植された細胞が拒絶されてしまう。一九五〇年代、外科医は腎臓でそれを成し遂げた。一九六〇年代には、膵臓、肝臓、心臓での成功が続いた。十年後、肺でも達成した。今日までの急速な進歩で、医学は卵巣、陰茎、脚、腕、手、二〇一〇年以降には顔全体を、別の誰かに提供された部分を使って移植できるようになった。初の人間の頭部移植が二〇一七年に予定されている。つまり、スイッチを切ってふたたび入れ直せるとすれば、最後には人体を思いのままに動かせることになる。一九七〇年代、冷たくて生気なく息をしない体は、すぐに死を宣告された。今日の外科医は、三十分間その状態にあった人を、まるで深い眠りに就いていただけであるかのように目覚めさせることができる（最初の三十分が過ぎると、脳を損傷する可能性がしだいに高くなる）(7)。

あまり大きな話題にはならないが、予防教育の成功も同じくらい重要だ。単なる禁煙指導が、あらゆる薬と外科医の組み合わせ以上に肺がんを効果的に阻んできた(8)。そして同じく、東京のレストランからリオデジャネイロのスラム街に至るまで、ほとんど誰もが手を洗うようになったことが、伝染病の広がりに対する最大の勝利だった。

限界

これだけの成功にもかかわらず、治療モデルには限界がある。その筆頭は、老化だ。最良の治療を受けた体でも、年を取れば壊れて、死ぬ。第二の限界は遺伝だ。どれほど努力を重ねても、自身の体質が悪い作用を及ぼして、体の機能を損なったり、衰弱させたりする。第三は慢性病だ。多くの場合、第一と第二の限界の組み合わせが根本原因なので、治療がうまく効かない。たとえば、がんが挙げられる。家族にがんの病歴があれば、その人自身もがんになりやすいことがわかっている。それが遺伝だ。しかし、この病気は加齢にも関連している。人が持って生まれたＤＮＡは、死ぬときのＤＮＡとは少し違う。生きているあいだ、細胞は何度も繰り返し体内で分裂し、死んで置き換わるにつれて、小さな突然変異を重ねる。年を取れば取るほど、細胞の突然変異は蓄積されていく。悪いものが蓄積すると、制御不能の増殖が始まることがある。それががんだ。他の慢性病――糖尿病、アルツハイマー病、多発性硬化症――も、医学研究を挫折させてきた。

これらの限界を超えるには、既存の治療モデルを超えなければならない。医学はまさに、それに取り組んでいる。現代科学では、自然が与えた限界のなかで生活の質を最大限にしようと努めるより、はるかに大胆な野心をいだけるほど、人間の体質は深く理解されている（と考えられている）。その野心とは、限界ができるだけ適用されないよう体をつくり替えることだ。

生命の書

遺伝子の研究は、一八六〇年代にまでさかのぼる。聖アウグスティノ修道会の会員グレゴール・ヨハン・メンデルは、約三万本のエンドウ豆を辛抱強く育て、修道士らしい観察から、〝子ども〟の植物の性質は両親から受け継いだ優性形質と劣性形質の組み合わせで決まるに違いないと推測した。一九〇〇年ごろまでには、科学者たちは、こういう受け継がれた、つまり〝遺伝的な〟性質が細胞核内の染色体上にあることを把握していた。そして一九五〇年代には、染色体のどこに遺伝的性質の究極の金庫があるかを探り出していた。それが、ＤＮＡと呼ばれる、気の利いた二本の鎖、〝二重らせん〟の分子だ。

ＤＮＡは、遺伝情報を保存して複製するために自然が用いる言語といえる。それはデジタルだ。しかし、それぞれの鎖は0と1ではなく、Ａ（アデニン）、Ｃ（シトシン）、Ｇ（グアニン）、Ｔ（チミン）の長い配列から成る。あらゆる細胞に存在する単純な四つの分子だ。これらの分子には特別な性質がある。ＡはＴとしか、ＣはＧとしか対にならない。最初の鎖の一部分がＣ－Ｇ－Ａなら、もう一本の鎖の同じ部分はＧ－Ｃ－Ｔのはずだ。

地球上のあらゆる生命の遺伝子データは、このひとつの事実に縛られている。自然はこの単純な化学（Ａ＝Ｔ、Ｃ＝Ｇ）を利用して、細胞が分裂するたびに遺伝情報を正確に複製する。

しかしＤＮＡは、子孫をつくるときまで遺伝情報を保存しておくための単なる金庫ではない。ＲＮＡと呼ばれる別の分子が、その金庫に絶えず出入りして、短いＤＮＡコード（遺伝子）を走り書きしてから、その情報を細胞の工場のひとつ、リボソームへ運んでいく。情報を手にしたリボソームは、同じデジタルデコーダーに従って、対応するアミノ酸の鎖を組み立てる。組み立てられると、それらの二次元構造の鎖は折り畳まれて複雑な三次元構造の形を取る。この多様な三次元構造は〝タンパク質〟と呼ばれる。筋肉や骨をつくるタンパク質は、ありふれた小さな一部にすぎない。タンパク質は、あらゆる物事に関わっている。食べ物を燃料に変え、化学物質をつくったり取り除いたりし、感染症と闘い、酸素を運ぶ。研究者の考えでは、人体には全部で約十万種類のタンパク質がある。すべて合わせると、おそらく体の乾燥重量の七十五パーセントを占める。ＤＮＡは、それらひとつひとつのすべてを暗号化する言語だ。

ＤＮＡは、何がわたしをわたしに、あなたをあなたにしているのかだけでなく、人体が細胞レベルからどう働いているのかという疑問に対する答えの大部分を握っている。したがって、遺伝コードの発見以来、科学者はそれを理解しようと懸命に努力してきた。残念ながらそれは、（a）とても長く（b）人間には読めない言語で書かれている。ふつうの事務用紙の左端から右端、上端から下端までが、ひと続きのA、C、G、Tで埋まっているのを想像してみてほしい。たとえば、こんなふうに。

gtgaacaagaaatgatgcttgtcggtatgcatggtaaataatgcccttgctctgcttcatgatcacatgtgatacttctaacatagatagcacatgtaaatc
cagtggccttgactgcaactcaagagagcattttggccaagtacaaacccactagtcatgaaaaaaaaaaaccaatcaaagtaaattgatggtattga
catttgtctatgaaaaacaa

ヒトゲノムは、そういう紙百万枚（フットボール競技場十個分の広さ）を埋め尽くす。そしてそれは、多少なりとも解析の助けになりそうなスペースや句読点で途切れることもない。

直接読むことはできないので、科学者がDNAの意味を知る唯一の道具は比較だ。たとえば、嚢《のう》胞《ほう》性《せい》線《せん》維《い》症《しょう》を患った人のDNAを、そうではない人のDNAと比較すると、重要な違いが見つかる。次に、嚢胞性線維症を患ったほかの人たちのDNAを見て、彼らがどの違いを共有しているかを調べる。一九八九年、嚢胞性線維症は、この方法でDNAの原因が特定された最初の遺伝病になった（前述のコードの断片は、それを表す二十三万字のうちの二百三十字にすぎない）。比較は、DNAを意味のある文章に翻訳する強力な道具であることがわかった。しかし、時間のかかる行程だった。一九九〇年までに、解析されたDNA断片の全世界の〝図書館〟は、すべて合わせても、ヒトの全コードの一パーセントに遠く及ばなかった。[9] 多くの生物学者の考えでは、ヒトの遺伝子をすべて特定する仕事は人間の能力を超えていた。

天才

もう誰もそんなことは考えない。今日では、その分野の展望はまったく違う様相を示している。

一九九〇年、世界の遺伝学者は、たいていは大学内にある百カ所未満の研究所に散らばっていた。通例、彼らは単独で研究し、国境内だけで共同研究していた。今日では、何千カ所もの公共・民間部門の研究所や試験機関にいて、経済部門と国境の両方を越えた研究連携の数と複雑さは、分野全体をまとめ上げ、正真正銘の多国籍科学プロジェクトにした。一九九〇年代前半に着手された、全遺伝情報を解析するヒトゲノム計画は、アメリカ主導で行われた。それに続く研究として二〇一〇年に着手された、ヒトの全タンパク質を解析するヒトプロテオーム計画は、十九の異なる国々にある二十五の研究グループから成る世界的なプロジェクトだ。

厚みと密度が増したこのコミュニティーは、研究用の新しい優れた器具と技術の登場によってさらに変わった。比較法の大きな障壁のひとつは、DNA配列の解析だった。囊胞性線維症を引き起こす遺伝子（七番染色体上にある）の位置を特定する難しい仕事が終わったとたん、本当に難しい仕事が始まった。つまり、その位置にあるA、C、G、Tでできた実際の鎖を書き出さなければならなかった。それは、長時間にわたって試験管や遠心分離機や電子顕微鏡をのぞき込むことを含め、多大な労力と高い技術を要する実験工程だった。専門の研究者がかかり切りで行っても、おそらく年間に十万字ほどしか解析できなかった。その速度では、ヒトの全遺伝情報をひとりの研究者が解析した場合、三万～五万年かかる。だから、誰もやろうとしなかった。すべてを解析するだけの充分な時間や資金などどこにもないので、科学者たちはなぜ特定の断片が重要なのかについて本当によい着想が得られるまで、何も解析しなかった。配列の解析は、厳格に仮説主導でなくてはならなかった。そうでなければ、何も取り戻せないまま研究者のキャリア全体をのみ込むブラックホールになる恐れがあった。

しかし一九八〇年代初め、この障壁の破壊に取り組んだ革新者たちが、いくつもの技術革新を成し遂げた。DNA配列解析装置が登場し、多くの実験技術者の解析作業を自動化した。DNA複製機が発明され、対象のDNAの一片を取り出し、ひと晩で数百万の複製がつくれるようになり、今や無尽蔵の原資料に強い力を加えて処理できる高速な新世代解析機も実用可能になった。数学者は新しい統計モデルを開発し、断片がいくつあっても順序正しくつなぎ直す方法を考案した。〝ショットガン・シークエンシング〟法（簡単に言えば、ゲノム全体をばらばらにして何万ものごく短い断片にする）は、〝先に解析してあとで並べる〟この新たな能力を利用するために生み出された。さらに、コンピューター科学者は、より大きく優れたハードウェアとソフトウェアを提供し、これらの新技術で生まれる膨大なデータを処理、比較、保存できるようにした。

知力と計算能力の急拡大は、遺伝子研究モデルを覆した。古いモデルはこう言った。大海を沸騰させることはできないのだから、どのカップの海水が重要かをうまく推測して、それを沸騰させよう。新しいモデルはこう言う。大海を沸騰させることはできるのだから、やってみて何が見つかるか調べよう。最終的に、ヒトゲノム全体の解析に要したのは三万年ではなく、十五年だった。そして、解析にかかる時間とコストは、ムーアの法則より速く減り続けている。図5－3を見てほしい。最初のゲノムの解析には、十五年の年月と三十億ドルのコストがかかった。二〇一五年、別のゲノムの解析にかかったのは、六時間と千ドルだけだった。[10]

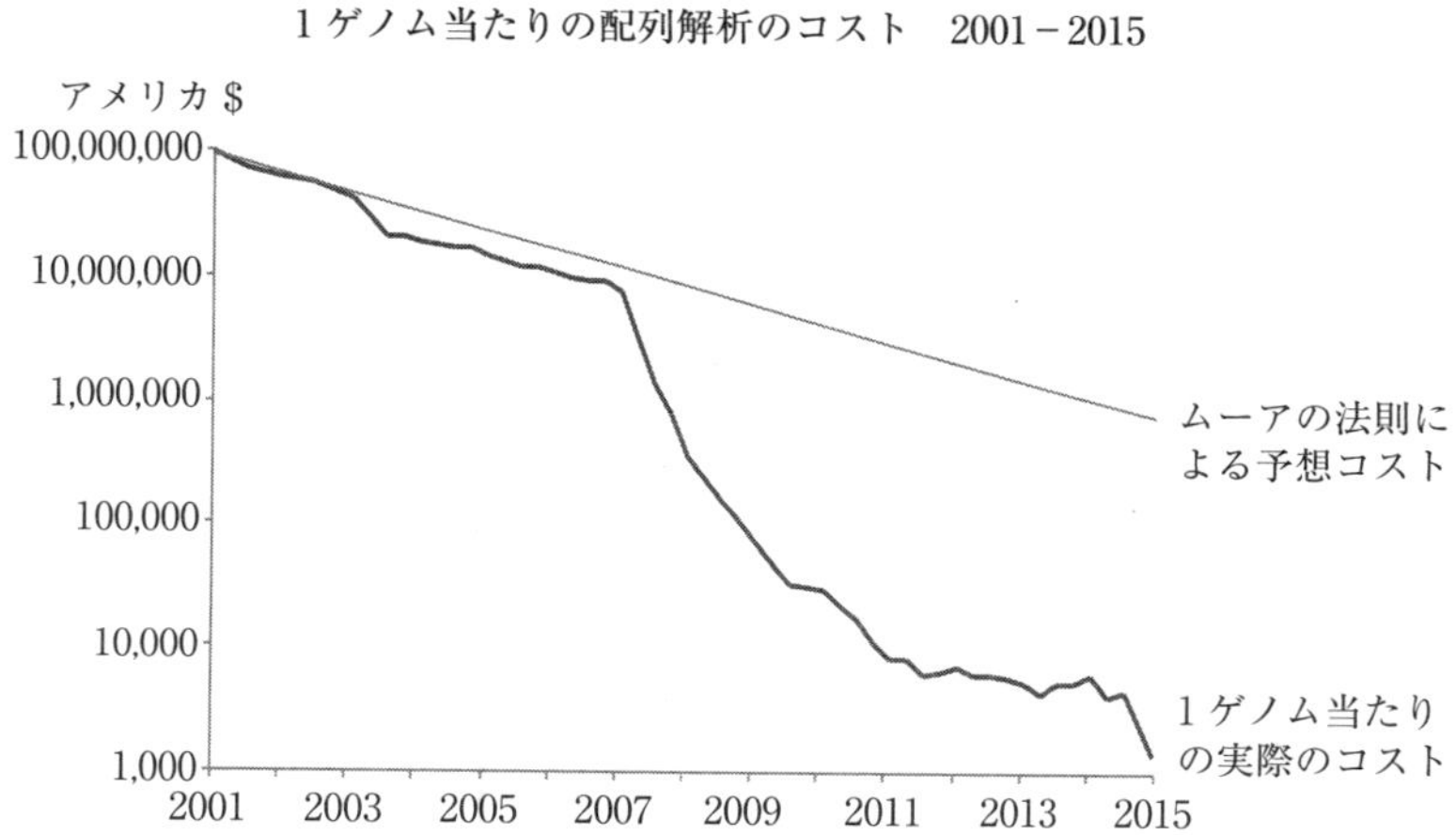

図5－3　ゲノム解析のコストは、ムーアの法則より速く減っている。
出典：クリス・ウェッターストランド「DNA配列解析のコスト――NHGRIゲノム・シークエンス・プログラム（GSP）からのデータ」（2015年）。アメリカ国立ヒトゲノム研究所。www.genome.gov/sequencingcostsからの引用。

二〇〇三年には、遺伝学者は、フットボール競技場十個分のヒトの設計図をすべて書き出していた。それは一般には重要な出来事だったが、科学的意義は限られていた。比較できる別のヒトゲノムがなかったからだ。今日はある。二〇一五年には、二十五万人分以上の完全なゲノムと、数百万人分の部分的なゲノムが解析されていた。[11]このデータと、それを詳細に調べる計算能力によって、研究者は、タンパク質の遺伝情報を指定するおよそ二万個の遺伝子を特定し、その遺伝子の大半について、すでにどのタンパク質をつくっているかを見出した。[12]

生命の書は存在しない

ゲノム全体を扱うようになった今日、生命科学者は、存在すら知らなかった多くのことを発見し始めた。生物学でDNAが果たす役割は、ほんの十年前に考えられていたよりはるかに複雑だ。科学が突き止めたのは、ヒトの全DNAのうち、実際にタンパク質の遺伝情報を指定していたのはほんの一～二パーセントのみであることだった。研究者たちは当初、残りの九十八パーセントはただのジャンク（がらくた）、自然淘汰でまだ取り除かれていない進化の残骸と考えた。しかし現在、確信はできなくなった。少なくとも〝ジャンク〟の一部は、異なる指示を保存していることがわかっている。タンパク質をつくるのではなく、すでにつくられたタンパク質をより細かく調整しているのだ。ヒトがショウジョウバエよりはるかに複雑なのは、部分的にはDNAがより多くのタンパク質をつくるからだが、ほとんどは人体がそれらのタンパク質をはるかに洗練された方法で操作しているからだ。さらに研究では、いくつかの遺伝形質が、DNAではまったくその情報を指定されないこともわかった。この分野の研究は〝エピジェネティクス（後生遺伝学）〟と呼ばれる。きわめて新しい分野なので、科学者たちは二〇〇八年になってようやくその定義に合意した。

　さらに重要なことに、科学は今、DNAが設計図であるという考えを捨てるよう求めている。むしろ、倉庫のようなものだ。生命の誕生以来、自然が蓄積してきた役立つアイデアでいっぱいの倉庫。確かに、DNAによってタンパク質が生まれ、それが細胞をつくり、それが組織をつくり、それが臓器をつくり、そこから生物ができる。しかしDNAは、生物を決定づけはしない。部品の倉庫が、そこからつくられる車を決定づけないのと同じだ。その車は、倉庫内にある機械でつくられる。組み立てラインの職員とロボットが部品を求め、倉庫の棚から渡された部品を溶接し、設計者とエンジニアが車の性能を決め、経営幹部がトラックではなく乗用車をつくると決める。システムのあらゆる工程が、他の工程とやりとりできる。あらゆる工程が、他の工程を形づくる新たな一連の出来事の原因となる。生命についても同じだ。二〇〇〇年ごろから、〝システム生物学〟が、この新たな認識で、DNAに対する還元主義的（訳注：生命現象は物理的・化学的に説明し尽くされるとする考えかた）、決定論的な見解を覆し始めた。(13)

変貌した自然

後戻りはできない。最近の生物学における飛躍的発展は、人間と自然の関係を永久に変えた。それらが与えた最も直接的な力は、自己認識だ。人間の強み、弱み、傾向――健康でも病気でも――の物理的基礎がつくられつつある。人間の未来も同じだ。じきに医学は、ソフトウェアで人間の老化をシミュレートできるまでになるだろう。二十五年後にどんな外見になるかを単純に予想するだけでなく、仮想分身が、リスクのない実験台の役割を果たし、ひとりひとりの体が新しい薬や手術、生活習慣の選択にどう反応するかを試験できるようになるだろう。すばやく安価に大規模な臨床試験をシミュレートする新しい能力によって、今日の方法は時代遅れになり、薬の発見は飛躍的に進歩するだろう。

自己認識が高まるにつれて、人は医療を個別化するようになる。最近の人口増加と幼児の死亡率低下のおかげで、今日の人類はかつてないほどの遺伝子の多様性を誇っている。最近、自然淘汰でヒトの遺伝子の系譜から新しい突然変異が取り除かれる時間や機会はなかった。これは健康に大きく関わっている。なぜなら、ヒトゲノムの最も古い部分――進化との永劫の闘いの試練に耐え、同じ形でほぼ全人類に存在する一連のDNA――が、防御にも最も役立つことがわかっているからだ。防御に関する遺伝的な弱点のほとんどは、いわゆる〝まれな変異〟のなかにある。近い過去に、人々の一パーセント未満で生じた一連の遺伝コードだ。言い換えれば、人間は同じだが、違ってもいる。大量生産された薬は、その違いを見落としてしまう。個別化医療がそれに対応していくだろう。二〇一五年、アメリカ食品医薬品局（FDA）は、3Dプリンターでつくられた初めての薬を認可した。患者の理想的な必要投与量と吸収能力に合わせて、特注できるものだ。親たちはすでに、数百種類の既知の突然変異と異常について、子どもを検査する遺伝子検査キットを購入できる。あらゆる医師の診療所にＤＮＡ配列解析機が置かれる日も遠くない。

ＤＮＡの内部にも侵入できるようになるだろう。自然の倉庫があけられ、欠陥を修正したり、理論的には新しい機能を加えたりできる。自然は昔からずっと、ウイルスを使ってそれを行っている。ウイルスは、ＤＮＡの断片になんらかの保護層が加わっただけのもので、細胞核に侵入して、宿主のＤＮＡにみずからを書き込み、細胞の機能を変える。科学界は新たに手にしたこの能力を〝遺伝子治療〟と名づけた。これまでのところ、研究者たちはまず成功を収めてきた。彼らは、人間の細胞のプログラムをつくり直せるウイルスを設計した。実験室での成果としては、欠乏すると嚢胞性線維症を引き起こすタンパク質をつくるもの、遺伝的な血液疾患を制御して血液細胞が充分な量のヘモグロビンをつくれるようにするもの、がん細胞やＨＩＶを探して破壊するよう体の抗体に指示するものなどがある。二〇一三年後半、世界初の認可された遺伝子治療薬グリベラが発売された。これは、膵炎の患者の血流に注入されると、細胞に感染して、脂肪酸を分解するのに必要な欠けたタンパク質をきちんとつくるよう細胞をプログラムし直すウイルスだ。遺伝子治療には、まだ対処すべき限界が多くある。第一に、体全体のＤＮＡではなく、感染した細胞のＤＮＡしか書き換えられない。しかし、ＤＮＡの欠陥を見つけて直すことは可能だと証明された。

遺伝子治療は、人間の遺伝子の新たな力を控えめに応用したものだ。すでに、はるかに奇妙なこともできるようになっている。科学者たちは、自然が交配させることのなかった種をシャーレのなかで異種交配させ、健全なビーファロ（バッファローと牛）、ギープ（山羊と羊）、ライガー（ライオンとトラ）、ゾース（シマウマと馬）などを誕生させてきた。蛍光発光するクラゲの遺伝子を猫に挿入し、猫が暗闇で光るようにした。ヨモギの遺伝子を酵母菌の一種に挿入し、酵母菌がアルコールではなく、希少な抗マラリア薬を分泌するようにした。どのＤＮＡの遺伝コードが他の種と適合性を持つのか、まだ充分に解明されてはいないが、世界じゅうの研究室でそれを解明しようと実験が続けられている。最終的には、人間が地球上で共存しているあらゆる植物、動物、細菌が提供する一連の既製の遺伝コードを、遺伝子プログラマーが合成して、人間の必要と空想を満たすキメラ生物をつくれるようになるかもしれない。

この分野の次なる通過点〝合成生物学〟は、ゼロからまったく新しい生物を設計していくだろう。なぜ自然の遺伝コードの基準内にとどまらなくてはならないのか？　〝カスタムＤＮＡ合成〟をオンライン検索すれば、提出されたほとんどあらゆるＤＮＡ配列を一文字当たり二十セント以下で合成してくれる民間研究所が、数十カ所見つかるだろう。[†]二〜四週間で、試験管を郵便で送り返してくれる。この能力があれば、いずれ進化を加速できるかもしれない。馬のＤＮＡから始め、コンピューターで千年分の進化をシミュレートして、結果を合成し、生きた雌馬を受胎させる。こうして生まれた子馬は、母馬より千年進化しているのだろうか？　あるいはもしかすると、大気中の二酸化炭素をかじって石油を分泌する細菌をつくれるかもしれない。その一部はすでに可能だ。科学者たちは細菌の完全なゲノム配列を解析し、コンピューターで微調整して、実際のＤＮＡを合成し、それを別の細菌の空いた

†原注：危険な配列はブラックリストに載せられている。

核に植えつけて、その細胞が人工生物になるのを眺められる[14]。しかしまだ、出発点として既存の生命体のDNAを使っている。さまざまに異なる生物系がどのように関連して一から生物を設計しているのか、充分には理解されていない――今はまだ。

もちろん、最も重大な力は、人体に変更を加えることだ。きびしく規制された控えめな形で、科学界はすでに着手している。それらの規制は自主的なもので、政治的・倫理的な制限にすぎない。もっと積極的に操作するテクノロジーは、すでに存在している。たとえば、二〇一五年四月、中国の科学者は、致命的な血液疾患の原因となる遺伝子を変更するため、八十六個のヒト胚のゲノムを編集した（一部成功を収めた）[15]。もしこの路線の研究を拡大することを選べば、いつかもっと進化した新しい人類を誕生させられるかもしれない。現在ふつうと考えられている寿命を超えて健康で活動的に長生きし、今の人類をはるかにしのぐ身体と認識の力を持つ人類だ。新しい遺伝子と化学の力に対する自信が深まるなか、その力を否定し続けられるだろうか？　どういう状況になれば、いよいよそれを行使しようと決めるのだろうか？　オックスフォード・マーティン・スクールのジュリアン・サヴュレスキューは、すでにそういう状況にあるのかもしれないと示唆している哲学者のひとりだ。自分たちが生き残るために、もっと平和を好む利己的でない存在になるよう人間の行動を遺伝子レベルでプログラムし直してみるべきではないか、と彼は問う[16]。歴史は――何度も何度も――人間が互いとの共存にうまく適応できないことを示してきたのではないか？

もしかすると、そのとおりかもしれない。もしかするとそれは間違いで、人間の強化が、戦争よりもいっそう深く人々を分断するかもしれない。誰が決めるのだろう？　民間部門か？　科学者か？　政府か？　人間の強化を許可する政府と許可しない政府があったら?

新たなルネサンスの最初の数十年で、生命科学は唐突に後戻りできない形で、生命を生み出し改変する自然の力を人間の手に預けた。今は未熟な力だが、それを扱うための見識や規則よりはるかに速く成長しつつある。とても刺激的で――危険だ。それは、人間が種としてこれまで向き合ってきたなかで、最も重大な選択を迫ることになるだろう。

物理科学――小型化から増強へ
同じものを、より小さく

もしアルブレヒト・デューラー(一四七一~一五二八)がインテルの半導体工場に足を踏み入れたなら、そこで行われていることの大半を、とても身近に感じただろう。ドイツを代表する芸術家であり知識人だったデューラーは、鉄板エッチングをいち早く採り入れた。平らな鉄板を用意し、ワニスを塗ってから、鋭い尖筆でワニスを引っかいて絵を描く。その後、鉄版を酸に浸す。するとワニスを削り取った部分の鉄が浸食されるので、絵が金属に転写される。簡潔に言えば、それが今日、マイクロチップ上にトランジスタを組み込む方法になっている。鉄はシリコンに、芸術家の尖筆は紫外線に置き換わったが、原理は変わらない。

おもな違いは規模だ。デューラーは、一ミリメートル未満間隔で細かい線を刻み込んだ。現代人はシリコンに、百万分の一細かい機能を刻み込む。次ページの図5-4を見てほしい。こんなことをする理由は、同じものを完成できるなら、小さければ小さいほどよいというのが工学の基本ルールのひとつだからだ。小さければ、原料が少な

図5－4　原理は同じだが、規模は百万分の一。

（a）鉄板エッチング。
アルブレヒト・デューラー『大砲のある風景』(1518年)。提供：大英博物館。

（b）機能を刻み込まれたシリコンウェハー。
写真提供：エリック・ゴルスキー（2010年）。

くて済むので安くできる。小さければ、克服すべき慣性や摩擦が小さいのでエネルギー効率がよい。そして小さければ、動く部分の移動距離が短いので速くなる。単純な物理学だ。

ムーアの法則と、それに伴う七十年に及ぶ計算コストの急落は、小型化に利点があるという物理科学の最良の証拠だ。コンピューターはいくつものスイッチを介して計算を行い、各スイッチはオンかオフ、1か0に切り替わる。同じ場所にたくさん詰め込めるほど、一秒当たりさらにたくさんの計算ができる。最初のスイッチ、真空管は、それぞれが親指くらいの大きさだった。一九四六年、二万本の真空管が、テニスコートの三分の二ほどの広さがある部屋に詰め込まれた。一九五〇年代には、エンジニアが真空管を指の爪ほどのトランジスタと置き換え、一万個を冷蔵庫くらいのキャビネットに収めた。一九六〇年代には、シリコンにトランジスタを直接刻み込む方法が考案された。一九七〇年には、ひとつの爪に二千個以上のトランジスタを載せられるようになった。一九八〇年代半ばには、その数が二千万個になった。今日のトランジスタはさらに五十分の一になり、幅は十〜三十ナノメートル（一メートルの十億分の一）しかない。爪の上には十億個、英文のピリオドには五百万個のトランジスタを簡単に載せられる。[17] ひとつひとつすべてが、スイッチとして働いている。それに電子を流せば1となり、電子の流れを切れば0となる。

一九六五年、ムーアは自分の経験則が次の十年間にも通用することを期待した。それは次の半世紀、通用することになった。五十年間、電子機器からもっと力を引き出したいと願うたびに、エンジニアが十六世紀の芸術であるエッチングを駆使して、さらにその技法を小型化する方法を見つけた。現代のコンピューターは、実用にかなう時間枠のなかで、幅広い複雑な疑問を解決しようと奮闘している。昔ながらの疑問もあるが（一週間後の天気は？）、新しい疑問も多い（先ほど合成したタンパク質は、役立つ分子になるだろうか？）。しかし小型化は、速度への必要性を無限に満たしてくれはしないだろう。最小の原子は〇・〇五ナノメートルほどの大きさだ。それが、構成要素をどれだけ小さくできるかの基本的な限界になる。しかしそこに達するはるか前の、十ナノメートルほどのところで、なじみの物理学は崩壊し始め、異なる一連の規則——量子力学——が取って代わる。

物理学の限界

規模から見れば、メートルとナノメートルの違いは、地球とビー玉の違いと言ってもいい。量子力学は、物質とエネルギーのきわめて小さな構成要素——原子、光子、電子など——がどのように動くかを説明しようとする物理学の分野だ。量子の性質に関する最も初期の理論研究は、少なくとも一八七七年にさかのぼり、二十世紀の物理学を代表する最も有名な人物の多く——ボーア、プランク、ハイゼンベルク、シュレーディンガー他——がいくつもの基礎的な発見をした結果、科学者たちは世界を量子という新たな視点から考えざるをえなくなった。しかし、現代人が（1）実際にその物理学者たちが予測した量子の性質を目にして（2）原子スケールで物質を操作する力を得たのは、つい最近のことだ。一番めは、文句なしの成功を収めている。三十年余りで、量子力学は科学の歴史上最も首尾よく検証された理論となった。侵入可能な実在物の最深部で、予測されるものが見つかっているのだから。

二番めは、やや難航している。量子力学に関する基本的な問題は、すべての物質が粒子的な性質と波動的な性質の両方を持つことだ。大きな規模では、波動的な性質を無視できるが、小さくなればなるほど、それが難しくなる。小さなさざ波が立つ海を想像してほしい。大型客船に乗っていれば波を無視できるが、カヤックに乗っていれば転覆するかもしれない。

　半導体メーカーを転覆させる恐れのあるさざ波とは、トランジスタに送り込む電子など、きわめて小さな粒子の確率的性質のことだ。古典物理学では、物質はそこにあるか、ないかだ。しかし原子内部の電子やクォーク、グルオンの世界では、自然はそれとはまったく違う。電子はひとつの場所を占めているのではない。むしろ、考えられるあらゆる場所を同時に占めている。人が目にした瞬間に初めて、ひとつの場所に落ち着く。その瞬間どこで見つかるかは、アイザック・ニュートンの原因と結果の法則では規定されず、むしろ確率の法則で決まる。たいていの場合、ニュートンが予測するはずの場所だが、違うこともある。

　この奇妙な不確定性は、人間の経験や直観とはまったく相容れない。〝神はサイコロを振らない〟と量子力学に懐疑的だったアルバート・アインシュタインが宣言したのは有名だ（それに対して、量子力学信奉者のニールス・ボーアは〝アインシュタインよ、神に何をすべきか指示するのはやめたまえ〟と応じた）。それでも、原子内部ではすべてがそのように動いている。ふつう、人々は奇妙なことには気づかない。どんな瞬間でも、たとえばこの本を構成する原子内部の、ほんのわずかな一部分だけが、めったに起こりえないようなことをしている（たとえばあなたの手を通り抜けるなど）。しかし、ときには大きな規模でその奇妙さが見えることがある。最もよい例は太陽だ。なじみの物理学によれば、太陽は燃えるはずがないという。中心核の温度は摂氏約千五百万度で、核融合反応が始まるのに充分なほど熱くはない。太陽の水素原子は、原子核同士を引き離している斥力《せきりょく》を克服するエネルギーを持っていない。しかし量子力学はこう言う。水素原子がその温度で融合することはほとんど起こりえないだけだ。確かに、原子核同士を引き離している斥力の障壁は越えられないが、まれにいくつかはどうにかして反対側へ飛び出してくる。太陽には膨大な数の水素原子があるので、ほとんど起こりえないことさえかなり頻繁に起こる。地球の空を明るく照らす核融合反応を維持できるほどに。だから、太陽は燃えるはずがなくても燃えている。

同じ理由から、電子を使う信頼性の高いスイッチをどこまで小さくできるかには限界がある。おそらく七ナノメートルほどだろう。それより小さいと、スイッチが入っているのは、スイッチを入れるよう指示したからなのか、それとも一部のいたずらな電子が古典物理学に反抗して隣接するトランジスタから漏れ出たせいなのかわからなくなる。めったに起こりえないが、チップにはたくさんのトランジスタがあるので、その機能に悪影響を与えるほどの頻度で、起こりえないことが起こるかもしれない。

現在の進歩の速度からすると、科学者は十年以内に信頼性の高いシリコンスイッチの規模の限界に達する可能性がある。しかし、シリコン電子を行儀よくさせる何か別の素材とシリコンを取り替えるのに、さらに十年かかるかもしれない（現時点で最も有力な候補はグラフェンだ）。そういうプロセッサーは、次世代の消費者のテクノロジーと検索エンジンに力を与えるだろう。しかし、最速の新しいチップでも、現代人の実用にかなう時間枠で多くの重要な問題を解決するには、速度が足りないだろう。チップは可能な変数の値をひとつひとつ試験するためにつくられ、世界について多くを学べば学ぶほど、調べるべき値と変数も増えていくからだ。すべてを試験するには長い時間がかかるだろう。たとえば、異なる百カ国の百種類の硬貨を持っていて、〝表〟と〝裏〟を分けてあらゆる組み合わせを見てみたくなったとする。つまり、二の百乗の組み合わせがある。莫大な数だ。今日最速のパソコンより千倍速いパソコンを持っていても、すべてを処理するのに何十億年もかかるだろう。

計算の天才

シリコンの縮小が終わる日は近い。しかし今までのところ、人々はそれについていくしかなかった。終焉が差し迫っている今、情報をどのように保存し処理するかを再発明しなければならない。

微小規模で働くなじみの機能を縮小せずに、ナノを定義する不思議な現象を拡大できないだろうか？　現在のコンピューターには、本質的な限界がある。粒子は存在するかしないかのどちらかであるという単純化の上につくられているからだ。実際にはそのどちらでもあり、理論的にはそれによって、現在の利用法が示すよりはるかに豊かな情報媒体になる。もし、どうにかして同時にふたつの異なる状態でいられる電子の能力――〝重ね合わせ〟という――を利用できれば、同時にふたとおりの計算ができるかもしれない。二個の電子は四とおりの計算ができる。三個は八とおりできる、四個は十六とおりできる、以下同様。処理能力は指数関数的に増大する。ほんの百個の電子がいっしょに働くだけで、二の百乗の組み合わせが即座に試せる。つまり、どんなパソコンより何十億年も速い。さらに、どうにかして電子の異なる状態のなかに情報を保存できれば、ほんの三百個の電子がいっしょに働くだけで、たとえ宇宙のありとあらゆる原子を0と1のパターンに配列し直したとしても、これまでの方法では保存できない大量の情報を収容できる[18]。

ここまでは理論だ。過去二十年で、研究者たちは実践を始めた。最初の適用のいくつかは、素数の問題だった。とても大きな数字（たとえば二百五十桁）が、どの素数で割り切れるか？　あなたのパソコンは、何十年計算を続けても答えを出せないかもしれない。だからこそ、ほとんどのデータ暗号化はそういう素数判定を基本にしている。二〇〇一年、研究者たちは量子コンピューターをつくり、15という数字を3×5に因数分解させることに成功した。

二〇一二年には、143を11×13に、二〇一四年には量子の因数分解の記録を56，153（233×241）にまで押し上げた。[19] それでもたいしたことはないように思える。しかし、実際に〝量子コンピューター〟とは何かを知れば印象が変わる。それは原子あるいは電子（〝量子ビット〟）の集まりだ。その量子状態の上に数学的な意味を書き込むと、それらの粒子は不可解にも同時にあらゆる量子状態を占めるあいだ、事実上、数学の問題に対するあらゆる解決策を試している。次に、粒子を観察すると、それがきっかけで全体が崩れて、最も粒子が好むひとつの状態になる。それをもう一度数学言語に書き直せば、正しい答えに等しいことがわかる。

科学者たちは、量子の概念を証明した。次の課題は、それを拡大することだ。二〇一一年、カナダの企業ディー・ウェイブ・システムズは、初の商用量子コンピューター、百二十八量子ビットのディー・ウェイブ・ワンを発売した。二〇一二年後半には、シリコン原子から量子をつくれることが証明された。大規模なコンピューター製造についての知識はすべていまだにシリコンが基本なので、これは重要な一歩だ。二〇一三年には、グーグルが、NASAと協力して量子人工知能研究所を開設すると発表した。研究所が導入したディー・ウェイブ・ツーは、五百十二量子ビットを採用し、ある種の問題を、今日最速の従来型コンピューターの三千倍速く解決できる。二〇一四年、IBMは、グラフェンと量子処理を利用するチップ製造を推進するため、五年にわたる三十億ドルの新たな研究開発投資を発表した。インテルも、二〇一五年秋に、量子コンピューティングに進出することを発表した。予測はまちまちだがおそらく二〇二〇年には、いくつかの特殊な問題について、量子コンピューターは通常のスーパーコンピューターと競合し、置き換わっていくだろう。

一方で、物理学者たちは現実世界への適用を始めていた。一九九〇年代には、量子テレポーテーションが発見された。簡単に言えば、データの小さな断片を、ひとつの場所からあいだの空間を通さずに別の場所へ移す方法のことだ。それ以来、物理学者たちは、いずれ量子インターネットをつくるという構想のもと、量子跳躍の信頼性と距離を順調に押し上げてきた（二〇一五年現在、距離の記録は百五十キロメートルで、それは地表と周回軌道衛星の最小距離でもあるので、有用な理論上の重要地点といえる）。二〇〇〇年代には、量子暗号が現実的になった。現在では、予測が物理的に不可能な真にランダムなパスコードをつくり、約三百キロメートル先に伝達し、途中で傍受されたかどうかが受取人に必ず確実にわかるようにできる。[20] そういうシステムの商用版が、すでに銀行振替や国政選挙結果の伝送を保証している。政府機関も参入し始めた。二〇一四年、アメリカ政府文書の漏洩で、国家安全保障局が、コードの作成および解読用の量子機器を急遽製造していたことが明らかになった。同年、イギリスの同様の機関、政府通信本部（ＧＣＨＱ）は、試験的な暗号化計画のひとつが量子攻撃に対して脆弱であることを知って、計画を棚上げにした。[21]

次の二、三十年で、量子コンピューターは、人間の現在の理解力をはるかに超える大きな疑問に答える手助けになるかもしれない。正確には、どこまで異なるレベルの生物系が互いに影響し合うのか。意識はどのようにして現れるのか。宇宙は最終的にどんな運命をたどるのか。日常生活を変える可能性もある。量子センサーが、一刻ごとに血液中のあらゆる化学物質をモニターできるほどの処理能力を持つようになるかもしれない。リアルタイムで既存のどの血液検査とも同じものが受けられ、即座に結果が出る。体についてのリアルタイムの最新情報が、人々の習慣や、〝健康〟と〝病気〟の基本概念、医療制度を変容させるだろう。

一般的なテクノロジーが変われば、認識も変わる。ものがどんな動作をすべきかについて、人間はすばやく新しいアイデアを受け入れる。画面を指でスワイプして初めて、タッチパネルではないと気づいたことはないだろうか？　イラッとしたその瞬間、量子テクノロジーが人間の思考にもたらすかもしれない変化がかすかに見えたはずだ。奇妙に思える機器が、日常生活に現れ始めるかもしれない。使い慣れた機器とはまったく違う動作をする検出やコミュニケーション、計算、情報処理の新しい道具。わけのわからない装置だが、不気味なほど敏感ですばやく、距離や複雑さをものともしないだろう。こういう機器が量産されるにつれ、量子の動作はそれほど奇妙ではなく、自然に見えてくるだろう。人々の認識は、深いレベルで、宇宙の実際の動きにぐっと近づくだろう。それが、宇宙のさらなる謎をより早く解き明かすのに役立つはずだ。

製造の天才

最近、人類がナノスケールの世界へ進出したことは、情報の計算方法の限界をあらわにし、いずれ自然の最も深遠な謎へとつながる新たな道を示した。しかしそれは、ものをつくる方法の限界もあらわにし、物質を操作する新たな力を与えた。

一九八〇年代前半、チューリヒの科学者たちは、新たな量子ベースの機器、走査型トンネル顕微鏡（ＳＴＭ）を発明し、初めて個々の原子を観察した。一九八〇年代半ばには、ひとつひとつ持ち上げて動かせるまでになった。興奮した未来派の人たちは、可能性を探り始めた。絶対最小規模で、完全に精確に、原子ひとつひとつから機械や材料全体を組み立てる小さなナノスケールのロボットを想像してみてほしい。空気から燃料をつくったり、泥から真水を抽出したり、砂と二酸化炭素から宇宙船をつくったりという空想を巡らせる人もいた。人類の辞書から〝不足〟という語はなくなるだろう、と。[22]

残念ながら、ちょっとした量子のさざ波のせいで永久にシリコンを縮小し続けられないのと同じように、他のナノスケール現象のせいで、機械を縮小できないかもしれない。全般的なふたつの問題は、ランダムな動きと粘着性だ。ランダムな動きは標準の物理学で、グラス一杯の透き通った水に食品着色料を一滴落とすと、全体に広がる現象を起こす。水は静止して見えるかもしれないが、ナノスケールではH_2Oの分子が衝突し合いかき乱されている海だ。粘着性は量子の特質で、食品ラップをサラダボウルに密着させたり、二枚のつるつるのガラス同士をくっつけたりする現象を起こす。物理学は難解だが、基本的にほとんどのものは、表面同士が接触すれば互いに強く貼りつく。マクロスケールでは、あまりそのことには気づかれない。ほとんどのなめらかに見える表面は、近寄ると凸凹していて、真の接点はめったにない。しかしナノスケールでは、粘着性はどこにでも見られ、マクロ世界にとっての重力と同じくらい支配的だ。要するに、ランダムな動きと粘着性というふたつの現象によって、ナノ世界で何かをつくることは、ハリケーンの最中に船の上で塔を組み立てるようなものになる。しかも、作業員やクレーン、ボルト、桁、雨粒のすべてが、急速接着セメントに覆われている。

新たな発見の旅

張力や圧縮など、エンジニアたちに周知の力は、ナノ世界を支配していない。使い慣れた材料も、性質が違ってくる。炭素は黒いが、厚さ一原子のシートにすれば、ガラスより透明になる。原子の世界は、あたりを取り巻く大いなる謎だ。こうして一九八〇年代、材料科学は（ＳＴＭなどの新たなテクノロジーを携えて）、そこにあるもの、支配している規則、利用可能なその世界特有の奇妙な性質を見出すことにした。

進歩は爆発的だった。人々は新たな黄金の都市を見つけ、証拠を持ち帰った。一九九〇年には、ナノ科学に関する合計二百三十本の学術論文が、科学専門誌《ネイチャー》やあらゆる系列雑誌に発表されていた。二〇一五年には、その数は一万一千本を超えた（ちなみに、進化についての研究論文が一万一千本を超えるのには七十一年かかった）[23]。二十世紀の終わりに、ナノテクノロジーの初の商業適用が現れ始め、二〇一五年にはすでに何千もの関連商品が、一兆ドル市場にまで膨らんでいた[24]。

銀ナノ粒子は細菌を殺す。その精確なところはまだわかっていないが、靴下やぬいぐるみ、包帯、義歯、公営地下鉄にはすでに、病気予防と早期治癒の素材が混ぜ込まれている。二〇一五年、科学者たちは、汚水を濾過して飲用水に変えるための手軽で低価格な解決策として、〝飲める本〟（銀ナノ粒子を混ぜ込んだ紙）を開発した[25]。研究で解明されたところによると、ヤモリは量子の粘着性を利用して、壁や天井にぶら下がっているらしい。ヤモリの脚には数十億本のナノスケールの毛が生えていて、どんな表面にもたくさんの真の接点が得られる。起業家たちは、半導体産業から採り入れた工程でその合成版をつくった。微調整すれば、いずれ〝ヤモリテープ〟が、防衛（全地形型ロボット）、製造（多くのねじや鋲、接着剤の代用品）、運動競技（アメリカン・フットボール選手用のファンブルしないグローブ）でも利用されるようになるだろう。他の数々の発見は、さらに幅広い影響を及ぼすだろう。たとえば、太陽光と二酸化炭素から燃料をつくるための人工光合成、より高速なＤＮＡ配列解析（一個のＤＮＡ分子を小さな穴に通し、Ａ、Ｃ、Ｇ、Ｔの四塩基が通るたびにその電気的な差を感知するという構想）、ナノファイバーでつくった極薄で破れないコンドームなどが研究されている。

ナノスケール世界から持ち込まれた最も多機能な材料はグラフェンで、二〇〇四年に初めて発見された。グラフェンは、厚さ一原子の純粋な炭素でできたシンプルなシートだ。炭素の別の形態は一般によく知られている。現存する最も硬い物質のダイヤモンド、とても柔らかく鉛筆の芯に使われているグラファイト。グラフェンは両方の長所を兼ね備えている。透明でダイヤモンドの強度があるが、柔軟な繊維に加工でき（宇宙空間にまで届くほど丈夫）、好みの二次元の形に切り取れる（たとえば、巻き上げ式のディスプレイ画面や太陽電池）。銅より十倍熱伝導がよく、シリコンより百倍電気を通しやすい（半導体メーカーを喜ばせている）。まだ高価だが、急速にマクロ世界の現実になりつつある。発見から一年かけて、科学者たちは髪の毛一本より幅広いグラフェンシートをつくろうと奮闘した。おそらく十年後には、長さ百メートル近い完全なシートを作成できるだろう。

単一化する飛躍的進歩

まだ科学者たちにできないのは、一度に一原子で役立つものをつくること、あるいはそれを代わりにやってくれるロボットをつくることだ。今日までのナノスケール工学のほとんどは、かさのある材料が関わっている。紫外レーザーで表面に機能を刻み込んだり（ヤモリテープ）、特別調合の蒸気を噴射して極薄フィルムを沈着させたり（グラフェン）、試験管のなかで化学物質を混合して望ましい分子を一度にビーカー一杯分つくったり（銀ナノ粒子）するなどがそうだ。３Ｄ印刷は、従来のマクロ製造に比べて時間と出費を大幅に削減できるが、これまでのところ、マイクロメートル規模での粒子しか沈着させられない。航空宇宙産業用の精密部品をつくるのに充分なほど小さいが、千分の一規模で現れる奇妙な物質の性質を利用できるほど小さくはない。同様に、モーターやギア、腕、その他の機械部品をつくって組み立ててくれるロボットの製造能力も、まだマイクロメートルの世界にとどまっている。科学者たちは、どうやってナノスケールのロボットがランダムな動きの大嵐のなかをうまく進み、破損せずにいられるかについていくつか理論を練り上げた。しかし、そういうロボットを試作して実験できるのはあと数十年先だろう。あるいは永遠にできないかもしれない。

本物のナノマシンをつくるには、おそらく根本的に異なる設計手法が必要だろう。コンピューターをつくるのと同様、マクロのメカニズムをナノサイズに縮小せずに、当該規模の現実の特徴を利用して、その環境固有の方法で機械を設計しなければならないだろう。

有望な方法として、生物学の模倣がある。これまでにナノスケール世界から浮上した最も明白な洞察は、より微小な規模に縮まるほど、〝物理〟科学と〝生命〟科学の区別があいまいになるということだ。もともと、工学は自然を模倣してはこなかった。飛行機は翼をはためかせはしない。しかし、そのふたつが交差しているのは、今最も実り豊かな科学のいくつかが実践されている場所だ。工学は、ナノ空間を調査する道具と舞台を提供する。自然は、そこで見つかる工学の問題に対する明快な解決策の尽きないカタログを提供する。

自然は、ナノスケールの究極のエンジニアであることがわかっている。長さ約二百ナノメートルの細菌は多くの面で、科学者がつくりたがるナノボットだ。[26] 細菌は糖で動かせる小さな動力装置を持っている。わずか二十ナノメートルの、リボソームという分子組み立て機を持っている。DNAのロジックボードでプログラムできる。自己修復、自己複製し、ランダムで粘着性のあるナノスケール環境のなかを縫うような巧みな動きで進む。

人間のエンジニアにとってもっとためになるのは、細菌がいかに人の望むナノボットとは違うかということだ。

細菌は多目的の機械ではない。高度に特殊化されている。それぞれの種が、特定のことをうまく実行するために、ナノスケールの物質の特質を利用している。しかも、ナノスケールに元から存在する微細な力を借りて自己組織化する。自己組織化のおもな秘訣はタンパク質の折りたたみだ。タンパク質は、アミノ酸の集合体として始まる。それぞれ長さ一ナノメートルほどのアミノ酸が、細胞のリボソームでつながれて長い鎖を形成する。各種のアミノ酸(生命は全部で二十三種類を利用し、それを何度も反復する)は、特有の電荷を持つことがわかっている。鎖がつくられるにつれ、そのなかのすべての集合体が、その電荷に従って他の集合体を引きつけはねつけて、それらの力の複雑な釣り合いのなかで二次元の鎖がよじれ、三次元構造になる。この折りたたまれたもつれが、組織をつくったり、他のタンパク質と有効に作用し合ったりするのにぴったりの形と適切な表面を持っている。

人も同じ方法でナノ構造体を組み立てられるだろうか? 完成させたい最終形態か機能がわかれば、同じもつれを解読して、そこから折りたたまれたアミノ酸の鎖にたどり着けるだろうか?[†] 今日の実験室での研究は、有望であることを示している。二〇一〇年、科学者たちはDNAを操作してかごのような形にたたませ、ふたに錠を下ろして、なかに薬の分子を置いた。[27] がん細胞だけが正しい鍵を持っている。かごががん細胞にぶつかると、ふたが開いて、薬がその場に放出される。こういう〝DNAナノボット〟がいずれ、悪い細胞といっしょに健康な細胞もたくさん殺してしまう現在の化学療法や他のがん治療に取って代わるかもしれない。

†原注:タンパク質の折りたたみは、指数関数的に処理能力を高めたコンピューターが必要な分野だ。二十三種類のアミノ酸があるとすれば、百ユニットの鎖の組み立てかたは、二十三の百乗とおりある。もし実際にそれぞれの試験的な分子をひとつずつつくれば、合計した重さは全宇宙より重くなるだろう。

医学は生命を設計する自然の力を、工学は物質を設計する力を得つつある。これはありきたりな進歩ではなく、現在の理論的枠組みの限界に突き当たり、新しい枠組みを採用したときに訪れる革命だ。

歴史がなんらかの指標だとすれば、これらの飛躍的進歩は、急速な人類発展の時代の到来を告げるだろう。その一部は、新たなテクノロジーという形ですでに目前まで来ている。一部は、まだ理論の域を出ていない。医学は、さまざまな臓器を再生させ始めているように、脳の働きを解明して、脳も再生できるようになるだろうか？　人工知能は人間の認識力を複製、あるいは超越するだろうか？　誰にも答えはわからないが、その達成はもはや、人間の能力からかけ離れているとは思えない。

五百年先の未来に足を踏み入れることはできないが、二十一世紀の歴史が書かれるとき、表題のテーマは間違いなく、人間がどうやって新しい自然の力を開発したか――そしてどんな賢さと愚かさを持ってそれを用いたかになるだろう。

天才開花の方程式

天才の開花は、ただ〝起こる〟のではない。それは、創造性を外に向けて輝かせる特定の社会的・知的状況の結果として生まれる。なぜ天才は、ルネサンス時代にあれほどまぶしく輝いたのだろう？　そして、なぜ今またそれが起こっているのだろう？

一部は、その時代に生まれた個々のまれな人物——天才たち——の功績による。個人の特性は、あらゆる天才の例に不可欠な要素だ。このテーマに関する世界の第一人者W・ブライアン・アーサーによれば、新しい原則が古い原則を覆すとき、ひらめきの瞬間は〝常に個人の潜在意識からわき出てくる〟[28]。多くの場合、ある人物の熱意の対象にある奇妙な、または特異な何かが、飛躍的進歩の確率を有利な方向へ傾ける。コペルニクスは、プトレマイオスより純粋な天空の調和を見つけることに熱中した。レオナルドは、光学と工学の研究に熱中した。ミケランジェロは、大理石の塊に熱中して、それぞれのなかには彫像がとらわれていると信じ、それを解放したいと切に願った。そういう熱意がひらめきを生むとき、あとに続くものがなんであれ、そこには創造者の特異性が体現されているだろう。

しかし、熱意ある偉大な知性の存在だけでは、天才が社会全体で爆発的に増えるのに充分とはいえない。もしそれだけなら、一四五〇年から一五五〇年にかけて、西ヨーロッパの文明は中国を追い上げも追い越せもしなかっただろう。中国はテクノロジーで一歩先んじていて、どの地域でも才能ある個人が人口の一定の割合を占めていたことを考えれば、頼れる賢い人々が二倍も多くいた。

ルネサンス時代のヨーロッパの躍進は、別の重大な何かが存在したことを示している。集合天才だ。どんな人も、独特な能力の片鱗を備えている。集合天才は、社会がそういう多様な片鱗をはぐくみ結びつけたときに生まれる。多様な知性が問題に取り組めば、個々の飛躍的進歩を加速する、あるいはさらに発展させる独創的な発想と貢献を促すことができる。個々の天才の数は、どの地域でも人口の一定の割合を占めるかもしれないが、集合天才は、社会での教育とつながりのレベルによって大きく変わってくる。

〝世界じゅうが、学者と、博学な教師と、大きな図書館であふれている。わたしの考えでは、プラトン、あるいはキケロ、あるいはパピニアヌスの時代のいずれにおいても、現在見られるほど学問のための便宜が図られたことはなかっただろう〟と一五三〇年代、フランスの作家フランシス・ラブレー（一四八三～一五五三）は書いた。(29) 前回のルネサンス最大の飛躍的進歩を成し遂げた人々の経歴が示すのは、彼らの並外れた功績のすべてが、彼らの生まれた急速に発展する絡み合った時代と、そういう状況下で花開いた集合天才に負うところがとても大きいということだ。

レオナルドは、歴史上最も有名なトスカーナ出身の博識家だが、決して唯一の存在ではなかった。初期の人文主義者ペトラルカ（一三〇四～一三七四）はトスカーナ出身で、トスカーナのエンジニアたちは、レオナルドが生まれるずっと前に、ペトラルカの生徒たちの古代ギリシャとローマに関する対話から得るものが多くあることに気づいた。千五百年たっても、古代世界の神殿や大聖堂、道路はいまだに使われていた。どんな秘密があるのだろう？過去の解決策と現在の技術的問題を独創的に組み合わせること、あるいはその組み合わせを図面にして伝えることは、すでにレオナルドが生まれた時代や場所で高く評価され、急速に広まっていた。レオナルドがこういう芸術の新たな高みに達したのは、ひとつには、過去に関する知識の供給と、新たな組み合わせの拡大速度が急激に増している時代に育つという幸運に恵まれたからだった。

グーテンベルクの故郷マインツは、ワイン醸造と硬貨鋳造というふたつのまったく異なる分野の交差点だった。(30)

ワイン醸造は、さまざまな種類のブドウ圧搾機とそれを応用研究するための工学技術を提供した。硬貨鋳造は、型をつくり、個々の文字を鋳造するのに最適な合金――溶けやすく、型でうまく鋳造できるうえに、印刷機での繰返しの激しい使用に耐えられるもの――を見つける実験を行うための金属加工技術を提供した。こういう重要な技術は、その土地特有の奥深いものだが、グーテンベルクがうまくそれらを組み合わせると、印刷機の普及は、第一部で概説したもっと一般的な力によって確実になった（グーテンベルク自身はテクノロジーを秘密にするために最善を尽くしたにもかかわらず）。

コペルニクスはと言えば、ポーランドの静かな地方ヴァルミアで画期的な研究を成し遂げた。コペルニクス自身が、ひどく辺鄙な世界の片隅と呼んでいた場所だ[31]。しかし、十八歳から三十歳までの人格形成期には、ヨーロッパの教育の重要な中心地を転々として過ごした。一四九一年にはクラクフにあるヤギェウォ大学に入学し、三年にわたって、ヨーロッパ大陸じゅうから集まった他の優秀な若者たちとともに論理学、詩、修辞学、哲学を学んだ。大学では、印刷によって広く入手できるようになったばかりの過去と現在の主要な科学書を読んだ。エウクレイデスの古典的な幾何学とレギオモンタヌスの近代的な三角法、プトレマイオスの古典的な天文学とプールバッハの近代的な天文表、そしてラテン語に翻訳された主要なアラビアの科学書[32]（アラビアの本はきわめて重要だったと思われる。太陽が中心の宇宙は、紀元前三世紀にギリシャのアリスタルコスによって初めて提唱された。ヨーロッパはアリスタルコスを忘れていたが、アラビアの学問世界は忘れていなかった。コペルニクスがその著作から着想を得た可能性はある[33]）。一四九六年、コペルニクスはイタリアへ移り、次の七年間を、大陸の一流の学者たちと交流しながら過ごした。この交流があったからこそ、コペルニクスは世界の天空の見かたを一変した。一五四三年の著作

『天体の回転について』は禁書になった。その知性の跡を継いだガリレオは、異端の考えを持つ者として審問にかけられた。しかしコペルニクスは、一五一〇年代当時、つながりを深めていた学者仲間の集まりで草案を発表したとき、封じ込めてはおけない着想を解き放ったのだった。

アイデアの迅速な流れ、才能、報酬

どんな環境条件が天才を花開かせる時と場所を決めるのかという疑問については、書棚からあふれるほどの著作が書かれてきた。本書で充分に議論は尽くせない。しかし、前述のいくつかの物語は、十五世紀と十六世紀のヨーロッパに集合的全盛期への準備を整えさせた（そして今日の学者によれば現在も決定的である）三つの条件を特に際立たせている。

第一の条件は、アイデアが流れる速度と多様性と豊かさの急増だった。わかりきっているが不可欠な点といえる。よりすばやくアイデアが流れれば、より迅速に新しく実りの多いアイデアの組み合わせが生まれる。多様性も重要だ。グーテンベルクが気づいた（そして現代の研究が裏づけている）ように、大きな飛躍は一見無関係な分野がぶつかったときに起こる傾向がある。[34] 流れが豊かになるほど、より複雑なものも運べるようになる。〝数学に強い者以外に、わたしの研究の原理を読ませてはならない〟とレオナルドは書いた。学問のある者しか、自分が試みているアイデアをきちんと評価できないと信じていたからだ。[35]

第一部では、この急増を引き起こすつながりの力を示した。文明間の新たな交易、貿易と金融のつながりの拡大、社会的流動性、都会化、移住が合わさって、多様な人々とその生活様式のあいだにたくさんの接点ができた。当時

も現在も、そのときの思考の限界を押し広げる最良の方法は、異なる考えかたをする人に会うことだ。

アイデアの流れの向上を最も直接的に促したのが、印刷術という新しいメディアだった。印刷機は、今日では〝汎用テクノロジー〟に分類されるものだ。[36] たとえばバイオリンはその登場によって音楽を変容させたが、その領域以外にはほとんど影響を及ぼさなかった。それとは違って、印刷機はほとんどあらゆる活動領域に影響を及ぼした。入手できる知識を増やし、あらゆる分野の実践者のネットワークを広げた。学者のあいだでは、友人に手紙を書いて狭い地域で討論する中世の習慣が、幅広い配布と批評のための小冊子出版に発展していった。より多くの人々が関わることで、あらゆる重要な問題に、より幅広い知識や経験、アイデアがもたらされた。

印刷術は、もうひとつの汎用テクノロジーである数学の普及に役立った。一四九四年、ルカ・パチョーリは、ヴェネツィアで自著『算術、幾何、比及び比例全書』を印刷し、ヨーロッパで算術が一般に浸透するきっかけをつくった。印刷術が生まれるまで、算術はほとんど、アラビア数字がわかるエリートだけが学んでいた。当時もたいていの数の計算はローマ数字とそろばんで行われていて、ほとんどの人は、計算のための必要な道具を買えなかった。算術の広がりによって、数学は木炭一本で誰にでもできるものになり、複雑な数字の概念を理解して表現し、発展させられる人が増えた。[37]

集合天才の開花を後押しした第二の条件は、そういうアイデアの流れを引き出した教養と学識の豊かな才人が急増していたことだった。コペルニクスが成し遂げたような飛躍的進歩が起こるまでには、知られざる人々の多大な努力があった。生徒や徒弟に慣習上の技術知識を伝える教師や師匠。行き止まりを見つけて、別の誰かがそちらへ進まなくて済むようにした失敗の試み。神秘の探究を可能にした機器や道具の技術的な性能強化。技能習得の支援や、知性を刺激して別の方向へ導く他者の視点による、口頭や文書での多くの議論。技能を理解し、その限界に挑戦する才能が増えるほど、その限界を誰かが超える可能性も高まる。

ルネサンス時代のヨーロッパで集合天才が他の地域より華々しく開花する後押しをした第三の条件は、リスク負担に報いる大きな個人的、社会的な見返りだった。中国は、画一的な官僚社会を築いていた。国が認可したもの以外のアイデアを扱う市場はほとんどなく、有望な冒険的事業——一四〇五年から一四三三年にかけてインド洋と東アフリカを探検した鄭和《ていわ》による海軍の遠征など——は、勅令によって廃止されることもあった。それに対してヨーロッパは、多くの弱小国から成っていた。国家間（と侵攻してくるオスマン帝国と）の競争や戦争によって、それぞれが、軍事的、経済的または文化的優位に立てるかもしれない発見への投資に駆り立てられた。新しい武器と軍艦と国防の必要性は高く、その設計ができる者なら誰にでも、惜しみなく資金が提供された（レオナルドは実り多い生涯のかなりの部分を、軍事的な発明品の設計に費やした）[38]。裕福な都市は、新しい学校や大学、教授職に寄付をして、通商上重要な問題に取り組ませた（海での経度の計算など）。同時に、裕福な家庭は、新しい美術や彫刻、建築に資金を注ぎ込んだ。それは新興の裕福な商人階級がうわべの実直さを手に入れるのに役立ち、社会的に受容される数少ない見栄のひとつになった[39]。

さまざまなアイデアのための新しい市場の供給側では、よいアイデアを出した人はそこから自由に利益を得た。グーテンベルクが生み出したすばらしい機械は、すばやく幅広く模倣されたので、本人はまったく儲からなかったが、次世代の発明者たちははるかにうまくやった。一四七四年、都市国家ヴェネツィアは、世界初の公式な特許法の制定を行った。法律の前文にはこう記されている。〝偉大な才能を持つ人々によって生み出された作品や発明品について規定を設ければ……より多くの人がその才能を応用し……国家のため大いに役立つ発明品をつくるだろう〟[40]。十六世紀半ばには、そういう規定がヨーロッパじゅうで当たり前になった。

成熟ふたたび

今日にも同じ条件がそろっており、それはもっと力強く幅広く感じられる。

第一部では、その主要な証拠を明らかにした。今日の発展の力は、健康で聡明な人々の世界的な総数を史上最高水準に引き上げた。政治、貿易、金融、人口移動におけるつながりの力は、人間社会を互いに絡み合わせてきた。同じ力が、アイデアの広がりにも影響を及ぼしてきた。この絡み合いを通じたアイデアの流れの量と多様性、豊かさが爆発的に増している。

新しい汎用テクノロジー

今回も、新しい汎用テクノロジーが、大量伝達を安価で豊富にした。計算能力の向上は、アイデアの流れをより多様で豊富にし、人々が伝え合う内容を複雑にした。ムーアの法則で見出された計算能力が大きく成長したおかげで、現代人のポケットに収まっているスマートフォンは、クレイ2スーパーコンピューターより高速だ。クレイ2は、一九九〇年代には世界で最も強力なコンピューターで、重さは約二千五百キログラムあり、三千五百万ドルという値札がついていた[41]。

ムーアの法則は、インターネットをあらゆる人の手元に運んできたが、同時に人々を宇宙の果てに連れていった。

計算能力が大きく伸びた過去二十年で、人々の会話は、数学、天文学、生物学、工学、地質学、天気、戦争、経済、その他の主題について、遠謀深慮のきわめて複雑な体系へと進んだ。新たな産業全体が、人々の会話に続いてそれらの分野に入っていき、今日では、二十年前には誰にも理解できなかったアイデアが扱われている。水圧破砕産業は、今日のスーパーコンピューターを使い、地面にドリルで一連の穴を掘って高圧の液体を注入し、岩層にとどまったガスを放出させたらどうなるかを模擬実験している。医学では、脳の活動をシミュレートして、脳がどう働き、薬や手術がそれをどう変えるかを理解するための研究が行われている。公衆衛生局では、世界的流行病の広がりをシミュレートして、最もリスクが高い地域の特定、輸送システムで最初に閉鎖する必要がある交点、発見後ワクチンを大量生産し、配送するまでにウイルスが広がる可能性のある範囲について、感覚をつかもうとしている。エンジニアは、これまでに建造された最大のものより二倍大きい新しい船や、二倍高い超高層ビル（二〇一八年完成予定のサウジアラビアのキングダム・タワー（訳注：現在はジッタ・タワーに改称）は高さ一キロメートル）にかかる応力の模擬実験をしている。そして映画製作者たちは、鮮やかな惑星やブラックホール、異星のロボット、突然変異したスーパーヒーローを、説得力のある形で生き生きと描いている。

新たな接点

今日の、より自由なアイデアの流れは、異なる人々、製品、生活様式のあいだでますます増えていく、発想にあふれた接点でもはっきり表れている。

それは、学問の世界でも明らかだ。地球上では、約三百万人の学生が毎年、短・中期滞在で外国に行っている。

ＯＥＣＤ諸国では、留学生の三分の二は発展途上国の出身で、アジア出身の学生数が最も急増している。三十年前、中国はほぼひとりも学生を外国に送り出していなかった。現在では、他のどの国より多く送り出している。

機会があれば、多くのトップクラスの留学生は卒業後もとどまって、受け入れ国の経済に恩返しすることを選ぶ。二〇一一年の調査によると、特許を生み出しているアメリカの大学上位十校で、申請されたすべての特許の四分の三に、外国生まれの発明者の名前が記されていた。[42] 研究分野の人材を求める世界市場で競争する卒業生もいる。オックスフォード大学の教職員の四十パーセント以上は、およそ百カ国からやってきた外国人で、その比率は上昇している。

こういう学問的な移住者たちは、世界の知力を広げ、つなげている。国境を越えた共同研究は、一九九五年には発表されたあらゆる論文の十分の一にも満たなかったが、現在では約三分の一を占めている。[43] 史上最大規模の共同研究による論文――ジュネーヴの大型ハドロン衝突型加速器の研究に基づく物理学論文――には、世界じゅうから五千百五十四名の共著者が名前を連ねた。[44] がん治療は今や、世界じゅうの主要な研究所のバーチャルチームによる二十四時間体制の研究活動だ。一日の終わりに、研究者たちは最新の仕事を、次の時間帯にいる研究者へ手渡す。翌朝、外国の同僚が中断したところからふたたび始める。最近十五例の科学部門のノーベル賞は、二例を除いてすべてが国際研究チームに贈られた。[45]

より自由なアイデアの流れは、発想に富んだ商品、たとえば医薬品、化学製品、機械、コンピューター、その他の電子機器の貿易でも明らかだ。過去二十年でハイテク製品の貿易は名目で四倍に増え、一九九五年の一兆四千万ドルから現在では五兆ドルになった。それは広がってもいる。一九九五年、先進国は、あらゆるハイテク貿易製品

図５－５　フェイスブックの国際的な友情が世界の会話をひとつにつないでいる。
画像提供：フェイスブック。

の四分の三を売り、三分の二を買っていた。今日、貿易は買う側も売る側も、発展途上国とほぼ半々になっている。そういう商品の製造に必要な知識は、世界じゅうで共有されている。[46]

最後に、より急速で豊富なアイデアの流れは、ソーシャルメディアでもはっきりしている。ツイッターでは、あらゆる〝フォロワー〟の四分の一は、ツイート主とは別の国の出身だ。フェイスブックでの会話は世界のあらゆる地域をつないでいる。図５－５を見てほしい。その結果、大衆文化はこれまでになく急速に広がるようになった。二〇〇三年には、最初のインターネットミームのひとつ、〝スター・ウォーズ・キッド〟が一世を風靡した。三年間で、その映像は推定で九億回視聴された。[47] 二〇一五年には、ユーチューブチャンネル〝ピューディパイ〟が、三カ月ごとに九億回の視聴を達成した。[48] スウェーデン人のフェリックス・チェルベリが運営するそのチャンネル――本人がビデオゲームをプレイするおどけたしぐさを実況している――は、二〇一五年後半には史上初めて百億回の視聴記録を超えた。同年前半には、イスラム過激派が、風刺週刊紙を発行するシャルリー・エブドのパリ本社を襲撃し、預言者ムハンマドの風刺漫画を載せた報復として十二人を殺害した。二十四時間以内に、表現の自由を再確認する手段として、ツイッターのハッシュタグ〝#JeSuisCharlie〟(シャルリーを支援する)が、ツイッターが遮断されていない世界のあらゆる国々で、三百四十万回リツイートされた[49]。

世界には突然、より健全でよい教育を受けた才人がたくさん現れ、多様なすばらしい大量のアイデアを、世界じゅうで即座に、ほぼ無料で交換するようになった。こういう状況は、個人的にも集合的にも、創造力に満ちた飛躍的進歩にとって理想的な世界をもたらす。それこそが、今大きな変化が起こっている理由、新たなルネサンスの天才が前回をはるかに上回るに違いない理由だ。人々がその見返りをきちんと受け取るなら(第9章で重要な警告を取り上げる)、現在の繁栄はますます大きくなるだろう。

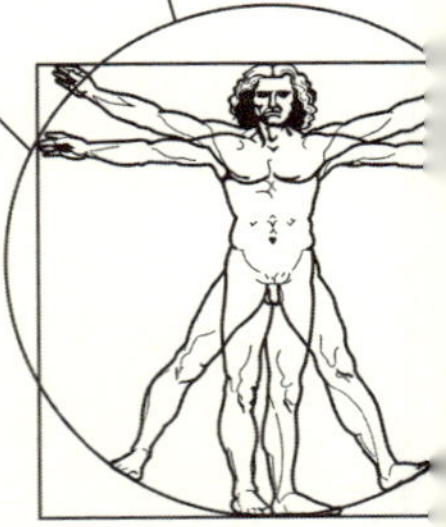

6

大聖堂、信じる人と疑う人

なぜかつて手の届かなかったものが今では当たり前になったのか、なぜ現在の繁栄を活かすべきなのか（たとえその結果が必ずしも期待どおりではなくても）

集合的努力

個々の天才たちは、今日でも歴史書のなかでも、見出しを独占する。長年存在した限界を破るそういう人たちは、称えられ、もてはやされる。しかし、彼らは氷山の一角――表面下にある深く巨大な何かの、目に見える一片――にすぎない。コペルニクスやダ・ヴィンチ、スティーヴ・ジョブズやスティーヴン・ホーキングなどの天才の足下には、もっと大きな物語がある。世界じゅうのさまざまな人々の才能と手腕の広がりだ。

前章では、集合天才が現在の繁栄に果たしている役割を示した。人の脳はそれぞれ特有で、多くの知力を育て、つなぎ、集中させる条件がそろえば――現在のように、ほとんど誰もが読み書きでき、デジタルでつながっていれ

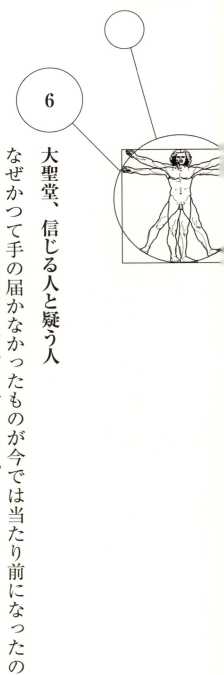

ば——個々の業績を補って促す飛躍的進歩をともに創出できる。

集合的努力は、ルネサンスの共同創出を表す第二の形態だ。同じ条件下で花開くが、異なる形で社会に貢献する。個人でも集団でも、天才は創造力を吹き込む。前章で示したように、天才は支配的な概念の檻から人々を解放し、世界を新たな方法で見る手助けをしてくれる。今を生きる者たちの独自性を現在に吹き込むことで、社会を前進させる。

集合的努力はおもに、その規模で社会に貢献する。それは、どんなに才能に恵まれていても、ひとりではどうにもできない驚異的なものを築き、数々の問題に取り組む。何かを成し遂げたとすれば、それはともに成し遂げたものだ。ミケランジェロはサン・ピエトロ大聖堂のドームを設計した。集合的努力がそれを築き上げた。

そして今も、人々はさらに多くのものを築き上げている。

新たな高みに達する

ローマのサン・ピエトロ大聖堂。セビリアの聖マリア大聖堂。アントウェルペンの聖母大聖堂。一五五〇年、三つの建物はその順番で、全キリスト教世界の三大教会として存在した（サン・ピエトロと聖マリアは今も面積では第一位と第三位）。三つすべてが、その前の世紀に着工されるか完成していた。

ヨーロッパの大聖堂のほとんどは中世に建築されていたが、最大規模の大聖堂は、もっと近い過去に眺望に加えられた。荘厳な建築物は、フィレンツェでサンタ・マリア・デル・フィオーレ大聖堂、通称〝ドゥオーモ〟から始まった。着工はずっと早い一二九六年だったが、ブルネレスキが設計し一四三六年に完成した最後の頂上のドームこそが、ドゥオーモを新しい種類の集合的業績に変えた。古代ローマのパンテオンを基礎とするブルネレスキの巨大なドームは、フィレンツェの地理的な中心地からそれが見えるすべての場所へ、古代世界の価値と美学がここによみがえったことをありありと伝えていた。それは、テクノロジーの勝利でもあった。社会の工学技量を判断する方法のひとつは、建物の屋根が内側の支柱なしでどこまで延びているかを測ることだ。古代ローマは高い基準を設けていた。パンテオンの屋根は四十三メートルに及んだ。ブルネレスキのドーム（四十四メートル）は、千三百年前に記録されたその数字を初めて上回った。

大聖堂は、集合的能力、つまり力を合わせてできることの尺度だった。ブルネレスキは、歴史にその名を刻んだが、ひとりでドームを築き上げたのではなかった。それは地域社会全体の努力だった。あれほど大がかりな石造建築物を形にするには、莫大な資金と何世代にもわたる熟練した人的資源を必要とした。西暦三六〇年にローマ皇帝コンスタンティヌス一世のもとで建築され、何世紀ものあいだ廃墟同然だったかつてのサン・ピエトロが、ルネサンス時代に取り壊されて（数倍の大きさで）再建されたのは偶然ではない。また、セビリアとアントウェルペンの二都市が、同じ世紀に第二位と第三位の教会を築いたのも偶然ではない。セビリアは、コロンブスの〝発見〟がその地をアメリカ大陸の商品を扱う国際貿易の中心地に変えるまでは、小さめのスペインの町だった。アントウェルペンは、十六世紀に全ヨーロッパ随一の金融と商業の中心地に成長したネーデルラントの港町だった。発展とつながりの力——富と健康と教育の段階的変化、政治的・経済的統合、そして都会化——は、大きな夢想を活気づかせた。〝恐ろしく美しい、恐ろしく大きな教会を建てて、その建築物を見た人にわたしたちの頭がいかれたと思わせてやろう〟、地元の言い伝えによると、セビリアの住人たちはそう言った。(1) 本当にそうなった。一五二〇年代に彼らのいかれた労働が終わったとき、その大聖堂は、イスタンブールのアヤソフィア大聖堂が千年近く守っていた世界最大の地位を奪った。しかし、セビリアの聖マリア大聖堂がその地位を守ったのは百年足らずだった。

ルネサンスの集合的な力は、知識の新たな大聖堂も築いた――図書館だ。図書館自体が大きくなったのも確かだが、それだけではなかった。一四五〇年、蔵書の豊富な図書館には、百冊ほどの手書き原稿があった。一五五〇年には、学者個人が百冊以上の本を持つことがふつうになった。(2) 大陸で最大級の図書館の蔵書は、二千～三千冊から一万五千～二万冊へと膨れ上がった。(3) 量の増加は、グーテンベルクの発明のおかげだった。印刷術の初めの一世紀に、約十万～十五万タイトルが一億～一億五千万冊複製されて売られ、その多くは宮廷や修道院、大学図書館の棚にたどり着いた。(4)

しかし、こういう図書館の大きさや数より重要なのは、その内容の幅広さと、そのなかにある集合的偉業だった。中世の飢饉と伝染病、戦争は、ヨーロッパのあらゆる宮廷と修道院にあった西洋文明の文書の遺産を散逸させていた。多くは失われた。残った多くは、ほこりまみれの棚の上に忘れられた。そこへ印刷術が登場し、最初の一世紀のあいだ、新しい資料を渇望する印刷業者は、その散逸した遺産を探し求めた。特に古代ギリシャとローマの作品の需要は絶えることがなかった。

印刷業者は、学究的な墓荒らしになった。彼らは、時代が許すかぎり遠く広く手を伸ばせる原稿掘り出し人たちのネットワークを稼働させた。ヨーロッパの主要な人口密集地間の経済的なつながりが強まっていたことを考えると、その範囲は大西洋沿岸から黒海まで及んでいただろう。当時のヨーロッパ屈指の多産な出版業者でイタリックの発明者でもあるアルドゥス・マヌティウス（一四五二ごろ～一五一五）は、イタリア、フランス、ドイツ、イギリス、ポーランド、ハンガリーから希少な原稿を探し出し、北はスコットランドから東は今日のルーマニアにまで捜索隊を送った[5]。マヌティウスが設立したアルド印刷所は、彼の存命中に百二十タイトル（少なくとも合計十万冊）を出版し、そのなかには、アリストテレス、プラトン、ヘロドトスなど、九十人以上の古代の著作家によるごく初期のギリシャ語版もあった[6]。アルド印刷所の版はヨーロッパじゅうで売られ、船長によって船が向かうあらゆる場所へ運ばれて、至るところで古代ギリシャ研究の基礎を築いた（本書の著者ふたりが所属するオックスフォード大学も同様で、現代ではきわめて貴重になったマヌティウスの初版本の多くが今も残っている）[7]。マヌティウスは、過去の大きな図書館とは異なる、場所と時間によって制限されない図書館を生み出した。そこには、世界の国境以外の境界はなかった。少なくとも、それがデジデリウス・エラスムス（一四六六ごろ〜一五三六）の意見だった。エラスムスはアルド印刷所の編集チームとして時を過ごし、おそらくその広範囲にわたるネットワークでいくつかの原稿の発見に手を貸した[8]。

それぞれの印刷所は自社の仕事に専念し、プラトンやプトレマイオスの次なる偉大な作品を真っ先に市場に出そうと競争していたが、ほぼすべての新しい本は、大規模な集合的努力だった。それぞれの本の背後には、ヨーロッパじゅうから集まった学者のチームがいて、残っていた原稿のなかから、〝印刷に適した〟権威ある原典を構成するページを懸命につなぎ合わせていた[9]。ときには、マヌティウスの一四九六年の『テオクリトス』のように、その作業は一印刷所の力量を超えたものであることがわかった。しかし〝何もないより少しでもあるほうがよい〟。マヌティウスはその作品の序文で解説した（このちょっとした共同作業の英知は、今日の新設企業のあいだでもよく知られている）。そして自社のチームの試みを、同業者が改善していける基礎として差し出し、それは実際に改善された[10]。

ヨーロッパで急増した印刷所は、競合し、互いの成功の上に業績を重ねて、西洋文明の残された知識基盤の重要な一部を再構築した。また、需要があれば至るところに向けてそれを複製し配送したので、一五五〇年には、かつて希少でばらばらだったものを、字の読める人ならほぼ誰でも丸ごと入手できるようになった。そこにはアメリカ大陸の人々も含まれていた。一五三九年には、メキシコシティに初の印刷所が開かれた[11]。ほぼ間違いなく、この集合的偉業は、前回のルネサンスで最も重要な知的業績だった。

現代の大聖堂、現代の図書館

五百年後、やや小さな集団が、クレーンと大型機械の助けを借りて、サン・ピエトロより数倍大きな建築物を、数十年早く建てられるようになった。他の多くの分野では、人はいまだに規模に太刀打ちできずにいる。しかし今、人々の集合的能力の向上は、現代のいかれた夢想を手の届くところまで引き寄せつつある。

ほとんどの人は、すでに新しい力を鋭く感じ取っている。ほんの十年前には不可能だったことが、今では当たり前になっている。ウィキペディアやオープンソースソフトウェア（リナックス、アパッチ）のような現代の大聖堂は、何万もの人々によって、一クリックずつ構築された。こういう人々は世界じゅうに散らばっているが、共通の関心によってインターネット上に集められている。彼らの共同作業は、それぞれの分野できわめて幅広く利用されるようになった。ウィキペディアは、印刷版の百科事典のほとんどを市場から締め出してしまった。アパッチはあらゆるインターネットサーバーの六十パーセントを動かしている[12]。前回のルネサンス時代の図書館と同じく、フェイスブックやユーチューブはおおぜいの人々によってまとめられ、多くの形で人類の歴史を記録している。〝コラボレーション〟は流行語となり、日常生活の一部となった。それは人々の仕事ぶりを測る尺度や、助成金申請の基準、企業戦略と政府計画の優先事項、そしてまったく新しいソフトウェア産業にもなっている。

モバイルデータ接続の広がりによって、今やコラボレーションは生活のあらゆる瞬間の一部となっている。前回のルネサンス時代、人々は互いの顔を見るために町の広場へ行った。新しいルネサンス時代、町の広場は、人々の個性、選択、行動に関するリアルタイム・位置ベースのデータという形で、常にそばにある。買い物、食事、運動、旅行、待ち合わせなど、ますます幅が広がる必要を満たすため、いつでもそこを訪れられる。愛やセックスを求めるパートナー同士を引き合わせたり（Match.com、ティンダー）、さらには、起業家と投資家（kickstarter.com、indiegogo.com）、運転手と乗客（ウーバー、リフト）、空き部屋と旅行者（エアビーアンドビー）、地方自治体と町の小さな問題（SeeClickFix.com）、助けが必要な人と優れたカウンセラー（causes.com、fundly.com）、問題とそれを解決する人材（ハッカソン（訳注：同じテーマに興味を持つ開発者たちが集まって協議・協力しながら作業するイベント）、InnoCentive.com）、被害者と支援者と監視機関（ushahidi.com）を結びつけたりすることができる。

十年前には、こういう事業やフォーラムは、どれも実現不可能だった。今では、誰もが話し、学び、つくり、共有し、実行し、援助する方法として不可欠な一部であり、そういうあらゆる物事をさらにすばやく、効率的に、大きな規模で、（ときには）内密に行うことを可能にしている。

しかし、新たな集合的努力のなかで最も野心的なものは、あまり知られていない。それは、日常生活の支援ではなく、人間の文明と科学を束縛してきた長年にわたる規模の限界――日進月歩の計算資源でさえ乗り越えられない限界を打ち破ることを目的としている。

第一は言語だ。それは人間の文化と知識を、理解し合えない孤島に分断する。今日の〝共通語〟である英語を理解できるのは、世界人口の約二十五パーセントにすぎず、そのレベルもさまざまに異なっている。[13] 母語の意味をきちんと把握して人類の半分と接するには、十四言語以上、四分の三と接するには四十言語以上話せなくてはならない。[14] 人類の言論の主要な場であり、知識の宝庫であるインターネットも、同じように言語の壁で区分されている。何を見るかは、使う言語に左右される。英語を話す人は最も豊かな貯蔵庫を利用している。世界のツイートとオンラインでの最も学術的な研究の半分は、英語のみだ。[15] 五百万本の記事を載せている英語版のウィキペディアは、次点の言語版（ドイツ語、百九十万本）の二・五倍以上、上位五十言語版の中央値の十五倍以上大きい。[16] 一方で、英語利用者は、非英語のウェブで進展している大規模な現象には、ほとんどまったく気づかないでいる。たとえば、中国のソーシャルメディア（主要な通信プラットフォームであるウェイボーとウェイシンは、ユーザー基盤とチャット量に関してはツイッターをはるかに上回る）、[17] ノリウッド（ナイジェリアのハリウッドという意味で、その携帯動画は、この国をインドのボリウッドに続く世界第二位の映画制作の中心地にする一助となった）などだ。総合的な結果として、国境を越えるデータの流れは二〇〇五年以来、約二十倍に急増したものの、もとの地域を出ていく国際取引は約半分しかない。[18] これは国境を越える商品（六十八パーセント）よりはるかに少ない。商品は、かさや重さがあっても、言語や文化の相違に邪魔されにくいからだ。[19]

完全な多言語のウェブは、文明にとって計り知れない価値のある贈り物になるだろう。残念ながら、これまでのところそれは、人間の能力を超えている。ウィキペディアの英語版全体を、たったひとつの主要他言語に翻訳するだけで、少なくとも一億ドルのコストと、一万人年の時間がかかる。[20] たとえ誰かが資金を出す気になっても、目的言語によっては、取り組む翻訳者の数が足りないかもしれない。コンピューター作動の翻訳エンジンが、いくらかその作業を自動化できる。たいてい、外国語の発言が意味することの要点は伝えられる。しかし、一九九〇年代のアルタビスタのバベルフィッシュから、今日のグーグル翻訳まで、あらゆるエンジンの利用者が明らかにしているとおり、意味の多く、明瞭さのほとんど、文体のすべてが、今も翻訳の過程で失われている。人間の翻訳者は原文全体の意味を把握することから始め、次にそれを目的言語で忠実に表現しようとするが、コンピューターは個々の単語――またはせいぜい熟語――を認識することから始め、次に全体の結果を考慮せずに、他言語の類似語をつなぎ合わせる。本当に優れた翻訳ができるようになるには、あと数年かかるだろう。

それでも、多言語のウェブはすでに実現可能になりかけている。かつて要素に組み込まれていなかったのは、他言語に対する学習意欲の広がりだ。最近の推計では、十二億人強にのぼる。[21] また、ウェブの文章を少しばかり翻訳することは、多くの言語学習者が楽しみ、無料でもやりたがる有益な練習であることがわかった。その結果、集合的な翻訳資源は途方もない伸びを示している。すでにエンターテイメントや他の人気コンテンツでも、その存在感は増してきた。中国では、ハリウッドの超大作やヒットしたＨＢＯのテレビシリーズが、アメリカでリリースされたその日のうちに、中国語の字幕つきでオンラインで手に入れられる（字幕は英語を学んでいる熱心なファンたちがつける）。オンライン教育ポータルのカーンアカデミーでは、六千本の教育ビデオのほとんどが、ボランティアによって六十五言語からひとつ以上の字幕をつけられている。別のオンラインポータル、ＴＥＤは、二万二千人以上のボランティアを集め、八万以上の〝ＴＥＤトーク〟を百以上の言語に翻訳している。合計すると、二〇一五年には世界じゅうのボランティア翻訳者の数が、およそ二百〜四百万人にのぼったと推定される。彼らはたった一年で、エンターテインメント、教育、ニュース、災害救助（たとえば被害者のツイートをリアルタイムで翻訳して緊急時対応者に伝える）などの分野で、二千五百万〜五千万時間の無料の翻訳サービスを行った。

才気あるビジネスモデルは、どうやって集合的な翻訳力をさらに拡大して、ボランティアが放置している公的なコンテンツに（あるいは報酬を払って私的なコンテンツに）適用すべきかを考案している。カーネギーメロン大学計算機科学部准教授ルイス・フォン・アン博士が創設したデュオリンゴは、その一例だ。これはウェブとアプリベースの学習プラットフォームで、言語学習者にウェブから――たとえばウィキペディアの記事やCNNのニュース記事から――の実際の文章を示して、翻訳を促す。複数の生徒が同じ文章を同じように訳したら、システムがその翻訳を信頼できると見なし、次にそれを原文の所有者に返すか、売り戻す。学習ツールは利用者には無料で、ゲーム性があって効果的なので、学習者が殺到している。デュオリンゴは、二〇一二年六月、利用者三十万人で始まった。三年後には、二千五百万人（アクティブユーザー千二百五十万人）が十三の異なる言語を学び、さらに八言語が開発中となった。[22] もし充分な数のデュオリンゴ利用者が第二言語熟達度で初心者から上級レベルに進歩すれば、すぐにでも、ウェブでかつて克服できなかった言語の壁の多くが破られるだろう。上級のユーザーが百万人いれば、デュオリンゴは英語版ウィキペディア全体を約百時間で翻訳できる。

集団で打ち破りつつある第二の規模の限界は、科学データ分析だ。〝科学の多くの分野で障害となるのは、どんなデータを得られるかではなく、持っているデータで何ができるかだ〟と天体物理学者のクリス・リントットは言う。[23] データは豊富にある。その選別能力がないのだ。コンピューター作動の機器は、研究者が求めるデータ――リントットの場合、遠い銀河の画像——の収集は日々上達しているが、求めるパターンの認識や、意味のある信号と無意味な雑音との区別はまだかなり不得意だ。その結果、いつか研究するための膨大なデータの備蓄がますます増えていく。スイスにあるCERNの大型ハドロン衝突型加速器は、素粒子がどんな動きをするかについて、毎秒一ギガバイト近くの新しいデータを生んでいる。[24] 世界じゅうのDNA配列解析装置は、人間の遺伝子の働きについて、合算すると毎秒一〜二ギガバイトのデータを量産している。[25] NASAでは、データが空から降ってくる。その多様な任務は、宇宙について毎秒約百五十ギガバイトの新たな観測結果を生んでいる[26]（ちなみに二〇一五年、フェイスブックの十五億人余りの利用者は、合計で毎秒約五ギガバイトをアップロードした。あなたは世界全体のニュース配信についていけるだろうか？　NASAの問題はそれより三十倍大きい）。同じデータの大洪水が、気象学者、地質学者、社会学者、経済学者などのほとんどのデータ主導の研究者たちに押し寄せている。科学はすでに、たくさんの大きな疑問に対する答えを集めてきた。人間がまだ、それを知らないだけだ。

しかし、じきに知るようになるだろう。集合天才のさまざまな功績のおかげで、パターンをとらえて雑音を除去するのはコンピューターには困難かもしれないが、人間の脳には簡単にできることがわかった。間違いは、白衣を着ていない人を科学研究から締め出したことだった。現在、コンピューターを最も得意な分野に集中させるよう研究方法を設計し直し、最も必要な場所に人間の知力が提供されるようにおおぜいのボランティアを募ることで、〝市民科学〟が、広範囲の分野を悩ませてきた分析上の障害を克服し始めている。

二〇〇七年、クリス・リントットとケヴィン・シャヴィンスキーはギャラクシーズーを共同創設して、アマチュア天文学者を募集し、二〇〇〇年から撮影されてきた約九十万の銀河の目録づくりと分類の援助を頼んだ。その作業は、ひとりの熱心な大学院生が一日二十四時間、週七日、年三百六十五日休まずに働いたとして三年から五年、作業を二重チェックすればその二倍かかるはずだった。しかし、十万人以上のボランティアによって半年以内に終わり、それぞれの銀河は平均で三十八回再チェックされた。二〇一四年半ばには、数十万人のギャラクシーズーのボランティアたちは、七つの巨大規模のデータセットを処理し、以前のどの版より十倍大きい銀河の目録をまとめ、四十四本の科学論文に相当する結果を生んだ。[27] そのあいだ彼らは、長年の推測だけで未発見のまれな天文現象を見つけ、ほかにも、たとえばまったく予想外の〝ハニーの天体〟などを発見した。[28] オランダの学校教師ハニー・ファン・アルケルは、天空の物体に自分の名前をつけてもらった。プロの天文学者でもめったに成し遂げられない栄誉だ。

ギャラクシーズーはズーニバース（zooniverse.org）へと広がり、二〇一五年には、百十万人の登録ボランティアを抱える世界最大の市民科学ポータルになった。全体として、天文学、生物学、生態学、気候科学、人文科学などに及ぶ数十の活発なプロジェクトの膨大なデータセットに取り組んでいる。[29]〝プラネットフォー〟というプロジェクトでは、火星愛好家を募り、赤い惑星の表面の地図作成に協力してもらっている。チンプ&シーでは、動物好きの人たちに、ヒョウ、ゾウ、チンパンジーなどが、アフリカの森じゅうに置かれた何百台ものカメラの前を歩いたり走ったり跳んだりする姿を見つけてもらっている。オールドウェザーは、十九世紀半ばまでさかのぼって航海日誌を書き起こすため、一般の人々の協力を求めている（古い航海日誌は、現存する最も完全な長期の気象データセットになっているが、マヌティウスの時代に見つかった古代ギリシャの原稿と同じく、散逸して世界じゅうの海事博物館や文書館でほこりをかぶっている）。エンシェントライブズは、考古学マニアを集めて、二千年前の何千枚ものエジプトの古文書を翻訳してもらっている（象形文字の知識は必要ない）。ヒッグスハンターズは、ヒッグス粒子や他のエキゾチック粒子の証拠をさらに探すため、大型ハドロン衝突型加速器のデータを選り分けてくれる人を募集している。

ズーニバースは、市民科学プラットフォームの一例にすぎない。ほかにも、ボランティアが衛星写真を調べて密漁を防いだり、行方不明の航空機を探したりするトムノッド（tomnod.com）や、人間の脳の地図をつくるのに役立つゲーム、アイワイヤー（eyewire.org）などがある。世界じゅうで、さらに何百万人ものボランティアが、他の方法では実現できない何千もの大がかりなプロジェクトに関わっている。[30] 市民科学は、さまざまな研究分野で労働力を大きく増やしてきた。効率的な研究室の人々が一生をかけてやっていたことが、今ではひと握りの管理人によってほんの数年でまとめ上げられるのだ。

市民科学は万能薬ではない。データを大衆が利用しやすい形にし、慎重に各プロジェクトを管理して、結果が同業者のきびしい評価に耐えられるようにするには、やはり専門家の多大な努力が必要だ。ときには、それができないことがある。写真や音や特異な原稿であふれたデータセットの分析は、たとえば世界の粒子加速器によって送り出される数値の絶え間ない流れの分析より、人々の参加を募りやすい。研究機器によって生み出されたデータが膨らみ続けるにつれ、人員十万人の研究チームでさえ、遅れを取りたくなければ研究を加速する必要があるだろう。二〇二〇年に稼働する予定の巨大な電波望遠鏡スクエア・キロメートル・アレイは、それ自体が、フェイスブック五千個分と同量の新しいデータを毎日生み出すことになる。[31] ズーニバースのチームが、効率のよい処理方法——たとえば、ほかの人より精確な仕事をするボランティアを選り抜いて、再チェックの回数を減らすなど——に取り組み、困難打開の手助けをしている。

市民科学プラットフォームはもっと洗練される必要があり、そうなっていくだろう。現在行われている最良の研究は、市民科学と、そこから学習できる機械を結びつけ、人間が新しい銀河を見つけたりヒョウとチーターを見分けたりしているあいだに、機械がそのやりかたを学び、アルゴリズムを向上させるものだ。こうすれば、人材に余裕ができ、最も複雑な事例に集中できる。一方、既存のプラットフォームはすでに、科学が発見を予期していたより何十年も早くいくつかの答えを出し、できるとは想像もしなかった疑問に取り組む後押しをしてきた。

集合的疑念

だからどうした?

天才の開花によって、十六世紀のヨーロッパは、多くの進歩の尺度で世界の他の地域を大きく引き離したが、それはあとになってはっきりしたことだった。差し迫った懸念に満ちた時代——東から侵攻するオスマン帝国、ヨーロッパのさまざまな小国間の絶え間ない戦争、急速な変化に引き起こされた経済的・社会的・宗教的大動乱——大衆は、芸術や科学、テクノロジーの躍進をほとんど気に留めなかった。そのテクノロジーが自分たちの生活を改善しないなら、なぜ気にする必要がある?

この基準からすると、コロンブスのアメリカ大陸発見は数年のあいだ、実際の目的、つまりアジアの莫大な富に至る迅速な航路に比べれば期待外れだった。[32] 新たに発見された土地は、香料のような重要な産品がなく、最初はほとんど利益にならないように見えた。しかも現地の住民たちはヨーロッパ人が容認できるような宗教や教養に欠けていた。当時優勢だったある観点から見れば、大西洋を渡る西への大航海は、何ひとつ発見していなかった。

同様に、コペルニクスの科学研究も、人生の優先順位からはほとんど完全に切り離されているように見えた。このポーランドの学者が成し遂げたことを理解できた数少ない知識人のあいだでさえ、地球が太陽のまわりを回っているという主張の革命的な重要性は決して明白ではなかった。その〝異説〟に証拠はなく、あったのはより事実に適合する理論だけだった。しかもその価値は、たとえば占星術師の星占いがいっそう正確になるなど、ほとんど謎めいた形でしか示されなかった。幾何学と数学の不可解な記号言語が、聖書にはできない形で物理的現実の理解に役立つという発想を社会が受け入れるまでには、さらに一、二世紀が必要だった。何冊も印刷されたコペルニクスの『天体の回転について』の発行者による序文は、不安げにこう念を押した。〝これらの仮説は、真実である必要も、その可能性が存在する必要すらない……真実であると誰かを説得するためではなく、単に計算用の信頼できる基盤を示すために差し出されている……天文学が提供しようのない確かなものを期待なさらないでほしい。別の目的から思いついた着想を真実として受け入れたせいで、始めたときよりずっと愚かになって学習を終えてはならないからだ〟(33)

手書きより明らかに進歩しているグーテンベルクの印刷術でさえ、最初は多くの人に一蹴された。どの本でも数冊複製するだけなら、筆写人を使ったほうがずっと速く、はるかに安く、リスクも少なかった。グーテンベルクが何千個もの金属の活字を鋳造して配置するのに必要とした先行投資は、かなりの額だった。大規模に動かして初めて採算が取れる。しかし、本は贅沢品だった。少数の人に役立ち、さらに少数の人が所有していた。何百人分もの注文を取れる本があるだろうか？（聖書を印刷するという発想はすぐには出てこなかった。読むのに専門家の指導が必要な専門的な本と考えられていたからだ）

ふたたび、だからどうした？

現代のさまざまな功績にも、同じような疑念がつきまとっている。学究的な世界や産業界では、現代人にとって重要な飛躍的進歩や発明が、繁栄とはほど遠く、小さく少なくなっていることを懸念する深刻な声が増えている。

統計上の停滞

経済統計学は、現実を不快なほど単純化しすぎる。それは人々にとって大切な多くの物事を測れない。たとえば、ミケランジェロの『アダムの創造』の美しさや、国際間の友情をはぐくみ維持できていることの心地よさなど。しかし、別のいくつかのかなり大切な物事は測れる。つまり、人々の所得と、どのくらい迅速な所得の伸びが期待できるか。その数字が尋ねる露骨な質問は、〝失敗〟が知れ渡ったときのコロンブスに向けられたものと同じだ。天才の開花が、目に見える利益を一般人にもたらさないなら、天才は本当に開花しているといえるのか？

最も不利な数字は、時間当たり産出額、つまり経済学で言えば〝労働生産性〟だ。一時間の労働でどれだけの〝価値〟を生み出せるか？　出せる答えによって所得は直接変化する。経済学者たちは、これが社会のテクノロジーの進歩をたどるよい方法だと考えている（〝テクノロジー〟に含まれるのは機械だけではない。法律、規制、ビジネスモデルなどもある）。農作物の収穫に大鎌を使ったか、ＧＰＳ搭載コンバインを使ったかによって、数字

——一時間の仕事の価値——が大きく違ってくる。

今現在、その数字には懸念がある。二〇一二年、アメリカの成長経済学の権威、ロバート・ゴードンは、百年間のアメリカの生産性データを詳しく調べ、最近のテクノロジーの業績すべてが実質ではあまり利益を出していないと結論づけた。研究で取り上げた最初の八十年間、一八九一年から一九七二年には、アメリカの労働生産性は年率約二・三パーセント成長した。マクロ経済学の視点から見ればこれはすさまじく速く（その比率なら、新世代になるたびに生産性が二倍になる）、その速度と期間は、当時の世代が目撃したテクノロジーの変化が彼らの生活をよい方向へすっかり変容させたことを証明している。ところがついに、アメリカ合衆国はその変容を終えた。国民はみんな車と電気ときれいな水道水を手にした。一九七二年以降、生産性の伸びはずっと緩慢になり——年にたった一・四パーセント——経済学者たちは、次なる大変革がやってきて生産性をもう一度押し上げてくれるのを待っていた。(34)

幸いにも、それはやってきた。コンピューターと情報テクノロジーが登場し、ふたたび労働の世界を変えた。一九九六年には、生産性の伸びは年率二・五パーセントにまで達した。残念ながら、今回その勢いは瞬く間に失速した。テクノロジーの導入はすばやかった。二〇〇五年までに、アメリカは産業用ロボット、バーコードスキャナー、現金自動預払機、パソコン、電子商取引を、ほぼ経済全体に組み込んでいて、生産性の伸びはふたたび約一・三パーセントに後退した。以来、そこにとどまっている。これは誰にとってもがっかりするニュースだ。アメリカの平均賃金は、一九三二年から一九七二年の四十年間で三百五十パーセント上がったが、次の四十年では二十二パーセントしか上がらなかった。言い換えれば、鳴り物入りで登場したにもかかわらず、コンピューターが人々の所得に与えた影響は、水洗トイレより小さかった[35]。

実現しなかった期待

数字を見なくても、現在の停滞ははっきりしている。ガルリ・カスパロフとマックス・レヴチンの次の議論について考えてみよう。一八七五年にアメリカ合衆国に生まれた人は、A地点からB地点まで行きたいとき、三つの選択肢があった。歩くか、馬に乗るか、船に乗るかだ。毎日、飲用水と汚水を運び、照明と暖房のために薪や石炭、灯油を燃やし、ほとんどの労働を人間か動物の力で行った。早死にしなければ（粗末な衛生設備のせいで、当時の平均寿命は四十歳ほどだった）、生きているうちに、人々が車を運転し、空を飛び、蛇口をひねって水を出し（同じくらい簡単に下水に流し）、スイッチを入れるだけで照明をともし、服の洗濯から給与の計算までなんでも機械でこなす世界を目撃しただろう。一生のあいだに目撃した発明は、電気とそのあらゆる副産物、自動車と幹線道路網、水道と屋内トイレと暖房、ラジオと電話、飛行機の定期便、さらには真空管、ペニシリン、レーダー、ロケット、核兵器にまで及ぶ。そして一九五〇年に生まれた人はみんな、三十歳になる前に、宇宙時代の幕開け、トランジスタとコンピューターを目撃した。

こういう発明が統合されると、現代性というものがくっきり浮かび上がった。それは人々に、テクノロジーがすばらしい未来を運んでくるという期待を吹き込んだ。

さて、現代まで早送りしてみよう。その期待は裏切られた。次ページの図6-1を見てほしい。いくつかのちょっとした機械装置とたくさんの磨かれたアルミニウムとデジタル表示を別にすれば、今日の台所は祖父母の時

図6－1　これまでのところ、未来への多くの期待は裏切られてきた。
画像著作権：ビル・ワターソン『カルビンとホッブズ』（1989年）。ユニバーサル・ユークリックの許可を得て転載。不許複製。

代のものとほとんど変わらない。今日の車は、幹線道路では祖父母の車より少し速く走る——が、渋滞のせいで都市でははるかに遅くなる。コンコルドが開発中止になったので、ニューヨークからロンドンへ飛ぶには祖父母のころと同じく六時間かかる（月まで飛ぶこともなくなった）。過去四十年間、何千億ドルも医学研究に投資してきたというのに、裕福な人々はその祖父母より約八パーセント（五年）しか長生きせず、人々はがんや心臓病、脳卒中、アルツハイマー病、臓器障害などの同じ慢性病に苦しんでいる。

ペイパルを共同創設したピーター・ティールはこう言った。〝わたしたちは空飛ぶ車を欲しがった——そして代わりに百四十文字を手に入れた[36]〟

縮小する夢

すべてが、さらに深い疑念を植えつけた。人類の栄光の日々は永遠に過ぎ去ったのかもしれない、と。人類が成し遂げられる一回限りの変革がたくさんあっただけで、人々はすでにそのほとんどを果たしてしまった可能性はないだろうか？　かつて人間は電気を利用できなかった。今はできる。かつては衛生的な生活環境を維持できなかった。今はできる。あらゆるA地点からあらゆるB地点にたどり着くことはできなかった。今はできる。いつでもどこでも誰かと話すことはできなかった。今はできる。残されたものはみんな――無人自動車、量子テレポーテーションでさえ――比較的ゆるやかにしか進まないのかもしれない。

おそらく、果たすべき真に基礎的な変革が残っているとしても、それを成し遂げるのはずっと難しいだろう。低い位置にある果実は採り尽くしてしまった。振り返ってみると、最初に人間の平均寿命を二倍にしたときは簡単だった。おおまかに言えば、家畜（馬、牛、豚、鶏）を家から切り離し、飲料水を下水から切り離し、カビのなかに細菌を殺す物質（ペニシリン）を発見（その後大量生産）したのだ。ふたたび寿命を二倍にするのは難しいだろう。遺伝子レベル（暗号化される場所）と細胞レベル（暗号が実行される場所）での老化を理解して、それを食い止める方法を見つける必要がある。

最近まで、大手製薬会社の経営幹部は、研究開発費を（むっつりと）眺めるたびに、収穫逓減《ていげん》の証拠を見てきた。売上に占める割合として、製薬産業は、航空宇宙産業を除く他のどんな産業より多く――十八パーセント近く――研究開発に投資している。[37] そういう支出は、製薬会社が次の大成功を追い求めるあいだ、過去八十年にわたって急増し続けた。一九九〇年には、世界規模の産業がその任務に二百五十億ドル支出した。二〇〇〇年には支出は二倍に増えて五百億ドルになり、二〇一〇年にはふたたび二倍以上に増えて千三百億ドルになった。[38] しかし、いくつか注目に値する成功はあったものの――コレステロール値を下げるスタチン、抗鬱薬、ＡＩＤＳ治療薬など――研究成果は遅れを取っている。毎年一般人の手に渡る正真正銘の新薬の数は、しぶとく横ばい状態のままだ。

その結果は、次ページの図６－２に示すような下り坂で、研究費一ドル当たりの新薬の数は、紛れもなく減少傾向にあった。飛躍はなかった。ミケランジェロの瞬間はなかった。困難な道に沿った困難な仕事だけだった。それ

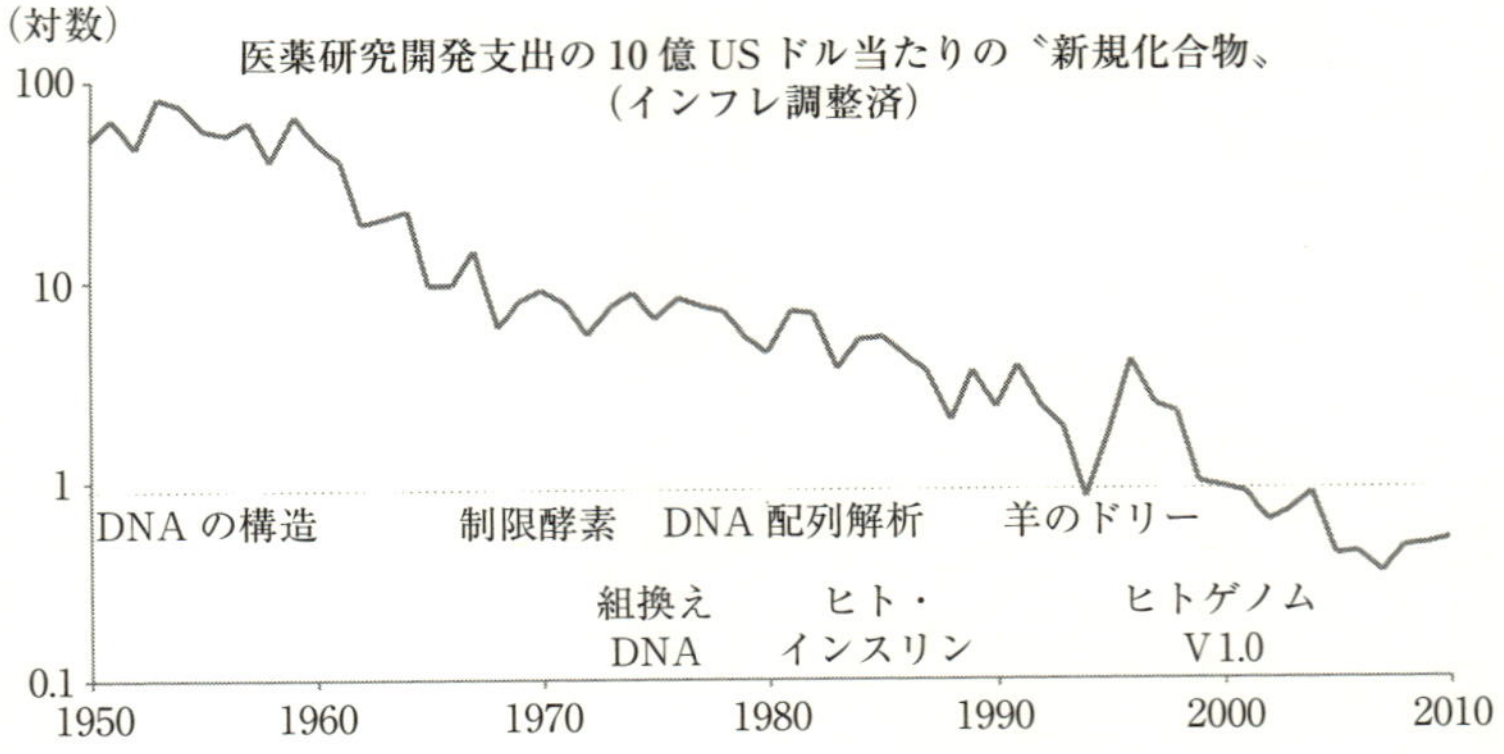

図6－2　最近まで、医薬研究開発の生産性は長期的に低下していた。
画像著作権：バート・ジャンセン、サイモン・グッドール他「ライフサイエンスR&D：インドにおけるイノベーションの方程式の変化」（2011年）。ボストン、ボストン・コンサルティング・グループ。

は一段階進むごとにさらに難しくなった。

実際、あまりにも難しいので断念し始める企業もあった。二〇一一年十二月、ノバルティスは、スイスのバーゼルにある神経科学機関を閉鎖して、脳障害に対する新薬発見に向けた研究を断念した。そうすることで、グラクソ・スミスクライン、アストラゼネカ、ファイザー、メルク、サノフィに仲間入りすることになった。どの企業も、脳障害に対する新薬発見の試みを中断または縮小していた。何年にもわたって投資したが、販売につながる結果が生み出せなかったからだ[39]。

信じる四つの理由

二十一世紀の歴史に大きな足跡を残すに違いない個人的・集合的な天才は、明らかに存在する。その開花は、現在をつくり上げるつながりと発展の力を考えれば、自明の理に思える。しかし、今天才が爆発的に増えているという考えに、多くの権威ある人物は深い疑念をいだいている。なかには、人類の大胆な進歩の先頭に立つ人たちもいる。では、誰が正しいのだろう?
よい知らせがある。正しいのはわたしたちだ。経済学者がデータを間違えているからではなく、懐疑論者が事実を間違えているからでもなく、経済統計学と人々の期待は、天才がすでに現代生活に及ぼしている影響を測るには不充分な判断基準だからだ。

1. 天才は経済面での縮小をものともしない

天才――並外れた個人と並外れた集団の功績を含む――は経済で測れるものよりずっと多くのものを世界にもたらしてくれる。

成長統計に注目する懐疑論者が重んじる調査証拠によると、先進国世界に住む成人の三分の二は、次世代の暮らし向きが自分たちよりも悪くなると考えている。[40] それは成人人口の全般的な気分を鋭く洞察してはいるが、もっと重要な疑問がある。次世代自身はどう考えているのか? 時代を三十~五十年さかのぼって両親の世界を生き、同じ雇用保障と所得成長の最盛期に恵まれたいのか? それともきわめて不確かな未来を進んでいきたいのか?

最近アナログレコードが復活しているとはいえ、圧倒的多数は未来を選ぶだろう。なぜか? 所得保障と蓄財は大切だが、健康も大切だからだ。自由と自主性、参加とつながり、影響力も大切だ。生命と宇宙の最も深遠な謎への、そしてスポーツやエンターテインメントのアイドルへのこれまでにない接近も大切にされている。こういう物事を数値で表すのは困難だが、それは現実であり重要だ。次世代は、親たちの仕事と引き替えに、これらすべての側面に伴う並外れた利益をあきらめるだろうか?

あきらめないとすれば、経済学者たちは何かを見逃している。

大切なものすべてを測ることはできない。経済学者たちは現在進行中の天才の開花を過小評価している。数値で表せるもの、つまり経済活動だけに注目しているからだ。経済学者にとって、画期的なアイデアは、新しい経済活動を生むのに利用できるあいだは重要となる。その場合、経済面から生活への影響が測れ、分析できる〝イノベーション〟といえるからだ。

しかし、本書で定義された天才は、はるかに奥深いものだ。確かに、天才はイノベーションを生み出す（たとえば、グーテンベルクの印刷機やグーグルの検索エンジンは産業そのものを興した）が、もっと幅広い役割は、変化を主導することだ。前章では、応用科学におけるこの役割を強調したが、天才がいなければ、人間がめざしているあらゆる側面での社会的進歩――富、創造、健康、芸術、知識の追求、正義――は、人々が現在の考えかたややりかたで得られる可能性を使い果たせば、いつか止まってしまうだろう。天才の仕事は、こういう檻に閉じ込められた人々を解放することだ。

人々が解放されたとき、新しい経済活動は、起こりうるひとつの結果にすぎない。ほかの結果も重要だ。たとえば天文学は近いうちに、人類史上最も重大だが最も利用しにくい発見をするだろう。地球外生命体だ。二十年前には、地球に似た惑星はまれな存在だという想定が優勢だった。現在では――より優れた望遠鏡とコンピューター、インターネットによる何万人ものアマチュア天文学者の協力を得て――それがどれほど間違っていたかがわかっている。現時点での最も控えめな推測によると、銀河系だけで、地球に似た惑星は最少でも百億個あり、生命を維持できる適度な大きさと温度と軌道を持つとされる。あとは水があればいい。火星にはすでにいくらかあることを、

NASAが二〇一五年後半に発見した。少なくとも微生物という形でどこかに地球外生物が存在する見込みは、ごくわずかからほぼ確実に格上げされた。じきに、探査車が火星の小川を掘り、望遠鏡がはるかな世界の大気をもっと深く探れるようになり、確かなことを教えてくれるだろう。同時に、地球外知的生命体の探索も新たな勢いを得ている。二〇一五年七月には、ロシアの物理学者で起業家のユーリ・ミルナーが、〝ブレークスルー・リッスン〟を発表した。世界最高の電波望遠鏡で、地球外生物を探して宇宙を探査する時間を、年間数十時間から数千時間に押し上げるために、十年で一億ドルを投じる計画だ。発足式で物理学者のスティーヴン・ホーキングはこう言った。「無限の宇宙には、間違いなく他の生命体が存在する。答えを見つけるべき時が来た[41]」その答えは、人々が星を――そして自分自身を――どうとらえるかを永久に変えるだろう。しかし、それで生産性が高まることは少しもない。

2. 天才の具体的な影響は、単純な数値をものともしない

もちろん、経済状態も重要だ。地球外生命体の発見は、望遠鏡はおろか充分な食糧も買えない人々にはなんの慰めにもならないだろう。いくつかの統計値は、きびしい実態を正しく表している。人々の所得計算の結果はかなり明白で、現在そういう数値は、過去四分の一世紀にわたる勝者と敗者の急速な貧富の格差拡大を示している。それは現実的な問題であり、現実的な解決策を必要とする（経済的不公平に伴う大衆の不満は、前回のルネサンスの多くを損ない、新たなルネサンスでも同じことが起こる可能性がある。第8章参照）。

しかし個人の所得を超えて社会全般の物質的幸福を見てみると、それほど単純な話ではない。一九七〇年に生ま

れた人は、一生のあいだに、人間の総人口が二倍になり、ひとり当たりの暮らし向きが約四十パーセント向上するのを見てきた[42]。人類は二倍に増え、みんな生活状態がよくなっている。どんな文明にとっても、それは巨大な勝利だ。なぜ統計値はそれを感じさせてくれないのだろう?

答えは、いくら統計値を重視しても、国内総生産や生産性のような概念は決して全体の幸福の代わりにはならず、そういうとらえかたには大きな不備があるからだ。統計値は、天才の開花がもたらしてくれる目に見えない利益だけでなく、多くの目に見える利益もとらえ損なっている。

短期と長期

一九九七年、インテルの株主総会で、ある出席者が当時のCEOのアンディー・グローヴに、会社が最近インターネットベンチャーに惜しげもなく投資していることについて弁明するよう求めた。投資に対してどんな利益を期待できるのか? グローヴは答えた。「アメリカ大陸にたどり着いたコロンブスと同じですよ。彼は投資に対してどんな利益を得ましたか?[43]」

天才が偉業を達成したあと社会的・経済的影響が充分に現れるまでの時間差は、とても長い場合がある。新しい汎用テクノロジーとなればなおさらだ。先進国世界では、公衆衛生と電化と化石燃料の採用によってもたらされた経済発展が、生産性の統計値に完全に表れるまでに約七十五年かかった。発展途上国世界では、今も成長を促進しているところだ。それに比べて、コンピューターの一般普及は四十年足らずの歴史しかない。インターネットは二十年。遺伝子配列解析の一般普及は始まったばかりだ。量子とナノテクノロジーはやっと研究室から出てきつつある。最新のツールが人類に与えるはずの物質的な利益を数値で示すのは、まだあまりにも早すぎる。それが幅広く意義深いものであることがわかっているだけだ。

どのくらい待たなければならないかは、ある程度は分野にもよる。たとえば物理学では、大きな発見とノーベル賞受賞までの平均期間は二十五年だ。発見がどのような新しい道を開くかを確かめるには、実際にそのくらいかかる。別の分野では、それさえ早く思える。数論――簡単に言えば、数の性質についての研究――は、古代ギリシャとインドにまでさかのぼる歴史を持つ。ルネサンス時代、古代の知識が全般的に復活するなかで数論もよみがえり、ギリシャ語の数学の本がラテン語に翻訳された。しかしそれはまだ、よく知られていない学問分野だった。研究が始まっておよそ二千年後、二十世紀の数論学者レナード・ディクソン（一八七四～一九五四）は言った。〝数論がなんらかの応用法で汚されていないのは、ありがたいことだ〟[44]もう、そうはいえなくなった。コンピューター計算に応用できることがついに判明した。それがなければ、一秒間に千兆回の計算をする機械をつくろうとするときに持ち上がる基本的な問題を、解決はおろか理解もできなかっただろう。

時間差は、飛躍的進歩の種類にもよる。それはこれまで存在したものを補うのか、それとも壊すのか？　もしＡＩＤＳの治療法が発見されたら、それでどうすべきかはすぐにわかり、まさにその年のうちにその影響が現れ始めるだろう。現在の製薬の枠組み内で発見され、開発され、配布されるＡＩＤＳワクチンは、確固とした救急箱のなかの新薬となる。遺伝子治療は、それとはまったく異なる。救急箱にたくさんの新薬を追加してくれるかもしれないが、いつか箱ごといらなくなるかもしれないという可能性さえ期待させる。体の反応を細胞――もしかすると分子――レベルで変えて健康に戻せるというのに、どうしてさまざまな激しい副作用を伴う化学物質を血中に送り込まなくてはならないのか？　この新しい医療モデルは、経済に桁外れの影響を及ぼすだろう。平均寿命の延びによって、一世代全体が労働力に加わるかもしれない。しかし、そういう利益が認識されるのは、すべてのＡＩＤＳ患者にワクチンを与えることよりずっと長い時間がかかるだろう。

数えられるものと数えられないもの

今日の飛躍的進歩の長期的な影響を測るのは難しい。しかし、今ここで短期の利益に焦点を絞ったとしても、天才についての評価はまったく不充分だろう。ＧＤＰのような経済統計は、一定の市場で一定の値段をつけて取引されるものを数える設計になっているからだ。天才による目前の利益の多くは、どの市場でも値段がつかない。無料なのだ。

経済学者は、こういう説明できない利益を〝正の波及効果〟と呼ぶ。適宜梱包され市場で代金を受け取る代わりに、ひとつの分野から別の分野へ価値が波及していく。マインツの街の金属細工は、グーテンベルクが発明品用に新しい合金を開発するのに必要な技能を提供したが、その〝研究開発〟は印刷機の成功からは経済的な利益を何も得なかった。現在では、特許とライセンス料が、こういう無料になりかねない利益に対応するひとつの方法になっている。アイデアへのアクセス制限法があり、利用したい人は、ドル換算でいくら出すかを表明しなければならない。

しかし、特許は一部の事例にしか適用できず、波及は蔓延している。その評価で最もありがちで目立つ不均衡は、デジタル商品だ。もし『ブリタニカ大百科事典』が一冊千ドルで百万部売れたら、その売上はＧＤＰに十億ドルを直接加えることになる。しかし、百万人の利用者がウィキペディアにアクセスしても、ウィキペディアは無料なので、加算額はゼロだ。利用者基盤が百万人から十億人に増えても、ゼロのままだ[45]。全体として、人々は時間と金の節約という具体的な形ではるかに快適になっているが、GDPは影響を受けない（あるいは、結果として百科事典の売上が減るので下落する）。またGDPは、グーグル検索の価値も反映しない（研究によると、人は検索のたびに平均で十五分、年間五百ドル節約している）[46]。友人や他人からオンラインで受け取り消費するあらゆる無料のエンターテインメントや教育についても同じだ。ボランティアたちがZooniverse.orgで銀河やクジラの鳴き声の目録をつくるのに費やした数百時間や、その他あらゆる種類の無給労働も計算に入っていない。要するに、マクロ経済の統計値は、今の経済における最大の出来事のいくつかを見逃している。3Dプリンターが進歩するにつれて、今日人々が買っている物理的な商品は、自分でつくり、共有し、ダウンロードして家で印刷するデジタル商品に変わっていくだろう。そして計算される利益と計算できない利益のあいだのすでに巨大な隔たりは、さらに大きくなっていくだろう。

3．天才は期待をものともしない

第三に重要なのは、人々の期待が天才の偉業を測る確かな基準ではないと認識することだ。現時点での飛躍的進歩がどこへ向かうか予測しても、うまくはいかない。

わたしの予想では、インターネットは……じきに華々しく散って、一九九六年には破滅的なまでに崩壊するだろう……インターネットの単純な定額制のビジネスモデルは、たとえ多少成長が継続しても、それに必要となる新たな容量に資金を供給できない。おそらく成長はないだろうから、問題はない。

イーサネット共同発明者およびスリーコム創設者
ロバート・メトカーフ　一九九五年(47)

将来どんなものが飛躍的進歩を遂げるかの予測は、もっとうまくいかない。〝空飛ぶ車はどこ？〟は、人々の思考が現在の枠組みにとらわれていることを表すのにうってつけの台詞だ。一九五〇年代と一九六〇年代、突然誰も彼もが車を運転し、飛行機に乗り始めた。想像できる最も波乱に満ちた〝次の一大事〟は、自家用車までが空を飛ぶことだった。当然ながら、天才はそういう過去からの単純な直線外挿（訳注：既知の数値データを一次関数に当てはめて、データの範囲外の数値を予測すること）を断ち切る。今日、車が飛んでいない――そしてほとんどの人はそのアイデアをすっかり忘れてしまった――のは、天才の失敗ではなく、人々の関心と資源がまったく予測しなかった方向へ移った証だ。車は飛ばないが、アイデアは飛ぶ。一九六〇年代の想像力をはるかに超えているので、当時のメートル法では数値の単位を表す言葉が不足するほどの速度で（〝ペタ〟（十の十五乗）や〝エクサ〟（十の十八乗）などの接頭語は一九七五年に初めて採用された）。

もちろん、たいていの場合、〝空飛ぶ車はどこ？〟ときく人は、文字どおりではなく修辞的な意味で言っている。本当の質問は、〝なぜ天才はわたしたちの問題をすべて解決してくれないの？〟だ。ここに、人々の期待が犯す第二の間違いがある。天才は万能薬ではない。

人々は絶え間ない技術改良（もっと小さく、速く、安く、反応性の高いもの）を期待する。容赦のない進歩と成長を期待する。〝天才〟と〝新しいテクノロジー〟を同等と考え、天才が新しいテクノロジーを発明して、毎年の改良で現実が生み出すあらゆる限界を突破してくれることを期待する。

しかし、天才はそういう働きはしない。天才は人々の問題をなくせはしない。新しい問題と置き換えることができるだけだ。人々が求める新しいテクノロジーによる解決策は、新しい必要と限界、意図しない結果をもたらすからだ。エネルギーについて考えてみよう。化石燃料を動力源とした機械は、さらに多くの仕事をこなすのを助け、たくさんの都市とそのあいだを飛ぶジェット機を発展させたが、かつては知られていなかった炭素排出による影響を及ぼしてもいる。再生可能エネルギーは排出問題を解決するが、化石燃料がかなりうまく解決していたふたつの問題をふたたび持ち込む。どうやってエネルギーを貯蔵するか（蓄電池は別の一連の問題を引き起こす）と、爆発を動力にする場合どうやってエネルギーを集中させるか（車やジェット機を駆動させるなど）だ。核分裂は無限に近い電力を与えたが、同時に大量破壊兵器とこれから四万世代にわたる廃棄物処理問題をもたらした。いつか核融合の方法（水素原子同士を融合させて、太陽と同じ方法でエネルギーをつくる）が発見されるとすれば、新しい問題は、どうやって悪人の手に渡らないようにするか、かもしれない。核分裂を起こさせるのは、原材料（ウランとプルトニウム）がきわめて希少で精製しにくいのでかなり困難だ。しかし、どんな学童でも、九ボルトの電池をグラス一杯の食塩水に浸せば、純粋な水素をつくれる。

この不都合な交換条件は、あらゆる分野と時代に当てはまる。(48) マキアヴェリはこう言った。〝あらゆる人間の関心事において、よく調査する者は、ひとつの不都合が決して、不意に現れる別の不都合で帳消しにできないことをわかっている(49)〟ルネサンス時代のエンジニアは大洋にふさわしい船を建造し、発見の旅を可能にしたが、ヨーロッパの病原菌をアメリカに広めた。今日のエンジニアは、全長五百メートルのコンテナ船を建造する。そういう船は世界貿易のコストを押し下げたが、そのバラスト水は侵入生物種を広めて生態系全体を破壊している。五百年ほど前、戦場の衛生兵は、銃創に消毒薬を塗り、切断された血管を縫合して、負傷した兵士の命を救う方法を考え出した。しかし、それによって引き延ばされる苦痛と障害についてはほとんど答えを持たなかった。現代医学は急速に人間の寿命を延ばしているが、ますます多くの人が長生きするにつれて患うようになった精神変性疾患（おもにアルツハイマー病）についてはほとんど答えを持たない。水圧破砕法は、その土地の給水を圧迫する。高度な電子工学は、世界的な希土類金属への依存を招いた。ＤＮＡ合成機は、遺伝子操作されたバイオ病原体の恐怖を引き起こした。

天才は決して、人々のすべての問題を解決してはくれない。

4．最大の偉業は前途に待ち受けている

しかし同時に、天才は直面する問題に対応して人類社会を変えることを決してやめないだろう。

いずれ、懐疑論者の絶望的な予測の間違いが証明されるはずだ。彼らの考えでは、社会と経済への影響から見て、すでに人類が達成したかつての大きな現代化、たとえば電化や公衆衛生、大量輸送のような将来の天才の偉業はひとつもないだろう、とされる。

この主張は、ふたつの理由で間違っている。第一に、先に説明したように、テクノロジーの発展のあらゆる段階で、人類は必ず同じくらい高度な問題に直面するだろう。(50) それらの問題は、対応策として人々を変化に駆り立て、テクノロジーが強力になればなるほど、その変化の影響も大きくなるだろう。

現在の発展段階で最大の問題のひとつは、富裕国の現代化を他の国々、そして未来へどう広げていくかだ。中国は、まさに先進国世界が開拓した変革に追いつくために、過去四十年にわたって高い成長率を維持してきた。次の五十年で、アフリカ、さらにはアジア、インド、ラテンアメリカ、中東の遅れた地域での同様の成長達成が期待される。恵まれた先進国世界の外へ出て、しばらく地球規模で考えてみれば、その偉業自体が充分に、二十一世紀の人類史上最高のものになるだろう。

残念なことに、それはまだ達成できていない。先進国世界に動力を供給している化石燃料インフラは、地球規模で、あるいは現在の規模でさえ二十一世紀じゅう持たせるのは不可能だ（詳しくは第7章参照）。もし先進国世界がすでに得た利益を永遠に貯金するつもりなら、そしてもし途上国世界が追いつくつもりなら、まずは、石炭、石油、ガスを捨てるという最大級の天才の偉業に取り組む必要がある。折しも、エネルギー研究者たちは、エンジン効率と再生可能エネルギーの目先の改良から、ナノスケール電池、二酸化炭素を食べて液体燃料を排出する有機太陽電池と微生物まで、幅広い解決策候補を考案している。

第二に、懐疑論者の悲観的な主張は、人間の創造性に、収穫逓減の法則を誤って適用している。彼らによれば、天才は壺から取り出したボールのようなもので、それぞれが新たなアイデアかテクノロジーを表している。最初、壺はいっぱいだが、人は壺へ戻るたびに、前回より深く手を伸ばさなくてはならない。ある日、壺は空になるだろう。ある日、前進する能力を使い果たしてしまうだろう。[51]

説得力のあるたとえだが、方向を間違えている。天才はむしろ、錬金術師の実験室でつくられた化合物に近い。それぞれの化合物は既存のアイデアやテクノロジーで、最初はごくわずかしかなかった。おそらくいくらかの塩、砂糖、ありふれた液体だ。しかし次に、それらを混ぜ合わせたところ、一部は互いに反応して新しい化合物をつくった。やがて、かつて空いていた作業台は、酸やアルコール類、粉末でいっぱいになった。今では、新しいものをつくろうと実験室に入るたびに、前回より幅広い種類の化合物に迎えられる。試すべき組み合わせが尽きる心配はない。むしろ心配なのは、新しい化合物と可能な組み合わせがあまりにも急速に増えすぎて、なかに埋もれた本当に役立つ反応を見つけ損なうことだ。こちらのたとえのほうが、現在の状況にはるかに近い。科学界では、発見の速度は全般的に下がるどころか上がっている。さまざまな分野の内外での知的なつながりが広がって、コンピューターと機器が発展し、研究者が可能性の山をさばく手助けをする新しい集合的能力が強化されるにつれて。

製薬産業では、まさにそれが起こっている。最近の新薬開発における画期的発見は、壺がじきに空になるだろうというかつての予言を跳ね返した。[52] ゲノム配列解析のおかげで、病気がどのように起こるかについて医学的な理解が深まったことが、ようやく実を結び始めた。二〇一三年には、世界じゅうで発売された医薬品の合計が新記録（四十八種）を打ち立てた。その記録は、二〇一四年にすぐさま破られた（六十一種[53]）。

最近の超大型新薬の発見には、次のようなものがある。高齢化する世界で主要な死因となっている心不全と闘うためのさまざまな新薬。化学療法に代わる（あるいは併用される）免疫療法は、体の免疫反応を高めてがん撲滅の手助けをする。C型肝炎感染症と闘う経口薬は、かつての注射剤より安全で即効性があり、効果も二倍高い。改良されたＨＩＶ治療は、患者をこれまでより長く健康に保ち、毎日の薬の〝カクテル〟を一日一個の丸薬に減らした。[54]製薬産業があきらめかけていたアルツハイマー病でさえ、治療できる可能性が見えてきた。数年のうちに、記憶減退を起こす病の進行を抑えられる初めての薬が登場するかもしれない。[55]そして二〇一五年、三十年のたゆまぬ努力ののち、グラクソ・スミスクラインは、マラリア予防の子ども用ワクチンが最終段階の治験を通過したことを発表した。認可されれば、毎年五十万人の子どもの命を救う助けとなるだろう。[56]

新薬が発見されるたびに、錬金術師の作業台に新たな化合物が追加される。そして医薬研究者たちは、試験を任された何千兆もの可能性を抱えている。地球上にいる推定九百万種の生物のうち、目録に載っているのはほんの十パーセントにすぎない。[57]平均すると、あなたの鼻孔にある外来ＤＮＡの約三十パーセントは未知の存在だ。しかしそのすべては変わるだろう。今の世代が生きているあいだに、科学は大海の底や陸地の全域、人体のなかにロボット部隊を配備して、生物を発見し、配列を解析し、コンピューターと一般人の助けを借りて、発見した自然の驚異を解明するかもしれない。一方で、理論上設計できる人工的な薬物分子の総数はきわめて多く、十の六十乗、つまり宇宙に存在する星の数の三倍にものぼる。[58]今日のコンピューターは、医薬開発者が有益な化合物を探すとき、何千もの人工的な分子を一度に処理するのに役立っている。コンピューターでシミュレートする将来の治験は、コンピューターでつくった患者を試験して現実世界での薬の効果を正確に予測し、何百万ものデータを処理するだろう。

天才の偉業が特定の産業の利益に至るかどうかは、なんともいえない（その答えは、偉業自体を超えたさまざまな要素、たとえば重要な新薬の値段として一般大衆が許容範囲と見なすかどうかなどに大きく左右される）。偉業が、今日優勢な統計学で測られる経済成長に至るかどうかは、さらに難しい。それより確かなのは、人類が知性とテクノロジーに関していかに遠くまで来たように思えても、行く手には過去よりずっと多くの発見と変革が待ち受けているということだ。現代の人々は、急勾配の学習曲線の底近くに立っている。

恐れる理由

天才は、人々を縛っている限界を打破する。もしかすると、鎖のすべてを解くべきではないのかもしれない。前進を阻む鎖もあれば、安全を守る鎖もある。残念ながら、天才は必ずしもそれを区別しない。懐疑論者にひとつ正しい点があるとすれば、それは天才が利益をもたらすだけでなく、その利益をだいなしにしかねない多くの危険を拡大させるという指摘だ。

万人向けの銃

硝石を混ぜた火薬の爆発はすさまじく、弾丸は途轍もない速度で恐ろしい轟音とともに空中を飛んでいった……この種の砲は、これまでのあらゆる武器を滑稽なものにした。

フランチェスコ・グイッチャルディーニ（一四八三〜一五四〇）[59]

互いに暴力を振るう血なまぐさい分野では、火薬が人間の力、技能、速度の何千年にも及ぶ限界を打ち破り、人間同士の争いを化学物質で武装させた。

九世紀に中国で発明された火薬は、大砲を先駆けとしてヨーロッパに到着した。最も印象的だったのは、一四五三年にコンスタンティノープルの包囲で使われたオスマン帝国の射石砲だった。それは〝人間のではなくむしろ悪魔の武器〟であり、五十年もしないうちに、火薬は量を減らされて火縄銃（初期のマスケット銃）という形で個人の手に渡った。[60] 一五〇三年のチェリニョーラの戦いでは、千丁の火縄銃を携えた六千三百人のスペイン兵が九千人のフランス兵に勝利し、火薬をもとにした小火器で決した史上初の戦いとなった。[61] フランスの死傷者は四対一でスペインを上回り、火縄銃の一斉射撃で死亡したうちのひとりは、フランス軍の指揮官ヌムール公だった。おそらく二十年剣士として鍛え上げた強靱さと腕前も、高価な板金鎧も、革の軍装の火縄銃兵が放った風を切る弾丸から指揮官を守れなかった。火縄銃兵はほんの数日で武器に熟達し、弱って疲れていようが病気だろうが、同じ破壊的な打撃を与えることができた。

五百年がたち、どの地域社会も携帯用の銃が悪人の手に渡る危険に対処しなくてはならなくなった。一方で、前回のルネサンスの祖先たちと同じく現代人も、かつては少数の人しか入手できなかったとても強力な道具を獲得し、おおぜいの人に手渡している。

結果として人々が直面している最大の新しい危険は、バイオテロだ。銃には破壊的な力があるとはいえ、限界もある。ひとりの狙撃者は限られた量の弾薬しか運べない。それぞれの弾丸は限られた距離にしか届かない。狙撃者が無力化されれば脅威は終わる。ウイルスにはそういう制約が何もない。核兵器にさえ限られた爆発半径があるが、生物兵器——たとえば天然痘——は宿主候補全員が免疫を持つか死ぬまで拡散する。†

国家と資金力のある準国家組織だけが、銃での大規模破壊を引き起こせる資金と人員を持っている。現在のところ、国家だけが核兵器を開発して配備できることがわかっている。しかし今では、天然痘（あるいはエボラや肺ペスト）のウイルスを合成するのに必要なＤＮＡ機器は先進国のどこででも手に入り、値段は三十年前の最高価格のオフィスコピー機と同じくらいだ。資金力のある非国家組織の予算内に充分収まるだろう。それはきわめて難しい製法の一材料にすぎず、本物の生物兵器を、とりわけ秘密でつくれる可能性がどのくらいあるかについて、科学界では意見が分かれている。リスクはゼロではなく、下がるどころか上がっている。近いうちに、歴史上初めてひとりの人間が何億もの人々を殺す力を持てる時代がやってくるかもしれない。

冷戦の歴史は、そういう力を持った国家が、厳粛な配慮をもってその力を扱えることを示してきた。しかし当時でさえ、世界最終戦争の可能性がほのめかされた。銃の物語は、個人の信頼性がはるかに低いことを告げている。自称救世主や天罰を下す者から身を守る第一の手段は、自然に存在する最も致死的な微生物のソースコードを秘密にする技能かもしれない。それは成功するだろうか？　二〇〇二年、科学者たちは、一九八一年に《ネイチャー》に発表されたポリオのゲノムを使って、ゼロからポリオウイルスを合成した。[62]二〇〇五年には、史上最大級のパンデミックとなった一九一八年のスペインかぜのウイルスが再現された。[63]もっと致死的な人工ウイルスを誰かが設計するまでに、あとどのくらいかかるだろう？　二〇一二年、まさにその懸念から、半年間にわたる世界的な科学上の論争が起こった。問題は、《サイエンス》誌が、致死的なＨ５Ｎ１鳥インフルエンザを人間にたやすく蔓延させられる突然変異の詳細な記事を発表すべきかどうかだった。結局、《サイエンス》の編集者たちは記事を発表した。科学とは、よいことにも悪いことにも使える発見をするものだ、と彼らは論じた。新しい知識の破滅的になりかねない結果は人の頭のなかにしまい込んでおけないので、発見があったとき、世界はそれを知っておいたほうがよい。そうすれば、濫用にも備えられる。

新しいＤＮＡの実験技術が登場して脅威レベルをここまで引き上げる前に、いくつかひやりとする事件があった。一九九五年に東京の地下鉄でサリンガス攻撃を実行した日本のカルト教団オウム真理教は、炭疽菌を所有していた。教団員は逮捕される以前、すでに数回、東京のビルの屋上から噴霧器で炭疽菌の散布を試みていた。幸いにも、使われた菌株の毒性が低すぎ、噴霧器の噴射が高圧すぎたために、病気の蔓延は生じなかった。(64) 二〇〇一年九月十八日、炭疽菌胞子が入った手紙が、アメリカの数カ所のメディア企業と上院議員ふたりに送られ、五人が死亡し、六十～八十人余りが負傷した。ＦＢＩは最終的に、政府の感染症医学研究所所属の、不満をいだくひとりの科学者が胞子をつくって郵送したと結論づけた。その孤独な科学者がもっと大量につくって散布することを選んでいたら、死亡者数ははるかに多くなっていただろう。‡ 二〇一四年には、イスラム国（ＩＳＩＳ／ＩＳＩＬ）と結びつきのある化学エンジニアから押収したファイルから、腺ペストを兵器化する予備的な試みが行われていたことが明らかになった。(65)

†原注：脅威を防ぐため、アメリカ疾病予防管理センターは、大発生が起こったときアメリカ国民すべてに予防接種できるだけの天然痘ワクチンを備蓄している。

‡原注：一方で、将来の再発防止のため、アメリカ合衆国郵便公社は、年間一千万～一千二百万ドルを納税者に負担させ、ワシントンＤＣの政府への郵便物すべてを放射線照射で殺菌している。

集合的悪

新しい集合的な力は、危険ももたらす。大変動にはなりにくいが、起こる可能性が高く、広範囲に及ぶ危険だ。第2章では、人々をつなぐインフラ、ネットワーク、投資が、犯罪や暴力の計画、憎悪の拡散、自称ハッカーや詐欺師や爆弾犯の訓練、麻薬から偽の身分証明書、子どもの奴隷までのあらゆる不正取引を容易にもすることについて触れた。セムテックス（プラスチック爆薬）の入手法についての電子書籍、携帯電話起爆装置の組み立てについてのビデオによる個人指導、結晶メタンフェタミン（覚醒剤）の製法、厄介なコンピューターウイルス、3Dプリントされたプラスチックの銃器などは、〝ダークウェブ〟市場で簡単に手に入る。

さらに油断ならないのは、かつては些末あるいは劣勢だった有害なアイデアが、今では結束して主要な公益（自由、安全、寛容）を攻撃できるほど大きく、それを撲滅するあらゆる試みに抵抗できるほど回復力のある支援団体をつくれることだ。非国家過激派組織は、集合天才が悪い方向へ進んだ今日の典型的な事例だ。二〇〇一年九月十一日のアメリカの同時多発テロ事件、二〇〇四年三月のマドリード列車爆破テロ事件、二〇〇五年七月七日のロンドン同時爆破事件は、有能で適度な資金力のある過激派組織――アルカイダは三つの事件すべてについて犯行声明を出した――が、公安を突破して、戦略的・象徴的に重要な場所で大規模な殺人と破壊をもたらせることをはっきりと示した。アルカイダのキャンプと司令部に対するアフガニスタンでの戦争と、二〇一一年の司令官オサマ・ビンラディンの暗殺は、アルカイダの資源と体制をむしばんだが、南西アジア、中東、北アフリカ全域で関連組織が形成されるきっかけにもなった。一般社会での過激主義は、もうひとつの事例だ。イラクやシリアで権力を握るイスラム過激派であれ、アメリカでイスラム教徒に対する暴力を企てるキリスト教過激派であれ、そういう運動は、ある部分では、二〇一五年にシリア難民をヨーロッパの自発的なホストファミリーと引き合わせる手助けをしたのと同じインフラとテクノロジーによって可能になっている。詳しくは、第8章を参照してほしい。

きびしい疑問

個人的および集合的な天才によるいくつかの影響は、それほどあからさまに有害ではないが、人々がどんな世界で暮したいかに関して、難しい疑問を投げかけている。

仕事のない世界

グーテンベルクの印刷機から今日まで、生産性の伸びを促進してきた大きな要素のひとつは、多くの労働者を少ない機械で置き換えることだった。機械が農業や製造部門に進入するにつれ、失業した労働者たちはサービス部門に移動した。現在大部分の人が雇用されている部門だ。サービスは機械化が難しいことがわかった。顧客は新鮮味や多様性、創造性、自然さ、愛想のよさなどを求める。自動化で提供するのが難しい価値だ。エンジンの組み立ては自動化できるが、今のところ、うまい散髪とよい本づくりの自動化は難しいことがわかっている。

最近の人工知能とロボットの進歩のおかげで、それは変わりつつある。二〇〇四年には、自動運転車は実現しそうになかった。〝対向車線を横切る左折（訳注：車両が左側通行の日本では右折）にはきわめて多くの要素があるので、運転者の行動を再現できる一連の規則を見出せるとは想像しがたい〟と著名なふたりの経済学者は論じた。[66]六年後、グーグルはそれが実現したことを発表した。かつて自動化するには複雑すぎると考えられていたが、今では機械が行えるようになった他の認識作業は、精神科の患者に共感を示す、お決まりのニュース記事を書く、手術をする、金融取引をする、スペースインベーダーの遊びかたを教える、クイズ番組『ジェパディ！』で優勝する（二〇一一年に優勝したＩＢＭのワトソンシステムは、今ではがん患者を診断し、治療計画を提案する仕事をしている）など多岐にわたっている。

アメリカの現在ある全仕事の半分近くは、二十年以内に自動化される恐れがある。世界経済フォーラムの創設者、クラウス・シュワブが〝第四次産業革命〟と名づけた苦痛を伴う再編成だ。[67] 生産性は飛躍的に向上するだろう。さらに自動化は、行き場を失った慢性的な不完全就業者の巨大な集まりをつくるのだろうか、それとも彼らを雇用する新しい仕事が現れるのだろうか？　二十一世紀の最初の十年間、どちらかといえば仕事は減った。二〇一〇年には、二〇〇〇年に存在しなかった新しい産業での仕事に就いたアメリカの労働力はたった〇・五パーセントだった。[68] 自動化の利益についてはどうか？　労働者が順応する助けになるよう分配されるのか、それとも社会的崩壊が起こるところまで貧富の差が拡大するのか？　二十一世紀の次の十年に入って、それは現実の問題、現実のリスクになってきた。第8章で詳しく論じる。

強い国家

ルネサンス時代、火薬は個人に力を与えたが、国家の強化にも役立った。火薬が発明される以前、〝国家〟とはあいまいな概念だった。高貴な同盟国に支援され、小さな宮廷に守られた世襲の君主たち。次に、軍事予算が徐々に膨らんだ。まず、砲火に耐えられる難攻不落の城壁を建てるため、次に、そこから撃てるもっと大きな大砲をつくるため、次に、そういう新しい砦《とりで》を襲ったり守ったりできるもっと大きな軍隊を招集するためだ。同じ理論によって、多くの商船は海上の要塞となった。戦争の経済学が小規模な競争相手を凌駕し始めるにつれて、〝国家〟は力の利用を独占し、さらに大きな官僚制度――収税官、会計官、立案者――を築き始め、〝現代的な〟軍隊の急増するコストと複雑さに追いつこうとした。[69]

今日も、テクノロジーは個人と国家の両方を強化する。情報通信テクノロジーは、ひとりひとりが自分のメッセージを広めることを可能にし、最近まで私生活と見なされてきたものを監視する手段を国家に与えた。国民の同意、あるいは予備知識もないまま、公安と国民のプライバシーのあいだで重大な交換取引が行われてきた。アメリカ合衆国では、国家安全保障局が、少なくとも十年間、アメリカ人全員のあらゆる通話のメタデータ（誰に、何を、いつ）を集めていた。[70] 外国に焦点を当てたEメールやチャット、テキストメッセージのデータベースははるかに大きく、アメリカの二十以上の政府機関がそれらを選別する能力を持っている。[71] 国家が現在ほかに何を監視しているかは、まだわからない。

これは、価値のある交換取引だろうか？　選択の余地はあるのか？　天才の開花が、これらの疑問にしっかり向き合うよう迫っている。

ルネサンス時代は保証を与えはしない。可能性を与える。その可能性に気づくかどうかは、わたしたち全員にかかっている。懐疑論者たちは、別の点でも正しい。地域社会には、創造と共同研究の活動をもっと促したほうがよいことがたくさんある。マキアヴェリは同僚たちに教えた。〝遅延は、往々にしてわたしたちから機会を奪う〟(72) 積極的な行動計画については、第四部を見てほしい。

一方で、別の力も働いている。第三部では、前回のルネサンス時代、どうやって天才の開花が、解決方法のわからない突然の大災害や新たな紛争と共存していたのかを明らかにする。人々がそんな醜悪さのただなかで、美を築き、五百年たった今も賞賛される飛躍的進歩を果たし続けたことは、未来の世代へのこの上なく貴重な遺産だ。

現代の人々は、同じ嵐のなかへがむしゃらに突き進んでいる。どんな遺産を残せるだろうか?

第三部　増大する危険　現代がリスクを招き、社会を脅かす理由

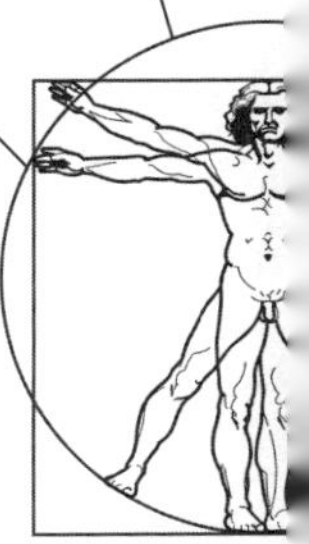

7

蔓延する梅毒、沈みゆくヴェネツィア
なぜ現代が体系的な危険を増大させ、それを予測させにくくするのか

つながりの欠点

一四九四年、幼い甥の摂政としてミラノ公国を十三年間支配してきたルドヴィーコ・スフォルツァは、歩を進めて君主の地位をみずからつかんだ。ナポリ王アルフォンソ二世（自身がミラノの所有権を主張した）がその動きに異議を申し立て、王位の簒奪者《さんだつしゃ》を退けると脅した。しかしスフォルツァにも盟友がいないわけではなかった。フランスの強大な王シャルル八世は、ナポリの王位を要求しており、スフォルツァは今こそそれを押し通すべき時だとシャルルを説得した。

シャルルは二万五千〜三万の軍を挙げて――ヨーロッパじゅうから招集した八千の傭兵を含め――イタリア戦争を開始した。[1] なんの妨害も受けずにミラノを通過したフランス軍は、あたりを切り裂き焼き払いながらイタリア半島を進み、一四九五年二月にナポリを攻略した。

しかし、シャルルは計算を誤った。残忍さと圧倒的な力を誇示したことで、すばやく勝利を手にしたものの、同時に小さな脅威ではなしえないことをやってしまった。外国の敵に対する恐怖によって、イタリアの都市国家とその同盟国を団結させたのだ。ローマ教皇はフランスをイタリアから追放するために神聖同盟を提唱し、ヴェネツィア、スペイン、イギリス、神聖ローマ帝国（ごく大ざっぱに言えば現在のドイツ）、ミラノまでが加盟した（スフォルツァは、シャルルが裏切ってミラノ公国まで奪うのではないかと恐れ始めていた）。

一四九五年七月六日、フォルノーヴォの戦いで、神聖同盟の大軍は雨の降りしきる戦場でシャルル八世と対峙し、イタリアの命運を決した――一時的にではあるが。同盟は数で勝っていた。シャルルには地の利があった。二時間足らずの戦いで、フランスは千人の兵を失った。同盟はその二倍の兵を失った。両陣営が勝利を宣言した。どちらも相手に継続を迫らなかった。シャルルはフランスに撤退し、軍は散り散りになった[2]。

しかし、あとに残していったものがあった。

最初に、イタリアの軍医たちがその病気に気づいた。それは、これまでに見た、あるいはこれまでに記録されたどんな苦痛とも違っていた。ローマ皇帝マルクス・アウレリウスとその主治医ガレノスの医学論文の時代までさかのぼっても見当たらなかった。

ペストはよく知られていた。症状は恐ろしく、結末はむしろ幸いなほどすばやくやってくる。患者は血を吐き、三日のうちに死んだ。しかし、この病気は新しい何か、もっと残酷な何かだった。それは患者を恐ろしい方法で衰弱させ、何カ月、ときには何年も肉体をむしばむ汚物と不快のなかにとどまらせた。当時の医学記録者は、患者の体が〝どんぐり大の腫れ物に覆われ、そこから悪臭のする暗緑色の膿が吹き出した〟と描写した。[3] こういう腫れ物はたいてい、まず生殖器に現れた。病気の第一段階を生き延びた患者は〝ロールパン大の腫瘍と潰瘍を生じ、徐々にだが確実に皮膚が溶けていった[4]〟。

また病気は、両陣営の〝ノアの方舟的性質〟のせいですばやく広がった。[5] フォルノーヴォの両陣営の軍隊は帰郷し、傭兵は解散した。夏の終わりまでには、不可解な病はイタリア、フランス、ドイツ、スイスのあらゆる町を恐怖に陥れていた。翌年には、ホラント（訳注：現在のオランダの北ホラント州および南ホラント州に相当する神聖ローマ帝国の州）とギリシャ、その翌年にはイギリスとスコットランドを襲っていた。こうして、最初に出現してから四年足らずで、早くもヨーロッパ全域に到達した。さらに次の五年足らずのあいだに、一部のいまだ孤立している例外地域を除いて、世界じゅうに広まった。[6]

最初から、それはヨーロッパにとってペストほど致死的ではなかった。世界の他の地域にとっても確かに、ヨーロッパの船乗りが広めた他のいくつかの病気、たとえばアメリカ大陸に大打撃を与えた天然痘ほど破滅的ではなかった。流行中の新しい病気に住民たちが順応するにつれ、最も不快な症状は鎮まり、長引く慢性的な性病になった。現在それは、梅毒として知られている。

複雑すぎてほどけない、集中しすぎて安全を保てない

第二部では、人間の絡み合いと発展がどのようにして、個人的にも集合的にも天才の開花を助けるかを示した。

では、こういう力の第二の影響を見てみよう。増大するリスクだ。

現代人はみんな、特定の種類のリスクに対する懸念を高めていかなくてはならない。日々向き合う直接の危険、たとえば車にひかれるとか強盗に遭うといった出来事ではない。そういう具体的な事故については、誰もがすでによくわかっている。むしろ、目に見えないリスクのことだ。観察範囲の下からゆっくり忍び寄って、あらゆる人に同時に衝撃を与える。この〝バタフライ・ディフェクト〟を感じ取る人は多いが、予測するのは難しい。その原因が、日々の経験や懸念とはかけ離れているからだ。そういうリスクは個々にではなく、体系的に生じる。†

今日、体系的なリスクが増大しているのは、天才を目覚めさせるつながりと発展の動きが、そういうリスクを生み出すふたつの条件、複雑さと集中も悪化させるからだ。

複雑さという悪魔

たいていの人は、現代の複雑さが増していることをよくわかっている。自分の生活のなかにその証拠があるからだ。ページをめくって第一部のあちこちにある数字やグラフを眺めれば、その高まる複雑さがはっきりわかる。世界じゅうの飛行機旅行の移りゆくパターンにも、国境を越えた金融資産投資の多様性や数の増加にも、インターネットインフラ成長にも表れている。同時に、発展の力が、こういう多くのさまざまなつながりのあいだを流れる交通量を増やし、新しい拠点——新しい都市、大学、工業地帯、港、発電所、研究所、会議や定期刊行物——を加えることで、その複雑さを増幅している。

複雑さがもたらす利益のいくつかも見てきた。それは、相互の接触で手に入る幸運の数や種類を増やし、創造性やアイデアを生む主要なきっかけになる。

リスクの観点からも、複雑さはよいことといえる。つながりと流れの多様性と量が増えれば、余剰が生まれる。インターネットは現代生活の最良の例だ。ひとつのつながりが途切れても、交通はほとんど瞬時に新ルートに切り替わるので、エンドユーザーの経験はそれほど中断されない。複雑さは利益を生む。

しかし、問題もある。交流が複雑になるほど、因果関係を見分けるのが難しくなる。周囲の出来事に対する視界には、認識の〝盲点〟ができる。次ページの図7-1を見てほしい。結果が見えないとき、どうやって賢い判断をすればいいのだろう? 複雑さは、梅毒がどのように前回のルネサンスに打撃を与えたか、なぜそれほど強烈な打撃を与えたかに大きく関わっていた。

病気の蔓延は常に、人々の交易による意図しない結果の筆頭に挙げられる。梅毒はその一例にすぎなかった。梅毒の起源に関する今日最も有力な説によると、コロンブスがアメリカ大陸を発見したわずか三年後にヨーロッパで梅毒が発生したのは偶然ではなかった。‡ おそらく、乗組員たちがヨーロッパに持ち帰ったのだろう。(7) ヨーロッパとアメリカ大陸を結ぶ新たな海上のつながりが、ヨーロッパの病原菌の致死的な寄せ集め——天然痘、発疹チフス、麻疹、インフルエンザ、腺ペスト、コレラ、マラリア、結核、おたふくかぜ、黄熱病、その他——をアメリカ大陸の住民にもたらしたのと同様に、それは免疫を持たないユーラシア大陸の人々を新たな伝染病にさらした。また、

†原注:イアン・ゴールディンとマイク・マリアササンは、二〇一四年の著書『バタフライ・ディフェクト』(プリンストン大学出版局)でこの現象と影響を探っている。

‡原注:梅毒の起源がアメリカ大陸にあるという説が最も有力だが、決定的な証拠はない。

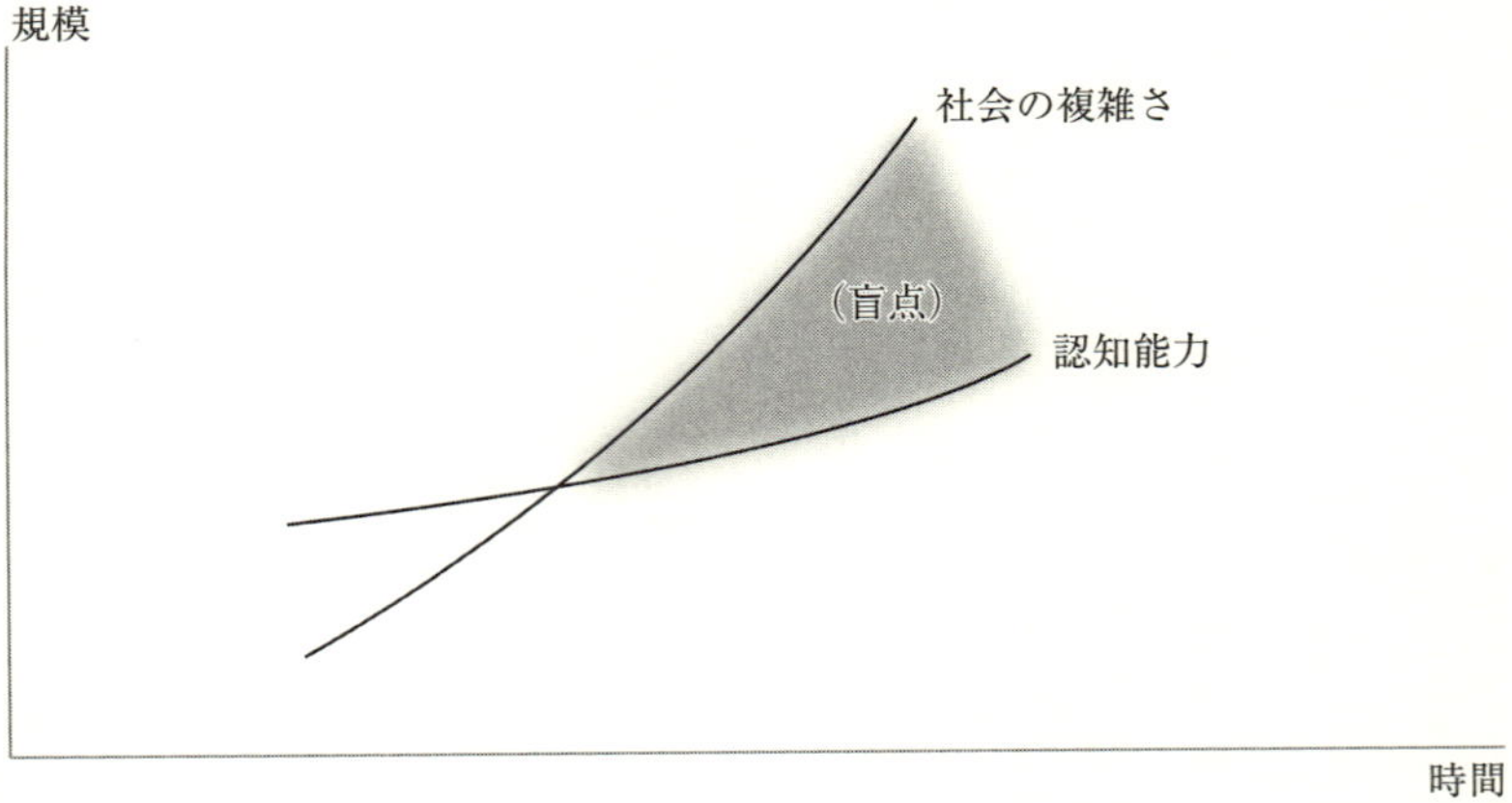

図７－１　複雑さが理解より急速に高まると、盲点ができる。

ヨーロッパとアジア全域に病気がすばやく広がったのは、ヨーロッパ各地と海を越えた新しい経済的なつながりが増して多様になり、商品や人々や家畜がますますたくさん行き来するようになったからと考えるのが最も理にかなっている。

病気の起源と広がりの複雑さも、その対応に関して、ルネサンス時代の人々を途方に暮れさせた。病気はありふれた危険であり、社会はいくつかの効果的な対応策を案出したとはいえ、当時の医学知識では、たいていの病気の原因は理解を超えていた。前世紀中、ペストとその多くの余波によって、人々は伝染病を見分け、患者を隔離して、病気が消えるまで患者が発生した地域に近づかないことを学んだ。そういう手順が適用されたおかげで、その後一時的に流行したいくつかの伝染病では、ヨーロッパはそれほど大きな痛手を負わずに済んだ。しかし梅毒はあまりに唐突に、農民から教皇まで、社会のあらゆる階層で発生し、避けるべき場所はあまりに多かった。しかもそれは消えなかった。患者と同じように細々と生き長らえる、避けられない慢性的な破滅の種だった。社会はどうにかして、それに順応しなければならなかった。

因果関係のはっきりした理解が何も得られなかったせいで、固定観念や迷信、イデオロギー的な方針にあふれた社会には、認識の相違が生まれた。イタリアの人々は、それをフランスの病気と呼んだ。明らかにシャルル八世が軍とともに運んできたからだ。フランス人は、ナポリの病気と呼んだ。兵士たちがそのイタリアの王国から帰郷するまで、フランスでは知られていなかったからだ。神聖ローマ帝国のマクシミリアン一世はその病気を、人間の罪に対する神の報いと見なした。前代未聞の病気、いつまでも続く苦悶と恥辱のなかで自分の悪行について考えさせる病気が突然世の中に蔓延したことを、ほかにどう説明したらいいだろう? 最も一般に知られた説明は、神が人間の肉欲の罪を罰しているというものだった。ジャン・カルヴァン(一五〇九〜一五六四)の言葉によれば、〝神は放蕩を禁ずるために、新しい病気をもたらされた〟[8]。病気がたいていまず生殖器に現れたこと、軍人と売春婦(性的放縦と道徳の乱れに最も結びつけられやすかったふたつの職業)が最も頻繁に発病していたことを、人々は重視した。〝美女《ビーナス》との一夜は水銀《マーキュリー》との一生〟という、一般的な治療法になった水銀軟膏を引き合いに出したことわざもできた。

集中というジレンマ

集中は、人間の絡み合いと発展の結果としてはあまり目立たないが、同じくらい社会を揺るがす。発展の力が集中を生み出す方法は単純だ。全世界で健康、富、教育が同時に獲得されたことで、既存の社会インフラ、サービス、天然資源、環境にはるかに大きな要求を突きつける人々の数がずっと増えた。考えてみてほしい。人類は一見ほとんどなんの影響も及ぼさずに何千年も化石燃料を燃やしてきた。しかし、総勢二十億の中流階級が現れ、全員が車を運転し、飛行機に乗り、冷暖房装置を使うことを望んでいる今、突然エネルギー消費の集合的な重みを考慮しなければならなくなった。

また集中は、つながりの数と種類が増えるにつれて高まる。一見すると、これは逆のように思える。もし、商品やサービス、人、アイデアを運ぶつながりの種類が急に増えたなら、人間の行動は分散するはずではないだろうか？

どちらともいえない。つながりが増えれば、商品やサービス、人、アイデアを運ぶための選択肢も増えるが、こういうものは無作為には運ばれない。むしろ、どこだろうと人々が最も望ましいと思う場所へ運ばれる。政府は公共インフラを、企業は経営を、どこだろうと最も効率的だと思える場所に集中させる。移民と求職者は、どこだろうと仕事がたくさんありそうで、生活の質がよさそうな場所に集中する。産業は、どこだろうと支えとなる人材、アイデア、資本の供給が豊富な場所に集中する。

つながりは選択肢を与える。多くの人が同じ選択をすれば、集中が起こる。集中は地理上だけでなく、概念上と行動上のものもある。たとえば、ＭＢＡプログラムの形式における経営準備の標準化や、今日の農業関連産業における作物と農業経営の均質化、銀行業や貿易に適用される規制の国際的な調和などだ。

複雑さと同じく、集中にもよい面と悪い面がある。第二部では、よい面に注目した。集中は、富やアイデア、天才や分散している能力を、必要な大きさにまとめ上げて、創造的な業績を生む手助けとなる。

悪い面については、すでに示唆した。集中はインフラの供給や資源、人々が平和のなかで共存するのに役立つ社交性や善意にまで圧力をかける。圧力が高まるほど、失敗する可能性も大きくなる。ほかの面がすべて同等の場合、集中のせいで、何かが失敗したとき、コストが上がり、より多くの人にきびしい結果をもたらしやすくもなる。たとえば、まったく同じ太陽フレアが二度起こって、地球規模でインターネットを不通にしたと想像してみてほしい。一度めは一九九〇年、二度めは現代。一度めは、数人の軍事研究者と物理学界を苛立たせたかもしれない。二度めは、世界的な大災害になるだろう（これはただの思考実験ではない。二〇一二年七月、太陽からのコロナ質量放出（CME）が、地球の公転軌道を直接吹き抜け、ほんの一週間の差で地球を外した。米国科学アカデミーの概算によると、CMEが直撃していた場合、地球の電気系統に対する被害総額は二兆ドルを超えていたかもしれない。アメリカ史上最も被害の大きかったハリケーン（カトリーナ）の被害額の四十倍以上だ[9]）。

梅毒が前回のルネサンス時代を襲ったとき、あれほどすばやく激しい打撃を与えた理由のひとつは、人々が町や都市にいっそう集中し始めていたからだった。都会化は、かつて自給自足していた家族と村を、相互に依存する緊密な集団に圧縮した。こういう混雑した都会の環境が、病気の広がりに好都合な条件を与えた。部屋は込み合い、公衆衛生設備はぎりぎりで運用されていた。都市住民は、家畜の馬や豚や鶏、その排泄物のすぐ横で暮らしていた。行商人はどこにでもいた。新しい住民、新たに到着した旅人との接触は頻繁だった。乱交は増えていた[10]。一四九〇年代の環境上の不運――川の氾濫、異常に寒い冬――が、すでに脆弱だった地域社会をさらに弱らせた[11]。

今日でも、込み合いぎりぎりで運用されている都会のあちこちが、自然の殺し屋の温床となっている。

新たな梅毒

病気は昔から、人間社会にはつきものだった。インフルエンザの流行は、推定で年間に世界総人口の五～十五パーセントを襲い、毎年三百万～五百万人を重症にし、二十五万～五十万人を死亡させている。[12]

新しいのは、ここ二、三十年での動きの速いパンデミック——人間のあいだにたやすく広がり、最初の発生から短期間で世界じゅうの人に感染するウイルスの登場だ。[13] 二十一世紀に入ってすでに何度か、人類はそういうパンデミックの脅威に直面してきた。

SARS

世界の公衆衛生に対するこういう動きの速い新たな脅威を最初に証明したのは、重症急性呼吸器症候群（SARS）だった。二十一世紀に現れた初の重い感染症で、現在ではほとんど忘れられているが、二〇〇三年、それはいきなり全世界の注目を集め、最初にその病気を特定し（感染して死亡した）世界保健機関（WHO）のカルロ・ウルバニによれば、〝世界の健康管理、人々の暮らし、保険制度の機能、経済の安定と成長に深刻な脅威をもたらした[14]〟。

インフルエンザのような症状を伴うウイルス感染症SARSは、二〇〇二年十一月、中国の広東省《カントン》に初めて現れた。現在ウイルス学者たちは、コウモリから人間に、直接、またはアジアの込み合った街角にある食用動物市場を介して感染したと考えている。異なる生物種間の感染自体は、それほどめずらしくなく、人類史上のどの時点でも、局地的な流行以上の事態を起こさないはずだった。それが広東省での考えかただったので、病気発生の最前線で闘っていた六十四歳の医師リュー・チアンランは、近くの香港へ旅行し、ふつうのビジネスホテルに宿泊した。偶然の接触でも、感染を生じるには充分だった。ホテルの国際的な宿泊客たちは、エレベーターや食堂、その他の場所をリューと共有した。飛行機でカナダやシンガポール、ベトナムへ帰国したとき、彼らはSARSウイルスをいっしょに運んでいった。たった四カ月足らずで、SARSは南極大陸以外のあらゆる大陸に広がっていた。人類史上最速のウイルス伝播だった。

幸いにも、決して最大級の危険ではなかった。最初の発見から約九カ月後の二〇〇三年七月には、三十カ国で八千三百例（うち死亡七百七十五例）が報告されていた。病原体が特定されると、蔓延を可能にしたのと同じネットワークが、WHOの指揮下ですばやい国際的な協調による対応を支持した。積極的な隔離処置がSARSの広がりを止め、起こっていたかもしれない世界的な大惨事を封じ込めた。この成功は、ひとつには計画のおかげだった。早期警戒システムである世界公衆衛生情報ネットワークは、新たなウイルスの脅威がパンデミック段階に入る前に、WHOに注意を呼びかけた。もうひとつは、幸運のおかげだった。パンデミックの最初の発生地すべて——香港、トロント、シンガポール——には、大規模な隔離手順を作動させて実行に移せる高度でしっかりした公衆衛生システムがあった。SARSが初期に発展途上国の中心地を襲っていたら——たとえばラゴスやキンシャサ——感染しやすさのせいではるかに悪い事態になっていたかもしれない。あとから考えれば、SARSは〝起こらなかったパンデミック〟だった[15]。

それでも、そのコストは大きかった。年間の平均的なインフルエンザの流行期より死者数は少なかったが、死亡率ははるかに高く――約十パーセント――多くの生存者は長期の呼吸器の合併症を起こした。この騒ぎと隔離対策によって、二〇〇三年には世界経済に少なくとも四百億ドルの負担がかかった。観光および旅行産業は特に大打撃を受けたが、流行は労働者が感染したいくつかの大きな製造業地帯にも影響を与えた。[16] この病気はまだ完全に撲滅されてはおらず、人間に安全に使用できるワクチンも今のところ存在しない。[17]

エボラ出血熱

病気への脆弱性が高まっているごく最近の証拠は、エボラ出血熱だ。SARSが起こらなかったパンデミックなら、エボラ出血熱は起こったパンデミックといえる。

二〇一三年十二月、西アフリカのリベリアとシエラレオネの国境近くにある、ギニアの人里離れた山村で、エミールという名の二歳の男の子が突然、恐ろしい病に倒れた。それは激しい熱で始まり、数日のうちにひどい下痢と吐血に進行した。一~二週間足らずで男の子は血液と体液を失って死亡した。土地の伝統に従って、家族は男の子の遺体を洗い、周囲の村から会葬者がやってきて遺体を抱き締めた。ほどなく、そのうちの数人が同じ症状を示し始めた。[18]

SARSは、呼吸器障害を起こし、たいていは以前から健康に問題がある高齢者をときおり死亡させる。エボラ出血熱は、体じゅうからの大量出血を起こし、それまで健康だった感染者の五十パーセントから九十パーセントを死亡させる。エボラウイルスを調べた研究所は、リスク分類で、炭疽菌や天然痘と同じ最も危険なバイオセーフティーレベル4を与えている。世界じゅうで、エボラウイルスを安全に扱う手順に対応できる施設は百カ所もない。そういう施設には、複数の気密室とシャワー、紫外線照射室、空気と水による汚染除去システム、職員用に個別に空気を供給できるバイオハザードスーツが完備されている。

西アフリカでは、それまでエボラ出血熱が発生したことはなかった。[19] 一九七六年に発見されて以来ほとんど、中央および東アフリカの田舎、おもにガボンやウガンダ、スーダン、コンゴ民主共和国に限定された病気だった。すべて三千〜五千キロほども離れた場所だ。その事実と、WHOが二〇一〇〜二〇一一年の緊縮時代に予算を合計約十億ドル削減したことが、病気が蔓延するまで誰も発生に気づかなかった理由のひとつだろう。[20] 二〇一四年三月、WHOが初めてギニアでの発生を発表したとき、エボラ出血熱はすでに隣国のリベリアとシエラレオネを包み込み、六十人を死亡させていた。二〇一四年六月には、七百五十以上の症例と四百六十七の死亡例が記録され、史上最悪のエボラ出血熱発生となった。[21] 二〇一五年半ばまでに二万八千の症例と一万一千三百以上の死亡例が報告され、死亡者数はこれまでのエボラ出血熱発生時すべてを合わせた数の二十倍になった[22]（報告されていない症例を含めると、実際の死亡者数はさらに二、三倍多いかもしれない）。そのうえ、もともとひどく貧しい地域が負った経済的損失——世界銀行が最大で四十億ドルと推定した損失——は、最終的にウイルス自体よりも多くの人命を奪った可能性がある。[23]

もしSARSのように、エボラ出血熱がしっかりした公衆衛生システムを持つ場所を襲っていたら、すばやく封じ込められていたかもしれない。致死的ではあるものの、エボラ出血熱は適切な予防措置をとればそう簡単にはうつらない。麻疹にかかった人からの感染は平均で十八人、エボラ出血熱にかかった人からの感染は平均でふたり未満だ。ひとつには、この病気がキャリアをすばやく死に至らせるからだが、空気感染しにくいからでもある。共有物の表面に触れたり、感染者の遺体を扱ったりして飛沫からうつる場合もあるが、体あるいは体液と接触しければうつらない。つまり、地域社会に病人を見つけて隔離し、最近の接触者をたどって隔離し、第一線の医療対応者に適切な装備をさせる能力があれば、どんなに急激な発生もすばやく抑えられる（ナイジェリアでのエボラ出血熱の効果的な封じ込めは、必要な意志と資源があれば、比較的貧しい国でも封じ込めが可能であることを示している）。

しかしこの病は、公衆衛生システムが事実上存在しない場所を襲った。最も大きな被害を受けた三カ国――シエラレオネ、ギニア、リベリア――は世界最貧国に数えられ、三カ国とも最近軍事クーデターや内戦の現場となっていた。シエラレオネの公的機関は、長い内戦（一九九一～二〇〇二）から回復し始めたばかりだった。リベリアの戦争（一九八九～二〇〇三）の傷はさらに深く、当時も外国の和平監視団の調停を受けていた。西アフリカからの患者ふたりを世話した看護師が感染するという局地的な一症例があったスペインは、その医療制度でひとり当たり約三千ドルを費やしている。シエラレオネが費やしているのは九十六ドル、ギニアは三十二ドルだ。[24] 帰国した救援隊員のあいだに数例の感染があったアメリカ合衆国には、国民十万人当たり二百四十五人の医者がいる。[25] リベリアには、危機の発生当初、人口四百三十万人の国に合計五十人の医者がいて、発生の初期段階で数人が死亡した。[26] ウイルスが発生した辺鄙な地域は教育程度が低く、脆弱な公衆衛生システムの業務がいっそう困難になった。最終的に態度は変わったが、発生当初、村人たちは官僚を信用しなかった。彼らは患者を隔離しようとした医療従事者を襲い（少なくともひとつの事例では殺害し）[27]、伝統的な治療と葬儀の習慣に固執し続けた。家族が病人や瀕死の者を教会に運び、信徒たちや信仰治療師が病人に触れることを奨励するものだ。シエラレオネで最初に報告されたエボラ出血熱の症例は、伝統的な治療師だった。次の数例は、その体を洗った村人たちだった。

最初の発生から急速な広がり、最終的な封じ込めまで、西アフリカのエボラ出血熱の流行は、紛れもなく新しい部類の公衆衛生上の緊急事態だった。どうしてエボラウイルスが以前に現れた場所から三千キロ近くも移動したのかは、いまだにわかっていない。一九九五年から二〇一二年に、名目で年率十パーセント以上の伸びを示した最近のアフリカ大陸の貿易拡大に関連しているのかもしれない[28]。それとも、コンゴ民主共和国からの大規模な難民の流出に関連しているのかもしれない（とはいえ、その流れのほとんどはコンゴの近隣諸国に向かった）。あるいは、気候変動で、ウイルスの自然保有宿主らしいオオコウモリの生息地が変わりつつあるせいかもしれない。人口圧力のせいで、村人たちは互いや、森に棲んで食肉を提供する野生動物たちといっそう密着するようになっている。

大発生の規模がどのように拡大したかはわかっている。史上初めて、エボラ出血熱は田舎から出て都市にたどり着いた。おもに双方のつながりが強まってきたせいだ。同時に、だからこそ先進国世界はその進行を止めるために遅ればせながら介入し、資金と医療従事者と兵士を送り込み、二〇一五年までに合計約二十九億ドルの援助を約束した[29]。アメリカ合衆国とイギリスの兵士は仮設病院を建設した。患者の最近の動向と接触を調べるのに役立つモバイルテクノロジーが導入された。高速ＤＮＡ配列解析テクノロジーが配備され、何百人もの患者のウイルスゲノムが解析されて、発生時に活発だったウイルス株の起源と変種の全体像が得られた（シエラレオネで最初に解析活動に関わった科学者のうち、五人が死亡した[30]）。主要な製薬会社と政府の研究所は迅速なワクチン開発を始め、臨床試験を行っている。

遠く離れた田舎での流行病発生は、ひとつの悲劇だ。いつもは最も厳格な安全手順のもとで閉じ込められているはずの致死的なウイルスが、空や海で世界とつながっている大都市を自由にうろつくのは、世界的な安全への脅威だ。〝有史以来、バイオセーフティーレベル4の病原体が、これほど多くの人々に、これほどすばやく、これほど広い地理的領域で、これほど長期にわたって感染したことはなかった〟と二〇一四年九月、WHOは語った。[31]もしウイルスが公衆衛生システムの脆弱な他の地域、たとえばアジアの開発途上諸国（西アフリカが積極的に貿易を増やしている地域）に広がっていたら、世界的な大災害があとに続いていたかもしれない。

接触感染？

近い将来、パンデミックが懸念される厄介なウイルスは、H5N1（鳥インフルエンザ）だ。

SARSと同様、H5N1は南アジアの香港もしくはその近隣に起源がある。一九九七年ごろ、この新しいウイルスは家禽から人間へ、種の壁を越えて感染した。H5N1は、今や人間だけでなく動物の集団も、世界的なつながりを持つ病原体の集積所であることを示している。人間にも原因の一端がある。感染した鳥は長距離を移動するかもしれないが、移動時と他の鳥への感染時がかち合うことはまれだ。人の手助けがなければ、H5N1は東南アジアの鳥類集団内での局地的な流行にとどまっていただろう。[32]ところが、生きた鳥や動物の商取引によって、今日のH5N1は世界じゅうの鳥類集団のあいだで風土病的に流行している。それは何千万羽もの鳥を死なせ、さらに何億羽もの殺処分を余儀なくさせた。

科学者と公衆衛生当局は、H5N1をきわめて厳重に監視している。二〇〇三年以降、十五カ国で約六百例の人間の症例が報告された（大部分は、感染している生きた鳥と長期的に密な接触をしたことが原因）。[33]研究によると、

H5N1は、次第に病原性が強まり、寿命を伸ばし、豚や猫や犬など広範な種類の動物に感染が可能になっているという。[34] 人間の患者では、六十パーセント以上が死亡している。エボラウイルスなどの致死的な病原体に匹敵する致死率だ。エボラ出血熱と違って、H5N1は一般的なインフルエンザのように、簡単に（鳥のあいだで）拡散する。まだヒトからヒトへの確実な感染メカニズムは生まれていないが、実験研究ではすでに、その能力を与える突然変異が見つかっていた。自然がその結果を複製していないのは、ただの幸運にすぎない。

確実にヒトからヒトへ空気感染するH5N1の発見を耳にする日、世界は急停止するだろう。致死率六十パーセントの感染力の高いウイルスがいっしょに乗っているかもしれないとわかったら、その飛行機に乗るだろうか？現実には、その選択肢に向き合わされることはないだろう。すでに実施されている手順によって、世界じゅうで国境が閉鎖され、空の交通は遮断されるだろう。パンデミックのモデルによれば、ヒトH5N1ウイルスは、人類の最も凄惨な壊滅的事件とされる一三四八〜一三五〇年のペストをたやすく凌駕する可能性がある。どのくらい初期にパンデミックが発見されるか、どのくらいすばやくワクチンを配備できるかにもよるが、疫学者の推定では、H5N1の大発生は、最大十億人を感染させ、最大一億五千万人の直接の死因となる可能性がある。† パニックや暴動、略奪――一般に、恐怖にあおられた社会秩序の混乱――がさらに死亡者数を押し上げるかもしれない。生存者は、

†原注：二〇一三年、グラクソ・スミスクラインは、H5N1ウイルス株に対する初のFDA認可ワクチンを発表した。最初の一回分は二〇一七年に届く予定だ。将来パンデミックを起こすウイルス株に有効であることが証明されるとしても、大量のワクチンが入手可能になるまでに三カ月はかかるだろう。既存の計画では、ウイルスが最初に確認されてから一年以内に十億人分を製造することをめざしている。

何兆ドルもの損失によって、世界的な不況に苦しむだろう。

他のパンデミックの脅威

以上三つのパンデミックの脅威が今までのところ最も注目されてきたが、決してこれだけではない。過去二十年で伝染病の専門家たちは、人類のあいだに三十種類以上の新たな、あるいは復活した病原体、たとえばC型肝炎、ジカウイルス、コレラ、マラリア、ペストなどを確認したうえに、自然は毎日新しい病原体を生み出している。[35] 二〇一三年前半、新たな鳥インフルエンザH7N9が中国で発見された。それは重い呼吸器障害を起こし、確認された症例の三分の一を死亡させた。H5N1と違って、H7N9に感染した鳥は病気の徴候を示さずにウイルスを運べるので、検出がずっと難しい。[36]

少なくとも前述のどれにも劣らず恐ろしいもうひとつのパンデミックは、HIV/AIDSだ。今日までに、カナダの総人口より多い四千万人近くが死亡している。[37] 一九八一年、アメリカの公衆衛生局によって初めて確認された。当時は、おそらく世界で二十万人が罹患していた。その数は、一九八〇年代半ばには三百万人、一九九〇年には八百万人、二〇〇〇年には四千万人以上に急増した。[38] 今日でも、三千五百万人がこの病気を抱えて生きている。毎年百五十万人以上が死亡し、二百万人以上が感染している。[39] しかし、すべての人類が等しく脅威にさらされているわけではない。HIV/AIDSを抱えて生きている人の三分の二以上は、アフリカにいる。[40] 先進国世界では、持続的な公衆衛生および教育キャンペーン、さらには抗レトロウイルス療法が病気の抑制に役立っている。一方で、貧しすぎて必要な薬を買えない、あるいは性行為を性感染症の現実になかなか合わせられない人々は、痛手を受け続けている。

その範囲、持続性、重大さからして、HIV／AIDSはパンデミックそのものだ。先進国世界ではもう大きな話題でないことは、体系的なリスク増大の別の結果、つまり不平等を暗に示している。ルネサンスの時代には、さらに頻繁で、さらに強力な衝撃的事件に備え、耐え抜き、そこから回復する人々の能力の格差が拡大する（この主題については次章で取り上げる）。

将来の健康に関わる悪魔とジレンマ

これまでのところ人類は、新たな地球規模の医療課題に取り組んでいることを示してきた。病気に対処する世界的なシステムは、あらゆる国際的な協調活動のなかで最も高度に発展した効果的なものに数えられる。WHOと加盟国の保健機関は、第二次世界大戦以降、おおむねパンデミックの脅威を封じ込めた。国際連合エイズ合同計画（UNAIDS）のようなさらに焦点を絞った新しい機関は、特定の病気に対する地球規模の対応を集結させるのに効果的であることが証明されている。確かに、病気はこれまで以上にすばやく遠くまで広がっているが、検出と対応の努力も同じように広がっている。

一方で、課題はますます困難になっている。複雑さは増していく。最近のシミュレーションによれば、空気感染する病原体（H5N1など）がどの大陸のどの主要空港に運ばれたとしても、最長で三日以内に世界的な流行が起こる。[41] 感染した人が公衆衛生上の強制隔離前に二回飛行機旅行をするだけで、五十億人（人類の七十五パーセント）以上が、世界的なパンデミックを防ぐためにワクチン接種を受けなければならないだろう。三回飛行機に乗れば、全世界でのワクチン接種が必要になる。[42]

集中のジレンマは、ますます厄介になっている。それは、もしという仮定ではなく、いつパンデミックが主要な政治、金融、あるいは産業の中心地を襲うか、そして世界的なシステムのあらゆる物流からそこを完全に（一時的とはいえ）隔離することになるかという疑問だ。エネルギーやITなどのインフラサービスにどんな影響が及ぶかは予想もつかない。しかし、ロンドンやニューヨーク、中国の珠江デルタに重要部署を置かずに済む大企業があるだろうか？

世界じゅうの新興中流階級のあいだで、病院から牛の群れまでのあらゆるものに抗生物質と抗菌薬がほぼ普遍的に使われるようになり、自然が耐性のあるスーパー細菌を生み出す速度が増している。そして人々のつながりの強化が、それを世界じゅうに広げている。一種のスーパー細菌、MRSAはすでにどこの病院や養護施設でもしつこい厄介もの（ときには重大な脅威）になっている。もうひとつ、二〇一五年十一月に中国の養豚場で発見された大腸菌の一種は、コリスチンに耐性がある。コリスチンは強力な抗生物質で、養豚家が群れの健康維持のために餌に混ぜていたが、あらゆる既存の抗生物質が効かない場合の人類の〝最後の切り札〟でもあった。もしその耐性が他の細菌にも広がれば、以前は平凡だった感染症が治療不能になるかもしれない。[43]万人の健康上の安全のため、代替薬が開発できるようになるまで、抗生物質の使用（特に動物に対する使用）を大幅に減らす必要がある。しかし、細菌にさらされたままでかまわない人がいるだろうか？

発展途上国世界では、人口移動と乳児死亡率低下が組み合わさって、都市が急激に発展している。都市は田舎より、よい仕事、学校、医療その他のサービス、そしてたくさんの機会を与えてくれる。込み合っていて、不潔でもある。人間と動物の集団が共存し、給水設備は酷使され、汚染されやすい。そういう環境はSARSやH5N1の発生地点となっただけでなく、今後も多くのパンデミックの脅威を生み出すだろう。そういう病原体は人類全体を脅かし、貧困都市ではとりわけ対応するための設備が不足するだろう。しかし、田舎の貧困地域に生まれようと、都会のスラム街に生まれようと、経済成長の機会を追求する先進国に生まれようと、新興中心地の魅力を否定できる人がいるだろうか?

人類は何度も試練に遭い、ほとんどの場合、困難を乗り越えてきた。しかし、生物学上間違いなく、病原体は、ますます混み合い相互につながっていく人々を無慈悲に襲い、世界的な輸送や運搬のインフラを滞らせようとするだろう。自然は決してあきらめない。

破滅の商人

当時の危機

第一部では、ルネサンス時代の金融の変革について解説した。新しい大陸内・大陸間貿易によるつながり、そして急速に拡大する沿岸地域の経済の魅力が、金融活動の中心を地中海沿岸から大西洋沿岸へ移動させた。新しい金融商品と市場が、ますます複雑になり出費が増えていく商業活動に資本と保険を供給するためにつくられた。借用証書の規制が緩和され、署名した当事者ふたりに限定されなくなった。それ以降、借用証書は、流通市場で第三者が自由に売り買いできた。その改革が、一括引き受けの実物市場より何百倍も大きい大陸の金融市場をつくり上げた。特に評判の高い貿易商社は、知名度だけで、保証する商品がまったくなくても証券取引所に対して借用証書を書くことができた。さまざまな形で、独自の貨物貨幣を発行できたのだ。

一部の君主は、このあぶく銭にたまらない魅力を覚え、貿易商社に近づいて、みずからの戦争や野望の資金調達のために、莫大な金額を工面させた。当時の有名なエピソードのひとつに、スペイン王カルロス一世が、神聖ローマ帝国の選帝侯を買収してみずからを皇帝に選ばせるため、一五一九年にアウクスブルクのフッガー家から約八十五万枚のフローリン金貨を借りた話がある。(44)

今日の人々なら、そういう状況についていくらか知恵を持っている。できるなら五百年前に戻って、ルネサンス時代の投資家に、次に何が起こりうるかを警告してやりたい。残念ながら、彼らは自分で答えを見つけなくてはならなかった。十六世紀のフッガー家は、証券取引所から調達できる莫大な金をヨーロッパの王たちに（きわめて高い金利で）貸し出すことにとても熱心で、君主でも債務不履行に陥る可能性を軽視していた。カルロス一世は求めていた地位を獲得したが、借金のほとんどを反故にした。フッガー家と、フッガーの手形を買っていたヨーロッパじゅうの無数の小口投資家は大損害を被った。

現在の危機

現代の人々も、二〇〇七～二〇〇八年の金融危機とその長引く余波のあいだ、つらい思いをして教訓を得た。あとで知らされた分析は、何度も繰り返し伝えられてきた。アメリカとヨーロッパの銀行は、とびきり儲かるゲームを幾度となく演じていた。消費者と住宅購入者に現金を貸出し、証券化とクレジットデリバティブによって債務とリスクを帳消しにして、ふたたび貸付をする。最後には、多くの世帯が借入コストに身動きが取れなくなり、大きな金融機関のバランスシートは支払い見込みのない何千億ドル分もの不良債権であふれ返った。国際資本市場への新興市場の統合が、そのリスクを拡大した。中国は大量の現金を生み出していたが、一九九七年のアジア金融危機後、アジアにはほとんど投資の機会が見つからず、アメリカ国債を買い受けてアメリカ経済に踏み込んだ。外貨注入は国内金利の引き下げを促し、ゲームを長続きさせた。

こういう行動が国際金融システムをどれほど脆弱にするかがよく理解されておらず、システムは崩壊した。住宅価格は絶対に下がらないと信じて大きなローンを組んだ世帯は、間違っていたことがわかった。不確実な債務を賢くまとめ、リスクを減らしてリターンを維持できると考えていた〝クオンツ〟こと計量分析の専門家たちは、間違っていたことがわかった。企業が債務不履行に対する防衛策として購入した〝保険〟（クレジットデリバティブ）は不充分だとわかった。その結果は、途方もなく悲惨なものだった。二〇〇九年には、金融危機はすでに世界のあらゆる市場で、総計四兆一千億ドルの損失を記録していた。[45] 世界でおよそ五千万人が失業した。どうにか職にとどまった人のうち、二億五千万人は〝ワーキングプア〟の列に加わった。[46] アフリカでは、三万～五万人の子どもが、それに続く世界的不況の直接の結果として餓死した。[47]

現在までに、この話はインタビューや社説、書籍、ハリウッド制作のドキュメンタリーやドラマであまりにも繰り返し語られてきたので、重要な教訓が責任のなすりつけ合いのなかでぼやけてしまいがちだ。しかし、ルネサンスのレンズを通して眺めれば、要点がはっきり見えてくる。[48]

複雑さが先見性を制限する

第一の教訓は、複雑さの増大がいかに金融システム内のリスクを見えにくくするかだ。つながりと発展の力の衝突が突然、ほんの二十年前よりはるかに大きく複雑な世界の金融システムを生み出した。それは危険を見えにくくするとともに、危険を広く万人に行き渡らせた。

振り返ってみると、複雑さの増大の危険は明らかだった。システム全体として、世界の国々、機関、個人投資家のバランスシートはいっそう膨らみ、相互につながれた（第一部参照）。商品としても、おもに強力なコンピューターをポートフォリオ作成の過程に積極的に導入したおかげで、金融商品はますます複雑になった。年金基金などの最大手の機関投資家は、住宅ローンやその他の消費者ローンへの投資を禁じられていた。産業全体の退職金積立をゆだねられた年金基金は、主要な格付け機関（スタンダード&プアーズ、ムーディーズ、フィッチ）が安全と見なした資産にのみ投資を許されており、消費者債務は小さく危険すぎるので、格付け機関の注目対象ではなかった。しかし、もし高性能コンピューターのアルゴリズムが何千人分もの住宅ローンと債務――不履行になる可能性が高いのも、低いのもある――から大きなセットを作成できるとしたら？　つくられたセットが、格付け機関のサイズと質の許容範囲に適合しているとしたら？　基本的に、住宅ローンの貸手がやったのはこういうことだ。この過程は証券化と呼ばれる。[49]貸付と債務不履行のリスクを帳簿に残さず、住宅ローンを証券化してすぐさま機関投資家に売却することによって、貸手は、住宅所有希望者の返済能力を精査する動機を失った。住宅ローンの質は低下したが、格付け機関も、そういう複雑な商品を買った機関も、この真実を解明する分析力や動機を持たなかった。いくつかのファンドは保険（クレジット・デフォルト・スワップ（ＣＤＳ）と呼ばれるもの）を買って、債務不履行のリスクに備えたが、この措置は新たな部門に危険を広げただけだった。保険会社も同じく潜在的な住宅ローンのリスクの知識がなく、年金基金は、住宅ローンのリスクに加えて、スワップを売った保険会社の支払能力の有無についても無知だった。† パンデミックを起こす病原体と同じように、有害な債務は、小さな片田舎（サブプライム住宅ローン）で発生し、絡み合うバランスシートにすばやく広がり、世界の金融システムを脅かした。(50)

上から下、下から上まで、金融部門の絡み合った複雑さは、内部の関係者の視野を曇らせた。民間部門と公共部門のどちらの関係者にも、累積する危険が見えなかった。二〇〇八年にブルームバーグのコラムニストはこう書いた。〝会社が破綻していくあいだ、［ベアー・スターンズのＣＥＯが］ブリッジをし、［メリルリンチのＣＥＯが］ゴルフをしているのは、会社が破綻していることを気にしないからではなく、会社が破綻していることを知らないからだ〟(51) 二〇〇七年の国際金融安定性報告で、国際通貨基金はこう結論づけた。〝脆弱性はサブプライム市場の特定の部分に限られており、重大な体系的リスクをはらむ可能性は低い。投資銀行が行った健全性審査によると……証券化構造を通じてサブプライム住宅ローンのリスクにさらされる投資家のほとんどは、損失を被らないだろう(52)〟

†原注：そういう保険会社の最大手だったＡＩＧは、周知のとおり、何回も破綻するほどの保険金請求からの救済措置として、連邦政府と州政府から千八百億ドル以上を受領した。

彼らのリスクの概念は線形だった。それは自分たちのバランスシートの端で終わっていた。彼らは、あらゆる人のバランスシートが横に並んだときに現れる全体像を見ることも、真剣に受け止めることもなかった。

集中が回復力を弱める

第二の教訓は、高まる集中がいかに金融システムの崩壊を起こりやすくするかということだ。金融危機につながる集中は、あらゆるレベルで増えていた。

企業レベルでは、資本と経済資源は新たに証券化された住宅ローンと債券に集中していた。二十一世紀初頭、これらはニッチ商品だったが、危機の勃発時には、アメリカ合衆国での売上が毎年第二位の資産担保証券となっていた。サブプライム住宅ローンが第一位だった[53]。

産業の集中も高まっていた。一九九〇年から二〇〇八年のアメリカ合衆国では、銀行最大手三行の市場占有率が四倍に増え、十パーセントから四十パーセントになった。二〇〇八年のイギリスでは、最大手三行が市場の八十パーセントを占有していた(一九九七年の五十パーセントから上昇)[54]。〝大きすぎて潰せない〟という言葉は、これらの巨大銀行を描写するため公的な会話で使われるようになった。経営陣には、それぞれの政府が絶対に最大手銀行を倒産させないことがわかっていた。続いて起こる混乱が大きすぎるからだ。投資の規律は弱まっていた。経済学者がいみじくも〝モラルハザード〟と名づけた現象だ。最大手の金融機関は、過度なリスクを負い始めた。物事が本当に悪い方向へ進めば、納税者が救済してくれるとわかっていたからだ。そして実際に、救済された。

また集中は、急激に発展する金融部門が経済構造のなかでこれまでになく拡大するにつれ、経済全体のレベルでも高まった。イギリスでは、一九九〇年から危機が始まるまでに、金融部門の規模がGDP全体の六パーセント未満から約十パーセント、ロンドンの経済生産高の五分の一以上に成長した。[55]さらに危険なのは、アイスランドの状況だった。二〇〇〇年代初め、人口わずか三十万人余りのアイスランドは、小さな漁業経済で成り立っていた。ところが、島の小口金融業への大幅な規制緩和でヨーロッパからの手堅い投資先になった結果、二〇〇八年までに、アイスランドの銀行は七百五十億ドルの負債を抱えていた。国じゅうのあらゆる男性、女性、子どもが二十五万ドルの借金を負ったわけだ。金融危機に襲われたとき、アイスランド・クローナは急落し、かつて単純だが安定していた経済は、対外債務の利息支払コストの急上昇で不況に陥った。国の経済規模からすると、これは今でも史上最大の銀行破綻だ。[56]失業率はゼロから十パーセントへと急上昇し、年金は消えた。IMFはアイスランドの救済に乗り出した。二〇一七年から二〇二三年まで毎年、GDP全体の合計の六パーセントをイギリスとオランダの投資家に返済するのが条件だった。アイスランドの金融部門は実体経済に比べて大きくなりすぎていたので、そこが破綻すると国も破綻してしまった。

また、世界じゅうの司法が国内金融産業への規制を緩和する共通の政策をとるなかで、アイスランドの規制の集中強化は際立っていた。二〇〇九年に、イングランド銀行金融安定化担当執行役員アンディー・ホールデンが、〝それに直面した植物、動物、海洋と同じく、病気への抵抗力が弱まるモノカルチャー（訳注：一種類の作物だけを栽培すること、特定の生産品にだけ依存する経済構造）〟と表現した状態だった。[57]

こうした集中のそれぞれが、真のジレンマを引き起こす。それぞれが、適法な民間の利益追求と、理解されにくい公的な危険への対処のどちらかを選ぶよう迫る。資本移動が活発そうで、信用緩和に有権者が大いに満足するとしたら、規制緩和の傾向に逆らえる政治家がいるだろうか？　新しい市場への参入者たちがきわめて高い利益を上げているとしたら、そこに参入しない金融会社があるだろうか？　ほとんど頭金なしで家を買い、資産価値の上昇を見ているだけで財産を築ける見込みに、引かれない人がいるだろうか？　そのすべてが、疑問を投げかける。それなら、誰のせいだったのか？

金融危機は、こういうジレンマがどれほど難しいかを示した。破綻のリスクがもっと広く理解されていたとしても、それを防ぐ行動が取れたかどうかははっきりしない。

人々は教訓を得たのだろうか？　それとも、歴史はふたたび繰り返すのだろうか？

何ひとつ当たり前とは思わずに

インフラストラクチャーは不可欠だ。それは文字どおり、現代生活の下（インフラ）にある構造（ストラクチャー）であり、人々はその上に経済、企業、都市、家族、それぞれの人生計画を築く。インフラには次のようなものがある。原材料、商品とサービス、人々とアイデアを動かす輸送ネットワーク。エネルギー、食糧、水を住民に供給するシステム。電力供給網の遠隔監視から、ピンタレストでの宣伝までのすべてを処理する伝達経路、などなど。

このインフラが危機に瀕している。それ自体はめずらしくない。世界じゅうで、課された要求に確実に応じる公共システムのサービスを受けられるのは、幸運な少数派だけだ。世界の多数派にとってインフラの不備は深刻で、いやになるほど日常生活でそれを味わわされている。健康や富や人口を押し上げるつながりと発展の力が、時代遅れの古びたインフラに課される要求も増大させている。金融危機に続く公的な緊縮政策は、この重圧を悪化させるだけだ。それは、現代生活を維持するのに最も重要な分野で特に深刻になる。エネルギーと水と食糧だ。

世界経済フォーラムは、今後二十年のあいだに世界で百兆ドルの全般的なインフラ投資が必要だと見積もっている。[58] それは富裕な世界の問題だ。米国土木学会は、アメリカ合衆国の現在のインフラについて、全般的な評価をD+としている。国の鉄道と橋は〝並み〟、道路、飲料水、廃棄物処理システムは〝劣る〟、堤防と水路は〝標準以下〟と〝目的に不適〟の中間と判定されている。アメリカのインフラを〝きちんと整備〟するだけで、二〇二〇年までに三兆六千億ドルの公的資金がかかるだろう。現在の支出レベル（二〇二〇年までに二兆ドル）では、アメリカの都市の衰退を遅らせることはできても、繁栄につながる新たな機会をとらえる後押しにはならないだろう。[59]

それは貧困世界の（より緊急の）問題でもある。二〇二〇年までに、発展途上国世界は、急速に高まる需要を満たすため、現在毎年インフラに費やしている総計八千億〜九千億ドルを倍増する必要があるだろう。[60] たとえばインドは、ますます深刻になる絶え間ない電力不足に悩んでいる。都会の人口密集地では、雨季以外でも一日に平均三時間、雨季中は一日十七時間停電し、田舎の住民のおよそ四十パーセントはまったく電気のない生活を送っている。二〇一二年七月、史上最大の停電が六億人以上――世界総人口の九パーセント――を二日間電気のない状態にさせた。

こういう危機は計り知れないほど大きく、急を要するものの、よく理解されている。対応が不充分だとしても、その方法はわかっている。二〇一四年だけで、六種の新たな多国間インフラの基金と施設が立ち上げられた。しかし、今日他の社会システムを悩ませているのと同じ複雑さと集中が、インフラまで脅かしている。そういうリスクはあまり理解されていない。基礎的な社会システムに対するリスクと同じように、重大な結果を招く恐れがある。しかし従来のインフラのリスクとは違って、どう対応すべきかはっきりわからず、富と進歩ではほとんど防御できない。富める者も貧しき者も同じように、無防備になっている。

沈みゆくヴェネツィア

それは、ルネサンス時代にヴェネツィアが学んだ教訓だ。十一世紀以来、ヴェネツィアは西ヨーロッパで最も裕福で最も成功した経済を誇っていた。一五〇〇年には、国民ひとり当たりの豊かさは世界一だった[61]。大陸のほとんどの経済は第一次産業——木材の切り出し、牛の飼育や穀物栽培、有益な原料の採掘——が占めていたが、ヴェネツィアの経済は驚くほど現代的で、貿易と貿易関連のサービスが優勢だった。基本的に〝外国の保税倉庫〟であり（今日のシンガポールに似ていなくもない）、おもな資源はその立地と、洗練された商人の大集団だった。彼らは需要と供給、消費者の選択、定刻配達、それを支える税金や法律、通貨の環境の重要性を理解していた[62]。大商船隊を従えたヴェネツィアは、世界有数の海軍国であり、ほとんどの地中海貿易を当然のごとく独占し、イスラム世界と本格的かつ継続的に交易した初のヨーロッパの強国となった。

ヴェネツィアは繊細なガラス製品や絹、紙などの上質な工芸品もつくっていたが、富の大半は香料の貿易に投資された。香料は、シルクロードとインド洋に沿って何百もの中間業者と決済を介してヨーロッパに輸入された。図7－2を見てほしい。今日では、胡椒は風味づけに食べ物に振りかける追加的な香辛料だ。しかし冷蔵庫がなかっ

図7－2　ヴェネツィアの富の大半は、世界最長のサプライチェーンによるものだった。
出典：グレッグ・ブリックマン「初期の印刷術の地図――貿易経路」(2008年)。アイオワ大学図書館。atlas.lib.uiowa.edu からの引用および著者の分析。

た時代、胡椒やサフランなどの香料は、肉の味の善し悪しに大きな差をつけた。大陸が発展して香料への需要が高まると、ヴェネツィアの香料貿易の利益と、都市国家の経済に対する地中海の輸送インフラの重要性も高まった。ところが、ふたつの外部からのショックによって、その同じインフラが共和国の最大の弱点であることがあらわになった。

第一は、オスマン帝国の地中海への進出だった。一四五三年、トルコ人たちはコンスタンティノープルを攻め落とした。何世紀ものあいだ、ヨーロッパ近海へのイスラム世界の拡大を防ぐ難攻不落の砦として存在してきた都市だ。次に地中海への海軍の急襲が何度か続き、一四九九年のゾンキオの海戦で頂点に達した。三百五十隻以上の軍艦と五万五千の兵から成る当時としては史上最大の海戦で、ヴェネツィアは勝利を得られず、地中海東岸の覇権がヴェネツィアからオスマン帝国へ決定的に移ったことがはっきりした。

オスマン帝国から見れば、これらの出来事は、帝国の勢力範囲と資源に対する新たなつながりと経済的発展によい影響をもたらした。オスマン帝国は、中国の火薬とハンガリー人が設計した大砲を結合させ、コンスタンティノープルの城壁襲撃に役立てた。ヨーロッパの海軍技術を利用して、さらに大きくて速い、大砲を初めて搭載したガレー船を建造し、世界で最も経験豊富な海軍艦隊から地中海の支配権を奪った。領土拡張の資金調達のため、ヴェネツィアの貿易慣行と前哨地は解体せずに改造した。そして、戦争のたびに、東側と西側のあいだで貿易と交流を再開する交渉を行った（当然、改定した価格で）。

トルコ人とは交渉できたかもしれないが、地理とは交渉できなかった。したがって長い目で見れば、第二のショックのほうがもっと破滅的だった。一四九九年、三隻のポルトガルの船舶がインドの香料市場で観測されたとの知らせが、ヴェネツィアに届いた。ヴァスコ・ダ・ガマが航路を発見したのだ。〝この知らせを受け取ると、街じゅうの人が……唖然とし、いちばんの賢人は史上最悪の知らせだと考えた〟とヴェネツィアの元首で銀行家のジローラモ・プリウリは記録した。[63] ヴェネツィアの商人たちはすぐに、その意味を悟った。ポルトガルは、商品を大量に買い、直接船で運び、ヴェネツィアが過去七世紀にわたって築き維持してきた陸路に沿った何百もの小規模な中間業者と法外な税金を葬り去るだろう。一回のみごとな大成功で、競争相手はヴェネツィアの地中海の香料インフラを時代遅れにしてしまった。

いくつかの結果は、すぐに現れた。翌年、大西洋沿岸でずっとよい条件が期待できることから、ヴェネツィアの物価は急落した。多くのドイツの香料商人は、ヴェネツィアを引き払ってリスボンに事業を移していた。最終的に、陸路の香料貿易の衰退は、最初に心配されたほど急激ではないことがわかった。航路にも、嵐、海賊、アフリカ西岸と東岸の至るところにいる敵意をいだく住人など、独自の危険があったからだ。しかしそれでも、変化は避けられなかった。古代から商業と文化の中心地として栄えた陸上貿易路に沿った都市や地域――バグダード、ベイルート、カイロ、ダマスカス、黒海と紅海――は、やや遅れた場所へと衰退していった。ヴェネツィア自体は、衰退というより落後し始めた。経済の有力者たちは長いあいだ果敢に奮闘し、次は造船や製造業、農業に参入しようとしたが、都市国家は、新興の外洋航行帝国と競争するには立地があまりにも不利だった。

多くの人々と同じように、ヴェネツィア人は、自分たちの長きにわたる繁栄が永遠に続くと考えていた。破壊的な、直線的でないショック――オスマン帝国の勢力拡大と、より優れた新しい貿易経路の発見――に襲われて、積み重ねてきた貿易の成功が、これほど脆弱になろうとは予測できなかった。ヴェネツィアはどちらにも備えておらず、その両方に屈して、かつて栄えた大陸間のネットワークとともに沈んでいった。

浸水するタイ

現代のサプライチェーンとインフラにも、突然の予測しにくいショックに対して脆弱になりかねない累積した集中がある。一見リスクを分散させてくれそうな〝グローバル化〟は、あらゆる人がどこでどうコストを最小にして効率を最大にし、他の共通の目的を果たすべきかについてそれぞれが同様の結論に達するにつれて、大半の投資や活動の多様性を減らしてきた。[64] 最近になってようやく、類似の結果を個別に追求することが、衝撃的事件に対する集合的な脆弱性を高めてきたことが認識され始めた。

ヴェネツィアが五百年前にはっきり示したとおり、サプライチェーンはとりわけ集中を累積しやすい。民間企業は、営利目的に則して迅速に行動する。一九九〇年、タイにはささやかなエレクトロニクス産業と自動車産業があった。[65] 一九九五年にタイがWTOに加盟したことで拍車がかかり、二〇一〇年には、それらの製造業がタイのGDPの三十五パーセント、雇用の二十パーセントを占めた。[66] 世界のハードディスクドライブ（HDD）の組み立て作業の四十パーセント以上と、日本の自動車部品製造のかなりの割合が、バンコクの大河流域に移転していた。[67] なぜか？　安い労働力、政府の優遇政策、近隣のアジアの中心都市への便利なアクセスが得られたからだ。さらに多くの企業がこの論理に従って大河流域に進出するにつれ、論理の魅力もさらに強くなった。だからこそ、二〇一一年後半、複数の激しい台風によって流域に洪水が起こったとき、その深刻な影響は広範囲に及んだ。洪水の直接的な被害で損失は総計四百億ドルにのぼり、二百万人が一時的に仕事を失った。[68] 間接的には、自動車部品輸出の停止によって、日産とトヨタは、マレーシア、ベトナム、パキスタン、フィリピン、アメリカ合衆国、カナダでの生産を中止するか遅らせるしかなくなった。[69] エレクトロニクスの生産能力が失われたせいで、世界じゅうで消費者物価が急騰し、日本の日経平均株価とニューヨークのNASDAQ総合指数でテクノロジー関連株に大きな打撃を与えた。世界のハードドライブ生産のほぼ半分が水に浸かり、世界のパーソナルコンピューター生産は麻痺した。カリフォルニア州サンタクララの太平洋沿岸では、インテルが二〇一一年第4四半期に十億ドルの損失を出した。[70] タイのHDD製造は復活したが、一時的だった。二〇一一年の洪水は、テクノロジー産業がタイの近隣諸国で製造されるソリッドステートドライブに移行するのを促すことになり、二〇一三年以降、タイのHDD輸出は減少し続けている。[71]

二〇一〇年春、アイスランドのエイヤフィヤトラヨークトル火山が噴火したときも、同様の出来事が展開した。

吹き出した灰の雲は西ヨーロッパを覆い尽くし、ヨーロッパと世界各地をつなぐ三つの主要なハブ空港すべて――ロンドン・ヒースロー、フランクフルト、パリ＝シャルル・ド・ゴール空港――を六日にわたって閉鎖させた。およそ十万便がキャンセルされ、その後に続いた混乱――ヨーロッパの病院での臓器移植の中止から、ケニアやザンビアの倉庫での花や果物の腐敗まで――によって、世界経済は推定五十億ドルの損失を被った。[72]

新しい社会の複雑さや集中は、火山の噴火が実際に起こるリスクを引き上げたわけではないが、噴火が起こったときのコストを引き上げた。

そのほかの大きなインフラの機能停止は、人間がみずから招いたというほうが近い。二〇〇三年八月、北アメリカ史上最悪の停電が、アメリカ合衆国北東部とカナダを襲った。五千万人以上が三十時間以上にわたって暗闇に放り込まれ、約六十億～百億ドルの損失を生んだ。[73] その瞬間まで、政府や公益企業のなかに、それほどの規模の停電が一度に起こりうると考える者はほとんどいなかった。しかし、アメリカの電力消費量は、特にインターネット接続によって十年で約三十パーセント跳ね上がっていた。一九九〇年代前半に始まった規制緩和と民営化によって、送電線網に接続する業者の数は、数百から数千に増えていた。老朽化する発電所と並ぶ新たな次世代送電網機器には、複雑な制御システムがあった。そして再生可能発電（日光と風の予測できない変動によって止まったり動いたりする）の利用が増えたことで、送電網の負荷バランスが複雑になっていた。驚くまでもないが、アメリカとカナダの統合対策本部がのちに結論づけたところによると、停電の主要なふたつの原因は、〝システムの不充分な理解〟と〝状況の不充分な認識〟だった。[74]

明らかに、最近のこういうエピソードは、体系的なインフラのリスクへの注意を喚起し始めている。二十一世紀の最初の十五年で、自然災害は、世界じゅうで総計およそ二兆五千億ドルに相当する教訓を与えた。[75] 学ぶ機会があったのはよいことだ。ほかにもたくさんの災害が、前途に待ち受けているのだから。世界の輸送ネットワーク全体には、ずっと大きな多様性が存在するのだが、それを供給する方法ははるかに少ない。今日では、世界の空港のうち上位三十港だけで、全国際旅客の四十パーセント以上に対応し、全国際便の三分の二以上を処理している。[76] 世界の海港の上位十港が、世界経済のコンテナ輸送の優に五十パーセントに関わっている。[77] インド洋と太平洋間の主要航路のマラッカ海峡には、世界の貿易材と商品の四分の一が通過しているが、最も狭い地点で二・八キロメートル幅しかない。地中海からスエズ運河を通ってインド洋までをつなぐアデン湾も同様に重要だが、同じくらい狭い。縮小していく一連の世界的なプラットフォームが、重要品目の大部分を製造し、運搬している。

これはとりわけ、インターネットについて当てはまる。二十一世紀の体系的なリスクのまったく新しい供給源だ。インターネットはあまりにも便利なので、今ではあらゆることに利用されており、そこに危険がある。利用者から見れば、インターネットはあらゆる場所につないでくれる目に見えない領域だ。しかし、この利用者の経験には物理的な側面がある。人々のつながりを危険な形で集中させるデータセンターと光ファイバーケーブルだ。世界じゅうの船が通ることになるあの海峡と運河の難所は、海底ケーブル敷設の最良のルートでもある。アフリカでは毎年、通過する船の錨によって、あるいは斧によってそういうケーブルが切断され、あらゆる国々のネットワークが不通になっている。二〇一三年、エジプトの沿岸警備隊は、漁船に乗った三人の男を捕らえた。男たちは、故意にスエズ運河のケーブルを引き上げ、システムに不正侵入しようとしていた。標的のSEA‐ME‐WE4ケーブルは、ヨーロッパとアフリカ、アジアの主要データリンクのひとつだ。それが切断されれば、三大陸すべてのネットワークが滞るだろう。今やどこかの政府機関が、たとえば重要なサーバーを無効化して、標的の国のインターネット接続を効果的に遮断できる〝緊急停止スイッチ〟を持つことも可能になった。二〇一四年十一月、北朝鮮のインターネットが一時的に不通になったのも、それが理由かもしれない。北朝鮮政権の風刺映画を最近公開したソニー・ピクチャーズを、北朝鮮が報復としてハッキングしたとアメリカ政府が非難した数日後のことだった。

一方、ネットワークのハードウェアとソフトウェアの複雑さは、信頼できるサービスの維持を絶えず困難にしている。グーグル、マイクロソフト、アマゾン、フェイスブックはそれぞれ、およそ百万のサーバーを稼働させていて、障害、自然災害、設備故障、人為的なミスによる休止時間は出費のかさむ問題だ。ある世界的な産業調査によると、二〇一四年、予期しないデータ損失と休止時間は、企業に一兆七千億ドルを負担させた(78)。たとえばクラウドサービスの利用拡大などで人々のインターネットへの依存がいっそう増すにつれて、そのコストも膨らんでいくだろう(79)。そして、いわゆる〝ゼロデイ〟脆弱性——広く流通しているソフトウェアやオペレーティングシステムのコード内深くに埋め込まれた未知のバグ——の利用が、意図的にサービスを妨害する恐れがある。多くの場合、こういうバグは、ハッカーに利用されて初めて修正される。二〇一四年九月、〝シェルショック〟として知られる波状攻撃が、マッキントッシュとリナックスのオペレーティングシステムの重大な脆弱性を利用して、何百万台ものコンピューターに悪意あるコードを走らせた。バグは二十年間も気づかれていなかった。二〇一四年十一月に発見された〝ユニコーン〟と呼ばれる別のゼロデイ脆弱性は、一九九五年にまでさかのぼるマイクロソフト・インターネット・エクスプローラのあらゆるバージョンに存在していた(80)。

インターネットネットワークの複雑さは、ゼロデイのような攻撃を、ほとんど完全に匿名で行うことを可能にする。最もよくある種類の攻撃、分散型サービス妨害（ＤＤｏＳ）は、何千台もの乗っ取ったコンピューターから同時に標的のサーバーにダミーのデータリクエストを送り、正規ユーザーがリクエストを通せないようにする。インターネットはもともと防御ではなく共有を目的に設計されていたので、犯人は自分たちが集めた無頓着な群衆のなかに堂々と隠れていられる。犯人が発見されたときでさえ――たいていはどこか外国で――管轄権の制限のせいで裁判にかけるのは難しい。

二十年前はまれだったが、今日サイバー犯罪は至るところで起こっている。Ｅメール、ウェブ、ソーシャルメディア、モバイル機器、プライベートネットワーク。サイバー犯罪に労働力と道具を与え、盗品を売買できる成熟したオンライン市場が、急拡大を可能にした。もはや、サイバー犯罪の被害者になるかどうか、ではなく、いつなるかの問題だ。こういう犯罪は、個人情報やログイン情報、ウェブ画像、スナップチャットの写真の盗難やそれに伴う脅迫を通じて、個人に被害を与える。また、スパムやフィッシング、Ｅメール攻撃に知らないうちに荷担させたり、マルウェアや児童ポルノのウェブサーバーとして乗っ取ったコンピューターを使ったりして、他者に被害を加えさせる。そして、電気器具から自動車、家の錠まで、さらに多くのスマートデバイスが〝物のインターネット〟につながるにつれて、サイバー犯罪者が引き起こせる被害の範囲は広がるばかりだろう。二〇一五年七月、約百四十万台のジープが回収された。インターネット上の遠隔操作でバグを利用して侵入し、車を衝突させられることを、研究者が証明したからだ[81]。

また、サイバー犯罪は、さまざまな機関から知的財産などの秘密を盗んでいる。二〇一四年には、世界じゅうにある小企業の二分の一、中規模企業の三分の二、大企業の五分の四が、サイバー犯罪の特定の標的になった[82]。二〇一四年までアメリカ国家安全保障局の長官を務めたキース・アレクサンダーは、サイバースパイ活動を〝史上最大の富の移転〟と表現した[83]。アメリカ合衆国だけで、全サイバー攻撃の半分が計画・実行されていて、サイバースパイによる企業の損失は、年間三千億〜四千億ドルにのぼると推定されている[84]。こういう攻撃は消費者と顧客にも、個人データを漏洩し、個人情報を盗まれやすくすることで被害を与える。二〇一四年の調査では、最大手のオンラインサービスプロバイダーや小売店、銀行を含むアメリカ企業の四十三パーセントが、過去一年間にデータ侵害を受けていた[85]。ＪＰモルガン・チェースへのハックは、七千六百万世帯と小企業七百万社の銀行記録を盗んだ[86]。公的なデータネットワークも危険にさらされている。二〇〇七年四月、世界で最も早くペーパーレス政府とインターネットバンキングを採用した国のひとつ、エストニアがいきなり機能を停止した。銀行、電気通信会社、メディア各局、政府省庁がいっせいに、ＤＤｏＳ攻撃を受けたからだ。もっと最近では、二〇一五年半ば、アメリカ人事管理局がハックされ、五百六十万人分の指紋データを含む二千百五十万人分のアメリカ政府の現役および元職員の人事記録が盗まれた。もしかすると、情報提供者の勧誘かスパイの特定を狙った外国政府のしわざかもしれない[87]。国家が支援しているらしい他の高度なマルウェア攻撃も、世界じゅうで、大使館や研究施設、国家機密を扱う政府機関などに不正侵入している[88]。

インターネットにつながった重要なインフラの規模増大——防衛、化学、食糧、輸送、原子力、水、金融、エネルギーその他のシステムを含む——は、今やサイバー犯罪だけでなく、サイバー戦争も可能であることを意味している。二〇一六年現在、二件の大きなサイバー攻撃が、物理的なインフラに損害を与えたことが公に確認されている。二〇一〇年には、スタックスネット・ワームが、イランのウラン濃縮施設を攻撃し、制御システムを感染させて、ウラン遠心分離機が破壊されるようにした[89]（同様のワームが北朝鮮の施設を狙っていたが、国が極端に隔絶されているせいで目標に到達できなかった）[90]。二〇一四年には、ドイツの製鋼所がサイバー攻撃を受けて、工場の制御システムにアクセスされ、重要な部品を破壊されて、〝甚大な被害〟を被った[91]。そういう攻撃が、ほかにもたくさん企てられている。アメリカ国土安全保障省は、二〇一四年に二百四十五件の重大な事件があったことを報告した。大部分はエネルギーおよび主要製造部門への攻撃で、不正アクセスから、マルウェア感染、データ盗難までさまざまだった（この報告書は、将来の攻撃に備えた調査として役立つかもしれない[92]）。

インフラを当たり前のものと思えた時代は終わった。

インフラとしての自然

そこには自然も含まれる。気候のような自然のインフラは、リスクが前回のルネサンス以来どう変わったかと、五百年前に得た教訓が現代にどう関わっているかの両方を最も明確に示す例といえる。

変わったことは、十七倍増えた人口によって拡大した人間の活動の純然たる規模と、ひとり当たりにはるかに多くのエネルギーを費やしているテクノロジーのレベルだ[93]。五百年前、自然の力は人間の活動とは無関係に思えた。人間はたとえば農業や林業で風景を変えられたが、自然はほとんど既定の事実であって、人間の制御どころか影響さえ及ばない力ととらえられた。今日では、もう違う。人為災害と自然災害の明確な区分はもうなくなった。人間の活動の規模が、地球環境、種の多様性、天気、気温、大気、海水面にまでかなりの影響を与えるほど大きいからだ。

教訓——つながりと発展の力は、複雑さと集中の問題を生む——も同じくらいはっきりしている。たとえば、気候変動を見てみよう。人類と地球の気候との関係は、あらゆる科学のなかで屈指の複雑な現象になってきた。この関係を理解するために加えるべき自然の要素には、たとえば次のようなものがある。太陽活動周期、地球の軌道変化、気流と海流、植物と動物の二酸化炭素吸収と放出のサイクル、地表によって異なる吸収能力。次に、そういう現象に人間社会の影響を重ね合わせる必要がある。加速する温室効果ガス生成、土地利用、オゾン層破壊、農業、森林伐採などなど。そのあと、これらふたつの大きな変数集合の内部とあいだに、相互作用、フィードバック、直線的でない転換点を見出す困難な仕事が始まる。因果関係を見つけるのはとても難しい。半分はそれが理由で、気候変動を緩和するための断固たる公的行動を実施しにくくなっている。たとえ、天候パターンの変化や猛烈なハリケーンその他の〝自然〟災害の影響に悩まされていても。

もう半分の理由は、気候変動が典型的な集中のジレンマをもたらすことだ。それは、人間の独創力、冒険主義、探検、つながりと協力——つまり、人々がよいと考えるたくさんの活動による、まったく意図しない副産物といえる。もし、徐々に疑う余地がなくなってきたとおりに、社会的に認められた目標の私的な追求が、生存を脅かす二酸化炭素汚染蓄積の一因になっているとしたら、どうすればいいのだろう?

リスクは増大していて、その原因は、社会制度内で高まっていく複雑さと集中にある。

これらふたつの要素は、異なる課題を差し出す。複雑さについての問題解決のいちばん難しい部分は、見つけることだ。もし活動中に因果関係が見えれば、なんらかの管理上、技術上の解決策の組み合わせで身を守れる。しかし見えないので、実行しない。

複雑さは認識をひずませるが、集中は判断力をひずませる。集中は個人のあらゆる選択——自由意志や野心、愛する者たちへの義務に導かれる選択の集合的な結果だ。私的な行動が、まったく意図しなかった集合的なショックのリスクを増すとしたら、どうすればいいのだろう？　たとえどんなショックが迫っているかが見えていても、簡単に答えは出てこない。

こういうひずみは避けられない。それは、現代人が生まれた、絡み合い急速に発展する時代の一面であり、人々の生活に浸透している。次章で示すように、お互いの関係にも。

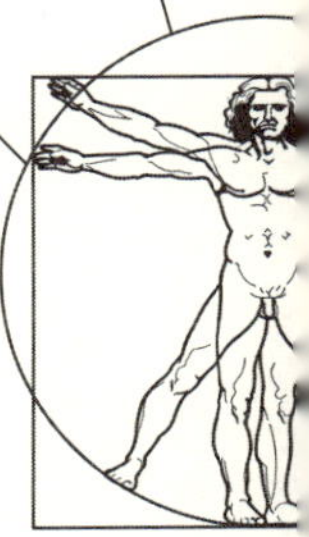

8

虚栄の焼却と社会への所属
なぜ現代が過激主義者に力を与え、人々の結びつきをひずませるのか

イタリアでは争いが絶えず、飢饉の新たな余地が生まれる
疫病があらゆる海岸に達し、怒りに満ちた神の審判を広げる
それは汝の盲目の、失われた命のために残された暗闇の糧
ガラスのように脆い信仰を持つ人間よ
ああ、哀れなるかな……

ジローラモ・サヴォナローラ（一四五二〜一四九八）[1]

力を得た預言者

一四九七年二月前半、ドミニコ会修道士ジローラモ・サヴォナローラと狂信的な若い信奉者の一団は、この奇妙

な新しい時代の入手可能な物的証拠のすべて——不道徳な本、異端の書、裸体画や彫刻、下品な香水、新しい楽器、遠方から運ばれてきた安物の宝石——をかき集め、フィレンツェの中央広場にうずたかく積み上げて、七つの大罪になぞらえ、合わせて高さ二十メートルにもなる七つの山をつくった。二月七日、謝肉祭の日、サヴォナローラはその山に火を放った。〝虚栄の焼却〟として歴史に知られるようになった出来事だ。

その行為自体は、さほどめずらしくなかった。罪を焼き払う公の焼却は、以前にもイタリアの聖職者によって行われていた。一四二〇年代にはベルナルディーノ・ダ・シエナ、もっと近い過去の一四八三年にはベルナルディーノ・ダ・フェルトレが実施している。[2] サヴォナローラの訴えも目新しくなかった。天賦のよく通る声で、社会の道徳的腐敗を非難し、教会の荷担を非難したが、以前の多くの説教師も同じことを言っていたはずだ。[3]

過去の時代と場所でなら、サヴォナローラは隅に追いやられ、無視されていたかもしれない。なにしろ、裕福なエリートやあらゆる公式権力を持つ宗教組織を非難する一聖職者にすぎなかったのだから。ところが、サヴォナローラとその思想は、修道士の社会的地位とはまったく不釣り合いな途方もない権力と合法性を獲得した。そこに至るまでの速度は、君臨する権力者たち——フィレンツェの寡頭制支配者であるメディチ家から、ローマの教皇(アレクサンデル六世)まで——の意表を突いた。一四九〇年五月か六月、三十八歳で初めてフィレンツェに到着し、おごそかなサンマルコ修道院で教職に就いたとき、サヴォナローラはフェラーラ出身の中位の修道士で、感情をかき立てる黙示録的な演説をするという、ささやかだが高まりつつある評判を得ていた。その後一年もたたないうちに、街で最も誉れの高い説教壇、ブルネレスキのドーム下のドゥオーモから、一万五千人の群衆に向かって説教するようになった。[4] 聖職者であり、フィレンツェ市民ではなかったサヴォナローラは、二重の意味で公職に就く資格を持たなかった。それにもかかわらず、一四九四年には苦もなくフィレンツェの政治における最大の有力者となり、それは一四九八年に処刑されるまで続いた。キリストを王とする神政国家として都市を治め、その道徳的・政治的権威は国内の至るところに広がった。[5] 支持者はフィレンツェの統治評議会のなかで最大派閥となり、サヴォナローラはそれを足がかりに、ふたつの改革によって都市をつくり替えた。第一は、エリート主導の意思決定機関から成る六十年にわたるメディチ家支配体制を廃止し、市民を代表するもっと大規模な〝大評議会〟に置き換える共和制への動き。第二は、悪徳に対する法律をきびしくして、売春婦と同性愛者を迫害し、懺悔の公開を呼びかける道徳的浄化の一般向けキャンペーン。これは歴史的な焼却で頂点に達した。サヴォナローラは説教のなかで、統治下の都市国家を〝フィレンツェ・キリスト教信仰共和国〟と改名した。[6]

その急激な出世と改革推進力は、ひとつには、タイミングのよさによるものだった。黙示録的なお告げに、いくつもの出来事がうまく重なった。西暦一五〇〇年が近づいていて、多くのキリスト教徒は、最後の審判が迫っているという終末論的な恐れとともに節目の一五〇〇年を迎えようとしていた。あらゆるしるしは終末の前兆に見えた。オスマン帝国は、黒い雲のように地平線上に迫ってきた。すでにアジアの一部を獲得し、ギリシャを占領し、イタリアの沿岸地域を脅かしていた。メディチ家の当主〝偉大な〟ロレンツォは、フィレンツェの事実上の支配者で、都市の強さと輝かしさの源と見なされていたが、病に倒れ一四九二年に死去した。まったく魅力に欠ける跡継ぎ〝不運な〟ピエロは、信頼の気持ちを呼び起こさなかった。一四九四年、人々の不信には充分な根拠があることがわかった。フランスのシャルル八世がイタリアに侵攻し、梅毒を運び込んだうえに、ピエロが平和を買うために結んだ合意によって大量のフィレンツェの富を運び去ったからだ。漠然とした言い回しで、サヴォナローラはすべてを預言していた。人々がしきたりや自身の心を堕落させる罪を洗い流さなければ、神が新たな洪水を起こして代わりにそれを行うだろう、と。

またひとつには、その影響力は、当時の急激な変化の風潮と、その風潮が人々のあいだに生み出す不安によるものだった。多くのフィレンツェ市民、特に創造的な人々は、〝存在の大いなる連鎖〟における〝人間の〟地位を高め、芸術的、科学的、あるいは政治的な努力のなかに神聖なものを見つける人文主義的な思想にひらめきを与えられていた。サヴォナローラと支持者たちは、それにおののいた。社会の価値階層のなかで肉体的な美と世俗的な達成が地位を高めれば、禁欲や懺悔などの宗教的な達成は地位を下げるだろう。聖母マリアは、美しく豊かな女性――一部の男が欲情するような姿で描かれるようになった。[7] 教皇アレクサンデル六世（今日ではボルジアという姓で広く知られる）は、あまりにも世俗的だった。歴史が示すところでは、たくさんの愛人を抱え、世俗的権力を追うために宗教的な義務をおろそかにし、家族に不労利益を惜しみなく与えた。天国と地獄が現実に存在することを、人々は忘れているのではないか、とサヴォナローラは説いた。救済は、人間の自身を超越する努力ではなく、神の道徳律への服従と、あの世での恩寵への希望にある。イエス・キリストの神聖な方舟によってのみ、人は来るべき洪水から救われるのだ。この教義を信じる者たちにとって、教会と社会に根づき始めた道徳的寛大さの文化には、すぐさま根こぎにするための猛烈な対抗勢力が必要だった。サヴォナローラは、伝統的慣行を根本的に改革して新たな意味と緊急性を吹き込むためにその信念を利用した。最も重要なのは、十二歳から十八歳の男子が通うフィレンツェの既存の教理学校を掌握して、教育課程を書き直したことだ。それ以降、イデオロギーで結束した熱烈な若者の集団が次から次へと生まれ、通りを巡回して、嫌がらせや脅し、暴力の取り合わせでサヴォナローラの道徳方

針を強制した。(8)

何よりも、サヴォナローラがこれほど大きな影響力を持てたのは、世界に浸透していたつながりと発展の力のおかげだった。フィレンツェは、ヨーロッパの卓越した文化と商業の一中心地として繁栄しつつあった。古代ローマの円形劇場の中央舞台で演説をするように、フィレンツェで語られた思想は遠くにまで伝わった。それは、芸術や銀行業、政治でかつて頻繁に見られたパターンだった。サヴォナローラは、印刷術によって都市国家の宣伝力をいっそう高めた。主張は過去の価値観への回帰だったかもしれないが、それを広めるための新しいテクノロジーをすばやく採用した。歴史に残っているかぎり、サヴォナローラは大衆向けのプロパガンダの道具として印刷術を使った初めてのイタリア人政治家だった。(9) 自分の意見表明を、すばやく製版できて安くつくれる一枚の短いパンフレットの形にまとめ、(10) さらには〝公開状〟――あらゆる人に宛てて、広く読まれるように意図され、世論に影響を与えることを目的とした手紙――も発明した。(11) こういう新しい道具の助けを借りて、道徳上の不安を引き出し、結集させて、勢いづけた。やがてその活動は、抗いがたい、さらには抗えば危険が及ぶものになっていった。

新たな虚栄の焼却

今日では、サヴォナローラは反動主義者、あるいは暴力的な過激主義者と呼ばれるかもしれない。現代の一部の学者は、とりわけ同性愛行為《ソドミー》に対する悪意あるキャンペーンに関してそう呼んでいる。(12)〝忌まわしいソドミーの悪徳によって、フィレンツェの悪名がイタリアじゅうに広まっていることはご存じだろう。そういう人間が、憐れみの余地なく石を投げられ火あぶりにされるような法律をつくろうではないか〟[13]

いくつか違いがある。今日の暴力的な過激主義は、キリスト教だけでなく、イスラム教、ユダヤ教、仏教まで含む世界のあらゆる宗教に悪影響を与えている。アメリカ合衆国からウガンダまでのキリスト教過激派が、イスラム教嫌悪や同性愛嫌悪を広め、同じ国に住むイスラム教徒や同性愛者に対して排斥行為や暴力を働いている。[14] イスラエルのユダヤ教超正統派は、プライドパレードに参加中の同性愛者を襲撃したり、アラブの女子校の爆破計画を立てたりしている。[15] 仏教徒が多数派を占めるミャンマーの過激な僧たちは、暴徒をけしかけて、少数派のイスラム教徒の村すべてを壊滅させようとした。[16] 宗教的な急進主義は、過激派の活動の一種にすぎない。たとえば、インドの国粋主義者は、文化的多元主義のせいで自分たちが国内で少数派になることを恐れ、少数派を攻撃している。外国人嫌悪のネオナチグループは、非ヨーロッパ系の住民をヨーロッパから追放することに懸命になっている。

しかし、重要な類似点もある。当時も今も、長い歴史を持つイデオロギー上の主張が、突然新たな力と勢いを得ている。サヴォナローラの虚栄の焼却は、現代の過激主義の形態に三つの洞察を与える。

予期されていたこと

第一は、それが予期されていたことだ。過激主義は、天才の開花と体系的なリスクがそうであるように、現代の一部になっている。それは、急激な社会の変化に対するある方面の反応としては予測できる結果であり、その反応を結集させて力強い声を与える新たな資源やテクノロジーの利用しやすさと結びついている。中東での「イスラム国」（ＩＳＩＳ、ＩＳＩＬとしても知られる）の急速な発展と全世界への波及は、二十年前には不可能だったに違いない。一九九〇年代のタリバンは同族的な地域の武装勢力で、アルカイダは国を持たないネットワークだが、二〇一〇年代のＩＳＩＳは拡大する領土を持つ現代的な支配体制だ。その権力掌握には、ソーシャルメディアが不可欠だった。ＩＳＩＳの一連の扇情的な爆弾攻撃、斬首、世界に向けた放送、さらには、イスラム教スンニ派への政府の粗末な扱いに対してスンニ派の若者を結束させる洗練された巧みな宣伝活動は、不満をいだくイラク人、シリア人などの外国人を、その旗の下に呼び集めた。[17] 二〇一一年以来、百カ国以上から約三万人の外国人がＩＳＩＳに加わり、そのうちおそらく五千人ほどはヨーロッパと北アフリカ出身だ。一九三〇年代後半のスペイン内戦以来、最も成功した外国人戦闘員の募集といえる。[18] その成功と、国際的なジハード主義者のネットワークによる武器と資金の援助で軍事攻撃が可能となり、ＩＳＩＳは二〇一四年六月にはモスル（人口百二十万のイラン第二位の都市）を、その一カ月後にはシリアの油田の六十パーセントを、国内および国外の政府が反応できないほどすばやく制圧した。さらに、これらの勝利によって、ＩＳＩＳはみずから補塡できる財源を得て、新たな、もしかすると永遠に続く中東政治の顔としての地位を確立するため、軍隊を拡充して重大な国家建設の仕事に取りかかれることになった。

前章で説明した体系的リスクと同じく、今日の反動勢力や過激派勢力は排除できない。一般によく言われる誤った見解は、教育によって取り除けるというものだ。しかし、サヴォナローラはとても教養のある知識人だった。法律、哲学、神学、人文科学に精通していたにもかかわらず、書物を焼き払い売春婦に石を投げることを提唱し、一般的なフィレンツェ市民が容認していた同性愛行為は死刑で罰するべきだと説教した。同じように、現代の過激派活動の主導者たちは、かつても今も、高い教育を受け、たいていは科学や医学、工学の学歴を持っている。[19] イスラエル・パレスチナ紛争の自爆テロリストが一般人より高い学位を持っている比率は、三倍にもなる。[20] 9・11アメリカ同時多発テロのハイジャック犯と計画者たちの三分の二は大学教育を受けていた。[21] ISISの指導者アブー・バクル・アル＝バグダーディーは、古代アラビア語に精通していることを誇示し、一部の報道によれば、イスラム研究で複数の高い学位を取得している。[22]

対立する現代性

今日の過激主義は、教育では排除できない。無知に根ざしてはいないからだ。現代性の全面的な拒絶にも根ざしていない。サヴォナローラの第二の教訓は、当時も今も、過激主義がまったく異なる現代性の意味に根ざしているということだ。

〝現代性〟とはなんだろう? ポストモダニスト、今ではポスト・ポストモダニストが、何十年ものあいだ、正しいひとつの答えはないことを教えようとしてきた。前進と後退、合理と不合理、現代と伝統のあいだにつける日々の区別は、〝真実〟とは違う。それは価値判断だ。いくつかはとても幅広く支持され、反対する人にはめったに会わないので、真実のように見える。反対するごく少数の人が〝過激派〟と呼ばれることで、暗に残りの人々が〝穏健派〟となる。穏健派と過激派両方の見かたの中核にあるのは、人類が進歩できるという考えだ。どちらも人間を前進させることをめざす。しかし、穏健派はその進歩を、さまざまな価値の選択肢と両立する一般的で広く認められた世俗的な達成（健康、富、教育の獲得など）で評価するが、サヴォナローラのような過激派は、妥協の余地をほとんど残さない特定の宗教あるいは道徳の見地から、進歩を定義する傾向がある。穏健な政策の促進を可能にする同じつながりとテクノロジーが、過激派の計画に新たな純度の高さをもたらすことも可能にする。

サヴォナローラの展望は、現代的なものだった。中世の過去を社会に取り戻そうとするのではなく――イデオロギー上の計画を宣伝し、市民の活動を監視して、不信心者を罰する新たな手段の助けを借りて――かつてないほど優れた道徳的規律を打ち立てようとしていたからだ。フィレンツェを新しいエルサレムとして思い描き、その政治的・社会的習慣のなかで、かつてのエルサレムよりもっと徹底的に、もっと強力に美徳を実現したいと考えた。似たような動機が、今日のＩＳＩＳを駆り立てている。ただし、ＩＳＩＳの指導者たちは新しいエルサレムの代わりに、新しいカリフ統治の確立をめざしている。その統治のもとでなら、預言者の信念に関する自分たちの解釈が、かつてはありえなかったほど完璧に実現するだろう。目的はもはや、外国の異教徒たちを単に罰することではなく、イスラム世界をつくり直すことだ。アブー・バクル・アル＝バグダーディーは、二〇一四年七月に「イスラム国」の自称カリフとして初めて公の場で演説したとき、次のように宣言した。

われわれは今、新しい時代に生きている……頭を高く上げよ、なぜなら今日――アラーのお恵みにより――あなたは国とカリフ統治を獲得したからだ。あなたの尊厳と力、権利と指導力は取り戻されるだろう。アラブ人と非アラブ人、白人と黒人、東洋人と西洋人、みなが兄弟である国だ……アラーは彼らの心を結びつけ、ゆえに彼らはアラーのお恵みによって兄弟となる……彼らの血は混じり、ひとつになって、唯一の旗と目的のもと、ひとつのあずまやのなかで、この恩恵を、忠実な兄弟愛の恩恵を享受する……したがって、おお、イスラム教徒諸君、あなたの国へと急ぎたまえ。(23)

カリフ統治とは、イスラム世界での特別な地位の主張を意味する。従来の境界がある国家ではなく、世界じゅうのあらゆる忠実なイスラム教徒に対する主権だ。正統であるなら、イスラム教徒は移住してその一員となる義務がある。初のカリフ統治は、西暦六三二年、預言者ムハンマドの直接の後継者によって確立された。最後は、第一次世界大戦後、オスマン帝国が解体して、トルコといくつかのアラブ国家に分かれたときに終わった。[†] ISISはそれ以来、カリフ統治を宣言した初めてのイスラム教集団だ。そして、イスラム多数派の国で承認している国はないが、二〇一四年末には、すでにその目標に向かって歩を進めていた。ISISは、イラクとシリア一帯のイギリスより広大な地域で軍事的支配を固めた。占領地域で、政府の機能（法廷、警察活動、医療、教育、インフラ、経済、金融政策など）を掌握してつくり直した。石油、ガス、農業、税、搾取、略奪した古代の遺物、寄付などから年間三十億ドル近い収入を確保し、組織を世界で最も裕福な原理主義運動集団にした。(24)

そして、テロとプロパガンダの混交を通じてではあるが、社会規範をその信条に合うようにつくり直している。ISISは、極端に偏狭なイスラム教の解釈を信奉し、その解釈に反対するあらゆる者（他のイスラム教徒を含む）を異教徒と見なして、宗教的義務として彼らに対する暴力を奨励している。現在ISISの支配下にある地域のうち、たとえばイラク北部のニーナワー県などは、何世紀ものあいだ多文化、多宗教の人々を受け入れてきた。現在では、民族的・宗教的少数派は、改宗するか、逃げるか、拷問や強姦や死に向き合うかしかない。宗教警察の集団が巡回して悪徳を撲滅し、祈りへの出席を強制している。芸術、音楽、国の歴史、文学、キリスト教を教えることは、ほとんどの場所で禁じられている。同性愛者は殺される。女性は、できること、着るもの、家を離れられ

る時間についてのきびしい規則に従わなくてはならない。子どもは九歳になると、兵士にされる。(25)

過激派と穏健派の現代性についての展望は相容れない。互いの目から見れば、一方は道徳の退廃という代償を払って欲求を満たし、もう一方は個人の自由を犠牲にして〝純粋な信仰〟を満たしている。こういう価値観の相違に折り合いをつけられなかったサヴォナローラは、支持しない方針を持つ宗教的および世俗的指導者を一掃する必要があると考えた。教皇は乗り気ではなかった。サヴォナローラの共和国改革が気に入らないイタリアの君主や寡頭制支配者もそうだった。一四九七年、教皇アレクサンデル六世は、サヴォナローラに以後の説教を禁じ、禁を犯すと、破門を宣告した。サヴォナローラの預言に反して空は落ちず、政敵たちがすぐさまその事実を指摘すると、大衆の支持は失われていった。翌年五月、巨大な焚き火に点火してからおよそ十五カ月後、サヴォナローラ自身がまったく同じ広場で首をつられ火あぶりにされた。殉教者の遺骸を残して他の者たちを集結させないように、遺灰は川に捨てられた（同じ理屈から、アメリカ特殊部隊は二〇一一年、オサマ・ビンラディンの遺体を水葬にした）。今日、異なるふたつの現代性の衝突はふたたび、もっと大きな規模で暴力を誘発している。アルカイダ、ＩＳＩＳ、他の過激派は、世界じゅうの不信心者に対する無差別暴力を提唱している。フィレンツェの魂のために闘っていたサヴォナローラは、しなかったことだ。

†原注：〝カリフ〟という言葉は〝後継者〟という意味のアラビア語に由来する。

幻滅にあおられて

前回のルネサンスで行われた焼却は、過激派を封じ込める最良の方法を示唆してもいる。穏健な世界が約束をもっときちんと果たして、自分の生きる時代に勇気づけられたと感じる人を増やし、裏切られたと感じる人を減らすことだ。サヴォナローラのイタリアは、それができなかった。難しくはなかったはずだ。そもそも穏健な世界は、サヴォナローラの運動に加わったふつうの農民たちに、たいした約束はしていなかった。ほとんどの人は、自分たちと貴族の生活の大きな格差を、自然の秩序の一部と見なしていた。彼らは直径十五キロメートルほどの世界に閉じ込められていた。しかし、なぜそれより遠くまで行く必要があるのか？　アメリカ大陸のトウガラシを味見したことはなかったが、なぜしたいと思うだろう？　読み書き能力や本が役立つことはめったになく、どちらも手に入れようとする人はほとんどいなかった。神さまが地球を万物の中心に据え、太陽にその周囲を回らせ、お慈悲によって、自分や子どもを苦しめる発熱や伝染病の悪魔を追い払ってくれると信じることで満足していた。

多くのふつうの人にとって、救済こそが、社会に守ってもらいたいひとつの約束だった。しかし現状では、人々の生活に神をもたらすのが唯一の仕事である神の使者でさえ、公然と富と悪徳をひけらかしていた。人民の利益を追求するのが任務である社会の唯一の機関が、みずからの利益を追い求めるエリートに支配されていた。多くの人にとって、それは最後の裏切りだった。幻滅した大衆の支持によって、サヴォナローラは、金持ちと貴族のむだな所有物と世俗の権威を奪い取る力を手にした。

その幻滅が繰り返されている。穏健な現代性は、ＩＳＩＳのような過激派運動の多くの支持者にとって、絵空事に見える。その指導者はこう言う。先進国世界は〝数ある嘘のスローガンのなかでも、文明、平和、共存、自由、民主主義など、きらびやかな見せかけのスローガンを広めている〟が、実際には〝イスラム教徒を奴隷にし〟、強制的に〝意志も名誉もなくそれらのスローガンを繰り返させ、追随者として卑しく恥ずべき生きかたをさせる〟か、実行してもいない〝テロ行為のそしりを受けさせるか〟のどちらかだ、と。(26)

その幻滅の一部は、経済的なものだ。第4章では、世界での富の獲得が、大きな格差によって損なわれていることを示した。世界のなかで、中東ほど経済的格差が明らかな場所はほかにない。シリアは若者の国で、総人口二千三百万人のうち、四十パーセントは二十四歳未満だ。彼らが向かう先に、国の将来はついていかなくてはならない。二〇一一年にシリア内戦が勃発すると、若者の四十八パーセントが失業し、そのうち四分の三は一年以上職に就けなかった。(27)もともと乾燥していた地帯で、二〇〇一年以来干魃が絶え間なく続いたこと（多くの科学者は気候変動のせいと考えている）も一因となった。十年間で、百万人近くの農民が土地を捨てて都市に押し寄せた。(28)バッシャール・アル＝アサド政権下の国が、事態をいっそう悪くした。ほぼ誰もが読み書きできるが、学校の教育課程はひどく時代遅れで、生徒に有利な技能を教えていない。厄介な国家管理とはびこる汚職のせいで、平均的な人でも自立するのが難しい。信用貸しはほとんど不可能で、商権は乏しく、契約は世界のなかでもとりわけ履行しにくい。二〇一一年、世界銀行はシリアを、〝事業のしやすさ〟ランキングで百八十三カ国中百四十四位と評価した。(29)二〇一五年には、百七十五位まで下がっていた。(30)〝アラブの春〟が示したように、穏健な繁栄への道をふさがれ落胆した若者は、別の道を探し始める。

また、政治的な幻滅もある。二〇〇六年（イラク戦争後の移行政府による権限委譲時）から二〇一四年に更迭されるまでイラクの首相を務めたヌーリー・アル＝マーリキーは、イスラム教シーア派が優位を占める政府を運営し、彼らの利益を最優先にした。イラク人の六十〜七十パーセントはシーア派だ。しかし、一九七九〜二〇〇三年のサダム・フセイン（スンニ派）政権下では、彼らは容赦なく虐待されていた。かつてシーア派の反体制活動家だったアル＝マーリキーは、二十四年にわたって亡命生活を送ったのち政権の座に就くと、振り子を反対方向へ大きく動かした。イスラム教スンニ派は大学や政府の要職から締め出され、指導者たちは閣議への参加を禁じられるか、亡命者になるかだった。一般のスンニ派の人々は、学校や職場や法廷で日常的に差別された。すでに二十パーセント超の失業率に苦しむ多くの若いスンニ派のイラク人にとって、この新政権下では自分たちがまっとうな国民として歓迎されないことが明らかになってきた[31]。そこから、断固としたスンニ派支配の新秩序を構築するため、国を捨ててＩＳＩＳや他の集団に加わる決意をするまで、道のりはそれほど長くなかった。

破られた約束にあふれた社会は、きわめて引火しやすい。いったん反乱の火がつくと、さらなる燃料を求めて、軍事行動だけでなく、政治、社会、経済上の行動を起こし、より大きな機会と尊厳を求める国民の正当な期待に応えようとする。残念ながら、サヴォナローラの死が示しているように、そういう成果を出すのは難しい。

イスラム世界のルネサンス？

反乱の根絶には、新しい思想も必要になる。その最前線では、将来はもっと明るく見える。穏健派と過激派の現代性をめぐる争いは、結局のところ思想の戦いであり、ＩＳＩＳの最近の軍事的成功は、アラブ世界の心に向けたキャンペーンとしてたいてい決定的な力を持ったが、それで勝ち得たものは確かとは言いがたい。特に若者のあいだで、疑念が広がっている（サヴォナローラの時代から現代まで、過激派の活動は、破壊や秩序の混乱を起こす若者の意欲に大きく依存している）。ソーシャルメディアでわかるように、ＩＳＩＳがイスラム教を歪曲して死と破壊のキャンペーンを正当化するやりかたに、怒りや嫌悪を示すアラブの若者はますます増えている。現状に駆り立てられた若者たちは、宗教のもっと穏健な解釈から、非宗教的政府への支持と宗教的支配の完全な否定まで、さまざまな思想を表明するようになってきた。著作でアラブ世界の過激主義や女性に対する迫害などの不正を批判しているアルジェリアの作家、アラム・モスタガーネミーは、フェイスブックのページで八百万近くの〝いいね〟を獲得している。二〇一五年一月に始まったアラビア語のユーチューブ対談番組『ブラック・ダック』では、毎日アラブの無神論者や不可知論者にインタビューを行い、同年末には視聴者数が百五十万人に達した。番組が表明している目的は、〝中東と北アフリカで非宗教的社会を実現すること〟と、〝密かに無神論者である人に慰めと勇気を与え、自分が世界でひとりきりではないと知ってもらうこと〟だ[32]。

アラブ世界全体で何人が同じ考えなのかを推定するのは不可能だが、間違いなく、過激派活動がそれを根絶することも不可能だろう。ＩＳＩＳがその急進的な展望を宣伝・維持するのに役立つ人々と経済とテクノロジーの絡み合いは、対抗する思想が、仲間を見つけ、重要な共通する意見を確認し合い、支持を集めるのにも役立っている。

ルネサンスとは〝再生〟を意味する。本書ではほぼ全編にわたって、もっと広い意味で天才の開花とリスク増大の時代としてこの用語を使っているが、二十一世紀のアラブ世界には、もっと文字どおりの意味に近い何かを達成するチャンスがある。現代のイスラム過激主義に思想の戦いを挑む人たちは、前回のルネサンスを振り返るだけで、アラブの現代性には別の道があるという証拠が得られる。すでに見てきたとおり、当時、イスラム教はさまざまな点でずっと穏健な宗教だった。コロンブス以前、キリスト教ヨーロッパに比べて、オスマン帝国は（中央に位置する地理的条件によって）、その領土内で文化的・宗教的多様性が高く、商業上や政治上の生活に外国人をたくさん受け入れていた。オスマン帝国の西方への拡大絶頂期には、キリスト教徒が帝国の人口の半数以上を占めていた。確かに、ややゆるやかな西洋の道徳観念、特に性道徳の観念は現在と同じく、おもな争いの種だった。しかし、キリスト教徒（そしてユダヤ教徒）は、たいてい自分たちの法律や習慣の維持を許され、スルタンの宮廷やイスラム教の大学では、管理者や軍人、科学者として西洋の著名人を（一時は、おそらくレオナルド・ダ・ヴィンチも）進んで採用した。ときにはヨーロッパの君主たちが、安定した複数民族と複数宗教から成る国を維持するオスマン帝国の能力を羨望の目で眺め、ついにはヨーロッパ社会の基盤になるような法的概念（外国人がみずからの宗教を信じる権利など）を借用し始めた。

時代は変わったが、過去何世紀かのあいだに、イスラム教とアラブ文明の観念的な資源は減るどころか増えた。どちらもルネサンスを振り返って、現在を導き鼓舞するための天才と多様性の開花についての教訓をよみがえらせることができる。その重大な仕事は、本書の領域を越えているし、アラブの歴史と思想の豊かさを引き出せる多くの知識を備えた誰かが担うべきだろう。† しかし誰でも、人類の知識基盤の残り半分をアラブ世界に開放するさまざまな方法に取り組める（グーテンベルクの聖書以来、印刷されたおよそ一億五千万タイトルのうち、アラビア語で読めるのは〇・五パーセントにも満たない）[33]。そして誰の目にも明らかなのは、イスラム教の、あるいは世俗的なアラブのルネサンスにつながるかもしれない会話が、すでに始まっているということだ。

主流が分断するとき

社会が国民にした約束を守ることが、過激派による別の選択肢の勢いをそぐ。それは穏健派の結束にも役立つ。前章では、現代の公衆衛生システム、経済、必要不可欠なインフラ、そして自然のなかに蓄積された体系的なリスクを挙げた。しかし、現代の社会制度も、ますます体系的なショックを受けやすくなっている。

〝社会〟とはともに生きる人々のことであり、社会制度は人々がそのもとで生きる契約で、共通の規範と価値、共有された考えを具体化する機関（政府、裁判所、中央銀行など）によって堅固になる。ルネサンス時代には、この契約に重圧がかかる。確かに、社会の再建時に働く力は、新たなすばらしい可能性と新たな恐ろしい脅威をあらわにする。しかし、誰もが一様の経験をするわけではない。大きな勝者と大きな敗者が出る。幸運な人は生き残り、不運な人は打ちのめされる。繁栄と貧困の新たな集中が進み、こうした不均一な結果が、公平と公正についての通念と対立する。同時に、複雑さが増したせいで、懸念をいだかせる変化の原因を整理するのが難しくなり、かつては明らかだった責任や義務の概念まで不明確になる。

公平、公正、責任、義務といった概念は、共同体をまとめる契約の核心だ。そういうものとして、常に試されている。しかし、ルネサンス時代は、団結を呼びかけたり反乱をあおったりするためのテクノロジーがいきなり普及

†原注：たとえば、ナディア・オウェイダットの研究、www.newamerica.org/experts/nadia-oweidat を参照してほしい。

して強力になるまさにその瞬間、これらの概念の確実さを揺るがせる。

相互の契約が果たせない場合は必ず、天才が開花する共同体の環境と活気は、分断と無関心の進展によってむしばまれていく。無関心は特に有害だ。秩序の混乱はひどい打撃を与えはするが、人々は回復する。前章で概説したとおり、目に見えるショックからは回復できる。破壊された塔は建て直せる。それが人間の精神だ。しかし、無視された者たちのエネルギーが浪費され、気落ちした者たちの才能が発揮されないせいで塔が建てられなかった場合、その代わりをつくるのは難しい。

当時の分断

サヴォナローラの死から数年後、この修道士が引き出した幻滅の風潮は広がり、人々をまとめている契約をむしばみ続けた。教皇アレクサンデルは一五〇三年に死亡し、後継者の〝戦士教皇〟ユリウス二世（在位一五〇三～一五一三）は引き続き教会を、前任者の世俗的な小競り合いの深みに導き——しばしば鎧兜に身を固め馬に乗って——人々を救う宗教的な義務からはさらに遠ざかっていった。[†] 信心深いキリスト教徒にとって、ローマの聖座に着いた新しい教皇は、もうひとりのユリウス——カエサルを思わせる現世の権力を欲しているように見えた。教皇の例にならい、他の教会高級職員も、イエスに教えられた方法で人々に奉仕するより、いばり散らすことに心を奪われているようだった。彼らは貧困より虚栄を選んだ。大口の寄付者のために法制度に介入した。自由に金を使い、ときには売春婦を買ったが、日曜日には慈善と美徳について説教した。

もしかすると〝カトリック〟教会（語源はギリシャ語 katholikos で、〝普遍〟を意味する）は誤った名称ではないかという考えが、多くの人の頭に根づき始めた。教会が自分たちの信条を代表できないのなら、神のもとへ行くにはそれを避ける必要があるかもしれない。

ドイツのマインツに住むひとりの敬虔な修道士にとっての限界点は、一五一七年にやってきた。地元の大司教が新たな司教位獲得の資金集めに、裕福な罪深い者たちに免罪符を売っていることを知ったのだ。一五一七年十月、周知のとおり、マルティン・ルターは抗議のため、ヴィッテンベルクにあるオールセインツ教会の扉に〝九十五カ条の論題〟を貼り出し、図らずも、宗教改革として知られるようになる運動を開始した。‡

サヴォナローラと同様、ルターはローマカトリック教会のなかで、厳格と道徳的完成に傾倒する修道士および司祭としての道を歩み始めた。ルター自身、サヴォナローラの範にならうと公言した(34)。しかしサヴォナローラと違って、ルターの批判は特定の腐敗した教皇だけではなく、教皇制度そのものにまで及んだ。人間が神と信者のあいだに立ち、彼らの魂の運命を決める権限を持つという概念は腐敗だと、ルターは考えた。教会全体がこの教皇職の見かたを基礎に置いているのだから、すべてを拒絶する必要があった。ルターは、徹底的に改革された教会を思い描いた。神の許しを司祭から切り離して神と罪人のあいだの私的なことにする力を持ち、ラテン語を現地語に置き換えて、聖書と祈祷書をもっと一般人にもわかりやすくし、自分の魂を大切にできるようにする教会だ。

サヴォナローラの過去のキャンペーンと同じく、別の時と場所ならあいまいな哲学上の批判にとどまったかもし

†原注：アレクサンデル六世のすぐ次の後継者ピウス三世は、教皇に選出されたわずか二十六日後に死亡した。

‡原注：実際にルターが教会の扉に〝論題〟を貼ったかどうかについては異論がある。知られているのは、ルターがその日、免罪符の販売を糾弾するために上官に手紙を書き、そこに九十五カ条を添えたことだ。

れないものが、受容力のある一般大衆を見つけた。彼らは落胆のなかで、目につく腐敗に対して具体的な何かをする気になった。しかし、サヴォナローラのキャンペーンは最終的に、本人が脅した人々の力によってつぶされたのに対し、ルターのキャンペーンは人々をのみ込むまで広がり続けた。それはヨーロッパ屈指の伝統ある機関をふたつに引き裂き、大陸の半分の権力機構を揺るがし、住人たちを百年以上にわたる戦争に巻き込んだ。

印刷された言葉、特にパンフレットは重要な役割を果たした。サヴォナローラは、印刷の説得力に気づいていた。ルターはそれを最大限に活かした。最初は、それが自分の主張をどれほど広く伝えるかに驚いたのではないだろうか。友人にこんな手紙を書いている。

> あれ［論題］を広く配布したいとは願っていなかった。少数の学者に提出して考察してもらい、もし不賛成なら差し止め、賛成の場合には出版を通じて発表してもらおうと意図しただけだった。しかし現在では、外国にまで広がり、至るところで翻訳されている。わたしの仕事と認められるはずもなく、あれを生み出したことを後悔している(35)……。

しかし、多作の文筆家だったルターはすぐに、利益に気づきもした。ドイツで一五〇〇年から一五三〇年に出版されたあらゆるパンフレットの五分の一には、ルターの名が記された。それらは、自分の考えをすばやく他の世論指導者に伝え、互いの発展する考えと経験を常に把握し、調整された計画をこれまで不可能だったほどすばやく、幅広い聴衆に宣伝するのに役立った(36)。

分断された君主、幻滅した大衆

もともとの意図はともかく、ルターは大衆の不満をあおり、新たな焚き火にした。教皇職を支持する者とルターの新しい契約を支持する者とのあいだに、戦線が張られ始めた。その契約とは、ローマから権限を剝奪して、一部を解消し、一部を他の世俗的統治者に付与するというものだった。

ヨーロッパの君主の多くは、ルターの包括的な〝プロテスタント〟の未来像に味方した。おそらく、真摯な自己省察から現実政治の実現まで、動機はさまざまだっただろう。イギリス、デンマーク、スウェーデン、ドイツ、スイスの裁判所は、ルターの神学によって教皇の処罰から著しく自由になり、教会の財産を没収し、教会の私有地を差し押さえ、聖職者の任命、学校教育、道徳の強制、貧民救済に関する国の権限を主張した。しかし、自国の信心深いカトリック教徒からの激しい反発に直面した。今度は宗教をめぐって戦う新たな内戦が、ヨーロッパ諸国の内部で勃発し、外へ広がった。一五二〇年代から世紀末まで、大陸が完全な平和を保てたのは十年にも満たなかった。その後の半世紀については、ほんの二年間だった。[37]

参加した農民や庶民は、宗教を超えて戦っていた。そして、長年の搾取に対して支配階級を罰していた。宗教改革者の巧言によれば、もう搾取されなくていいはずだった。聖書は、ルターが人々に自分で読むように勧め、それを機に多くの農民が理解できる言語（ドイツ語）に翻訳されると、社会がどうあるべきか、たとえば正直な労働に報い、少数者の利益に代わって公益を守ることについて、急進的思想を人々に教えた。庶民が長いあいだ生まれながらの契約として耐えてきた貴族による酷使が、ひどく不公平に、罪深くさえ思えてきた。それは、爆発の危険をはらんだ考えだった。一五二四年から一五二五年にかけて、神聖ローマ帝国じゅうのおそらく二十五万人ほどの農民が〝農民戦争〟に加わった。フランス革命（約二百五十年後）が起こるまでは、ヨーロッパ史上最大規模の大衆の反乱だった。戦争は、小作人と地主のあいだの、地代の引き上げと法的義務をめぐる平凡な争いとして、ごく無害な形で始まった。しかし今回、地主（たいていはカトリック修道院と教会）は守勢に立ち、抗議者はこれまでになく自分たちの正しさを信じ切っていた。最後には、帝国の兵士によって何万人もの抗議者が殺害され、さらに何千人もが拷問された。

小さめの抗議は、西ヨーロッパじゅうで並行して起こっていた。重税をめぐるスペインのコムネロスの反乱（一五二〇～一五二一）。小麦の価格高騰をめぐるリヨンの大反乱（一五二九）。公職からの排除をめぐるトスカーナのストラッツォニ（〝ぼろを着た人々〟）の反乱（一五三一～一五三二）。宗教改革、食品価格、新たな税をめぐるイギリスの〝恩寵の巡礼〟（一五三六～一五三七）。宗教改革に刺激された伝統的権威への敵意が、高まる失業率や経済的不安定、急増する若者の人口と重なって、ヨーロッパ全土で暴徒がかなり集まりやすくなった。[38] その数は、こういう紛争の規模とコストを拡大させ、ごく穏健な抗議として始まったものを、しばしば過激化させた。[39]

十六世紀を通じて、ヨーロッパが人々を配置し直してカトリックとプロテスタントに分けているあいだ、全体で何万人もが死亡し、何十万人もが難民になった。第一次世界大戦が勃発するまでは、これはヨーロッパ内で起こった最大の人口移動だった。[40] みすぼらしい姿の隊列が〝何度もヨーロッパじゅうの道路沿いにばらばらと送り出され〟、やむなくとっさの犯罪に走る者もいた。[41] 一五二六年、ノーフォークの公爵がそんなイギリスの農民の集団と出会い、指導者との対話を求めたとき、農民がこう答えたのは有名だ。〝あなたは指揮官は誰かと尋ねる。いかにも、彼の名は「貧困」という。彼とその従弟の「必要」が、われわれに行動を起こさせたのだ〟[42] 彼らは裕福な者たちを、恐怖と警戒心で満たした。移住者が病気を拡散させる可能性についての医学的な理解が深まり、頑なになっていた都会人は、まず直観的に、抑圧と隔離へ向かった。浮浪者を視界から隠すため、大きな救貧院が建てられた。移住禁止法が西ヨーロッパじゅうに広がり、外国の物乞いは、きびしい期限内（通常は三日以内）に町を離れなければ、拘留、鞭打ち、商用ガレー船の船倉での重労働など、さまざまな罰を受けると定められた。しかし、移住者の大集団はあまりにも急速に膨れ上がり、役人はあまりにも少なかったので、そんな法律を守らせることはできなかった。

社会問題は拡大し続け、社会秩序は乱れ続けた。その原因の多くは、社会をまとめていた契約が、新たな期待にも、与えられていた力にも適合できなかったからだ。

分断ふたたび

ここまでの話には、はっとするほど耳なじみがある。当時、社会の上層にいる人と機関は残りの者たちに無頓着になっているという大衆の意識が高まっていた。公共の福祉に配慮する義務をゆだねられた人々は、多数を救うことから少数を富ませることへ焦点を移していた。無頓着があらわになると、人々の信頼は壊れた。社会は壊れた。そしてそれを元に戻すために、誰もが途方もない代償を支払った。

現代の人々は、幸福と、それを実現するために設立された機関を、精神面より物質面から評価する。所得、教育、平均寿命、そして人間が持つべき基本的尊厳として認識されるようになったもの、たとえば安全保障や選択、自己表現などだ。しかし現代人の世俗的なフィルターを通してさえ、改革者たちの批判には響くものがある。〝勢力拡大への執拗な衝動があるようだ〟[43]ルターなら、教皇を表現するのにそういう言葉を使ったかもしれない。しかしこれは一九九九年、著名な貿易運動家ロニー・ホールが、世界貿易機関（ＷＴＯ）について語った言葉だった。

あの〝シアトルの戦い〟では、約三千人の政府閣僚と、当時のＷＴＯ加盟百三十五カ国からの交渉担当者がシアトルに集まり、新たな国際貿易交渉〝ミレニアム・ラウンド〟を立ち上げようとした。[44]ところが出迎えたのは、会議場周辺の通りに繰り出した四万から十万の抗議者だった。彼らの見解によれば、ＷＴＯは〝万人の利益のために開かれた貿易をする〟使命に反し、貧しく脆弱な者を犠牲にして裕福な者の利益を図っていた。〝開かれた貿易〟という言葉が、民主的に導入された労働者、社会、環境への保護を取り払って、投資家がより高い投資収益を得られるようにするためのＷＴＯの婉曲表現になっている、というのが抗議者たちの考えだった。

その抗議活動は、トウガラシスプレー、催涙ガス、スタン擲弾《てきだん》、ついにはゴム弾で武装した警察によって鎮圧された。しかし、不満はくすぶり続けた。シアトル会議は、新たな貿易交渉を始められなかった。〝反グローバル化〟と〝公正取引〟が話題になった。それに続くほとんどのグローバルガバナンスの会合——ＷＴＯ、世界銀行、国際通貨基金（ＩＭＦ）、Ｇ８、Ｇ20、世界経済フォーラム——には、大規模な社会的抗議活動がついて回った。

それから、インターネットバブルが崩壊し、９・11同時多発テロが起こった。〝グローバル化〟の議論は後退し、抗議集団の勢いは衰えた。特にアメリカ合衆国では、市民の自由は制限され、政府への異議申し立ては愛国的でなくなった。人々の注目は別のところへ向けられた。多国籍企業の明らかな脅威は減少し、国家・非国家の軍隊が、冷酷で謎めいた国際体制の主な悪役として再登場した。一方、先進国での投資収益の上昇と賃金の伸び悩みから、これらの国の所得のうち、従来の富裕層へ流れる割合が年々ますます増えていることがわかった。[45] 結果として、二〇〇一年から二〇〇七年で、北アメリカとヨーロッパの合計私有財産――あらゆる人の住宅、投資その他の資産から負債を差し引いた総額――は倍増して七十五兆ドルから約百五十兆ドルになり、[46] 富裕層上位十パーセントがその六十五〜七十パーセントを所有していた。[47] 先進国世界の資本家にとって、ドル換算で最高の五年間だった。賃金労働者は、何とかやり繰りしていた。

免罪符に対する九十九の新たな論題

先進国世界の家計にとっての限界点は、世界金融危機のあとにやってきた。危機の直接的な影響だけでも、充分にきびしかった（第7章参照）。記録的な差し押さえ、失業、所得と社会的便益の削減に耐えてきた今、一般大衆は、富裕層が投資活動で危機を引き起こしておきながら、痛みを分かち合ってこなかったことに気づいた。二〇〇七年から二〇一一年、先進経済全体で、下位十パーセントの勤労者の所得は、上位十パーセントの所得より二倍早く下がった。アメリカ合衆国では、最上位勤労者の所得はまったく下がっていなかった。実際のところ上がっていた。[48]

アメリカの社会契約は伝統的に、大きな富の格差を許容してきた――懸命に働いて金持ちになることはあらゆるアメリカ人の権利だ――が、これは度が過ぎていた。危機の終わりから二〇一一年までで、（所得がすでに十二パーセント下がっていた）下位九十九パーセントの暮らしはさらに悪くなったが、上位一パーセントの所得はほぼ完全に回復した。[49] 結果として、国の累積資産におけるその比率は増大し、二〇一一年には上位一パーセントがアメリカの全世帯資産の三十七パーセントを占めた。それは、多くのアメリカ人の正義と公平についての通念を揺るがした。上位一パーセントは、金を稼いではいなかった。ロビン・フッドとは逆のやりかたで、他人のポケットから自分のポケットへ金を移していた。他人は、金融危機に法外な代償を支払わされたようだった。教育や輸送、減税に使われていたはずの支援資金、仕事（二〇〇八年から二〇〇九年にかけて、九百万のアメリカ人が職を追われた）[50]、さらには住宅（二〇〇八年から二〇一三年にかけて、銀行は四百五十万戸の住宅を差し押さえた。過去五年間で三百パーセントの急増だ）[51]。大富豪は利益を上げていた。

二〇一一年九月、実態と異なる〝景気回復〟（図８-１参照）に幻滅し、数百人が〝わたしたちは九十九パーセントだ〟というスローガンのもとに集まり、ニューヨーク市のウォール街近くのズコッティ公園を抗議のため占拠した。時と場所が違っていたら、市民の目立たない抗議行動にとどまったかもしれないが、落胆していた世界じゅうの人々が、参加への意欲に燃えた。一カ月もしないうちに、ウォール街占拠運動は、五大陸の八十二カ国九百五十以上の都市へ広まった。

民主主義世界での抗議活動

ウォール街占拠運動は世界的なブランドになったが、それ自体が、ヨーロッパとアラブ世界での民衆の反乱に刺激されたものだった。アメリカ合衆国の金融危機とは違って、スペインやギリシャ、アイルランド、アイスランド、イタリアなどのヨーロッパ諸国で起こった金融危機は、政府の財源で対処できる範囲を超えていた。そこでこれらの国々は、ＥＵ、欧州中央銀行、ＩＭＦ（ロシアの三頭立ての馬ぞりを意味する〝トロイカ〟として知られるよう

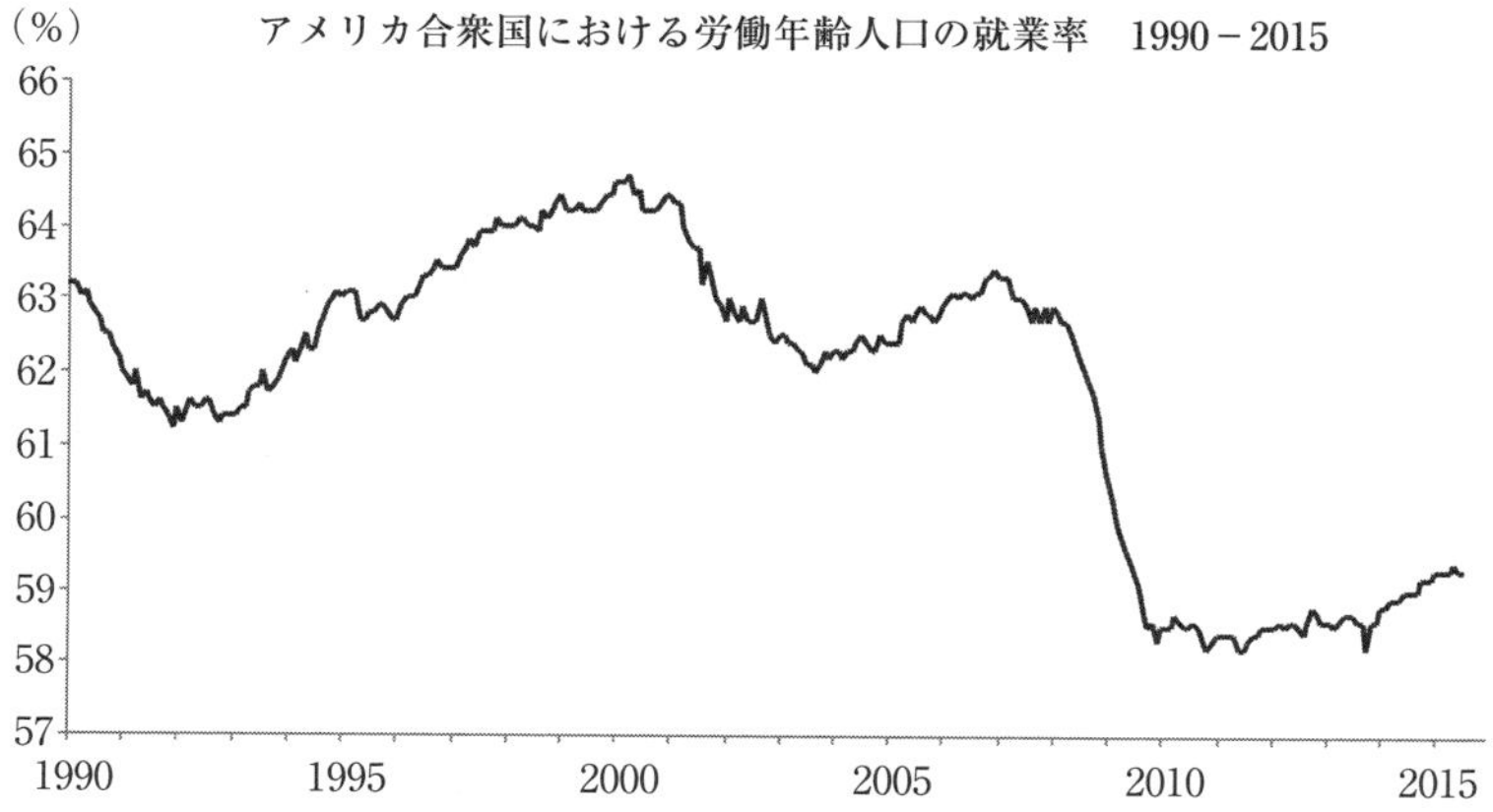

図８－１　アメリカ合衆国の労働力の大きな割合が失業した（そしてまだ就職できずにいる）。
出典：アメリカ労働統計局「人口動態調査による労働力統計――雇用・人口比率」（2015年）。アメリカ合衆国労働省。data.bls.gov からの引用。

になった）に援助を求めた。トロイカは、債務国が政府支出を引き締める新たな予算を通すことを条件に、援助した。この〝緊縮財政政策〟は、すでに金融危機で仕事と収入を失っていた大衆には評判がよくなかった。そもそも無謀な貸付を許容していた機関が、今度は政府に、国有財産を民営化して、公務員給与と年金を削り、公共サービスを減らして、国際的な債権者がもっと適切に返済を受けられるようにすることを求めたのだ。ギリシャでは二〇一〇年以来、何十万もの人が〝怒れる者たち〟運動――最近の窮乏に対する座り込みと抗議活動に参加した。[52] 一九七三年の軍事政権に対する反乱以来、ギリシャ最大の抗議活動になった。スペインとポルトガルでは、若者の失業率が急上昇して四十パーセントを超え、二〇一一年五月に始まった〝怒れる《インディ》者たち《グナドス》〟運動は国じゅうに広がって、数千人が通りに繰り出し、数百万人が抗議者のキャンプを訪れた。[53] イタリアでは、二〇一一年の緊縮財政計画、さらには国際金融業者の信頼回復を目的とする非民選のテクノクラートから成る新内閣に対して、ローマで約二十万人から成る抗議が起こった。[54] 二〇一三年後半、イタリアで戦後最長の不況の末、若者の失業率が四十パーセントを超えると、全国的な〝ピッチフォーク〟運動に何千人もの学生、農民、労働者、失業者が集まり、政府が信頼を回復していないことが明らかになった。二〇一一年三月、イギリス政府が銀行業界への救済措置として一兆五千億ポンド支出するための緊縮財政計画を打ち出すと、ロンドンで二〇〇三年のイラク戦争開始以来最大――五十万人規模――の抗議活動が起こった。[55] 削減の発表――二〇二〇年までに政府支出のGDPに占める割合を一九三〇年代の水準まで減らす――は、何十億ポンドもの救済資金が銀行幹部のボーナス支払に使われるという報道と同時期に行われた。[56] 二〇一五年六月、二十五万人にものぼるイギリス人が、それに続く一連の緊縮政策に抗議してロンドンを行進した。[57]

大衆の幻滅はヨーロッパじゅうで、左派と右派両方にとって大きな政治的変化の前触れとなった。二〇一二年、フランスは、社会党候補のフランソワ・オランドを大統領に選んだ。総所得百万ユーロ超の富裕層に七十五パーセントの課税をするという約束が、不況に疲弊した国民の心をとらえた（付加税は二〇一四年に失効した）。一方で、フランスの極右政党〝国民戦線〟は、反EU、反移民、保護貿易主義という綱領によって、地方選挙で歴史的な躍進を遂げた。二〇一五年、イギリスの保守党は、EU離脱の是非を問う国民投票の実施という極右の公約を採用した全国キャンペーンのあと、新たにイギリスの有権者の過半数を獲得した。数カ月後、敗北した労働党は、おそらく史上最も左翼的な党首を大差で選出した。[58] スペインでは、反緊縮のポデモス（〝われわれにはできる〟）党が、二〇一四年、無の状態から全国第二位の党員数にまで拡大し、同年末までにはフェイスブックで他の全政党の分を合わせた数より多い〝いいね〟を獲得した。二〇一五年には、その人気は衰え始めた。ひとつには、〝右派のポデモス〟ことシウダダノス（〝市民たち〟）党の登場のせいだ。この政党は、政府の腐敗撲滅という力強い公約で、スペインの有権者たちを取り込んだ。[59] 同年、ギリシャ国民は、外国の債権者に救済条件の改善を要求する手段として、急進左派連合（スィリザ）に政権を取らせた。国民のおよそ三分の一が貧困ライン以下の生活を送るなか、ギリシャの人々は緊縮ではなく援助を求めた。全体として、金融危機のあいだ政権を握っていたEU加盟二十七カ国の政府は選挙での懲罰を免れず、ドイツのアンゲラ・メルケルだけが、それ以降も引き続き政権を維持している。[60] 有権者たちは配られた札を拒否し、切り直しを求めたのだ。

独裁的な世界での抗議

独裁および準独裁国家では、広まった不満を新たな社会契約につなげるための政治機構が脆弱なので、抗議活動は鎮圧か革命のどちらかで終わる傾向がある。二〇一一年一月にチュニジア大統領を追放したデモの波（飢餓、失業、生計費をめぐる）は、二〇一三年十二月にはエジプト、リビア、イエメンの統治者を引きずり下ろし、バーレーンとシリアで大規模な市民の反乱を引き起こし、クウェート、レバノン、オマーン、モロッコ、ヨルダンなどのアラブ諸国での抗議活動も誘発した。

〝アラブの春〟を促進したものは、北アメリカじゅうでの座り込みをあおったりヨーロッパの政府を失脚させたりした経済的不公平より幅広かった。アラブ諸国での貧富の格差拡大も一因だが、本書で見てきた多くのほかの力もそうだ。高学歴だが、自分たちと世界の人々に差し出される社会契約の違いに落胆してもいた、急増する若者世代。食品価格の高騰を引き起こし、辺境の共同体に飢饉の脅威を与えた衝撃的事件。有力な少数の利益を経済的に無力な多数の利益より故意に優先させている公的制度内でよくある露骨な腐敗、縁者びいき、脅迫。

他の独裁的な世界では、二〇一一年後半から二〇一三年にかけて、モスクワはソビエト連邦の解体以来、最大の抗議活動に遭遇した。十八カ月以上にわたって、何万もの人が〝統一ロシア〟党とその指導者ウラジーミル・プーチンの政権への復帰に反対してデモ行進した。この選挙を、いくつかの選挙監視団は――もっと重要なことに、おおぜいのロシア国民は――自由のない不正なものと判断していた。

中国も、ますます頻繁な激しい大衆の抗議活動に悩まされている。とはいえ今日の世界のあらゆる独裁体制のなかで、中国共産党は、反対勢力を牽制して分散させるための最も装備の整った、最も洗練された機構を持っている。オンラインでは、〝グレート・ファイアウォール〟が、市民運動の鼓舞や計画を難しくさせる。二〇一五年半ばの警察の捜査強化計画では、〝インターネットの安全を脅かした〟容疑で一万五千人が逮捕された。[61] 人々が実際に通りに繰り出すと、警察はすばやく動き、数にものを言わせて鎮圧する。たとえば二〇一一年二月、〝アラブの春〟に刺激を受けた中国のネット市民たちは、〝ジャスミン革命〟の支持者に、誰もが知っている北京の広場に集まるよう呼びかけ――そこがすでに数百人もの武装警察官で占拠されていることに気づいた。[62] 同時に共産党政権は、人民に具体的な物質的利益――史上空前の経済成長、公共サービスの向上、社会福祉計画の改善――を与えることに精を出し、みずからの腐敗を抑制することに熱心なように見せている。教育やメディアなどのソフトパワーの道具を巧みに使って、世論がその努力を〝国民への奉仕〟と読み取れるようなレンズを形づくると同時に、的を絞った厳格な取り締まりで、党の指導層に対するいかなる挑戦も失敗することをはっきりさせようとしているのだ。われわれによるあなたがたのためのよい政府は、中国で提供される契約である、と。これまでのところ、中国は、他の国々の政権を転覆させてきた重圧に対して、回復力と順応性があることを証明している。

破られた契約の代償

抗議活動は昔から、社会生活の特色のひとつだった。前回のルネサンスを悩ませた抗議活動について注目すべき点は、まずその威力、幅広さ、頻度、そして実行の際に新しいテクノロジーが果たした役割だ。少なくとも、新たなルネサンスは確かに、これらの特徴を共有している。二〇一一年、《タイム》誌は、ニューヨークからニューデリーに及ぶ地球全体で勃発した社会運動を意識して、〝今年の人〟に〝抗議者〟を選んだ。フェイスブック、ツイッター、ワッツアップ、スナップチャットは、不満をいだく人たちが互いを見つけ、意見を調整する手段となり、現在も使われ続けている。

前回のルネサンスで起こった社会的抗議活動の別の注目すべき特徴は、サヴォナローラの焼却からルターの宗教改革までにおいて、どのように民衆の怒りの焦点が腐敗した指導者たちから腐敗したシステムへ移り、事態の改善にはシステムそのものを拒否すべきだという合意に達したかだ。同様に、シアトルでは、人々は物事を正すために民主主義を信じた。彼らの不満は、貿易協定をめぐる民主的な精査の不足にあったからだ。しかし、抗議者たちがニューヨークのズコッティ公園にたどり着くまでには、〝もし投票で何かが変わるなら、すでに変わっていたはずだ〟が、トレンド上位のハッシュタグ付きスローガンとなっていた。〝エラー404：民主主義が見つかりません〟は、ギリシャの〝怒れる者たち〟運動のキャッチフレーズだった。〝アラブの春〟の主要なスローガンは、もっと率直な〝国民は政権打倒を求める〟だった。時がたつにつれて、これまでの政治関係者――労働組合、労働組織、野党――はますます隅へ追いやられていった。大衆がもはや、彼らを信頼しなくなったからだ。そういう団体は、人々の不満を代弁して対処することがまったくできずにいた機関とともに、連帯責任を負うことになった。

今日、抗議者の多くは家に帰ったが、従来の政治が公平な社会契約を結べるという信頼感は、民主主義世界全体で壊れたままだ。ウォール街占拠運動などの抗議運動の遺産――合法な、結束した大衆の幻滅――は、あれ以降の年月、穏健派がやったことを取り消して事態を好転させると約束する極右や極左の政治家が根強い人気を得て、選挙で勝っていることに見て取れる。アメリカ合衆国やイギリス、フランスなどの民主主義大国で先頭を走る選挙の立候補者たちが、移民や貿易相手国、中道政治家の心の弱点に対して、かつては不適切だったが今では票を集める暴言を吐いていることにも見て取れる。そして、スコットランドで二〇一四年に実施された、イギリスとの三百年の合同を解くか否かを問う国民投票などの、憲政上の新たな危機にも見て取れる。左右の歴代政権を通じて、多くのスコットランド人はイギリスの政治勢力全体に不信感をいだき、完全に手を引く時だと考えた。独立賛成派は敗れたが、四十五パーセントの票を獲得し、ほかにも得たものがあった。国民投票後の憲法に関する会談で、スコットランドはどちらにしても、イギリス政府から住民に対する多くの政策決定権を奪うことに成功した。

一方で、現代社会のなかにある不平等の実態は悪化し続けている。十人でパイを食べているところを想像してみてほしい。ひとりがパイの半分を取る。五人が残りの半分を分ける。あとの四人は、少しでもかけらが残っていればそれを取る（この場合は三パーセント）。二〇一五年にはそれが、最良のデータを得られる先進十八カ国の、世帯の平均的な財産分布だった(63)（アメリカでは、ひとりがパイ全体の五分の四を取る）。発展途上諸国ではたいてい、誰が何を実際に所有しているのかを見分けるのが難しいが、一般的に持てる者と持たざる者の格差はさらに大きい。財産は、社会契約の一面にすぎない。健康、教育、機会の深刻な不平等も、国民のあいだに残り、多くの場合さらに悪化している。アメリカ合衆国では、今も白人が黒人より平均で五年長生きする。[64] パリでは、セーヌ川（市を地理的に二分する川）の北東に住む人が大学の学位を取る可能性は、南西に住む人の半分にすぎない。[65] オーストラリアでは、所得が年間二万ドル未満の成人は、五万ドル以上の成人に比べて、慢性病――心臓病、糖尿病、鬱病――になる可能性が二倍以上高い。[66]

信頼を回復するには、新しい契約が必要だ。それがルターの判断だった。今日の人々もそうすべきだ。ルターにとって、契約を結ぶとは、神の前での新たな平等を見つけることだった。現代人にとって、それは互いとの新たな平等を見つけることだ。

新たな論争

当時も今も、不平等についての論争は人々のあいだに深い亀裂をつくり、社会の団結はその結果に左右される。第一に、それは倫理上の戦いだ。なかには、道徳上の理由に基づいて、不平等は努力や才気やリスク負担の違いを反映するのだから公平だと主張する人もいる。ほかの人がつかめない機会をつかんだ裕福な人を批判するのは、不公平より嫉妬の気持ちからかもしれない。

それに同意はしても、すぐさま、その富の多くは不労所得だと指摘する人もいる。つまり、よくも悪くもあらゆる人の人生に関わる運の役割ではなく、努力より相続や影響力に報い、すでに裕福な者の手に機会を集中させがちな立法・経済・法的機関に見られる偏りを批判すべきだとする。

富裕層の責任についての道徳的問題もある。ある時点で、持たざる者の必要が、すでに持ちすぎている者の主張にまさるのは当然ではないだろうか？　約九億人が現在も極貧生活を送り、毎年三百十万人の子どもが餓死している[67]。これは単なる不運な状況なのか、それとも道徳的な怠慢なのか？

第二に、不平等は経済上の論争でもある。

一方で、それは単に、資本主義をつくり上げる私有財産制とインセンティブのメカニズムの結果にすぎない。資本主義は、一般の経済的厚生を向上させるうえで、今ある最良のシステムだ。二十世紀のごく短い歴史は、よりよい代案探しの失敗に集約される。動的で競争の激しい経済システムの幅広い利益を獲得したいなら、それが生み出す富を悪者にせず称賛し、結果として生まれる格差を受け入れる必要がある。一九九〇年、デトロイトの三大企業は株主にとって三百六十億ドルの価値があり、百二十万の労働者を雇用していた。二〇一四年、シリコンバレーの三大企業はおよそ三十倍（一兆ドル以上）の価値があったが、給与を支払われた職員の数は九分の一（十三万七千人）になった[68]。少数の億万長者をつくり、百万の仕事を失うことが、テクノロジーの進歩に対して支払わなければならない代償なのだ。

本当にそうか？　この議論にすかさず疑問を投げかける人もいる。ある時点を過ぎると、個人の富を保持して増やせるインセンティブによる利益より、極端な不平等が引き起こす市場の非効率のほうがまさる。極端な不平等は、経済成長を鈍化させることがわかっている[69]（その論理によれば、富裕層はさらに裕福になっても、すでになんでも持っているのでものを買わず、ただ貯蓄して投資を増やす。しかし貧困層は裕福になると、まだ持っていないあらゆるもの――最も大事な自分の健康や子どものための学校教育を含む――を買う）。そして、過大な富を利用して政策決定に影響を与えることで、最富裕層は自分と自分の企業に利益を与える経済にゆがみを持ち込むが、イノベーションを妨げ、幅広い経済の進歩を停滞させる。

このパターンは、世界の独裁国家で最も明白だ。ロシアの寡頭制支配者たちは、一九九〇年代前半、納税者に負担させて巨額の富を獲得した。市場改革と偽って、国有のインフラと天然資源をわずかな金額で政権の友人たちに売り払ったのだ。中国では、富全体の三分の一以上が、一パーセントの手に握られている(70)。汚職官僚は、今では多くが名誉を失ったが、国有財産の管理と、独立の監視なしで認可し契約を結べる権限によって私腹を肥やしてきた。豊かな天然資源に恵まれたアンゴラは基本的に泥棒政治国家で、《エコノミスト》によれば、指導者たちは〝アフリカ版サントロペに住んでいる〟一方で、首都ルアンダの住人の九十パーセントは水道設備を持たない(71)。以上はすべて、経済学者が〝レントシーキング〟――富を新たに生み出さず、社会の他者から奪って金を稼ぐこと――と呼ぶものの事例だ。

しかし、民主主義的な制度も、影響力のあるエリートに牛耳られて腐敗し、幅広い経済を害する形で彼らの利益を図ることがある。アメリカ合衆国でも、上位一パーセントが富全体の三分の一以上を握っている(72)。立法機関は、富を社会の階層内で上にも下にも移動させられる巨大な力を持つ。その方法には、次のようなものがある。福祉計画の拡大あるいは縮小。富裕層と貧困層、投資家と賃金労働者、企業と一般市民のあいだの税負担転嫁。鉄道、郵便制度、石油産業、無線周波数帯などの国有財産の価格決定や販売。産業の規制緩和あるいは再規制。個人や企業の破産による負債清算の複雑化、あるいは簡素化。金融政策の目標を低インフレに置くか、完全雇用に置くかの決定。

二〇一二年の選挙で、アメリカ大統領および連邦議会議員候補者たちは、空前の七十億ドルを集めて費やした。(73)二〇一六年の選挙の最終的な合計金額は、その二倍になるかもしれない。(74)明らかに、力をつけることに成功した候補者（とそのスタッフ）は、選挙戦に資金提供してくれたロビイストなどの財政援助者に多大な恩がある。ロビイストに最もありがちな要求のひとつは、税の引き下げだ。これは教育、健康、福祉、インフラ、防災準備などの公共投資を圧迫する。またロビイストは、規制緩和を強く求める。これは前章で見た複雑さと集中のリスクの進行を早め、金融、環境などの危機の一因となる可能性がある。さらに彼らは、自分の知的所有権を強化し、特許や著作権で与えられた独占を、同法が創造性やイノベーションを解放せずに束縛するレベルまで拡大しようとする。

公の議論では、ある程度の不平等はかまわないという意見に落ち着いているようだ。〝どの程度？〟というのが次の疑問で、不平等の原因とコスト、できることがあるなら何をすべきかについて議論をしていくと、またもや深い亀裂を引き起こす。

議論の移行

正義からリスクエクスポージャーへ

〝正しいのは誰か？〟当たり前だが、この疑問についての意見は大きく分かれるだろう。たとえば、シアトルを振り返って多くの人が論じるところでは、9・11前、人々がまだ市場開放のコストより利益に注目していたとき、あそこで新たな世界貿易交渉を立ち上げられなかったことは、抗議者たちが手助けしたかったまさにその人々に最も打撃を与えている。当時のWTO事務局長マイケル・ムーアは、開会の辞でこう言った。「会議場の外には五万人いるかもしれないが、会議に参加したがっている人は十五億人いる[75]」

〝どうすれば社会契約を維持できるのか？〟これは、ルネサンスの記録が現代人に考えさせる疑問だ。第一の疑問についてどれほど意見が違っていても、第二の疑問は、社会の団結を崩壊させ、進歩を妨げてあらゆる人々を敗者にするかもしれないという共通の脅威をもたらす。

崩壊か……？

拡大する格差と深まる亀裂につきまとわれる今、社会が得る全体的な利益はどのくらい安定しているのだろう？ルネサンスの経験からすると、あまり安定していない。過去三十年にわたって得てきた利益も、永遠には続かないかもしれない。とはいえ現在では、社会の重圧をうまく管理する政治工学が、五百年前より進歩している。ドイツ農民戦争では、ほとんどの場合、統治者が指示した条件で平和が戻るまでに、おそらく十万もの人が死亡した[76]。民主主義諸国に押し寄せた二〇一一～二〇一三年の抗議の波で命を奪われた人はきわめて少なかったが、抗議者たちはいくらか制度の変更と適応を勝ち取ることに成功した。テクノクラートの弁論と政府の政策は〝緊縮〟から〝バランスの取れた回復〟へ変わった。〝アラブの春〟では、構造上の権力闘争の発生を反映して、もっと多くの血が流れた。二〇一〇年後半以来、リビア、イラク、エジプト、イエメンなどに関連した紛争で、何千、おそらく何万もの人が死亡した[77]。二〇一六年までには、シリアでの戦いは社会を本格的な内戦へ引きずり込み、これまでに少なくとも二十五万人の命が奪われた[78]。

抗議や抵抗は、もっと包括的な契約を結ばせる前向きな力にもなる。今日までに社会運動で勝ち取った改革が、将来、幅広い多数派が帰属意識を持てるもっと包括的な本流を生み出せるかどうかは、今の時点ではわからない。そして自分たちの結集力に新たに気づいた世界の一般大衆は、どう展開するかをじっくり観察している。

……あるいは機会を逃す悲劇か？

著者の見たところでは、差し迫った大きな脅威は社会の崩壊ではなく、停滞だ。特に世界の民主主義諸国では、本当の危険は暴力による分裂ではない。そういう重圧を解決することには慣れている。むしろ危険なのは、ごまかし続けて、損害を与える不平等の拡大や社会不和、機会の喪失を受け入れるようになり、現代がもたらすはずの成果から大きく遅れを取ることだ。

当時逃したもの

短期的には、サヴォナローラの処刑は、厄介者になっていた存在を取り除く好都合な解決策と考えられた。教会内の改革派の不平は静まり、フィレンツェの政治における共和制支持の主張は消散した（一五一二年までにはメディチ家が権力の座に返り咲いた）。しかしこの処刑によって教会は、サヴォナローラが悪に堕ちた孤独な聖職者ではなく、むしろ教会や民衆のなかですでに広く感じ取られていた幻滅やずれを伝える代弁者だった可能性と真剣に向き合うのを避けた。(79)

歴史学ではいまだに、サヴォナローラが英雄だったのか、それとも悪者だったのかが議論されている。熱心な信奉者の一団に支えられた公衆道徳の矯正キャンペーンは、偏狭で恐怖に満ちていた。しかし、レオナルド・ダ・ヴィンチと同じ年に生まれたサヴォナローラの創造性に富む鋭気と政治的な才能は疑いようがなかった。〝きわめて偉大な人物であり、敬意を持って語られるべきだ〟とマキアヴェリは書いた。[80]サヴォナローラは、その時代の偉大な演説家のひとりだった。社会を打ち壊すのではなく、異なる方向へ導こうとし、その努力のなかで現代化へ向けた活発な原動力となった。グーテンベルクの印刷術のなかに、世論を動かす可能性を見つけた。寡頭制支配者（つまりメディチ家）の権力を弱め、共同体の意思決定をもっと包括的にする改革を推し進めた。〝政府の基盤は、かようにあるべきではないだろうか。すなわち、全市民の意志によらなければ、何者も公職に就いたり、抜擢を受けたりはしないのだ〟[81]サヴォナローラは、フィレンツェの恣意的で抜け穴だらけの税法を、あらゆる財産所得に対する単一のもっと公平な一律課税に置き換えた。[82]低金利貸付という形で、ヨーロッパで最初の公的な貧民救済プログラムを開発した。始めから終わりまで、教会の公的な理想に情熱を傾けて職務を遂行した。サヴォナローラの鋭気を教会の再生に向けられずに消滅させてしまったのは、むだであり損失だった。

カトリック教会は、たとえばイタリアでの異端を撲滅するため一五四二年に設立されたローマ異端審問所など、宗教改革に対する反動的なキャンペーンのいくつかで、ふたたび才能をつぶした。イギリスやフランス、ネーデルラントなど他の国々の公権力も、同様の裁判所をつくり、十六世紀じゅうとそれ以後も調査を行った。一般に考えられている残虐さとはほど遠かったものの（最近の研究で、処刑の規模は数百万から数千に修正された[83]）、審問官はきわめて多くの創造的な繁栄の芽を踏みつぶしてしまった。

サヴォナローラが生き長らえたとしたら、ほかにどんな貢献をしただろうか？　その答えはさらに難しい。ほかに何人の似たような人物が、同じ運命をたどることを恐れて、鋭気や思想を隠しただろう？　誰が、無関心や幻滅、恐れから、歴史に名を刻めずに終わっただろう？　共有できる現代性の理想を築く仕事に彼らの才能が活かされていたら、歴史はどう変わっていただろう？

現在逃しているもの

これらの疑問の答えを知ることは永遠にできない。歴史は仮定の事実を記録しない。しかし、自分たちの時代にその疑問を当てはめてみて、同じ泣きごとを繰り返さないようにすることはできる。

当時も今も、社会的重圧は新たなつながりを切り離す。当時も今も、社会的排除は発展を妨げる。当時も今も、個人的・集合的な天才は、彼らに明白な居場所を与えない庶民の視界を逃れるか、さえぎってしまう。本書で解説した前向きな力は強大に思えるかもしれないが、それは社会的な現象なので、人々の手で止まることがある。

停滞のリスクは、特に民主主義社会で目立つ。民主主義は、新たなルネサンスを前回と区別するきわめて大きな政治的革新だ。それは社会的重圧に計り知れない順応性を与える。しかし、その順応性は高くつく。人々がその後ろで団結しなければ、偉大なことは何も成し遂げられない。

少しのあいだ、人類が強力で広範な帰属意識に欠けるせいで失敗してきたことを考えてみよう。世界貿易交渉のドーハ開発ラウンドは、貧しい国々から豊かな国々の市場へのアクセス改善をめざしたものの、シアトルで不首尾に終わったあと、二〇〇一年にドーハで正式に復活したが、これまでのところ何ひとつ合意が得られていない。世界貿易に関する議題の最大の争点（特に、豊かな国の農民への不当な農業助成金）に取り組むことなく、二国間および地域貿易協定の弥縫策《びほうさく》へと分解してしまった。かつて世界の先頭に立って自由貿易を奨励していたアメリカは、今ではフランスやイタリアと並んで、自由貿易が仕事を激減させ賃金を下げると、ことあるごとに主張している。(84)

数年前に多くの専門家が予想したとおり、今日、ヨーロッパの財政統合はまったく進んでいない。政治統合の拡大についての議論も弱まっている。次の思い切った手段は、トルコのEU加盟承認だろう。第一次世界大戦の勃発までオスマン帝国だった国だ。どの国の包括性より、トルコの包括性は中世のキリスト教の枠を越えてEUの視野を広げてくれるだろう。ところが、加盟申請から十年以上、EUはトルコに対して扉を閉じ続け、拒絶に刺激されたトルコの愛国主義を強めてきた。ヨーロッパの共通通貨ユーロも、泥沼にはまっている。ギリシャは、国の債務免除を拒否するドイツの債権者と返済を拒否するギリシャ国民との板挟みになり、一連の強制的な緊縮政策に直面して、いずれユーロ圏から離脱するかもしれない。さらに、一貫してユーロから離れていたイギリスは、極右と極左の政治家たちの思惑どおりになれば、EUから完全に離脱するかもしれない。十年前には考えられなかったことだ。二〇一六年、イギリス国民は、その是非を問う国民投票を実施する（訳注：国民投票ではEU離脱派が多数を占めた）。

地球規模の人口移動は、危機と悲劇にとらわれている。アメリカ合衆国は、壁を築いて不法移民を締め出すか、彼らに完全な市民権を与える法律を通すかで揺れている。議会で意見が割れている現在、改革は実現しそうにない。EUでは、二〇一五年にシリアやアフガニスタンなどの紛争国から記録的な数の難民が新たに押し寄せ、長期的な解決策は各加盟国による毎年の強制割当数の受け入れだと考える人と、解決策は国境閉鎖だと考える人のあいだで意見が分かれている。(85) 議論の最中にも、四百万人以上の難民が、ヨルダンやレバノン、トルコのむさくるしいキャンプや都市のスラム街で苦しんでいる。さらに何十万もの難民がキャンプを避けようとして、多くは密入国請負業者の手で虐待されて殺されるか、間に合わせのボートで地中海を渡ろうとして溺死している。一九五一年の国連難民条約は、難民の権利と難民に対する国家の義務を定めているが、明らかに改正が必要だ。安定した裕福な国のあいだに、災害で国を追われた人々への援助義務を公平に分担する世界的な盟約の更新がなく、災害発生のたびに、各国の反応は間に合わせの粗末なものになる。そして災害は、さらに頻繁に起こるようになっている。

今日おそらく最大の地球規模の問題といえる気候変動について、人類は二十年にわたって、共通の包括的で有効な協定に基づく積極的な行動を取れずにいる。一九九七年の京都議定書は、一部の国が自国の二酸化炭素の排出削減を約束し、不充分ながらも最善の努力を払った枠組みだったが、まったく実現できずに終わった。二〇〇九年のコペンハーゲンでは、世界の首脳は、痛みを分かち合う協定にまったく同意しないことを選んだ。京都会議――9・11前、世界不況前の、〝グローバル化〟がまだよい言葉だった時期――にみなぎっていたやや大胆な希望は、共通の未来のために大きな犠牲を払う意志はなく、自国民の支持も得られないという、集まった各国首脳の冷静な認識に取って代わられた。

近年、人々の支持は持ち直してきた。極端な異常気象がますます増え、中国の都市や他の地域のひどい大気汚染によって、化石燃料経済の健康への影響に対する一般大衆の不安が高まってきたからだ。それは二〇一五年のパリ協定で実を結び、百九十五カ国が自発的に、地球温暖化を〝確実に摂氏二度未満〟で止めると公約した。この合意自体が、とても大きな成功だ。科学的証拠がほぼ世界じゅうの国々を説得して、何かについて合意させた史上初の出来事のひとつといえる。それは、繁栄する科学の力、そして進歩の意図しない結果に関する世界的認識の新たな結びつきの証だ。

今の疑問は、全員で最後までやり遂げられるか、だろう。主要国は協定に法的拘束力を持たせることをためらった。それは、二酸化炭素排出を減らすための優れたテクノロジーの大規模な配備（これまでの投資と試験では不充分）と、発展途上国世界への大規模な資金とテクノロジーの移転（これまでひどく不充分）を前提とする。自発的な公約は二〇二〇年まで実施されず、摂氏二度未満の目標を達成できるかどうかは、各国が以後五年ごとに二酸化炭素削減の公約を、再度自発的に更新するかどうかにかかっている。人類は勇気ある新たな契約を結べるだろうか、それともふたたび、最も難しい選択を先延ばしにするのだろうか？　いずれわかるだろう。

本項で挙げた例はどれも、今日の世界で最大級の政治的プロジェクトだ。まだ実施されていないパリ協定は除外されるかもしれないが、すべてに共通する欠点は、大胆な物事を成し遂げるには、公的機関に正当性が欠けていて、国民の結束が足りないことだ。そして今、天才が開花しリスクが増大するこの時代は、近隣レベルからの人々の強い意志と行動の必要性が最大になる時だ。

行動し損なうたびに、明るい未来が簡単にはやってこないことを思い知らされる。実現するには、懸命に努力しなければならない。

第四部　未来に向けた戦い

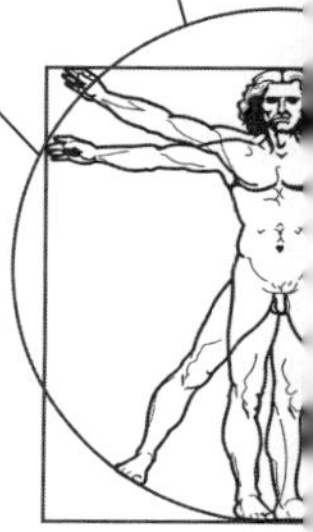

9 ダビデ 何をすべきか

わたしが今の技を身につけるまでにどれほど努力したかを知ったら、誰も奇跡だとは思わないだろう。

ミケランジェロのものとされる言葉

ミケランジェロの『ダビデ』像は、五百年以上前にフィレンツェの中央広場で初公開されて以来、多くの試練に耐えてきた。一五一一年、台座が雷に打たれた。一五二七年、像自体が打たれ（ある説では、上階の窓から椅子を投げつけられて）左腕が折れた（一五四三年に修復された）。一八四三年、大理石の肌を磨こうとした（五十パーセントの塩酸溶液で）無分別な試みは、過去三世紀半にわたってフィレンツェの太陽と雨が与えた害より多くの害を一日で与えた。一八七三年、累積した風化作用のせいで、ダビデ像はついに高座から退き、美術館――アカデミア美術館――へ移されて、十年近く木箱のなかに放置された。一八七八年、マーク・トゥエインはフィレンツェを訪れ、〝[像が] 大きなクロゼットに入れられているのを見つけた……おもしろくもない大量の絵のなかをくまなく探し回ったあとで〟[1]。『ダビデ』像は第二次世界大戦中ふたたび、今度は爆弾と泥棒を避けるため砂と煉瓦のなかに閉じ込められた[2]。幸いにも、その両方から逃れることができた。

今日、ミケランジェロの『ダビデ』像は、もとの手足の指を何本かなくし、五百年間姿勢を保ってきた負荷のせいで足首にひびが入っているが、今も人々とともにある。『ダビデ』が生まれた時代から人類が得た英知の多くも同じだ。

『ダビデ』像の存在は、発見の時代を定義づけた美しさと醜悪さから、その英知を引き出し、ひらめきや啓蒙を見つけるよう誘いかける。現在は過去の繰り返しではないが、人類は世代が移るごとに自身をつくり替えているわけでもない。状況は変わり、テクノロジーは変わるが、人間の意識下の目的はもっと揺るぎない。だからこそ人々は歴史を振り返って、現在への重要な教訓を持ち帰る。

なかでもいちばんの教訓は、『ダビデ』自身が体現している。ある美術史家によれば、『ダビデ』は〝最も生き生きと表現された人間の可能性〟だ[3]。『ダビデ』は現代人を鼓舞し、自分のように身構えて立てと警告する。挑まねばならない、勝たねばならない戦いに備えよ、と。

開花する天才と増大するリスクとの戦いは、当時のルネサンスを定義し、現代を定義している。この瞬間が歴史に人類最善の時と刻まれるか、最悪の時と刻まれるかは、天才を増やしてリスクを減らすために、わたしたち全員が何をするかにかかっている。

天才の開花を促す

1. 天才を歓迎する

わたしとしては、本当の自分と異なる者にはなれない。(4)
デジデリウス・エラスムス（一四六六ごろ～一五三六）

天才を歓迎するのは当たり前のようだが、実際にはたいてい反対のことをしてしまう。天才は恐ろしくもあるからだ。これまでとは違う世界の見かたを教えるので、見えたものを人々が嫌うかもしれない。コペルニクスは数学を使って、天空の見かたが時代遅れであることを世界に教えた。それは危険な真実だった。生命の意味についての基本的な聖書の信条に挑んでいるように思えた。神は地球を万物の中心に置き、神は〝人間〟をその管理人とした――どちらも心安らぐ考えだ。しかし、もし地球が太陽から数えて三番めにある岩の塊にすぎないとしたら、人間の立場はどうなる?

もちろん、当時の人類はもっと未熟だった。現代人は思想に科学を受け入れることにずっと柔軟になっている。それも心安らぐ考えだが、考えるよりもさらに先へ進まなければならない。たとえば、遺伝子研究は、人種差別にほとんど科学的根拠がないことを決定づけた。〝人種〟のあいだより、なかのほうがずっと多くの遺伝的差異がある。本書の著者ふたりを含む、世界で七十五万人が、綿棒で採ったＤＮＡ標本をナショナルジオグラフィック協会のジェノグラフィック・プロジェクトに提出し、共通のアフリカの祖先を持つという個人的な証拠を手に入れた。いくつかの真実は、強固な信念や定着した習慣と激しく対立するので、あっさり無視される。現在、人々は地球の気候システム、国際金融制度、世代間の貧困、心臓病、そして公教育への投資が経済成長に与える効果について、最近わかってきたことの大半を無視している最中だ。それに、ほとんどの人は今も日焼け止めを塗っていない。(5)

これからもみんなが、生きているあいだ多くの新たな真実を無視するだろう。無視しないように努めよう。最終的に、現実を拒むのは難しい。健全な、成功する人——そして社会——は現実を基礎にしている。だから、心安らぐ神話を手放そう。代わりに、批判的な考えかたを大切にしよう。

かつての印刷と同じように、デジタル化は、あらゆる言論を等しく拡大した。とはいえ、あらゆる言論が等しく傾聴に値するわけではない。オンラインでは、事実と意見がほとんど同じに見える。現実では、ふたつはまったく違うものだ。人々は絶えず、議論で支えられた意見を求めたり、議論の偏りを調べたり、ほかにどんな見かたがあるか尋ねたりして、そのふたつを区別しなくてはならない。前回のルネサンスでそうした人たちは、次世代の自由な発想をする者を生み出す後押しをした。たとえば、一五〇〇年代半ばから一六〇〇年代半ばでは、ガリレオ、ホッブズ、デカルト、ロック、ライプニッツ、ニュートンなどだ。そして彼らは科学革命を、さらには啓蒙主義を生み出した。新たな高みが待ち受けている。もし人々がそこまでのぼる知的勇気を奮い起こせるなら。

同じ精神で、新しいアイデアを柔軟に受け入れなくてはならない。探究の道筋に沿って進歩するには、現在の見かたを捨てる覚悟が必要になる。新しいアイデアは既得権益を脅かすので、拒まれたり抑えつけられたりすることがとても多い。激しい反発を受けた画期的なアイデアは、コペルニクスの太陽中心説だけではなかった。スイスの筆写人は印刷機に集団で抗議した。ネーデルラントのギルドは造船の進歩と闘った。フランスの製紙業者は、パルプ製造を迅速化することになる機械に火をつけた。(6) 同様に、今日の化石燃料産業は、代替燃料への移行に抵抗している。主力銀行はクラウドソーシングでの融資に水を差している。タクシー運転手は、通勤者に相乗りサービスを提供するアプリを非難している。新しいアイデアはすべてよいものなのか？　そうではない。しかし、ルネサンスの時代にはそれが標準的な想定であるべきだ。そのアイデアが直接人々に害を与えないかぎりは……。現在、社会はますます、アイデアを判断し、共有し、さらによいアイデアを刺激する力を増している。† たとえ社会の聖域に対する実験であっても、称賛しよう。そうでなければ、二十一世紀最大級の発見を逃してしまうかもしれない。

天才をはぐくむ

天才を歓迎するには、その前触れも歓迎する必要がある。

ノーベル賞受賞者は、代表としては不完全ではあるが、世界が見逃しているものをはっきり提示している。一九〇一年のノーベル賞創設から一九九〇年までに指名された五百九十七人のノーベル賞受賞者のうち、アフリカ出身者は十人、ラテンアメリカ出身者は十二人、アジア出身者は二十二人だけだった。(7) 期待どおり、一九九〇年以降、これらの地域では、世界的に注目すべき功績を上げる人が飛躍的に多く育つようになった。アフリカとアジアでは、ここ二十五年の受賞者数が、それ以前の九十年間の合計受賞者数から倍増した。‡ しかし、受賞者中の三地域の割合

†原注：H５N１インフルエンザの危険な突然変異でさえ最終的に公表されたことを思い出してほしい。ある日気づかないうちに感染するより、公にしてワクチン候補について考えてもらうほうがよいと、出版社は正しく判断した。

（一九九〇年以降の全受賞数の十六パーセント）は、いまだに世界人口に占める比率（二〇一五年には約八十五パーセントで、さらに上昇中）よりはるかに低い。[8] このゆがみはおもに、現代科学が今も主として西洋の概念で構成されていて、他地域の最上位にいる頭脳集団のごく一部だけが西洋の一流大学に進学できるという事実を反映している。残りの者にとって、自国が最先端の学問上の飛躍的進歩を支えられる研究機関を構築するまでには、さらに長い時間がかかるだろう。

しかし、こうした国と社会の偏りは、どこで働こうと個人について回る偏見を反映してもいる。同じ大学で働く科学者が、ひとりはアフリカ人、もうひとりはイギリス人だとしたら、ふたりは給料、昇進、研究室の広さ、研究資金について同じ配慮をしてもらえるだろうか？　悲しいことに、調査によると、そうではなさそうだ。[9] 女性も同様のハードルに直面する。二〇一三年までの全受賞者のうち、女性はわずか五パーセントだった。この結果を男女の脳の違いをたどって調べるのは〝神経学のたわごと〟にすぎない。[10] 責任は間違いなく、幼少期にも、あらゆる昇進の段階でも、数学や科学の学習から女性を退ける社会の根強い先入観にある。世界じゅうのどこでも、男性と女性はほぼ同数が共存しているが、最も教育程度の高い国々でさえ、女性の研究者はおよそ三分の一しかいない。

多様性は、コペルニクスの革命的な天空の地図からヒトゲノム計画のゲノム地図まで、創造的な大発見に不可欠な要素となってきた。どんな形でも、偏見は多様性を低め、そのせいで生まれる前のよいアイデアまでつぶしてしまう。現在は、それを終わらせる歴史上最善の時だ。たとえば、多様な性的指向が多くの国で急速に受け入れられつつあることは、地域社会を活性化するだけでなく、人類の集合的な創造力も高めると考えられる。ほかにも、多くの形態の偏見をなくしていくことが求められている。きっとできるはずだ。

一般からの後援を充実させる

前回のルネサンスのあいだ、創造的な天才のおもな後援者はメディチ家だった。途方もない大金持ちだった彼らは芸術を愛し、芸術的スタイルの先駆者たちに資金提供することを好んだ。ギベルティ（絵画と彫刻）、ドナテッロ（彫刻）、ブルネレスキ（建築）の実験的な作品が伝統的手法に挑んだときはいつでも、それを主流にしたのはメディチ家の後援だった。

当時も今も、天才は気前のよい後援者を必要とする。芸術でも科学でも、創造者の見かたと人々の注目点と認識には、たいてい大きなずれがある。資金がそれを埋める。

進歩している後援者もいる。Xプライズ財団の〝イノベーション・エンジン〟は、ひとつの優れたアイデアで、〝人類の利益になる画期的な大発見〟をした人に多額の賞金を提供する。[11] もうひとつの希望は大衆だ。なかには、進んで科学のための科学を支援する人もいる。二〇一〇年には、運営されたクラウドファンディングのプラットフォームは約百本で、公示された計画に集まった資金は総計で九億ドル足らずだった。[12] 二〇一五年には、合計千二百五十本以上のプラットフォームが、およそ三百五十億ドルを集めた。[13] これは世界のベンチャーキャピタル産業が投資する年平均額（約三百億ドル）より多く、このままのペースなら二〇二〇年までには少なくとも三倍になるだろう。[14] クラウドファンディングではさまざまな人々が発見に向けた研究を支援でき、特に科学者は、研究計画を立

‡原注：ラテンアメリカは三人増えたのみで、もとのペースにとどまっている。

てる一環として、支援をじょうずに招き入れる必要がある。

しかし、クラウドソーシングには限界がある。最上の計画を目の前にしても、大衆が研究に大きな興味を示すことはあまりないようだ。二〇一五年のクラウドファンディングの七十パーセント以上は、貸手が利息付きの返済を希望する短期の個人対個人のローン形式だった[15]。そして科学は、人間の理解をはるかに超えた未知の領域を探索するあいだ、迅速な返済予定を守るのが不得意なことで有名だ。研究、特に基礎研究は、たいてい特定の応用法を視野に入れずに新しい知識を得ることをめざしている。利益目的で関わる人にとって、報酬の分配ははるか先のことで、あまりにも不確かだ。たからこそ、先進国世界の民間部門は研究開発事業全体の約七十パーセントに資金提供しているものの、全体のうち基礎研究活動への資金提供は約二十パーセントにとどまっている[16]。

一方、国の財政的支援――こちらにはもっと多くの国民が毎年税金を通じて貢献している――は、基礎科学を行うためのコストや計画対象期間に向いている。コペルニクスの革命はそういう科学から紡ぎ出され、国の資金がそれを助けた。実質的に代わりとなるものはない。残念ながら、先進諸国では国の支援がふたつの意味で誤った方向へ進みつつある。

第一に、支援は停滞している。北アメリカからヨーロッパまで、特にアメリカ合衆国とイギリスでは、緊縮財政が政府の研究予算を大きく削ってきた[17]。実質ドル換算で、アメリカ政府は現在、十年前より民間の研究開発への支出を減らしている[18]。

第二に、支援は保守的になりすぎている。資金不足と、金額に見合う価値を示すよう迫る国民の重圧の高まりが重なって、公的な助成金交付から冒険の大半が締め出されている。アメリカ連邦政府の軍事を除く全研究支出のおよそ半分を計上するアメリカ国立衛生研究所（ＮＩＨ）を見てみよう。あらかじめほとんど結果がわかっている安全で付加的な研究への少額申請が、境界を押し広げる大発見に向けた研究の代わりに認可を得ることがますます増えている。二〇一三年と二〇一四年には、ＮＩＨの助成金の平均額は、一九九九年以来最低レベルまで縮小された。[19]そしてますます、野心的な若者より経験者が有利になっている。一九九〇年には、助成金受領者のうち、六十五歳以上は二パーセントだけで、十一パーセントは三十六歳以下だった。今日では、状況は逆転した。助成金受領者のうち、六十五歳以上は三十六歳以下を二対一で上回っている。[20]この傾向はひとつには、基礎にある科学によるものだ。最先端の医学研究には、多くの学問分野の協力がますます必要になり、研究者はキャリアの後半になって初めて、そういう努力を導くのに必要な知識の幅を身につける。しかし経験を重視すれば損失を招く。多くの若い研究者が意欲を失って、科学そのものから離れている。[21]

支援は、かつて先導役だった果敢な精神の大半を失ってしまった。大衆の指導者はもう一度それを呼び戻さなければならない。もっとたくさん支出しなければならない。先進国世界の研究への国家支援は、最低でも年間三パーセント増やすべきだ。そして、速急な見返りについてはあまり期待してはならない。国家支援の年増加のうち高い比率――三分の一以上が望ましい――を、キャリアのどの段階でも、有用性が不確かながら独創的でリスクの高い研究をする優れた申請者のために確保しておくべきだ。一五〇八年、ミケランジェロにシスティナ礼拝堂の天井画を描くよう依頼したとき、教皇ユリウス二世は、ここに『アダムの創造』を、あそこに『大洪水』を配置せよと芸術家に命じはしなかった。（最後には）ミケランジェロが〝わたしの好きなようにやる〟のを許した。[22]当時も今も、自主性はたいていの天才の偉業に欠かせない要素だ。

2. 失敗する勇気

ほとんどの人にとって大きな危険は、高すぎる目標に届かないことではなく、低すぎる目標を達成してしまうことだ。
ミケランジェロのものとされる言葉

これは五百年前の一般的な見識で、今日にも当てはまる。ノーベル賞を受賞した経済学者エドマンド・フェルプスは、二〇一三年の著書『なぜ近代は繁栄したのか』で、〝「ことをなす」うえでのヴァイタリズム（訳注：冒険や挑戦による自己発見や個人的成長に価値を見出すこと）の明らかな衰え〟を、さらなる実験や探究、操作や推量に置き換えて、個人や社会としての人間が、重い足取りで前へ進むだけでなく繁栄できるようにすべきだと、読者を促している[23]。発見の時代には、リスクと報酬のバランスは、大胆な行動を取るほうに有利に働く。

第一に、探究すべき新しい分野がにわかに大きく増えたからだ。政治と経済は、世界の人口と市場を拡大してきた。物質の素粒子と宇宙の広大さを探る機器がある。銀河の形成から、気候の調節、脳がどうやって意識を生み出すかまで、創造の最も複雑な謎をシミュレートする計算能力が開発されつつある。二〇二〇年には、世界の中流階級は三十億人に達し、ポケットのなかのハイテク機器で誰とでもつながれるようになるだろう[24]。

第二に、人々の絡み合いが、自分と他者のために想像できる価値を加速して拡大するので、行動がどんな利益をもたらすかを完全には予測できない。ソーシャルメディアにはその事例がたくさんある。三日間でつくられた簡素なモバイルゲーム『フラッピーバード』は、二〇一三年に大人気になり、ベトナム人の制作者は一日およそ五万ドルの収入を得た。[25] 二〇一四年、アイス・バケツ・チャレンジは、たった三十日で世界じゅうから一億ドル以上、合計で二億二千万ドル以上集めた。筋萎縮性側索硬化症（ＡＬＳ）の研究を支援する慈善運動として、頭から氷水をかぶるパフォーマンスを友人から友人へつなげていくものだった。[26] もし参加したのなら、よい知らせがある。それは役に立った。一年後の二〇一五年八月、ジョンズ・ホプキンズ大学の研究者が、治療法の発見に画期的な進歩があったと発表したのだ。[27]

第三に、失敗のコストは急激に下がっている。オープンソースソフトウェアとハードウェア、資金調達や製造、配達のための世界的なオンラインプラットフォーム、３Ｄプリントされた試作品は、拡大するさまざまなアイデアを形にするコストを削減してきた。十年前には不可能か巨大な実験室でしか試せなかったものが、今では小さな部屋やオフィスで手ごろな価格でつくれる。ＤＩＹバイオテクノロジーのエンジニアたちは、あらゆるＤＮＡ操作に不可欠な三万ドルの実験設備、ポリメラーゼ連鎖反応（ＰＣＲ）装置を六百ドル未満でつくった。openpcr.org で購入できる（多少の組み立てが必要）。アーティストたちは、スマートフォンやツイッターアカウント、積極的な友人づくりくらいの先行投資で、自分の才能や世界での人気を測れる。二十年前、商業的な成功を収めるソフトウェアを制作するには、コンピューターサイエンスの学位を取得してから、ソフトウェア会社の職に就く必要があった。今では、大手のモバイルプラットフォーム製造会社がつくった無料の開発キットを数カ月間いじるだけでできてしまう。二〇一二年から二〇一四年のあいだに、アップルの開発者コミュニティーのプログラマーが四百五十万人から九百万人に倍増したのも、驚くには当たらないだろう。[28] 失敗したときの信用上のコストも下がっている。

名誉を自慢しすぎてはいけないし、イノベーションが失敗しても恥じなくてよい。このふたつは、制御できないネットワーク効果によってますます盛り上がり、次になんらかの話題が流行れば人々の頭からすばやく締め出される。注目点は安さだ。それがわかっていれば、重要なことを達成するためならいつでも、ばかなことをして束の間笑い物になってもかまわないと思える。

大胆になるには

第一の勇敢な行動は、長期的な全体像を見ることだ。ニュースやソーシャルメディアは出来事を認識させるが、自分からその出来事に展望を与える必要がある。ここ数年きびしい年が続いている。さらなる不安定とさらなるショックが襲いかかり、人類の大半が同じ絡み合ったシステムにつながっているので、そのショックが幅広い源泉からもっとすばやく現れ、もっと大きくなるかもしれない。それらすべてが人を、たとえあからさまに悲観的にはしなくても、用心深くさせる。しかし、本書の第一部と第二部で示したとおり、それと同じくらいかそれ以上の楽観的な事例もある。その背後には、より有力なデータが存在する。

しかし同時に、そのことについてはあまり語られない。人々が視聴するメディアは、現代の基礎にある幅広い前向きな変化を過小報告し、あいまいにする傾向がある。人間の健康、富、教育、絡み合いの新たな高みへのこういう変化は、お気に入りのテレビドラマに比べて進展が遅く、有名人のツイートではなく統計値で表される。またニュースは、悪いことを過大報告する。9・11の報道から、ISISの台頭、シリア内戦の勃発まで、まるで二十一世紀が特に暴力的なスタートを切ったかのように感じられる。二〇一四年という年は確かに、冷戦終結以来の合計戦死者数によれば最も血にまみれていた。しかし別の面もある。七つの内戦が二〇一四年に終わり、十の和平合意が締結された(29)。国家間の直接戦争——歴史的に最も破壊的な種類の戦争——は二〇〇三年のイラク侵攻以来起こっていない。

全体像をしっかりつかまえるには、ましてや確信のある優勢な悲観主義に立ち向かうには、勇気がいる。その勇気を見つけることが必要だ。日々のニュースを視聴すると同時に、長期間——今年、この十年、今後数十年——を注視している人の情報を読み、見て、交流する努力をしよう。また、国境の向こうや、自分の専門分野や産業以外からの声を見つけ出そう。さまざまに異なる発想を受け入れる姿勢は、開花しつつある天才に目を向け耳を傾けるのに役立つだろう。

そこから、新たな発見の旅が始まる。コロンブスは、アジアを探していてアメリカを見つけた。同じように今世紀は、最終目的地のわからない道を進む探究者に報酬を与えるだろう。それは昔から変わらない事実だが、今ほど機会に恵まれた時代はめったにない。あなたが若いなら、同輩たちが追いかけている目前の給料日には背を向けよう。翌年は理想を追いかけ、失敗から学び、ユニークで決定的な経験をすることに費やそう。その後の人生で、きっと充分な報酬が得られるだろう。あなたが年配なら、次世代を教え導こう。彼らはお返しに、たくさんの新しいことを教え、次の大きな一歩を後押ししてくれるだろう。

経済面で、勇気に相当するのは投資だ。ここ数年にわたって、世界経済の前途が不確実なので、企業は現金を貯め込み、財務省は緊縮政策を行ってきた。それは短期の現実だ。活動中のもっと大きな力——地球規模の絡み合いと人類の発展——が、それと足並みをそろえる人たちに大きな機会をもたらす。

今は、ふたたび蛇口をいっぱいにあけ、もっと大きな展望への洞察を持たない小心な競争相手の先を行く時だ。手本を見せている企業と起業家を挙げてみよう。IBMは二〇一四年に、純利益の十パーセントをポストシリコンのコンピューターチップに投資する五年計画を発表した。[30] グーグル（アルファベット）の最近の長期投資には、新たな量子人工知能研究所や、自動運転車、アンチエイジング薬の研究などがある。[31] ペイパルの共同設立者イーロン・マスクが大きな投資を行っている企業には、スペースX（最終的には火星の植民地化をめざす宇宙輸送会社）やテスラ（電気自動車の大量販売実行、再生可能エネルギーを貯蔵できる家庭用バッテリーパック、時速千キロでのロサンゼルスとサンフランシスコ間の旅客輸送を可能にするハイパーループなど多様な目的を持つ企業）がある。

国民に失敗させる勇気

学術研究者やシンクタンクは延々と、どうすれば国民の税金、法律、規制を改善できるかを議論している。じつのところ、ひとつの正解があるわけではない。それは価値観の問題であると同時に、実証的な問題でもあり、世界じゅうの政策立案は、国民が大切にする価値観だけでなく証拠にも頼らなければならない。

しかしルネサンス時代には、政策について正しい疑問を呈することが、政策について正しい答えを見つけることと少なくとも同じくらい重要になる。〝どうすれば政府がうまく機能するか？〟だけではなく、〝どうすれば政府は国民をもっと大胆にさせられるか？〟だ。人々に奉仕する公共制度が、人々の行動を決めもする。賢明な政府は、目前の機会をつかむ国民に報酬を与えるだろう。

税制を改革する。人々の税金は、政府が供給するものの代金を支払っている。しかし、その税金の集めかたが、社会的行動をはっきりと方向づける。

1．課税基準を引き上げる。累進課税（富裕層が高い税率を課される）は、貧困層が使える現金を増やし、富裕層に再投資の理由を与えることで、社会を活性化させる。まずは、個人と多国籍企業のどちらについても税金の抜け穴をふさぎ、おもに富裕層に利益を与える控除を廃止し、土地（貧困層はほとんど持たない）への課税を重くする。土地税は不動産投機家を刺激し、温存を減らして開発を促す効果もある。

2．公共悪（過密、環境汚染、脂肪過多食品）を減らすために税金を利用する。所得課税は労働意欲を減退させる。二酸化炭素排出への課税は、削減のための良策を探す動機を与える。

3．エネルギーおよび農業へのいびつな助成金を廃止する。これらは少数者に利益を与え、取引をゆがめ、環境を破壊している。エネルギー助成金は、二〇一五年、世界の納税者に五兆三千億ドル（世界のGDPの六・五パーセント）を負担させた。OECD諸国の農業助成金は、国民に六千億ドル負担させた。[32] これらの助成金を廃止すれば、インフラや教育、健康への大胆な投資に向けて資金が自由に使えるようになり、再生可能エネルギーや持続可能な農業への意欲が高まる。

4．相続税を引き上げる。子孫のためにそれほど富を蓄えておけないとわかれば、現在に投資して、世代にまたがる不平等を減らす意欲が高まる。

社会保障制度を強化する。ほとんどの人は、就職や、条件のよい転職の機会に飛びつく。パートタイム、フリーランスなどの非標準的な労働形態——給料が安く手当が少ない傾向はあるが、とにかく仕事といえるもの——の一九九〇年代以降の急速な伸び（特に賃金労働者の下位三分の一）から、そこまでは明らかだ。[33] 人々が非標準労働を受け入れたりつくったりすることで、経済全体がテクノロジーや市場の変化に柔軟に適応しやすくなる。誰にとってもよいことだ。しかしこういう個人は、実地研修を受けにくく、貧困に陥るリスクも高い。特に、生産性が下がって社会全体が影響を受けるという理由で、彼らと家族だけにそのコストを負担させてはいけない。新しい柔軟な労働市場で人々のリスク負担を支えるには、失業保険と社会保障給付金の財源を確保し、さまざまな新しい仕事を承認するために資格規定を拡大する必要がある。

知的所有権（ＩＰ）保護のバランスを取り直す。一四八六年にヴェネツィアで初の特許が認められてから今日まで、法律がＩＰを保護する理由はふたつある。発明に報酬を与えるためと、他の人々がそのアイデアを利用できるようにして、次の発明を促すためだ。過去二十年にわたって、そのバランスは報酬を受ける側に有利になっていた。ほとんどの法域で、今の著作権の保護期間は長すぎ（作品の種類によって最長七十年）、特許はあまりにも簡単に広く与えられている。芸術からバイオテクノロジー、ソフトウェアまで、あらゆるものの進歩は、このＩＰの茂みに足止めされて遅れている。クリエイティブ・コモンズ（creativecommons.org）などのボトムアップの組織が、いくぶんか著作権の見直しを後押ししてきたが、まだまだ充分とはいえない。まずは、学術研究の免除と非営利の〝公正使用〟を拡大すべきだ。ライセンス制度は、ＩＰをひとり占めしにくく、商品化しやすくなるよう支援すべきだ。あまりにも多くの発明が、大手製薬会社やテクノロジー企業の金庫にしまい込まれていて、イノベーションを妨げ、何百万人もの健康を改善して命を救うかもしれない薬品の登場を遅らせている。同時に、ＩＰ保護は、長いあいだ正当に認められてこなかった人の権利にも広げる必要がある。たとえば、先住民族のＩＰを保護して、伝統的な薬や音楽の無断使用を裁判で止められるようにする。

規制を簡略化する。ＩＰの茂みはゆっくりなら進めるが、規制の茂みはほとんど通り抜けられない。研究によれば、新会社設立の規則が増えると、操業開始に向けた活動は減少する。[34]一般に、規制者が規則を増やすほど、社会がそれに従うのが難しくなり、創造的な人材が法令遵守のために浪費されていく。規制をくぐり抜けるためだけにおおぜいの弁護士が必要で、新興企業や小企業の参入にとって大きな障害になる。規制者が現時点の複雑さを別の複雑さで緩和しようとするにつれ、こういう浪費が急激に増えている。アメリカの立法官たちによる八百四十八ページにわたる二〇〇八年の金融危機への対応である、二〇一〇年成立のドッド＝フランク法に必要とされた事務処理の総量は、二〇一四年には三万人年を超えた。[35]ある試算によると、地球上のあらゆる生物の種の目録をつくるより、書類に必要事項を書き込むほうが多くの時間を浪費するという。[36]

立法官と規制者はこの傾向に抵抗する必要がある。将来が不確実な時代、熟練した監督者が適用する実証済みの経験則は、精緻な方法と同じくらい（あるいはそれ以上に）役に立ち、社会への負担もずっと低い。[37]最も優秀な人を採用し、しかるべき給料を支払い、効率のよい簡素な規則を定めて監視する権限を与えるべきだ。

3. 自分のフィレンツェを探す

十五世紀から十六世紀前半、フィレンツェは、西洋世界の他のどこともまったく違っていた。イタリアのまんなかという位置が、この都市国家を貿易と金融の主要な中心地に、そして東洋との交易の最前線にした。ヨーロッパの大半がオートミール粥を食べていたころ、フィレンツェ市民は市場で、アルメニアからのナスやアスパラガス、エジプトからのバナナ、トルコからのヒヨコ豆、ペルシアからのホウレンソウ、のちにはアメリカ大陸からのトウガラシ、チョコレート、トウモロコシを売り歩いていた。知性の面でも、別世界に住んでいた。フィレンツェの人々は、広い西洋世界のなかで最も高い識字率を誇り、自分の名前を書けるヨーロッパ人がおそらく十パーセント未満しかいなかったころ、三十パーセント以上の市民が文字を読めた。フィレンツェの若者の四分の三以上は学校教育を受けていて、社会的移動――ヨーロッパの大半を規定するきびしい階層制のただなかにあった夢――は、優れた技能や才能、知識を持つ人には現実にありえることだった。ふつうの市民が有力な政治家になり、慎ましい商人が大きな貿易事業に乗り出し、頭脳明晰な貧困者が奨学金を受けて優秀な事務官になった(38)。

文化面でも、フィレンツェは評判が高かった。メディチ家がそこに基礎を置き、次から次へと事業に資金を注ぎ込んで、自分たちとその都市国家を強大にしていった。この地はドナテッロ、ブルネレスキ、レオナルド・ダ・ヴィンチ、ミケランジェロ、マキアヴェリなどの革新者を生み、ルネサンスを通じてヨーロッパのどこよりも芸術の名匠がいる割合が高かった。定住する芸術家の人口は、絶え間ない移住者の流れ――旅をする名匠、徒弟、徒弟志望者――によって増大した。彼らは最新の傾向を見つけ、新たな技術を学び、熱情を分かち合うためにやってきた。ルネサンス芸術初期の大作のひとつ――ブルネレスキのドームを頂くドゥオーモ――は、フィレンツェの中央広場に建てられ、当時の最大傑作の多くは今日に至るまで街の美術館に置かれている。

場所が重要

場所は、かつてほど重要ではなくなってきたと考えたくなる。主要な資源――材料、資本、人、アイデア――は、今では世界じゅうを巡っている。デジタルメディアを通して、情報にアクセスし、互いに意思を伝え、どこからでも作業できる。確かに、世界がますます絡み合うにつれて、物理的な場所は重要ではなくなっている。

ところが、事実はその逆だ。天才を生むことについては、どこに身を落ち着けるかの選択が、かつてないほど重要になっている。それにはふたつの理由がある。技巧と集中だ。

技巧

知識はますます自由に巡回しているが、知識の下方を探ると、あらゆる分野のなかにもっと深遠で、はるかに厄介な専門技術が見つかるだろう。経済学者のブライアン・アーサーが〝深層的な技巧〟と呼ぶものだ[39]。

技巧はフィレンツェを、前回のルネサンス時代の芸術家を引きつける場所にした。印刷媒体によって、どこにいても誰もが入手できるようになってきた知識ではなく、小さな専門家のコミュニティー内に形成され、結束していた〝知の集合体〟だ。その集合体には、次のようなものがあった。どの実験が有効か、有効でないかを知ること。目新しいもののうち、どれを一時的な流行として無視するか、どれを永久に価値あるものに加えられるかを知ること。芸術上あるいは技術上のさまざまな障害を切り抜けるには、誰に相談すればよいかを知ること。乏しい資源を確保するには、誰にどう嘆願すればよいかを知ること。

そういう暗黙の了解を、熟練した専門家は当然のことと見なしているが、尋ねられてもそれを言葉にするのは難しい。結果として、深層的な技巧は、それが生まれた場所にとどまる傾向がある。その特権的な場所では、大きな勢いと、情熱と、成功の見込みが創造的な活動に与えられる。限界を打ち破ったルネサンス時代の芸術家はみんな、手段さえあればフィレンツェまで巡礼の旅に出かけ、作業場や市場が開かれる広場、宮殿に染み込んでいる英知を吸収した。

当時も深層的な技巧の魅力はとても強かったが、今ではいっそう強くなっている。現代の科学、テクノロジー、システムははるかに進歩した。音楽をミックスする、コードを書く、ロボットを設計する、経済成長を予測する、そのいずれにしても、最前線での謎はさらに深層的で、学ぶのにさらに長い時間がかかり、画期的発見をするために協力しなければならない分野の範囲はさらに広く、可能な解決策の宇宙はあまりにも広大なので、生産的な道から外れないようにするには研ぎ澄まされた直観力に頼るしかない。これらすべてが、有能な人と名人を区別し、技巧を他の場所へ移すのを難しくする暗黙の了解を増やす。

世界じゅうの人々が集まって、あなたが熱中するものを共有している物理的な場所を探そう。実際にそれなりの期間——まずは一年——そこにいて、その場所とつながり、そこで何かをつくることに専念しよう。

集中

まだ熱中できるものを見つけていないなら、あるいは簡単に説明できる段階ではないなら、それを探せる最善の場所は、世界の大都市または発展中の都市だ。

第二部では、天才の開花を助ける環境条件に焦点を当てた。豊かで多様なアイデアの流れ、充分な教育を受けた多くの才人、そして彼らを創造的な仕事に集中させる個人的・社会的なインセンティブ。必然的に、大都市がこれらの条件を最もよく満たす。

第三部では、なぜそうなるのかを説明した。今かつてないほど場所が重要になっているもうひとつの理由、集中のせいだ。創造的な資源は、あらゆる場所に均等に流れているわけではない。世界のなかで動かすと、瞬く間に、さまざまな側面から違った利点を持つ場所に集まってくる。地理、気候、インフラ、政府の政策、あるいは大都市の密集と複雑さによって生まれる定義しにくい〝活気〟。

前回のルネサンス時代、どの都市が上位を占めるかははっきりしていた。パリは、西洋世界で最大の都市だった。[40]ローマは、西洋キリスト教世界の不朽の宗教的中枢だった。すべての道はローマに通じていた。フィレンツェは、メディチ家の財力による壮麗さをみなぎらせていた。東洋の宝石、コンスタンティノープルは、イスタンブールに改名され、スルタンの新たな保護のもとでふたたび活気づいた。新興の中心地――アメリカ大陸の銀で輝くセビリア、創造力にあふれるアントウェルペン、さらにはリスボン、マドリード、ロンドン、アムステルダム――はアジアと大西洋への玄関口になりつつあった。

今日でも、都市は文明の鼓動する心臓であり、ますますその傾向は高まっている。人類の半数以上の故郷である都市は、富のほとんどを保有し、投資のほとんどを引きつけ、世界的な経済活動の五分の四以上を生み出す。[41]経済面での上位百都市だけで、世界のＧＤＰの四十パーセントを占めている。なかでも特に有名な都市――ニューヨーク、サンフランシスコ、ロンドン、パリ、シンガポール、東京――は今日のフィレンツェ、ローマ、コンスタンティノープルだ。こういう大都市の明かりは最も明るく輝いているが、純粋な数からすると、何百もの新しいセビリア、アントウェルペン、アムステルダムに比べればかすんでしまう。インドの織物の中心地スーラトから、ブラジルのポルトアレグレ（最初の世界社会フォーラムの開催地）まで、それぞれの都市が新しい刺激的な経験への入口になっている。

これらの都市はみんな、重圧と争いの絶えない場所だ（前回のルネサンス時代、フィレンツェの殺人率は高かった）[42]。しかし、創造的な資源がこの上なく豊富に存在し、発展とつながりの力が——文字どおり街なかで——衝突し、絶え間ない新鮮さを生む交差点でもある。都市はイノベーションと機会のるつぼであり、ただ訪れるだけでなく、そこに住む価値がある。

新たな交差点を築く

地域社会を構築する権限と責任を与えられた市民として役割を果たすには、フィレンツェを探すのではなく、再構築しなくてはならない。フィレンツェの魅力の一部は、たとえば中央に位置することなど、自然要因によるものだった。しかしほとんどは、築き上げられたものだ。もう一度同じことを達成できる。

第一歩は、地域社会の物理的あるいはデジタルの交易基盤を強化することだ。ドバイや上海のように、地理的な幸運に恵まれていたり、新たな世界的中枢を築くための国家支援を得られたりする都市は、世界でもきわめて少ない。しかし、絶大な力が得られない場所でも、よい統治とよい市民的行動によって多くを達成できる。インターネットが登場して間もないころ、アムステルダムのオペレーターたちは、万人のネットワークが接続されて頻繁に取引できる共有の中立的な中心地をつくる特典を予見した。今日、この都市は世界最大のインターネット相互接続点で、あらゆる大陸からの六百五十社のネットワークオペレーターがつながっている。アムステルダムは、世界レベルのデータインフラによって、テクノロジー企業だけでなく、信頼できるネットワークへのすばやいアクセスが競争上の利点になる金融機関などにとってもヨーロッパの中心地になった。

一方、トロントは、世界屈指の活気に満ちた人々の交差点として定着した。住民の半数以上は移民で、ひとり当たりで見ると世界で最も開かれた都市といえる。[43] 毎年、年間十万人の外国人受け入れに成功しているのは、順調に機能する市政事業のインフラに端を発している。たとえば、新来者戦略は、病院や学校、サービス組織、さらには移住者たちを医療や手ごろな住宅、保育、言語教育などの公益にアクセスしやすくする移住ポータルなどと連携している。移住者たちの受け入れ都市へのお返しは、コストを補って余りある。[44] 二〇一五年、《エコノミスト》の安全都市ランキングでは、トロントが世界で〝最も住むのに適した場所〟と評価され、移住を悪と論じたがる人たちを困惑させた。[45]

計画的な設計を通じて世界の新たな交差点になる方法を示した他の大都市には、ムンバイ（世界のオフショアサービス）、ラゴス（アフリカの貿易と金融）、テルアヴィヴ（テクノロジー）などがある。小さめの都市でも、うまく運営すれば、ニッチあるいは地域レベルで主要な交差点になれる。コペンハーゲンは、従来の金融の流れではニューヨークやロンドンにかなわないかもしれないが、急速に仮想通貨の中心地になりつつある。北欧のどこよりも、ひとり当たりのビットコイン使用が多い。[46] カナダ草原部の中央に位置する小さな街レジャイナは、二〇一〇年、北アメリカの主要鉄道とトラック輸送ネットワークを結ぶカナダで最大級の内陸港、千七百エーカーの〝世界輸送ハブ〟を開設した。人里離れた街はどこからも等距離で、世界の貿易量が膨らむにつれて、そういう場所は、さまざまな輸送システムの負荷を分散させるのに役立つ重要な中核になる可能性がある。

新来者に対応する

多様性は、誰もが生きていける場所でなければ育たない。不動産価格は世界の大都市や新興都市の多くで、所得以上に急騰している。[47] ロンドンの地価は二〇一四年だけで二十パーセント跳ね上がった。[48] 現在買う余裕がない人たちは、家を持つ夢がどんどん遠ざかるのをただ眺めている。一方で、家賃と通勤時間が増えれば、そもそも人を都市に引きつけている利点が失われることになる。人の流れを促すには、都市は住宅の密集度と供給を増やし、手ごろな住宅（特に若者のための）を拡充して、投機家の買い占めを防ぐ必要がある。

また都市は、人々の交差点として繁栄するための高度な政策支援を必要とする。〝想像をカタチにするチカラ〟をスローガンにする世界最大手企業ゼネラル・エレクトリックの副会長は、二〇一四年にこう語った。〝今やあらゆるイノベーションには、社会間の協力が関わっている〟政府が社会を他の社会から隔離するような移民政策をとれば、国境の内側のあらゆる創造的野心が損なわれる。

残念ながら、それが先進国世界全体の最近の傾向だ。アメリカ合衆国では、千百万人の未登録移民が、中途半端なアメリカでの生活を強いられている。十例に七例では未熟練労働が見つかるが、[49] 公共サービスの利用や、受け入れ先共同体の正式な一員になるための税金の支払いができない。[50] 高度熟練の移民までが追い返されている。二〇〇四年、アメリカ合衆国の熟練臨時労働者のビザ割当数は、十九万五千人から八万五千人に削減され、[51] 外国人留学生が卒業後にその国に居残るのがずっと難しくなった。† これは、ほとんど即座にイノベーションを鈍化させた。一九九五年から二〇〇五年の十年間で、シリコンバレーのテクノロジー新興企業の五十二パーセントは、移住者によって設立あるいは共同設立された。それ以降、数字は四十二パーセントまで下がった[52]。起業家志願者は、今もたくさんのアイデアを持ってアメリカにやってくる（毎年アメリカの大学で高等数学、科学、工学の学位を取得する十五万人の学生の半数以上は外国出身だ）が、帰国して起業する人がますます増えている（そして関連の仕事や富を生み出している）[53]。

移民規制強化の背景にある意図が、経済不況時に国民を援助するためだとしても、総合的な結果はそれとは逆になってしまう。二〇一三年に超党派のアメリカ議会予算局が概算したところによると、現在の移民法の改正を誤ると、今後二十年でアメリカ経済は五パーセント以上成長率が下がり、九千億ドル近くの税収を失う可能性がある[54]。研究によると、イギリスで年間の移民流入を半減させれば、自国の労働力の高齢化と減少のせいで、イギリス経済が今後五十年にわたっておよそ十パーセント縮小する可能性がある[55]。さらに重要なことには、移民政策を誤れば、国際的な賑わいをめざす都市の努力をくじき、高い壁を築けば、市の道路や空港、光ファイバーなどの世界への窓口に使えるはずの公的資金がむだになる（二〇〇五年から二〇一四年で、アメリカの無登録移民の数は、およそ一千万人から一千百万人へ、ゆるやかなペースで十パーセント増えただけだった[56]。それにもかかわらず、移民法執行の年間連邦政府支出は八十パーセント増え、百億ドルから百八十億ドルになり、他の全連邦法執行機関の支出合計額を上回った）[57]。反移民の傾向を覆すべき時が来ている。

†原注：正確には、ビザの割当数は六万五千で、追加の二万はアメリカの大学が授ける高級学位取得者のために確保されている。

ここまでの議題は、わたしたち自身と政治について多くのことを要求している。たいていの人と場所は、この時代が提供する可能性らしき何かを、なかなかうまく利用できないだろう。それができるのが、二十一世紀に変化を起こす人になり、創造的な中心地を築く場所になるだろう。

リスクの増大を和らげる

前回のルネサンスは、増大するリスクに対処するための教訓も授けてくれた。

1. 新しい地図をつくる

前回のルネサンス時代、学問のある人は、目の前の新たな課題に対処するため、頭のなかの世界地図を完全に書き換えた。現代人が進むべき道のりはまだ長い。

地球について正確に理解するうえでのおもな障害は、国や人々の分類に使われる言葉だ。たとえば本書では、〝先進〟国と〝発展途上〟国、〝裕福な〟国と〝貧しい〟国、〝先進〟経済と〝新興〟経済について語らざるをえない。あまりにもたくさんのデータ、分析、意見がこの単純な二分法にとらわれていて、それらを参照しなければ、今日の世界の状況について何か言うのが難しくなっている。

しかし、こういう言葉はどれも、誤解を招く恐れがある。

第一に、〝裕福な〟〝先進〟国が、人類史のなんらかの安定した終点に達したかのように思わせる。これほど間違った考えはほかにない。政治、経済、社会のイノベーションは先進諸国を変え続けているし、あらゆる先進国は未解決の大きな難題に向き合っているからだ。

第二に、〝先進〟諸国が世界情勢の中心にいて、〝発展途上〟諸国が外縁にいるように思わせる。そんなことはない。二〇一四年には、いわゆる〝新興〟市場は、世界のＧＤＰにおいて先進諸国より大きな割合（五十七パーセント）を占めた。[58] 中国やインドのような最大発展途上国は、多くの先進国より、たとえば気候変動を解決する上で果たすべき大きな役割がある。

第三に、これらの二分法は、それぞれのグループ内の国々がだいたい似通っているように思わせる。それも嘘だ。それぞれのグループ内で、統治と政体（民主制から絶対君主制まで）、経済と人口規模（中国経済の規模は、他の発展途上国すべてを合わせた規模とほぼ同じ）、資源の豊富さに大きな違いがある。マラウィは内陸国だが、近隣のモザンビークは沖合の莫大なガス埋蔵量に恵まれている。

頭のなかの地図を進化させる必要がある。単純な二分法では、今日の世界の政治、経済、社会、環境の多様性は表現できない。二分法を使えば、最も重要な問題そのものをあいまいにし、第7章で警告した認識の盲点を悪化させる危険がある。すぐに改善するには、世界をひとつではなくふたつの面から考えるとよい。国の純粋な大きさをひとつの軸、ひとり当たりのなんらかの発展をもうひとつの軸にする。しかし、メルカトルがあの有名な地図を作成したとき発見したように、平らな表面に丸い球体を描き出す唯一最善の方法はない。どうやっても、ある部分は必ずゆがんでしまうだろう。

レッテル貼りも改善する必要がある。キリスト教徒、イスラム教徒、ユダヤ教徒、ヒンドゥー教徒、仏教徒、無神論者というのは不完全な識別方法で、互いを知るのに役立つより、人々を孤立させることが多い。トルコやセネガル、インドネシアなどのイスラム教民主主義国や、ミャンマーの仏教徒による民族浄化を見れば、信仰に基づいて人々を色分けする試みが間違っていることがわかる。

こういう誤りを頭に入れて、もっと正確な世界の概念を引き出す努力ができれば、二十一世紀をしっかり進んでいけるだろう。

2. リスクを認める

ヴェネツィアの最大の失敗は、しだいに明らかになってきた脆弱性を前にしながら、現状に満足し切っていたことだった。

現代人の自己満足には、ふたつ原因がある。認識不足と、切迫感のなさだ。ひとつめへの対処方法は、はっきりしている。政治主導、公教育、ソーシャルメディアキャンペーンはどれも、効果が証明されてきた。今日の世界でとりわけ大きな問題である気候変動を例に取ってみよう。二〇一四年、国連の気候変動に関する政府間パネルが〝深刻な、広範囲にわたる、取り返しのつかない影響〟が及ぶ可能性の増大についての最新報告を発表したのと同じころ、人々の心配ごとリストについての意識調査では、気候変動は十二位(ヨーロッパ)から十四位(アメリカ）のあいだに位置していた。[59]二〇一五年半ば、パリでの国連気候変動会議に向けた準備が始まると、順位はそれぞれ三位と六位に上がった。サハラ以南のアフリカとラテンアメリカ（気候変動に特に脆弱な地域）の調査回答者たちはそれを、目に見える最大の世界的脅威と評価した。世界経済の不安定性や、イランの核開発計画、ＩＳＩＳの台頭をはるかに上回っている。[60]つまり、世界の人々のレーダーにものを映す方法はわかっている。

しかし、切迫感を高めるのははるかに難しい。

“すべき”から“する”までの長い道のり

何をすべきかは、はっきりしている。不確実な高いリスクに直面したとき、人類には常にふたつの対処法があった。たくましさと回復力だ。ひとつめの目的は各部分を強化して壊れにくくすること、ふたつめの目的は多様性を持たせて一部分が壊れても全体が動くようにすることだ。今日ではシステム理論家の言葉になっているが、誰でも直感的に知っている。コロンブスもそうだった。航海中どんな危険に遭うか見当もつかなかったので、船体を特別厚く建造し、三隻の船隊でともに出航した。

この英知は今も有効だ。たとえば、世界金融危機への規制当局の対応を導いてきた。あれ以来の年月、銀行は融資活動に、より多額の資本準備金の保有が求められている（各銀行のたくましさを増す）。また、新しいプロセスを設定して、多角的監視制度を向上させ、投機資金の流入を制限し、国家の緊急時に利用できる特別準備基金を多様化した（金融システム全般の回復力を増す）。

同じ英知が、ほかにもさまざまなことを教えている。まずは、企業在庫を若干増やし、サプライチェーンを多様化し、ＭＢＡ取得者以外の管理職をもっと採用して経営に役立つ戦略を多様化すべきだ。

次に、公共インフラのなかで、負担がかかりすぎている中核——電力網、港、堤防——を確認し、活気にあふれた今世紀に耐えられるよう改善すべきだ。規制かインセンティブを通じて、重要なインフラ——インターネット相互接続ポイント、金融中心地、輸送管理センターなど——を地理的に広げ、脆弱な地域から遠ざけるべきだ（理想的な世界では、人も分散したほうがよい。ハリケーンに襲われやすい海岸線や氾濫原、日は差しても水不足の砂漠からは移動する）。

貧しい国々——Ｈ５Ｎ１などの新たなパンデミックが最も発生しやすい場所——の公衆衛生システムの強化を支援すべきだ。また、現地の対応が失敗したとき即座に介入して大発生を抑制できる国際〝緊急対応部隊〟を発足させ、維持すべきだ。世界保健機関の約二十二億ドルという現在の年間予算は、大都市の病院ひとつの予算にすぎないので、再投資すべきだ。[61]

化石燃料の使用を抑えて気候変動を緩和するため炭素税を導入すべきだ。また、人類が共有する世界的な資産の〝グローバルコモンズ〟——海や極地方、特に巨大な炭素吸収源であり、地球の生物多様性の五十～七十五パーセントを保持する熱帯多雨林[62]——の保護を後押しすべきだ。

そして、世界の貧困者と若者に充分な投資をして、無料の幼稚園、小・中学校、それに子どもの通学とワクチン接種を条件にした貧困母子家庭の母親への直接送金などを提供することで、周囲が得ている世界的な利益を彼らも得られるようにすべきだ。すべては、累進性を増した所得税、逃れにくい法人税、包括的な福祉制度から家計調査に基づく制度への移行などによって支払われなくてはならない。また、積極的に移住を自由化すべきだ。高齢化する先進国経済をふたたび活気づけ、貧しい世界への豊かな世界からの所得、知識、技能、制度の好ましい波及効果が増していくだろう。

将来の予測は誰の責任でもない

問題は、たいていの場合、人はすべきとわかっていることをやらない——今後もやらないだろう——ということだ。金融業界にその改革は任せられない。行われた改革はすべてあと知恵で、すでに衝撃が走り、損害が出ていた。† 人間は昔から、深刻な痛みを伴う危機のあとでいくらか変更を加えることには定評がある。

しかし、事前にそれができないのだろうか？　明らかなあと知恵で痛烈に思い起こすのは、予防手段をとることの難しさだ。理由は、そういう問題に対処できる指導者をどこで探そうとしても、代わりに、国民を脆弱にする同じ行動を繰り返さずにはいられない人々や機関が見つかるからだ。

独裁制でも民主制でも、政府は自分の支持者と国民を幸せにする義務がある。国民は政府に、経済、借金、失業、福祉、犯罪など、明確な眼前の問題を解決することを求める。第7章で示したとおり、相対的に、現代人が直面する主なリスクのほとんどは、私的財（選択、消費、利益、効率）を増やすことと、公共悪（環境汚染、不平等、たまの災難など）を受け入れることのあいだに純粋なジレンマをもたらす。私的財が公共悪を引き起こす過程は複雑

†原注：改革は不完全でもあった。危機以来、世界の銀行業はますます集中している。ほとんどの国の大手銀行は今も〝大きすぎてつぶせず〟、負うべきでないリスクを負っている。最近の経験から、判断を誤っても政府（すなわち納税者）が救済してくれることを知っているからだ。

なので、税金を使うか、きびしい交換条件をのむよう人々を説得するのは難しい。コストと利益の不均一が地勢（こちらはコストを負担し、あちらは利益を受ける）や、世代（現世代がコストを負担し、将来世代が利益を受ける）に存在すると、説得はほとんど不可能になる。

企業には、株主を幸せにする義務がある。年金基金など一部の株主は長期的な財務の健全性に注目するが、ほとんどの人は短期的な利益を期待する。短期では、リスク予防が投資に利益をもたらすことはまれだ。システム全体に及ぶ利益は実在するが、一企業の財務諸表のどこにも現れない。しかし、コストは現れる。一方で、短期の利益を押し上げる確かな方法には、低コストの拠点に生産を集中させる、グローバルコモンズ（空気、川、森、海）をもっと自由に使う、利益を外国に移して自国の税金を避ける、などがある。

最後に、個人としてのわたしたちには、できるだけよい人間に成長し、愛する人たちにできるだけよい人生を提供する義務がある。たいていの人にとって、その義務は、目に入る他の幅広い懸念より重くのしかかる。確かに、他の物事も重要だ。だからこそ一部の人は電気自動車や自転車で通勤し、社会的責任を負う事業を支援し、ボランティアや慈善を行う。しかし、人はみんな、ほかの人が自由に消費している資材を自分や家族に与えないでいることをひどくつらく感じる。大気汚染を気にして空の旅をあきらめる人がどのくらいいるだろう？　誰が、耐性菌の出現を遅らせるために抗生物質の使用を差し控えたり、ハリケーンに対する国の回復力を増すために海岸から離れた場所に引っ越したりしたがるだろう？　めったに起こらない大災害を防ぐため、あるいは排除されていた人の受け入れを後押しするため、どのくらいの所得を差し出す気になるだろう？

危険が明らかで差し迫っていれば、犠牲を払う気になるかもしれない。しかし、個人の生活と、生活が生んだ体系的な脅威の無作為なつながりはとても複雑なので、自分の選択がどのくらい——もしあれば——影響を与えるのかを知るのは難しい。どちらにしても、自由だが似たような選択をするおおぜいの人によって高まる集中が、単独の犠牲が及ぼすかもしれない好ましい影響をかき消しているように見える。五百年前のヴェネツィアの商人と同じように、最も合理的に思える選択は、目立たないようにうつむいて多数派に従い、家族を大切にし、なんらかのテクノロジーか政策が全体の社会行動を変えるのを待つことだ——おそらく、次の衝撃的な大事件への対応として。

より安全な二十一世紀への最大の一歩は、多くの社会がこんなふうに動き、多くの人がこんなふうに人生に対処していると認めることだ。新しいつながりを積極的に地図に描くことなく毎日を過ごせば、ますます複雑さのなかにのみ込まれていく。社会の富、供給業者、公共インフラ、そして知的な注意力を積極的に多様化せずに毎日を過ごせば、ますます集中が増していく。気づいていてもいなくても、全員がすでにそういうリスクに対して何もしないことで損害を受けている——それは金銭的損失、健康の衰え、あるいは機会の喪失かもしれない。それでも、ほかにどうしようもないようで、人はそれらのリスクを積み重ねることを選んでいる。

3. 美徳をかき立てる

まるでみずからの創造主であり造形者であるかのように、人はみずからを望ましい形につくり上げられるかもしれない。
ジョバンニ・ピコ・デラ・ミランドラ『人間の尊厳についての演説』(63)

手遅れになるまで変えられないことは、単に悲劇的な人間の条件なのか、それとも人はそれを超えられるのか？第4章の冒頭で、前回のルネサンスの最も重要な考察のひとつは、それが確かに可能だと証明することだと述べた。ペトラルカからエラスムス、マキアヴェリまでの人文主義者たちは、〝存在の大いなる連鎖〟における〝人間〟の決まった位置という中世の概念を修正し始め、自分の意志と行動で自分をつくり直せる可能性を受け入れた。

自己形成の道具として彼らが提案したのは、美徳だった。古代ギリシャの哲学者アリストテレスの説明によれば、美徳とは、たとえそうするのが難しかったり、不評だったり、あるいは既得権益を損なったりしても、すべきことを実行する人格の特質にほかならなかった。まわりで目にする道徳の退廃への実際的な対応を探していた十五世紀から十六世紀の人文主義者たちにとって、美徳にはふたつの重要な特徴があった。第一に、それは実行して学ぶものだ。美徳は教えられない。思考と行動の習慣なので、身につける唯一の方法は、外に出て立派な行いをすることだ。そのうち習慣がつき、美徳が新しい資質になる。第二に、美徳は伝染する。ひとつの場所で広がることもある。立派な行いは自分を磨くだけではない。そういう行動が重要で当たり前になる伝統をつくっていくことで、周囲の社会を磨ける。それぞれの美徳で自分の行いを決める人が増えるほど、美徳は他の人が行いを決める規範にもなっていく。

このふたつの特徴を利用して、ルネサンスの人文主義者たちは、世間に美徳をかき立て、その時代にありふれたものにしようと努力した。奨励のため、彼らはすでによく知られている聖人の生きかたや、古代ギリシャ・ローマの手本に頼った。建築家は、古典的な調和の取れた設計を復活させた。芸術家は、古典的な概念の美を復活させた。政治家は、キケロの修辞学の習慣や、合理的な議論、市民の参加を復活させた。

当時の危機や紛争があらわになるにつれて、人文主義者たちは、社会的・政治的指導者の古典的な美徳、たとえば分別や公正さ、節度、勇気などを奨励するのに苦労した。しかし、彼らの考えは的を射ていた。今日の社会科学者はあまり〝美徳〟を引き合いに出さないが、規範については大いに語っている。行動規範を促すことは、複雑なシステムでの成果を磨き直す強力な方法になる。トップダウンの管理が失敗するのは、担当のテクノクラートが命令を把握するための知識を充分に得られないからだ（たとえ知識があったとしても、命令を強制するのは難しい）。ボトムアップの努力が失敗するのは、思慮深い長期的な自己の利益のために人々が行動を変えてくれることを期待しても、長期的に一貫した行動を取る人はごくまれだからだ。しかし規範は、人の行動を直接規制して周囲の他者に伝染する行為の習慣として身につく。たとえば、肥満の幅広い増加を見てみよう。あらゆる人にもっと健康的な生活を送るように命令しても、うまくいかない。健康管理を個人に任せた結果、現在の蔓延が生じただけだった。しかし、研究によれば、肥満の人を健康的な共同体に移転させると、痩せて健康になることが多い。

規範と美徳の違いは、規範が無意識のうちに行動を磨くこともある一方で、美徳は意図的に養われる習慣であることだ。養おうと思えば、今日直面するリスクをうまく切り抜ける（そして機会をつかむ）のに役立つ多くの習慣を身につけられる。古典的なものもあれば、現代的なものもある。しかし、突出しているのは、誠実さ、大胆さ、尊厳の三つだ。

誠実さ

発展途上国世界では、推定で年間一～二兆ドルが、腐敗した官僚やなれ合った独占企業によって公的財産から吸い上げられており、国際投資家や発展途上国世界の金融会社がそれを手助けしている。[64]先進経済国では、二〇一五年のフォルクスワーゲンの五年に及ぶディーゼルエンジン排出規制の不正発覚や、二〇一二年までの二十年にわたるロンドンの複数の銀行によるＬＩＢＯＲ（ロンドン銀行間取引金利）不正操作などのスキャンダルを見ると、どこだろうと人は、インセンティブと機会が与えられれば不正を働くらしいことに気づかされる。そして内部告発者を見ると、問題には政府高官も含まれることに気づかされる。そういう政府高官は、多数より少数を優先させたいロビイスト、あるいは、たとえば国民のプライバシーの権利よりデータ収集を優先させたい有力な官僚に感化されるのかもしれない。

こうした詐欺行為は、あらゆる人に犠牲を払わせる。直接の金銭的損失は、金額で表せるので目立つ。しかしそれに加えて、よりきれいな空気や安全な消費財など、重要な公共の目的がくじかれる。クロマグロやまれな堅木など、保護されている資源が危うくなる。本書で説明しているような新しい政策議題に、必要とする税収が与えられなくなる。そして人々の権利――プライバシーだけでなく、公正さや命までも――が侵害される可能性がある。

大ニュースになる不正行為は、予想どおりのトップダウンの対応を引き出す。違犯者が同様の悪事を働くのを防ぐため、監視を向上させて、場合によっては罰則を強化する、と。そういう対応は必要だが、不完全だ。もっと重大な真実に取り組んでいない。〝違犯者〟はたいていひとりの人物ではなく、むしろ、ときには私益を公益や義務より優先させてもかまわないと見なす共通の精神風土だ。フォルクスワーゲンのような崇拝の的である企業でさえ、世界的責任の割当分を担うより世界じゅうの何百万人もの顧客や規制者をだますほうを選ぶとすれば、さらに大きな重圧が待ち受けている今、それはあらゆる人にとって、正しい行動を取らせる社会の倫理が弱まっている厄介な徴候といえる。

早急に、ボトムアップで社会に誠実さをかき立てる必要がある。誠実さは信用を生む。それはおそらく、人類がもっとたくましさと回復力を高めるために不可欠な特質だ。誰もが誠実さを育てられる方法がふたつある。

ひとつめは、**データを共有する**ことだ。共有すればするほど、互いから隠せる有害な秘密が少なくなる。政府は、オープンデータ運動に加わり、税金でつくるデータベースを納税者が利用できるようにすればよい（data.gov または data.gov.uk 参照）。企業は、採取産業透明性イニシアティブや、〝支払額の公表〟、トランスペアレンシー・インターナショナルなどのデータ共有イニシアティブと契約すれば、公共財に影響を与える意思決定を世間に公表できる。個人は、性的搾取や労働搾取の経験、心と体の健康問題について適切な専門家にもっと協力し、社会がいつどんな部分で破綻しつつあるかがよく見えるように手助けできる。

誰もができるふたつめは、**データの質を改善する**ことだ。一貫性のない不完全ででたらめな事実は、秘密と同じく人々の認識を曇らせる可能性がある。どのくらいの税金が犯罪で失われているのか、どのくらいの種が都市開発で失われているのか、実際に知っている人は誰もいない。世界にどのくらい移住者がいて、どこから来てどこへ行くのか、正確に知っている人は誰もいない。あらゆる国が、独自に一貫性のない統計をとっている。ときには、〝知りすぎて〟いることが問題になる。二〇〇七年から二〇〇八年の金融危機の前段階で、銀行の経営幹部と規制担当者のもとには産業データが押し寄せていた。足りなかったのは、それを比較して、精選し、システムの脆弱性を明白にしたかもしれない情報を引き出す能力だった。政府は、新しい多国間機関〝世界統計〟を始動させて、特に発展途上国世界でのデータ収集と分析の実施を促進するとよい[65]。産業界は、リスク評価を標準化して、互いと比較しやすくし、産業全体の脅威について正確な全体像を組み立てやすくするとよい。個人は、シークリックフィックスやネクストドアなどの公共データのアプリを通じて、位置ベースで気づいた近隣の問題をアップロードするとよい。

誰もが透明性を増すにつれて、疑惑や固定観念や誤情報に頼ることが減り、互いに信頼し合うのが容易になるだろう。あらゆる公開の行為が役に立つ。

大胆さ

わたしはこう確信している。慎重であるより、性急であるほうがよいと[66]……。

ニッコロ・マキアヴェリ

大胆さは古くからの美徳だ。〝運命は勇者に味方する〟とウェルギリウスは紀元前一世紀の叙事詩『アエネーイス』で書いた[67]。ルネサンス時代のマキアヴェリも同意したが、頭にあった運は悪いほうの種類だった。マキアヴェリにとって運命とは、〝あの破壊的な川のようなものであり、猛り狂ったときには平野を水浸しにし、木々や建物を壊し、大地を一地点から持ち上げて別の地点へ落とすのだ[68]〟。その怒りの前で、他のあらゆる美徳に増して、なくてはならないのは大胆さだとマキアヴェリは考えた。

混沌と不確かさのなかでは、多くの場合、最も賢明な進路はリスクを冒すことだ。なぜか？　大胆さは繁栄を後押しする一方で、忍耐も後押しするからだ。性急なイニシアティブは、不運につけ込まれる悪い習慣から人々を追い出す（災害に襲われたとき、人は〝運命ではなく、自分の怠惰を責めるべきだ[69]〟）。大胆さは人々に、自分の認識を更新して急速に変化する世界に歩調をそろえさせる新たな発見を生む。それは大衆の指導者への信頼をかき立て、指導者が来るべき嵐のなかを導いてくれるという希望を与える。

現代には、大胆さがもたらすあらゆる物事、特に信頼と希望がもっと必要だ。現在の反グローバル化、欧州懐疑主義、保護主義の気運は、大きなショックと長期的な懸念を前にした短期的で狭量なイニシアティブに対する避けられない大衆の反応といえる。この時点では、大胆な行動だけが、ますます疑い深くなる大衆を説得できる。増していく絡み合いが、人々をさらに大きな重圧と危険にさらすだけでなく、むしろ好ましい結果をもたらすような行動だ。

最初にやる。緊急になすべきことに気づいたとき、誰もがそれに気づくわけではなく、他の人たちを待ってはいられない。あなたの決断が、展望や参加への意志に欠ける人によって抑制された場合、機会損失のコストはあまりにも大きい。同志を募って始めることを習慣にしよう。solutions.thischangeseverything.org などのサイトを通じて、個人や共同体は、実際に物事を変えるいくつもの方法を見つけられる。Bチーム、持続可能な開発のための経済人会議、国連グローバル・コンパクトなどの企業グループも、産業が怠惰に挑み、よい行いをするための機会を与えてくれる。主導的な立場の企業は、主導する必要がある。

すべきことの多くは、〝作業の連携〟――問題を取り上げ、緊急性を取り上げた有力な市民、企業、都市、国の集まりによって、そして遅れた者たちを引っぱる勢いを生み出す統合された行動によってなされる。[70] もともと世界の四十の大都市で結成された（現在は六十九）C40（世界大都市気候先導グループ）（c40.org）は、その好例だ。加盟都市は、温室効果ガスを削減する実際的な行動を取り、グループ内で最良の行いを共有することを誓う。多くの地球規模の課題は、こんなふうに大きな役割を担う者が少数集まれば対処できる。そういう課題としては、気候変動――世界の二酸化炭素排出の半分以上はたった四カ国が生み出している（中国、アメリカ合衆国、インド、ロシア）――や、上位三十数行の銀行が世界の金融システムの健全性を左右できる状態の金融がある。

責任を持って、火をつける。新しい行動を採り入れて古い行動と置き換えるのは、決して簡単ではない。消費、分配、投資についての社会慣習は、そこからの利益によって毎日強化されている。行動などのよい手本を示すことで先陣を切っても、慣習や既得権益、埋没費用を社会から取り除くのに充分だとは限らない。ときには、下から火をつける必要がある。

職権濫用や悪習に立ち向かって声をあげるのは難しいが、沈黙を続けるのは臆病で恥ずべきことだ。〝人は、発言することだけでなく、発言しないことにも責任を持たなくてはならない〟と、マルティン・ルターは教えたといわれる。人間は生まれながらに社会的動物である、とアリストテレスは言った。それは、人間が価値観を公表するという意味だ。もし代わりに、世間から隔離された美徳のなかに閉じこもり、自分だけの修道院に逃げ込んで、世界の発展に立ち向かうことを避けるなら、しっかり生きるという基本的な部分をあきらめることになる。

しかも、市民としての義務を否定している。古代ローマのキケロや、その考えを復活させたルネサンスの人文主義者にとって、市民権——それによって社会をより強くするために奉仕する——は、立派な生活の核心だった。[71]〝人は自分ひとりのために生まれて生きるのではない。国が、友人たちが、分担して関わっている〟[72]二十一世紀は、ひとりひとりがその分担を認識することを求めている。

また市民権は、まじめな火つけ人を無差別放火犯と区別する。ジローラモ・サヴォナローラとマルティン・ルターは大変動を引き起こす原因となったが、あくまでもキリスト教社会の敬虔な一員だった。どちらも修道士として仕事を始め、どちらもキリスト教の権威機関がその目的から外れたと判断して初めて、改革へ転換した。間違いなく、ルターの宗教改革はカトリック教会の世俗的な力を弱めたが、聖職者の訓練を改善し、腐敗と闘い、指導者たちを神聖な問題にふたたび注目させることを目的とした対抗宗教改革（訳注：プロテスタントの運動拡大に危機感を持った教皇側が起こしたカトリック教会内の改革運動）も促進した。デジデリウス・エラスムスやトマス・モアなど、他の情熱的な改革者たちは、周知のとおり、自分の教会に忠実だったが、公言した基準を守ることを教会に断固として要求し、内側から変えていった。

現代人も、地域社会に欠けている美徳の擁護者になる必要がある。まずは、ソーシャルメディアを通じて不正をとがめることができる。意見と投票で、もっときびしい腐敗防止機関と、もっと強力な独占禁止政策の確立を求めれば、大衆が〝金の流れを追跡〟でき、公安と国家安全保障に対してもっと強力な市民の監視を要求できるようになる。

同時に、**富裕層からさらに多くを求める。**メディチ家は、ひとつには気前のよさからだが、社会的圧力を受けたこともあって、公共事業に莫大な金を費やした。慈善と清貧の美徳を公言するキリスト教世界では、巨大な富を所有することは、道徳上の立場を揺らがせた。富裕層は、大きすぎる財産を合法化する新しい美徳を必要とした。それが後援だった。芸術、建築、学問に資金を提供することで、大きな財産は有効に使いさえすればよいものになると社会に納得させようとしたのだ。徐々に、それは成功を収めた。十四世紀の葬儀での弔辞では、財産の放棄が賞賛された。十五世紀から十六世紀には、産業と獲得が褒め称えられた。(73)

今日、富裕層はふたたび、その蓄えを正当化する責任を負っているが、基礎となる道徳はますます世俗的になっている。完全に所有者の努力だけで得られる財産はない。その過程には親、教師、運などのすべてが大きな役割を果たしている。知識やテクノロジー、市場、インフラなど、公的供給材も同じだ。デジタル化は、ひとつの優れたアイデアの市場範囲を拡大することで、〝勝者ひとり占め〟効果を生み（フェイスブック、ウーバー、エアビーアンドビーの例を考えてみてほしい）、結果として相応の稼ぎと富の蓄積との格差を広げている。(74)

調査の証拠によると、富裕層は、所属する社会の許容範囲まで格差を縮める充分な努力をしていない。今世紀になってから、世界の私有財産の総計は二倍以上になった。世界の大富豪世帯数は三倍以上（五百五十万人から千六百三十万人）になった。そして大富豪世帯――世界の世帯数のたった一・一パーセントにすぎないが――は全私有財産の半分以上を手元に集中させている。(75) 世界の民間贈与を数値で表すのは難しいが、明らかに蓄積ほどではない。たとえば、二〇〇八年から二〇一一年にかけて、世界の富はおよそ二十二兆ドル増えたが、主要先進二十三カ国とブラジル、ロシア、インド、中国からの発展途上諸国向けの年間慈善寄付額は四十億ドル（年間五百五十億ドルから五百九十億ドルへ）しか増えなかった(76)。

富裕層のなかには、社会に恩義があることを認識している人もいる。参加する大富豪が私有財産の半分以上の寄付を公に誓約するギビング・プレッジなどの努力は、個人支援の規範を正しい方向へ変えるのに役立っている。

しかし、まだあまりに多くの人がこの責務を充分に認識していない。認識してもらうには、社会からの圧力が必要になるだろう。贈与者には敬意を持って接しよう。新参の大富豪にすべき最初の質問は、〝どうやって還元する計画ですか？〟だ。たいてい政府のばらまきや不備な規制によって巨万の富を築いている社会の新興財閥たちを名指しして（還元しないつもりなら）非難しよう。最終的に、富裕層が贈与を増やすつもりがないなら、さらなる累進税の改革を要求しよう。

尊厳

尊厳とは、人間としての最大限の能力を尊重して探究する行為のことだ。前回のルネサンスの人文主義者にとって、この探究は、哲学全体の基礎となるいわば上位の美徳だった。いくつかの思考と行動の習慣は人間的で、人間の能力と価値観の重要性と多様性を広げるが、いくつかは文字どおり非人間的で、人間の経験をほんのわずかな目的——たとえば、金や名声、経済成長——にまで縮めてしまうことを、彼らは認識していた。

復活に向けて努力できるあらゆる美徳のなかで、尊厳は最も個人的で、人間の条件をつくり替える最大の力を持っている。現代は、人生を商品化して、深遠な共通の価値観よりも物質的な所有と地位の象徴を重視する、危険な習慣へ陥りつつある。ますます合理的で世俗的になる価値体系のなかで、人は長期的な展望を軽視している。一般教養科目を軽視している（一九九〇年以来、アメリカ合衆国にある本来の教養学部の数は四十パーセント減少した）[77]。共同体、伝統、ときには命の神聖さまで軽視している。二〇一五年に四千人近くのシリア難民がヨーロッパへ向かって地中海を渡ろうとして、溺死したり行方不明になったりするのを見過ごしたことからも明らかだ[78]。人類の最上の目的は、個人的であれ集合的であれ、人々の思考のうえで一貫した充分な重みを持っていない。簡単に言えば、生きていることの高潔さと美しさはむしばまれている。多くの人が切り捨てられていると感じても、不思議はないだろう。

もっと包括的な世界、長期的な展望がもっと重視される世界をつくるには、生きがいのある人生にしてくれるものへの不断の評価を広げ深める必要がある。

教育を受けるだけでなく、生み出す。あらゆる人に向けたよりよい教育の拡大を、最優先にしなければならない。教育がもたらす利益は、ルネサンスの時代に頂点に達する。教育を受けた人々に対する社会の必要性は急増し、個人と社会を豊かにするための教育を備える機会は広がっていく。世界が激変すれば、もっと急いで学ぶ必要があり、かつて指針となっていた〝真実〟が古くなれば、学び直す必要がある。

その反面、教育や訓練を受け損なうと、これまでにないほど不利になる。教育がもたらす利益はあまりにも大きく、現代の教育達成度の相違は、国家間と国内での学力格差を広げる最大級の要因だからだ。

社会がすべきなのは、現在のシステムが見捨ててきた人たちの教育への参加を急いで改善することだ。ほとんどの国はすでにこの考えについて何度も雄弁に語っているが、きびしい目で、金の動きを追ってみよう。市場価格は社会の優先順位を反映する。ほとんどの不利な場所では、教師の給料が適正額よりはるかに低い。教師の貢献が過小評価されているのは、危険に満ちた誤りだ。

個人がすべきなのは、生涯にわたって、できるだけ学習に取り組むことだ。尊厳をはぐくむには意欲的な勉強が必要だと、ルネサンスの人文主義者たちは考えた。キーワードは、意欲的だ。ティコ・ブラーエとその独学による天文学のように、それぞれが自分で教育を手に入れなければならない。ケニアのやり投げ選手ジュリアス・イエゴは、本人によれば〝ケニアでは誰もがランナーなので〟、自分の競技のコーチを見つけられなかった。だから〝コーチは自分と、ユーチューブのビデオだ〟。二〇一二年、競技場でのイエゴの活躍は、世界最高のコーチ数人の目に留まり、二〇一五年には世界陸上競技選手権大会で優勝した[79]。

正式な学校教育については、過去二十年あらゆるレベルでの入学が世界じゅうで急増しているが、同時に、教育が意味するものについての概念は損なわれてきた。〝学位を取りなさい〟と親は子どもに言い、それはよい助言だが、それだけでは非人間的だ。親はこうつけ加えなくてはならない。〝勉強するあいだ、心を引かれた疑問に、自分なりの答えを見つけなさい〟学歴面ばかり重視すれば、人は狭量になり、教育は退屈なものになる。ルネサンスの人文主義者たちが今日生きていれば、彼らの第一の課題はおそらく、最近の人文科学と一般教養課程の衰退を逆行させることだろう。

そうでなければ、教育が、購入、消費される商品のように扱われる危険がある。それではいけない。教育とは、むしろゲームに近いものだ。うまくプレイする方法を学ぶには、努力と、ほかの熱心なプレイヤーとのたくさんの練習が必要になる。成功する人たちにとって、履歴書の一行は最も価値の低いおみやげにすぎない。彼らは人生に独自のユニークな視点を見つけ出した。世界はたくさんの疑問で満ちていて、彼らの型破りな答えを待っている。

「または」ではなく「かつ」で考える。自己啓発書はよく、フォーカスする力について繰り返し語るが、もし人が〝前進する〟ために自分の好奇心を常に抑えていたら、それも非人間的なことだ。人は、各分野の知識や努力について少なくとも何かを知る能力があると、ルネサンスの人文主義者たちは考えた。理解できる物事が広がれば、内面がなんらかの形で〝大きく〟なる。願わくは、本書――意図的に歴史、地理、政治、経済、科学、芸術にまたがる題材を扱っている――が、心の奥に備わる満足感に触れるきっかけになればと思う。

注意してほしいのは、好奇心が高くつくということだ。社会は専門家を一貫して高く評価する。多方面に技能を発揮する人は、不確実な報酬と名声に耐えなければならない。生産性も落ちる可能性がある。レオナルド・ダ・ヴィンチは四十年間で、二十足らずしか絵画作品を残していない。新しいワニスを開発したり、新しい機械の略図を描いたりするのに、膨大な時間を費やしたからだ。

しかし、報われる可能性もある。ルネサンスとは、博識家の時代だ――〝ルネサンス・マン〟と〝ルネサンス・ウーマン〟の。前回のルネサンスで歴史に残る偉人に、ひとつの分野だけで活躍した人はほとんどいない。芸術は科学を活気づけた。レオナルドの緻密な手と目は、解剖学研究に革命を起こすのに役立った。そして、科学は芸術を活気づけた。レオナルドの解剖学研究は、息をのむほど真に迫った絵画の作成に役立った。今日の世界も、抑えられない好奇心と熱烈な想像力を持つそういう人を、ぜひとも必要としている。知識がたくさん生み出されるほど、すべてをどう組み合わせるべきかを解明する仕事が難しくなる。それを成し遂げる人に、最大限の助力――そして報酬――を与えるべきだろう。

違いを探し求める。重要なのは、単に違う場所を訪れて違うものを読むことではない。新しい視点を積み重ねることだ。すでにやっていると思うかもしれないが、ほとんどの場合、実際にはやっていない。新しい場所を訪れたとき、現地の目でそこを見ることを学んでいるだろうか？　もし出張に行くたび同じような行動を取っているとしたら――空港、タクシー、ホテル、事務所、有名なカフェ、タクシー、空港――答えは否だ。

ルネサンス時代のヨーロッパで最高の探究者は、おそらくデジデリウス・エラスムス（一四六六ごろ～一五三六）だろう。ネーデルラントに生まれたエラスムスは、ペストのせいで十七歳で孤児になった。書物に熱中し、ラテン語を習得して、二十五歳になるころには、フランス北部の司教の秘書として職に就いた。一四九五年には、努力を重ねてさらに内陸へ進み、パリ大学に入学して、その後の三十年をフランス、イタリア、ベルギー、イギリス、スイスなどを巡りながら過ごした。

しかし、エラスムスが最も遠くまで旅したのは、頭のなかでだった。四十歳までには、ヨーロッパの幅広い知的生活――古くさいスコラ哲学の学習から新しいイタリアの影響まで――を堪能し、自分の学識の豊かさと社会全般とのつながりを分かち合うことを一生の仕事にしていた。ベルギーでは、ヘブライ語、ラテン語、ギリシャ語を学べるトライリンガルの神学校の設立を後押しした（余暇にギリシャ語を習得した）。学術機関の名誉職を辞退して、代わりに、たいていの人より大局を見通せる一般の知識人として生計を立てた。五百人以上の政治家や知的指導者と定期的に文通した（世界じゅうの博物館や個人のコレクションのなかに、何千通もの手紙が残っている）。また、教育、宗教、古代ラテン語とギリシャ語、詩、ほかにも多くのジャンルの本を書いた。当代随一の影響力のある多作な文筆家だった。[80]

現代の人々は、新たなルネサンスを豊かに生きるため、エラスムスの例を採り入れることができる。第一に、新しい言語を学ぼう。確かに、ほとんどどこでも英語は通じるが、人は自分たちにとって重要なことは母語で話す。第二に、訪れた共同体のなかに足を踏み入れよう。公共交通機関を利用し、公園を散策する。地元の大きなニュースとツイッターのフィードを読む。地元の映画を見る。第三に、定期的に自分の論法をわきに置いて、ほかの人の考えに興味を持ってみる。ＦＯＸテレビやスカイニュースを見たことがないなら、見てみよう。それしか見ていないなら、チャンネルを変えよう。一日二十四時間週七日、メディアが流す世界のニュースはほとんど同じだが、視点はまったく違う。気候変動懐疑論者はなぜ懐疑的なのか？　何が宗教上の過激主義を駆り立てるのか？　なぜ中国本土は共産党支配を支持するのか？　他者の視点に入り込めるほど——たとえ完全に間違っていると確信していても——自分の価値観と洞察力は豊かになるだろう。

芸術を愛する。今日、芸術はエンターテインメントの高尚な一形態と見なされる傾向がある。音楽や映画は大衆向けだが、絵画や彫刻、バレエ、詩は贅沢品か、デートの夜に趣味のよさをほのめかす方法のどちらかになっている。〝芸術家〟はフルタイムで芸術に取り組む数少ない人たちで、たいていの人はあまりにも非現実的で職業として選ぶことを想像できない。

日常生活に、芸術の居場所をよみがえらせる時だ。芸術のための芸術を創作または鑑賞することは、採用できる最も尊厳に満ちた習慣のひとつといえる。機会があるごとに、人は経済的・合理的な自分から離れて、感情や理想を優先するからだ。ルネサンスの人文主義者たちの考えでは、ローマ文学の偉大な作品は、途方もない力と美しさをこめて書かれたので、その雄弁さのみによって人を美徳で満たすことができた。現代の感覚では少しロマンチックすぎるかもしれないが、芸術が与える影響は、手で触れられないものの大切さを思い起こさせる。そこから、最近時間をかけられなくなった価値観や野心にふたたびつながり、大局的にものを見ることもうまくできるようになる。

ほとんどの人は、こういう美徳を養おうとはしないだろう。彼らはこの時代が差し出す最も手近な報酬と圧力に駆られ、他人の高潔な努力にただ乗りし続けるだろう。しかし、あなたが美徳を養いさえすれば、それは問題ではない。行動によって、主流の規範を少しずつ動かし、人間らしい新たな習慣にまわりの人たちを誘い入れられるだろう。〝すべき〟を〝する〟に近づける習慣に。わたしたち全員が、人間の条件をつくり直すこの機会を共有している。しかし結局のところ、それはあなたしだいだ。

ゴリアテ

現代は新たなルネサンス時代だ。
それは、開花する天才と増大する危険との戦いだ。
どんなふうに歴史に記されるか——それはわたしたち全員にかかっている。

前回のルネサンスの宣言書、ミランドラの『人間の尊厳についての演説』は、行動喚起で終わっている。

いくらかの聖なる野心が魂を侵すに任せよう。凡庸に不満をいだくわれわれが、最上のものを熱望し、獲得に向けて全力を振り絞って励むためだ。望みさえすれば、可能なのだから(81)。

それは、当時の指導者たちが何度も繰り返した呼びかけだった。〝時間をむだにすることほど大きな害はない〟〝偉業を成し遂げる人はめったに、座ったまま何かが起こるのを待ちはしない。出かけていって、何かを起こすのだ〟それぞれ、ミケランジェロとレオナルド・ダ・ヴィンチの言葉とされている。マキアヴェリは『君主論』の結論で、イタリアの統治者たちにこう訴えた。〝すべてはあなたの偉大さに集約される。残りは、あなたが自分で行わなければならない(82)〟

彼らはみんな、生きていた時代にそれがどういうことかを目にした。最終的に人類と世界全体がつくり直されるような、創造的な力と破壊的な力の衝突を……。彼らはその生きかたによって、一致協力してこの戦いを受け入れるには、そこに加わる差し迫った責任があるという信念を明らかにした。

それは現代にも当てはまる。

ゴリアテは待ち構えている。

訳者あとがき

〝ルネサンス〟といえば、まず目に浮かぶのは、ミケランジェロやレオナルド・ダ・ヴィンチなど、巨匠たちの芸術作品だろう。この言葉が、十五世紀から十六世紀にかけてイタリアのフィレンツェやローマを中心に興った、古代ギリシャ・ローマの知識と価値観の再生をめざした文化運動を意味することも、たいていの人が知っている。しかし、華やかな芸術以外の分野にまで思いを馳せる人は少ない。

本書は、一四五〇年から一五五〇年までのヨーロッパに焦点を当て、芸術だけでなく、政治、社会、経済、金融、科学、テクノロジーなど、広範な分野を取り上げて、その時代の本当の姿を浮き彫りにしようと試みる。それは確かに、大規模な繁栄が生まれた希有な時代だった。しかし同時に醜いものも噴出し、善と悪、天才と危険、成功と失敗がぶつかり合う激動の時代でもあった。

著者のイアン・ゴールディンとクリス・クターナは、今まさに、当時と同じルネサンス時代が到来していると断言する。冷戦が終結し、ベルリンの壁が崩壊した一九〇〇年以降を新たなルネサンス時代と定義して、広い視野から前回のルネサンス時代と比較したのが本書だ。一読すればわかるとおり、どの分野についても表面をなぞるだけではない深い考察と分析がなされ、それらはしっかりしたデータと文献に裏打ちされている。著者ふたりはどちらも、オックスフォード大学に籍を置く研究者だ。

イアン・ゴールディンは、南アフリカ出身で、オックスフォード大学グローバル化・開発学部教授。二〇一六年まで、オックスフォード大学マーティンスクールの創設理事長も兼任した。それ以前は、世界銀行の副総裁を務め、南部アフリカ開発銀行の代表取締役およびネルソン・マンデラ大統領の顧問を務めた経験もある。現在、アジアやアフリカ、東ヨーロッパ、ラテンアメリカ、EU、アメリカ、日本など、世界のさまざまな地域の発展について各国政府や政治関係者と連携し、各地の大学やシンクタンクなどで講演やワークショップを精力的に行っている。

クリス・クターナは、カナダ出身で、オックスフォード大学マーティンスクール特別研究員。中国の新興中流階級の政治的重要性を専門に研究している。数年間、中国に滞在した経験もあり、中国語を流暢に話す。オックスフォード大学政治学部で博士号を取得したのち、国際政治学と経済学の専門家として、ボストン・コンサルティング・グループのコンサルタントを務めた。現在は起業家としてアジア、北米、ヨーロッパなどで事業に関わっており、北京、レジャイナ、ロンドンの三カ所にある家を行き来している。

本書は、四部に分けて、前回と今回のルネサンス時代を比較しながら解説し、その驚くべき類似を明らかにして、過去から学ぶべきこと、未来に期待できることを提示してみせる。

第一部では、ルネサンス時代には実際に何が起こったのか、何が起こっているのかを示す。著者らはルネサンス時代を、〝つながり〟と〝発展〟の力が大幅に増す時だと考える。つながりの力には、国々の政治的・経済的な統合と、人々が住む場所の都会化が大きく関わっている。前回のルネサンス時代、コロンブスのアメリカ大陸発見を始めとする交易路の開拓は、世界に新しい地図をもたらし、人々をこれまでにない形で結びつけた。そして現代の新しい地図は、冷戦の終結から、経済成長を第一とする政策、民主主義の広がりと人類全体の経済的なつながりを生み出した。また、知識の爆発的な広がりを後押しするテクノロジーも重要になる。前回のルネサンス時代には、グーテンベルクが発明した印刷術がその役割を負った。それは古代ギリシャ・ローマの文書や宗教的信条を広め、さらには新しいアイデアや経験を伝えるのに役立った。その現代版はもちろん、デジタルとインターネットだ。

発展の力とは、健康と富と教育の向上を意味する。前回のルネサンス時代には、百年戦争やペストの流行が終わるとともに人々の生活は安定し、印刷術の普及で読み書き能力も向上し、貿易の活性化や税収拡大で国家が潤い、都市では中産階級が現れ始めた。現代も同じような黄金時代を迎えつつあるという。一九六〇年以降、人間の推定寿命は約二十年伸びた。世界規模で見れば、人類は現在、歴史上で最も健康で、豊かで、よい教育を受けている。

第二部では、そういう社会状況のなかで、なぜ〝天才〟と呼ばれる人たちが爆発的に増えるのか、彼らがどんな役割を果たすのかを論じる。前回のルネサンス時代、コペルニクスの太陽中心説は文字どおり、世界の見かたを変えた。こうした天才と呼ばれる人たちの偉業は、哲学、科学、テクノロジー、芸術などさまざまな分野で花開いた。現在、新たなコペルニクス的転回が始まっている。生命科学の分野では、遺伝子の研究が進み、ゲノム配列解析にかかる時間とコストが大幅に削減された。いずれ、人間の体を加齢や遺伝的体質、慢性疾患の影響を受けない体につくり替えることも可能になるかもしれない。今後の発展は、刺激的でもあり、恐ろしくもある。物理科学の分野では、コンピューターは小型化し、コストを下げ続けている。研究の対象は分子や原子を扱う量子力学へと移りつつあり、いよいよ量子コンピューターが実用化されようとしている。

もちろん、激動の時代には、めざましい発展と繁栄だけでなく、悲惨な出来事や醜悪な問題もあらわになる。第三部では、ルネサンス時代に増大する危険が挙げられている。著者らの分析によると、そこには〝複雑さ〟と〝集中〟が大きく関わっている。五百年前、ヨーロッパと他の大陸が航路で結ばれ、商品や人や家畜の行き来が大幅に増えると、さまざまな病気が地球規模で蔓延し始めた。二十一世紀の今、人間同士の〝つながり〟を超えた〝絡み合い〟の複雑さ、大都市への人口集中はさらに進み、パンデミックの危険は増している。また、複雑さと集中は、金融システムやインフラに生じた問題を見えにくくし、対処をむずかしくさせる。そして社会が大きく変化すれば、勝者と敗者が生まれ、貧富の格差は拡大する。不満を持つ人々の一部は、過激主義に走る。ソーシャルメディアの便利さが、過激主義の台頭にもひと役買っている。ほかにも気候変動など、地球規模の問題は山積している。どうすれば解決の糸口を見出せるのか?

第四部には、未来に向けたさまざまな提言が盛り込まれている。新たなルネサンス時代が到来した今、わたしたちは天才の開花を促して、危険の増大を抑えなければならない。そのためには天才を歓迎して新しいアイデアを受け入れ、失敗を恐れずに新たな分野を切り開くべきだと著者らは言う。そして、人々の移住は創造性と多様性を広げ、都市を活気づけるのによいことだと論じる。

また、頭のなかの地図を書き換えるべきだとも言う。もはや、先進国と発展途上国という単純な二分では現在の世界を表現できない。今では新興国がＧＤＰの半分以上を占めているし、それぞれの国はひと括りにできないほど多様だからだ。本書を読むと、全体像のなかで〝先進国〟である日本が今どんな位置にいるのか、徐々に見えてくる気がする。

二〇一六年五月に本書の原書が発売になったあとも、世界はたゆまず動き続けている。イギリスは国民投票でEUからの離脱を決めた。アメリカ第一主義を掲げるトランプ政権が誕生し、保護貿易主義と不法移民対策がますます強化されている。ＩＳＩＳの勢力は弱まっているものの、世界各地でテロが相次いでいる。気候変動抑制のためのパリ協定は、アメリカの離脱表明で先行き不透明になってきた。現状は、著者らの言う〝危険〟のほうに傾きつつあるのだろうか？　二十一世紀のルネサンスは、五百年後の世界でどんなふうに語られるのだろう？　それは知りようがないが、少し離れたところから地球全体と長期的な時間の流れに目を向け、自分の立ち位置と今後の行動を見直してみるのもいいかもしれない。本書がそのきっかけになってくれればうれしい。

桐谷知未

二〇一七年十月

参考文献

第１章：苦悩か、成功か？

1 United Nations Department of Economic and Social Affairs (2014). *World Urbanization Prospects: The 2014 Revision Highlights*. New York: United Nations.

2 Greenhalgh, Emily (2015). '2014 State of the Climate: Earth's Surface Temperature'. *National Oceanic and Atmospheric Administration*. Retrieved from www.cli mate .gov.

3 Internet Live Stats (2015). 'Internet Users'. Retrieved from www.internetlives tats. com/internet-users.

4 Pew Research Center (2010, 9 November). 'Public Support for Increased Trade, except with South Korea and China. Fewer See Benefits from Free Trade Agreements'. *Pew Research Center Global Attitudes and Trends*. Retrieved from www. people-press.org.

5 Rasmus, Jack (2015, 21 September). 'Global Corporate Cash Piles Exceed $15 Trillion'. *TelesurTV*. Retrieved from www.telesurtv.net/english/opinion; Dolan, Mike (2014). 'Analysis: Corporate Cash May Not All Flow Back with Recovery'.
Reuters. Retrieved from www.reuters.com.

6 Bost, Callie and Lu Wang (2014, 6 October). 'S&P 500 Companies Spend Almost All Profits on Buybacks'. *Bloomberg*. Retrieved from www.bloomberg.com.

7 da Vinci, Leonardo (1452–1519) (1955). 'Chapter XXIX: Precepts of the Painter – of the Error Made by Those Who Practice without Science'. In *The Notebooks of Leonardo Da Vinci*, edited by E. MacCurdy. New York: George Braziller.

8 Machiavelli, Niccolò (1469–1527) (1940). 'Discourses on the First Ten Books of Titus Livius, Third Book, Chapter XLIII: Natives of the Same Country Preserve for All Time the Same Characteristics'. In *The Prince and the Discourses*, edited by C. E. Detmold, M. Lerner, L. Ricci and E. Vincent. New York: The Modern Library.

9 Pettersson, Therese and Peter Wallensteen (2015). 'Armed Conflicts, 1946–2014'. *Journal of Peace Research* 52 (4) : 536–550.

10 Huizinga, Johan (1959). 'The Problem of the Renaissance'. In *Men and Ideas: History, the Middle Ages, the Renaissance* (*Essays by Johan Huizinga*). New York: Meridian Books.

11 Brotton, Jerry (2002). *The Renaissance Bazaar: From the Silk Road to Michelangelo*. Oxford: Oxford University Press.

12 Hale, J. R. (1985). *War and Society in Renaissance Europe, 1450–1620*. London: Fontana Press.

13 Asian Art Museum (2015). 'The Invention of Woodblock Printing in the Tang

(618–906) and Song (960–1279) Dynasties'. Retrieved from education.asianart.org.

第２章：新たな世界

1 Cardano, Girolamo (1501–1576) (1931). 'Chapter XLI: Concerning Natural Though Rare Circumstances of My Own Life'. In *The Book of My Life* (*De Vita Propria Liber*), edited by J. Stoner. London: J. M. Dent.

2 Brotton, Jerry (2012). *A History of the World in Twelve Maps*. London: Allen Lane.

3 Goldin, Ian (2016). *Development: A Very Short Introduction*. Oxford: Oxford University Press.

4 UNDP (2010). *The Real Wealth of Nations: Pathways to Human Development*. Human Development Report 2010. New York: United Nations, p. 6.

5 Economist Intelligence Unit (2016). *Democracy Index 2015: Democracy in an age of Anxiety*. London: *The Economist*. Retrieved from www.eiu.com/democracy2015.

6 World Trade Organization (2015). 'Members and Observers'. Retrieved from www.wto.org/english/thewto_e/whatis_e/tif_e/org6_e.htm.

7 'Bread and Circuses'. *The Economist* (8 August 2015). Retrieved from www .economist.com.

8 Rhodes, Neil and Jonathan Sawday (2000). *The Renaissance Computer: Knowledge Technology in the First Age of Print*. London: Routledge, p. 1; Brotton, *A History of the World in Twelve Maps*.

9 Brant, Sebastian (1458–1521) (1498). *Varia Carmina*. Basel: Johann Bergmann, de Olpe, f. l VIII r-v.

10 Eisenstein, Elizabeth L. (1980). *The Printing Press as an Agent of Change*. Vol. 1. Cambridge: Cambridge University Press, p. 46.

11 Foresti, Giacomo Filippo (1434–1520) (1492). *Supplementum Chronicharum*. Venice: Bernardinum riçium de Nouaria.

12 Ruggiero, Guido (2002). *A Companion to the Worlds of the Renaissance*. Oxford: Blackwell, p. 335.

13 上記同書, p. 95.

14 上記同書, p. 183.

15 Whitlock, Keith (2000). *The Renaissance in Europe: A Reader*. New Haven, CT: Yale University Press, p. 301.

16 上記同書, p. 302.

17 Man, John (2002). *The Gutenberg Revolution: The Story of a Genius and an Invention That Changed the World*. London: Review, p. 224.

18 World Bank Databank (2014). 'Internet Users (per 100 People)'. *World Development Indicators*. Retrieved from data.worldbank.org.

19 World Bank Databank (2015). 'Mobile Cellular Subscriptions (per 100 People) '. *World Development Indicators*. Retrieved from data.worldbank.org.

20 International Telecommunications Union (2014). 'Key ICT Indicators for Developed and Developing Countries and the World'. Retrieved from www.itu.int /en/ ITU-D/Statistics/Documents/statistics.

21　上記同書; International Telecommunications Union (2014). 'Mobile Broadband Is Counted as 3G or Above'. Retrieved from www.itu.int/en/ITU-D/Statistics/Documents/statistics.

22　IDC (2014). 'The Digital Universe of Opportunities: Rich Data and the Increasing Value of the Internet of Things'. *EMC Digital Universe*. Framingham: IDC. Retrieved from www.emc.com/leadership/digital-universe/2014iview/index.htm. Plus authors' estimates.

23　TeleGeography (2015). *The Telegeography Report*. Retrieved from www.telegeography .com.

24　Snyder, Benjamin (2015). 'Gmail Just Hit a Major Milestone'. *Fortune*. Retrieved from www.fortune.com; Quigley, Robert (2011). 'The Cost of a Gigabyte over the Years'. *The Mary Sue*. Retrieved from www.themarysue.com/gigabyte-cost-over-years.

25　Cisco (2015). *The Zettabyte Era: Trends and Analysis*. San Jose, CA: Cisco Systems Inc.

26　Internet Live Stats (2015). 'Internet Users'. Retrieved from www.internetlivestats .com/internet-users.

27　Manyika, James, Jacques Bughin, et al. (2014). *Global Flows in a Digital Age*. New York: McKinsey & Co.

28　International Telecommunication Union (2015). *ICT Facts & Figures: The World in 2015*. Geneva: ITU; International Energy Agency (2014). 'World Energy Outlook 2014 – Electricity Access Database'. *OECD/IEA*. Retrieved from www.worldenergyoutlook.org.

29　International Telecommunication Union, *ICT Facts & Figures*.

30　Dennis, Sarah Grace, Thomas Trusk, et al. (2015). 'Viability of Bioprinted Cellular Constructs Using a Three Dispenser Cartesian Printer'. *Journal of Visualized Experiments* 103: e53156.

31　Dredge, Stuart (2015). 'Zuckerberg: One in Seven People on the Planet Used Facebook on Monday'. *The Guardian*. Retrieved from www.theguardian.com.

32　BBC News (2011). 'Facebook Users Average 3.74 Degrees of Separation'. *BBC*. Retrieved from www.bbc.co.uk.

33　Gates, Bill (1995). *The Road Ahead*. London: Viking, pp. 4–5.

第３章：新たな絡み合い

1　Emmer, Pieter (2003). 'The Myth of Early Globalization: The Atlantic Economy, 1500–1800'. *European Review* 11 (1) : 37–47.

2　Ruggiero, Guido (2002). *A Companion to the Worlds of the Renaissance*. Oxford: Blackwell, p. 288.

3　Maddison, Angus (2001). *The World Economy: A Millennial Perspective*. Development Center Studies. Paris: OECD, p. 64.

4　Ruggiero, *A Companion to the Worlds of the Renaissance*, p. 287.

5　Casale, Giancarlo (2003). 'The Ottoman "Discovery" of the Indian Ocean in the Sixteenth Century: The Age of Exploration from an Islamic Perspective'. Retrieved

from webdoc.sub.gwdg.de.

6 Krugman, Paul (1995). 'Growing World Trade: Causes and Consequences'. *Brookings Papers on Economic Activity* 1: 331.

7 United Nations Conference on Trade and Development (2015). 'Merchandise: Total Trade and Share, Annual, 1948–2014'. *UNCTADStat*. Retrieved from unctadstat.unctad.org.

8 United Nations Conference on Trade and Development (2015). 'Services (BPM5) : Exports and Imports of Total Services, Value, Shares and Growth, Annual, 1980–2013'. *UNCTADStat*. Retrieved from unctadstat.unctad.org.

9 Containerisation International (1992). *Containerisation International Yearbook*. London: National Magazine Co.; World Shipping Council (2015). 'Top 50 World Container Ports'. Retrieved from www.worldshipping.org/about-the-industry/global-trade.

10 International Civil Aviation Organization (1991). 'Air China Took Delivery of Its First Wide-Body Freighter'. *ICAO Journal* (July) : 16.

11 United Nations Statistics Division (2015). 'GDP and Its Breakdown'. *National Accounts Main Aggregates Database*. Retrieved from unstats.un.org.

12 Trading Economics (2015). 'Bangladesh Exports 1972–2015'. Retrieved from www.tradingeconomics.com/bangladesh/exports.

13 'Creaming Along'. *The Economist* (16 June 2011). Retrieved from www.econo mist .com.

14 India Brand Equity Foundation (2015). 'Indian IT and ITES Industry Analysis'. *IBEF*. Retrieved from www.ibef.org.

15 Eichengreen, Barry and Poonam Gupta (2012). *Exports of Services: Indian Experiences in Perspective*. New Delhi: National Institute of Public Finance and Policy, p. 11.

16 United Nations Conference on Trade and Development (2015). 'Goods and Services (BPM5) : Exports and Imports of Goods and Services, Annual, 1980–2013'. *UNCTADStat*. Retrieved from unctadstat.unctad.org.

17 Statista (2015). 'International Trade: Monthly Value of Exports from China'. Retrieved from www.statista.com/statistics/271616/monthly-value-of-exports-from-china.

18 China Statistics Press (2015). 'China's Exports & Imports, 1952–2014'. *China Statistical Yearbook*. Retrieved from www.stats.gov.cn.

19 United Nations Conference on Trade and Development (2015). 'Merchandise: Intra-Trade and Extra-Trade of Country Groups by Product, Annual, 1995–2014'. *UNCTADStat*. Retrieved from unctadstat.unctad.org.

20 Hillsberg, Alex (17 September 2014). 'How & Where iPhone Is Made: Comparison of Apple's Manufacturing Process'. *CompareCamp*. Retrieved from comparecamp.com/how-where-iphone-is-made-comparison-of-apples-manufacturing-process.

21 Davidson, Nicholas (20 January 2014). *Overseas Expansion and the Development of a World Economy* (*Lecture*). Oxford: University of Oxford.

22 Denzel, Markus (2006). 'The European Bill of Exchange'. *International Economic History Congress XIV*. Retrieved from www.helsinki.fi/iehc2006/papers1/ Den

zel2.pdf.

23 de Maddalena, Aldo and Hermann Kellenbenz（1986）. *La Repubblica Internazionale Del Denaro Tra XV E XVII Secolo*. Bologna: Il Mulino.

24 Goldthwaite, Richard（2009）. *The Economy of Renaissance Florence*. Baltimore: Johns Hopkins University Press.

25 Ehrenberg, Richard（1928）. *Capital and Finance in the Age of the Renaissance: A Study of the Fuggers and Their Connections*. London: Jonathan Cape, p. 238.

26 Roxburgh, Charles, Susan Lund, et al.（2011）. *Mapping Global Capital Markets 2011*. McKinsey Global Institute. New York: McKinsey & Co., p. 32.

27 Manyika, James, Jacques Bughin, et al.（2014）. *Global Flows in a Digital Age*. New York: McKinsey & Co.

28 Chomsisengphet, Souphala and Anthony Pennington-Cross（2006）. 'The Evolution of the Subprime Mortgage Market'. *Federal Reserve Bank of St. Louis Review* 88（1）: 31–56.

29 Manyika, Bughin, et al., *Global Flows in a Digital Age*.

30 International Monetary Fund（2015）. 'Summary of International Transactions'. *IMF Balance of Payments*. Retrieved from data.imf.org.

31 United Nations Conference on Trade and Development（2015）. 'Inward and Outward Foreign Direct Investment Flows, Annual, 1970–2013'. *UNCTAD Stat*. Retrieved from unctadstat.unctad.org/wds.

32 Jin, David, David C. Michael, et al.（2011）. 'The Many City Growth Strategy'. Boston: Boston Consulting Group . Retrieved from www.bcgperspectives.com.

33 Wheatley, Jonathan and Sam Fleming（1 October 2015）. 'Capital Flight Darkens Economic Prospects for Emerging Markets'. *The Financial Times*. Retrieved from www.ft.com.

34 Osler Hampson, Fen（30 October 2012）. 'Canada Needs a Foreign Investment Plan Based on Fact, Not Fear'. *iPolitics*. Retrieved from www.ipolitics.ca/2012/10/30/breaking-out-of-the-investment-igloo.

35 United Nations Conference on Trade and Development, 'Goods and Services（BPM5）; International Monetary Fund, 'Summary of International Transactions'.

36 United Nations World Tourism Organization（2015）. *UNWTO Tourism Highlights*（2015 Edition）. Madrid: UNWTO.

37 World Bank Databank（2015）. 'Air Transport, Passengers Carried'. *World Development Indicators*. Retrieved from data.worldbank.org.

38 Manyika, Bughin, et al., *Global Flows in a Digital Age*.

39 International Civil Aviation Organization（1991）. 'Comparison of Traffic at the World's Major Airports, 1989 versus 1980'. *ICAO Journal*（July）; International Civil Aviation Organization（2013）. 'Forecasts of Scheduled Passenger and Freight Traffic'. Retrieved from www.icao.int/sustainability/pages.

40 Boeing（2015）. *Current Market Outlook 2015–2034*. Seattle: Boeing Commercial Airplanes Market Analysis.

41 上記同書

42 Acemoglu, Daron, Simon H. Johnson, et al.（2002）. *The Rise of Europe: Atlantic Trade, Institutional Change and Economic Growth*. Boston: Massachusetts Institute

of Technology.
43 Lynch, Katherine（2003）. *Individuals, Families, and Communities in Europe, 1200–1800: The Urban Foundations of Western Society*. Cambridge: Cambridge University Press, p. 30.
44 Elliott, J. H.（1963）. *Imperial Spain: 1469–1716*. London: Edwin Arnold Ltd., p. 177.
45 United Nations Department of Economic and Social Affairs, Population Division（2014）. *World Urbanization Prospects: The 2014 Revision*. New York: United Nations.
46 上記同書
47 United Nations Population Fund（2007）. *Growing up Urban: State of World Population 2007, Youth Supplement*. New York: United Nations.
48 China National Statistics Bureau（1990）. *Fourth National Population Census*. Beijing: Department of Population Statistics.
49 Shenzhen Government Online（2015）. 'Overview: Demographics'. Retrieved from english.sz.gov.cn/gi.
50 United Nations Department of Economic and Social Affairs, Population Division, *World Urbanization Prospects*.
51 上記同書
52 MacCulloch, Diarmaid（2003）. *Reformation: Europe's House Divided, 1490–1700*. London: Allen Lane, pp. 60, 648–649.
53 Frankel, Neil A.（2008）. 'Facts and Figures'. *The Atlantic Slave Trade and Slavery in America*. Retrieved from www.slaverysite.com/Body/facts%20and%20figures.htm.
54 World Bank（2013）. 'Bilateral Migration Matrix 2013'. *Migration & Remittances Data*. Retrieved from econ.worldbank.org.
55 Manyika, Bughin, et al., *Global Flows in a Digital Age*.
56 Eurostat（2015）. 'Non-National Population by Group of Citizenship, 1 January 2014'. *Eurostat*. Retrieved from ec.europa.eu/eurostat.
57 Goldin, Ian（2012）. *Exceptional People: How Migration Shaped Our World and Will Define Our Future*. Princeton: Princeton University Press.
58 United Nations Department of Economic and Social Affairs（2013）. 'Total International Migrant Stock, 2013 Revision'. *UN Population Division*. Retrieved from esa.un.org/unmigration; Pew Research Center（2014）. 'Origins and Destinations of the World's Migrants, from 1990–2013'. Retrieved from www .pewglobal.org.
59 Dustmann, Christian and Tommaso Frattini（2014）. 'The Fiscal Effects of Immigration to the UK'. *The Economic Journal* 124（580）: 593–643.
60 Goldin, *Exceptional People*.
61 上記同書
62 上記同書
63 Kosloski, Rey（2014）. *The American Way of Border Control and Immigration Reform Politics*. Oxford: Oxford Martin School.
64 Miles, Tom（25 September 2015）. 'UN Sees Refugee Flow to Europe Growing, Plans for Big Iraq Displacement'. *Reuters*. Retrieved from www.reuters.com.

65　Spate, O. H. K.（1979）. *The Spanish Lake: The Pacific since Magellan*. Canberra: Australian National University Press, pp. 15–22.

66　上記同書

67　Thrower, Norman J. W.（2008）. *Maps and Civilization: Cartography in Culture and Society*（3rd Edition）. Chicago: University of Chicago Press, p. 63.

68　Wightman, W. P. D.（1962）. *Science and the Renaissance*. Edinburgh: Oliver & Boyd, p. 143.

69　Puttevils, Jeroen（2016）. *Merchants and Trading in the Sixteenth Century: The Golden Age of Antwerp*. New York: Routledge.

70　Kohn, Meir（2010）. 'How and Why Economies Develop and Grow: Lessons from Preindustrial Europe and China'. Hanover, NH: Dartmouth College Department of Economics. Retrieved from ssrn.com/abstract=1723870.

71　Manyika, Bughin, et al., *Global Flows in a Digital Age*.

72　Macaulay, James, Lauren Buckalew, et al.（2015）. *Internet of Things in Logistics*. Troisdorf, Germany: DHL Trend Research and Cisco Consulting Services. Retrieved from www.dpdhl.com.

73　Seoul Metropolitan Government（2015）. 'Seoul Transportation: People First'. *Seoul Solution*. Retrieved from www.seoulsolution.kr.

74　Bernhofen, Daniel M., Zouheir El-Sahli, et al.（2013）. 'Estimating the Effects of Containerization on World Trade'. Nottingham: Centre for Research on Globalisation and Economic Policy. Retrieved from www.nottingham.ac.uk/gep.

75　World Maritime News（19 February 2015）. 'Global Container Volumes Rise'. *World Maritime News*. Retrieved from worldmaritimenews.com.

76　Schneider, Friedrich, Andreas Buehn, et al.（2010）. 'Shadow Economies All over the World: Estimates for 162 Countries from 1999 to 2007'. *Policy Research Working Paper 5356*. Development Research Group, Poverty & Inequality Team, Washington, DC: World Bank.

77　Naim, Moses（2005）. *Illicit: How Smugglers, Traffickers and Counterfeiters Are Hijacking the Global Economy*. London: Random House.

78　Pimentel, David（2005）. 'Update on the Environmental and Economic Costs Associated with Alien-Invasive Species in the United States'. *Ecological Economics* 52: 273–288.

79　Intergovernmental Panel on Climate Change（2014）. *Climate Change 2014: Synthesis Report*. Geneva: IPCC.

80　Anderson, Benedict（2006）. *Imagined Communities: Reflections on the Origin and Spread of Nationalism*. London: Verso.

81　W3 Techs（2015）. 'Usage of Content Languages for Websites'. Retrieved from w3techs.com/technologies/overview/content_language/all.

82　Internet World Stats（2014）. 'Internet World Users by Language'. *Usage and Population Statistics*. Retrieved from www.internetworldstats.com/stats7.htm.

第４章：ウィトルウィウス的人体図

1　Ramus, Peter（1569）. *Scholarum Mathematicarum, Libri Unus Et Triginta*.

Basel: Per Eusebium Episcopium, & Nicolai fratris haeredes, Preface.

2 della Mirandola, Pico (1463–1494) (2012). *Oration on the Dignity of Man: A New Translation and Commentary*, translated by F. Borghesi, M. Papio and M. Riva. Cambridge: Cambridge University Press.

3 Peterson, David S. (2004). 'Religion and the Church'. In *Italy in the Age of the Renaissance: 1300–1550*, edited by J. Najemy. Oxford: Oxford University Press, p. 76; *Britannica* (2014). 'Giovanni Pico Della Mirandola'. *Britannica*. Retrieved from www.britannica.com.

4 Hendrix, John (2003). *History and Culture in Italy*. Oxford: University Press of America.

5 Wheelis, Mark (2002). 'Biological Warfare at the 1346 Siege of Caffa'. *Journal of Emerging Infectious Diseases* 8 (9) : 973.

6 Ruggiero, Guido (2002). *A Companion to the Worlds of the Renaissance*. Oxford: Blackwell.

7 Bartlett, Robert (1993). *The Making of Europe: Conquest, Colonization and Cultural Change 950–1350*. London: BCA.

8 Najemy, John (2006). *A History of Florence, 1200–1575*. Oxford: Blackwell, pp. 97–100.

9 Lis, Catharina and Hugo Soly (1979). *Poverty and Capitalism in Pre-Industrial Europe*. Hassocks, UK: Harvester Press.

10 Ruggiero, *A Companion to the Worlds of the Renaissance*.

11 上記同書

12 The Maddison Project (2013). 'Maddison Project Database'. Retrieved from www.ggdc.net/maddison/maddison-project/home.htm.

13 Geremek, Bronislaw (1994). *Poverty: A History*. Oxford: Blackwell.

14 World Bank Databank (2014). 'Life Expectancy at Birth, Total (Years)'. *World Development Indicators*. Retrieved from data.worldbank.org.

15 'Global Health: Lifting the Burden'. *The Economist* (15 December 2012). Retrieved from www.economist.com.

16 Deaton, Angus (2013). *The Great Escape: Health, Wealth, and the Origins of Inequality*. Princeton: Princeton University Press.

17 Banerjee, Abhijit V. and Esther Duflo (2006). 'The Economic Lives of the Poor'. *MIT Department of Economics Working Paper No. 06–29*. Cambridge: Massachusetts Institute of Technology, Abdul Latif Jameel Poverty Action Lab. Retrieved from economics.mit.edu.

18 World Bank Databank (2015). 'GDP Per Capita (Constant LCU)'. *World Development Indicators*. Retrieved from data.worldbank.org.

19 World Bank Databank (2015). 'GDP Per Capita (Constant 2005 US$)'. *World Development Indicators*. Retrieved from data.worldbank.org.

20 United Nations (2015). 'Goal 1: Eradicate Extreme Poverty & Hunger'. *Millennium Development Goals and Beyond 2015*. Retrieved from www.un.org/millennium goals/ poverty.shtml.

21 World Bank (17 April 2013). 'Remarkable Declines in Global Poverty, but Major Challenges Remain'. Retrieved from www.worldbank.org/en/news/

press- release/2013/04/17/remarkable-declines-in-global-poverty-but-major-challenges -remain.

22 Trading Economics (2015). 'China Average Yearly Wages'. Retrieved from www. tradingeconomics.com/china/wages.

23 World Bank (2015). 'World Development Indicators: Women in Development'. *2015 World View*. Retrieved from wdi.worldbank.org.

24 'Hopeless Africa'. *The Economist* (11 May 2000). Retrieved from www.economist.com.

25 Schneidman, Witney and Zenia A. Lewis (2012). *The African Growth and Opportunity Act: Looking Back, Looking Forward*. Washington, DC.: Brookings Institution.

26 World Bank Databank (2015). 'Sub-Saharan Africa (Developing Only)'. *World Development Indicators*. Retrieved from data.worldbank.org.

27 African Development Bank Group (2014). 'ADB Socio-economic Database: National Accounts'. *ADB Data Portal*. Retrieved from dataportal.afdb.org/default.aspx.

28 de Ridder-Symoens, Hilda (1996). *A History of the University in Europe*. Cambridge: Cambridge University Press.

29 von Eulenburg, Franz (1904). *Die Frequenz Der Deutschen Universitaten Von Ihrer Grundung Bis Zur Gegenwart*. Leibzig: B.G. Teubner.

30 Ralph, Philip Lee (1973). *The Renaissance in Perspective*. New York: St Martin's Press.

31 Roser, Max (2015). 'Literacy'. *OurWorldInData.org*. Retrieved from ourworldindata. org/data/education-knowledge/literacy.

32 United Nations (2015). 'Goal 2: Achieve Universal Primary Education'. *Millennium Development Goals and Beyond 2015*. Retrieved from www.un.org/millenniumgoals/ education.shtml.

33 World Bank Databank (2015). 'Primary Enrollment Rate; Primary Completion Rate'. *Education Statistics-All Indicators*. Retrieved from databank.worldbank.org.

34 World Bank (2012). *World Development Report 2012: Gender Equality and Development*. Washington, DC: World Bank.

35 World Bank Databank (2014). 'School Enrollment, Primary, Female (% Net); School Enrollment, Secondary, Female (% Net)'. *World Development Indicators*. Retrieved from data.worldbank.org.

36 World Bank, *World Development Report 2012*, p. 106.

37 World Bank Databank (2014). 'School Enrollment, Tertiary (% Gross)'. *World Development Indicators*. Retrieved from data.worldbank.org.

38 UNESCO (2014). 'Enrolment in tertiary education'. *UNESCO Institute for Statistics Database*. Retrieved from data.uis.unesco.org.

39 Hultman, Nathan, Katherine Sierra, et al. (2012). *Green Growth Innovation: New Pathways for International Cooperation*. Washington, DC: Brookings Institution.

40 World Bank, *World Development Report 2012*, p. 14.

41 UNICEF (2015). *Levels and Trends in Child Mortality*. New York: UNICEF.

42 上記同書

43 World Health Organization (2012). *World Health Statistics 2012*. Geneva: WHO.

44 World Health Organization (2014). *Global Status Report on Noncommunicable Diseases 2014*. Geneva: WHO.

45 Dwyer, Terence, PhD. (1 October 2015). 'The Present State of Medical Science'. Interviewed by C. Kutarna, University of Oxford.

46 Human Mortality Database (2014). *Global Population and Mortality Data*. Retrieved from www.mortality.org.

47 Goldin, Ian, editor (2014). *Is the Planet Full?* Oxford: Oxford University Press.

48 Goldin, Ian and Kenneth Reinert (2012). *Globalization for Development*. Oxford: Oxford University Press.

49 Vietnam Food Association (2014). 'Yearly Export Statistics'. Retrieved from vietfood.org.vn/en/default.aspx?c=108.

50 Bangladesh Garment Manufacturers and Exporters Association (2015). 'Trade Information'. Retrieved from bgmea.com.bd/home/pages/TradeInformation#.U57MMhZLGYU.

51 Burke, Jason (14 November 2013). 'Bangladesh Garment Workers Set for 77% Pay Rise'. *The Guardian*. Retrieved from www.theguardian.com.

52 Goldin and Reinert, *Globalization for Development*.

53 Industrial Development Bureau (2015). 'Industry Introduction-History of Industrial Development'. *Ministry of Economic Affairs*. Retrieved from www.moeaidb.gov. tw/external/view/en/english/about04.html.

54 Kim, Ran (1996). 'The Korean System of Innovation and the Semiconductor Industry: A Governance Perspective'. *SPRU/SEI-Working Paper*. Paris: OECD.

55 IC Insights (2015). *Global Wafer Capacity*. Scottsdale: IC Insights.

56 World Bank, *World Development Report 2012*.

57 World Bank (2015). 'Migration and Remittances: Recent Developments and Outlook'. *Migration and Development Brief 22*. Washington, DC: World Bank.

58 Dayrit, Manuel M. (2013). *Brain Drain and Brain Gain: Selected Country Experiences and Responses*. Singapore: Asia Regional World Health Summit.

59 Statistics Canada (2011). 'Data Tables (Ethnic Origin)'. *National Household Survey*. Retrieved from www12.statcan.gc.ca.

60 Goldin and Reinert, *Globalization for Development*, Chapter 7.

61 World Bank (2011). *World Development Report 2011: Conflict, Security and Development*. Washington, DC: World Bank.

62 Zakaria, Fareed (2008). *The Post-American World*. London: Allen Lane.

63 World Bank, *World Development Report 2011*.

64 上記同書

65 Goldstone, Jack A. (1991). *Revolution and Rebellion in the Early Modern World*. Berkeley: University of California Press.

66 Lis and Soly, *Poverty and Capitalism in Pre-Industrial Europe*.

67 Geremek, *Poverty*.

68 Jütte, Robert (1994). *Poverty and Deviance in Early Modern Europe*. Cambridge: Cambridge University Press.

69 Goldstone, *Revolution and Rebellion in the Early Modern World.*

70 Davidson, Nicholas (2014). *Overseas Expansion and the Development of a World Economy.* Lecture. Oxford: University of Oxford.

71 Ruggiero, *A Companion to the Worlds of the Renaissance.*

72 Kukaswadia, Atif (2013). 'What Killed the Aztecs? A Researcher Probes Role of 16th Century Megadrought'. *Public Health Perspectives.* Retrieved from blogs.plos.org/publichealth/2013/07/30/guest-post-what-killed-the-aztecs/; Hunefeldt, Christine (2004). *A Brief History of Peru.* New York: Facts on File Inc., p. 52.

73 Ruggiero, *A Companion to the Worlds of the Renaissance.*

74 Milanovic, Branko (2012). 'Global Income Inequality by the Numbers: In History and Now'. *Policy Research Working Paper 6259.* Washington, DC: World Bank Development Research Group.

75 Oxfam (2016). *An Economy for the 1%.* Oxford: Oxfam International.

76 United Nations Department of Economic and Social Affairs (2014). 'Access to Sanitation'. *International Decade of Action 'Water for Life' 2005–2015.* New York: United Nations. Retrieved from www.un.org/waterforlifedecade/sanitation.shtml; International Energy Agency (2015). 'World Energy Outlook 2014–Electricity Access Database'. *OECD/IEA.* Retrieved from www.worldenergyoutlook.org; Food and Agricultural Organization of the United Nations (2015). *The State of Food Insecurity in the World.* Rome: FAO.

77 UNDP (2010). *The Real Wealth of Nations: Pathways to Human Development.* Human Development Report 2010. New York: United Nations; World Health Organization (2014). 'The Top 10 Causes of Death'. Retrieved from www.who.int/mediacentre/factsheets/fs310/en/index3.html; World Health Organization (2015). 'Chronic Diseases and Health Promotion'. Retrieved from www.who.int/chp/en.

78 Barro, Robert J. and Xavier Sala-i-Martin (1992). 'Convergence'. *Journal of Political Economy* 100 (2) : 223–251; Deaton. *The Great Escape*; Pritchett, Lant (1997). 'Convergence, Big Time'. *Journal of Economic Perspectives* 11 (3) : 3–17.

79 Kharas, Homi (9 January 2015). 'The Transition from "the Developing World" to "a Developing World"'. *Kapuscinski Development Lectures.* Retrieved from www.brookings.edu.

80 World Bank Databank (2015). 'GDP Per Capita (Constant 2005 US$)'. *World Development Indicators.* Retrieved from data.worldbank.org.

81 Deaton, *The Great Escape.*

82 United Nations Development Program, *The Real Wealth of Nations.*

83 Goldin, Ian and Mike Mariathasan (2014). *The Butterfly Defect.* Princeton: Princeton University Press.

84 Thomas, Saji and Sudharshan Canagarajah (2002). *Poverty in a Wealthy Economy: The Case of Nigeria.* IMF Working Paper. Washington, DC: International Monetary Fund; World Bank Databank (2015). 'Poverty Headcount Ratio at $1.25 a Day (PPP) (% of Population)'. *World Development Indicators.* Retrieved from databank.worldbank.org. Changes over time in how researchers measure poverty make longterm rate comparisons contentious, but the overall direction in Nigeria's case is clear.

85 US Census Bureau (2015). 'Table F-3. Mean Income Received by Each Fifth and Top 5 Per Cent of Families'. *US Population Survey*. Suitland, MD: Economics and Statistics Administration. Retrieved from www.census.gov.

86 Goldin and Mariathasan, *The Butterfly Defect*.

87 United Nations Development Program, *The Real Wealth of Nations*.

88 International Telecommunications Union (2013). *Measuring the Information Society*. Geneva: ITU.

89 Goldin and Reinert, *Globalization for Development*.

90 MacMillan, Margaret and Dani Rodrik (2011). 'Globalization, Structural Change and Productivity Growth'. *National Bureau of Economic Research Working Paper Series, #17143*.

91 Berenger, Jean (1990). *A History of the Habsburg Empire, 1273–1700*. New York: Routledge, p. 79.

92 Goldin and Mariathasan, *The Butterfly Defect*.

93 Munich RE NatCatSERVICE (2015). 'The 10 Deadliest Natural Disasters'. *Significant Natural Disasters since 1980*. Retrieved from www.munichre.com.

94 United Nations High Commission for Refugees (2015). 'Facts and Figures about Refugees'. Retrieved from www.unhcr.org.uk/about-us/key-facts-and-figures.html.

95 World Bank (2014). 'Somalia Overview'. Retrieved from www.worldbank.org/en /country/somalia/overview.

96 Baker, Aryn (14 March 2014). 'The Cost of War: Syria, Three Years On'. *Time Magazine*. Retrieved from www.time.com; El-Showk, Sedeer (2014). 'A Broken Healthcare System: The Legacy of Syria's Conflic'. *Nature Middle East*. Retrieved from www.natureasia.com.

97 Dobbs, Richard and Shirish Sankhe (2010). *Comparing Urbanization in China and India*. New York: McKinsey & Co.

98 'Africa Rising: A Hopeful Continent'. *The Economist* (2 March 2013). Retrieved from www.economist.com.

99 Leke, Acha, Susan Lund, et al. (2010). *What's Driving Africa's Growth*. New York: McKinsey & Co.

100 World Bank Databank (2015). 'Life Expectancy (Years)'. *World Development Indicators*. Retrieved from data.worldbank.org.

101 United Nations Development Program, *The Real Wealth of Nations*.

102 United Nations Development Program (2014). *Sustaining Human Progress: Reducing Vulnerabilities and Building Resilience*. Human Development Report 2014. New York: United Nations.

第５章：コペルニクス的転回

1 Contopoulus, G. (1974). *Highlights of Astronomy, Volume 3: As Presented at the XVth General Assembly and the Extraordinary Assembly of the IAU*. Boston: D. Reidel Publishing Company.

2 Sobel, Dava (2011). *A More Perfect Heaven: How Copernicus Revolutionized the*

Cosmos. London: Bloomsbury.
3 Copernicus, Nicolaus (1473–1543) (1995). 'Introduction, Book 1'. *On the Revolutions of the Heavenly Spheres*, translated by C. Wallis. New York: Prometheus Books.
4 Ferguson, Niall (2011). *Civilization: The West and the Rest*. London: Allen Lane; Mokyr, Joel (1990). *Twenty-Five Centuries of Technological Change*. London: Harwood Academic.
5 OECD (2015). *In It Together: Why Less Inequality Benefits All*. Paris: OECD Publishing.
6 'Workers on Tap'. *The Economist* (5 January 2015). Retrieved from www.economist. com.
7 Costandi, Moheb (19 June 2012). 'Surgery on Ice'. *Nature Middle East*. Retrieved from www.natureasia.com.
8 Dwyer, Terence, PhD. (1 October 2015). 'The Present State of Medical Science'. Interviewed by C. Kutarna, University of Oxford.
9 National Human Genome Research Institute (1998). 'Twenty Questions about DNA Sequencing (and the Answers) '. *NHGRI*. Retrieved from community.dur. ac.uk/biosci.bizhub/Bioinformatics/twenty_questions_about_DNA.htm.
10 Rincon, Paul (15 January 2014). 'Science Enters $1,000 Genome Era'. *BBC News*. Retrieved from www.bbc.co.uk.
11 Regalado, Antonio (24 September 2014). 'Emtech: Illumina Says 228,000 Human Genomes Will Be Sequenced This Year'. *MIT Technology Review*. Retrieved from www.technologyreview.com/news.
12 GENCODE (15 July 2015). 'Statistics about the Current Human Gencode Release'. *GENCODE 23*. Retrieved from www.gencodegenes.org.
13 Noble, Denis (2006). *The Music of Life*. Oxford: Oxford University Press.
14 Venter, Craig, Daniel Gibson, et al. (2010). 'Creation of a Bacterial Cell Controlled by a Chemically Synthesized Genome'. *Science* 329 (5987) : 52–56.
15 Liang, Puping, Yanwen Xu, et al. (2015). 'CRISPR/Cas9-Mediated Gene Editing in Human Tripronuclear Zygotes'. *Protein & Cell* 6 (5) : 363–372.
16 Persson, Ingmar and Julian Savulescu (2012). *Unfit for the Future: The Need for Moral Enhancement*. Oxford: Oxford University Press.
17 Bohr, Mark (2014). '14 nm Process Technology: Opening New Horizons'. *Intel Developer Forum 2014*. San Francisco: Intel.
18 Turok, Neil (2012). *The Universe Within: From Quantum to Cosmos*. Canadian Broadcasting Corporation Massey Lectures. London: Faber&Faber.
19 Dattani, Nikesh and Nathaniel Bryans (2014). 'Quantum Factorization of 56153 with Only 4 Qubits'. *arXiv:1411.6758 [quant-ph]*.
20 Korzh, Boris, Charles Ci Wen Lim, et al. (2015). 'Provably Secure and Practical Quantum Key Distribution over 307 km of Optical Fibre'. *Nature Photonics* 9: 163–168.
21 Campbell, Peter, Michael Groves, et al. (2014). 'Soliloquy: A Cautionary Tale'. Conference paper. Ottawa: IQC/ETSI 2nd Quantum-Safe Crypto Workshop.
22 Drexler, K. Eric (2013). *Radical Abundance: How a Revolution in Nanotechnology Will Change Civilization*. New York: PublicAffairs.

23 Nature.com (2015). Citation searches performed at www.nature.com/search.

24 American Chemistry Council Nanotechnology Panel (2014). 'The Nano Timeline: A Big History of the Very Small'. Retrieved from nanotechnology.americanchemistry.com/Nanotechnology-Timeline.

25 Kuo, Lily (17 August 2015). 'A New "Drinkable Book" Has Pages That Turn Raw Sewage into Drinking Water'. *Quartz Africa*. Retrieved from www.qz.com.

26 Luef, Birgit, Kyle Frischkorn, et al. (2015). 'Diverse Uncultivated Ultra-Small Bacterial Cells in Groundwater'. *Nature Communications* 6 (6372) : 1–8.

27 New York University (3 June 2010). 'Chemist Seeman Wins Kavli Prize in Nanoscience'. *NYU*. Retrieved from www.nyu.edu/about/news-publications/news.

28 Arthur, Brian (2010). *The Nature of Technology*. London: Penguin.

29 Rabelais, Francois (1490–1553) (1608). 'Chapter 8: How Pantagruel, Being at Paris, Received Letters from His Father Gargantua, and the Copy of Them'. In *Five Books of the Lives, Heroic Deeds and Sayings of Gargantua and His Son Pantagruel, Book Two*. Lyon, France: Lean Martin.

30 Mokyr, *Twenty-Five Centuries of Technological Change*.

31 Sobel, *A More Perfect Heaven*.

32 上記同書

33 Freely, John (2014). *Celestial Revolutionary: Copernicus, the Man and His Universe*. London: I. B. Tauris.

34 Arthur, *The Nature of Technology*.

35 da Vinci, Leonardo (1452–1519) (1955). 'Volume 1, Chapter X: Studies and Sketches for Pictures and Decorations'. In *The Notebooks of Leonardo Da Vinci*, edited by E. MacCurdy. New York: George Braziller.

36 Lipsey, Richard, Kenneth Carlaw, et al. (2005). *Economic Transformations, General Purpose Technologies and Long-Term Economic Growth*. Oxford: Oxford University Press.

37 Swetz, Frank (1989). *Capitalism and Arithmetic: The New Math of the 15th Century*. Chicago: Open Court Publishing Company.

38 Arnold, Thomas (2002). 'Violence and Warfare in the Renaissance World'. In *A Companion to the Worlds of the Renaissance*, edited by G. Ruggiero. Blackwell Reference Online: Blackwell.

39 Lee, Alexander (2013). *The Ugly Renaissance*. London: Hutchinson.

40 Mokyr, Joel (1990). *The Lever of Riches: Technological Creativity and Economic Progress*. Oxford: Oxford University Press, p. 79.

41 Brynjolfsson, Erik and Adam Saunders (2010). *Wired for Innovation: How Information Technology Is Reshaping the Economy*. Cambridge, MA: MIT Press.

42 Partnership for a New American Economy (2012). *Patent Pending: How Immigrants Are Reinventing the American Economy*. Partnership for a New American Economy. Retrieved from www.renewoureconomy.org.

43 Manyika, James, Jacques Bughin, et al. (2014). *Global Flows in a Digital Age*. New York: McKinsey & Co.

44 Castelvecchi, Davide (15 May 2015). 'Physics Paper Sets Record with More Than 5,000 Authors'. *Nature: International Weekly Journal of Science*. Retrieved from

www .nature.com/news.
45 NobelPrize.org（2015）. 'List of Nobel Prizes and Laureates'. Retrieved from www .nobelprize.org/nobel_prizes.
46 United Nations Conference on Trade and Development（2015）. 'Merchandise: Intra-Trade and Extra-Trade of Country Groups by Product, Annual, 1995–2014'. *UNCTADStat*. Retrieved from unctadstat.unctad.org.
47 BBC News（27 November 2006）. 'Star Wars Kid Is Top Viral Video'. *BBC*. Retrieved from www.bbc.co.uk.
48 Stark, Chelsea（22 July 2015）. 'PewDiePie's Youtube Success Puts Him on the Cover of "Variety"'. *Mashable.com*. Retrieved from mashable.com.
49 Whitehead, Tom（9 January 2015）. 'Paris Charlie Hebdo Attack: Je Suis Charlie Hashtag One of Most Popular in Twitter History'. *The Telegraph*. Retrieved from www.telegraph.co.uk.

第６章　大聖堂、信じる人と疑う人

1 Gallichan, Walter M.（1903）. *The Story of Seville*. London: Dent.
2 Pettegree, Andrew（2010）. *The Book in the Renaissance*. New Haven: Yale University Press.
3 Lowry, Martin（1974）. *Two Great Venetian Libraries in the Age of Aldus Manutius*. Manchester: John Rylands University Library of Manchester.
4 Staikos, Konstantinos（2000）. *The Great Libraries: From Antiquity to the Renaissance*（*3000 B.C. To A.D. 1600*）. New Castle, DE: Oak Knoll Press; Febvre, Lucien and Henri-Jean Martin（2010）. *The Coming of the Book: The Impact of Printing, 1450–1800*. London: Verso.
5 Barker, Nicolas（1989）. *Aldus Manutius: Mercantile Empire of the Intellect, Volume 3*. Los Angeles: University of California Research Library; Davies, Martin（1995）. *Aldus Manutius: Printer and Publisher of Renaissance Venice*. London: British Library.
6 Lowry, Martin（1979）. *The World of Aldus Manutius: Business and Scholarship in Renaissance Venice*. Oxford: Blackwell.
7 上記同書
8 上記同書
9 Staikos, *The Great Libraries*.
10 Davies, *Aldus Manutius*.
11 Nesvig, Martin Austin（28 October 2011）. 'Printing and the Book'. *Oxford Bibliographies*. Retrieved from www.oxfordbibliographies.com.
12 W3 Techs（2015）. 'Usage Statistics and Market Share of Apache for Websites'. Retrieved from w3techs.com/technologies/details/ws-apache/all/all.
13 Statista（2015）. 'The Most Spoken Languages Worldwide（Speakers and Native Speaker in Millions）'. Retrieved from www.statista.com/statistics/266808/the-most-spoken-languages-worldwide.
14 Lewis, M. Paul, Gary Simons, et al.（editors）（2015）. *Ethnologue: Languages of the World*（18th Edition）. Dallas: SIL International. Retrieved from www.ethnologue. com.

15 Hale, Scott A.（2014）. 'Global Connectivity and Multilinguals in the Twitter Network'. SIGCHI Conference on Human Factors in Computing Systems. Toronto.

16 Wikipedia（2015）. 'List of Wikipedias'. Retrieved from en.wikipedia.org/wiki/List_of_Wikipedias.

17 Kemp, Simon（2014）. 'Social, Digital and Mobile Worldwide in 2014'. Retrieved from wearesocial.net/blog.

18 Manyika, James, Jacques Bughin, et al.（2014）. *Global Flows in a Digital Age*. New York: McKinsey & Co.

19 上記同書 ; United Nations Conference on Trade and Development（2015）. 'Merchandise: Intra-Trade and Extra-Trade of Country Groups by Product, Annual, 1995–2014'. *UNCTADStat*. Retrieved from unctadstat.unctad.org.

20 von Ahn, Luis（2011）. 'Massive-Scale Online Collaboration'. *TEDTalks*. Retrieved from www.ted.com, plus authors' estimates.

21 上記同書

22 Duolingo（2015）. 'About Duolingo'. Retrieved from www.duolingo.com/press.

23 Pinkowski, Jennifer（28 March 2010）. 'How to Classify a Million Galaxies in Three Weeks'. *Time*. Retrieved from content.time.com.

24 CERN（2015）. 'Computing: Experiments at CERN Generate Colossal Amounts of Data'. Retrieved from home.web.cern.ch/about/computing.

25 Langmead, Ben and Michael C. Schatz（2013）. 'The DNA Data Deluge'. *IEEE Spectrum*. Retrieved from spectrum.ieee.org/biomedical/devices/the-dna-data-deluge.

26 Jet Propulsion Laboratory（27 October 2013）. 'Managing the Deluge of "Big Data" from Space'. NASA. Retrieved from www.jpl.nasa.gov/news.

27 SciTech Daily（24 September 2013）. 'Researchers Publish Galaxy Zoo 2 Catalog, Data on More Than 300,000 Nearby Galaxies'. *SciTech Daily*. Retrieved from scitechdaily.com.

28 van Arkel, Hanny（2015）. 'Voorwerp Discovery'. Retrieved from www.hanny svoo-rwerp.com.

29 Smith, A., S. Lynn, et al.（December 2013）. 'Zooniverse-Web Scale Citizen Science with People and Machines'. *AGU Fall Meeting Abstracts 1*: 1424.

30 Bonney, Rick, Jennifer L. Shirk, et al.（2014）. 'Next Steps for Citizen Science'. *Science* 343（6178）: 1436–1437.

31 Schilizzi, Richard（20 March 2013）. *Big Pipes for Big Data: Signal and Data Transport in the SKA*. STFC Knowledge Exchange Workshop. Manchester: University of Manchester.

32 Lee, Alexander（2013）. *The Ugly Renaissance*. London: Hutchinson.

33 Sobel, Dava（2011）. *A More Perfect Heaven: How Copernicus Revolutionized the Cosmos*. London: Bloomsbury.

34 Gordon, Robert J.（2012）. 'Is US Economic Growth Over? Faltering Innovation Confronts the Six Headwinds'. *National Bureau of Economic Research Working Paper No. 18315*. Retrieved from www.nber.org/papers/w18315.

35 上記同書

36 Thiel, Peter（2011）. 'What Happened to the Future?' Retrieved from www.

foundersfund.com/the-future.

37 Phrma.org (2015). *2015 Pharmaceutical Industry Profile*. Washington, DC: PhRMA. Retrieved from www.phrma.org/profiles-reports.

38 European Federation of Pharmaceutical Industries and Associations (2014). 'The Pharmaceutical Industry in Figures'. Brussels: EFPIA. Retrieved from www.efpia.eu.

39 Abbott, Alison (2011). 'Novartis to Shut Brain Research Facility'. *Nature in Focus News* 480: 161–162.

40 Pew Research Center (2014). 'Inequality and Economic Mobility'. *Economies of Emerging Markets Better Rated during Difficult Times*. Global Attitudes Project. Washington, DC: Pew Research Center.

41 Merali, Zeeya (20 July 2015). 'Search for Extraterrestrial Intelligence Gets a $100-Million Boost'. *Nature*. Retrieved from www.nature.com/news.

42 United Nations Development Programme (2010). *The Real Wealth of Nations: Pathways to Human Development*. Human Development Report 2010. New York: United Nations.

43 'In Search of the Perfect Market'. *The Economist* (8 May 1997). Retrieved from www.economist.com.

44 Young, Anne L. (2006). *Mathematical Ciphers: From Caesar to RSA*. Providence, RI: American Mathematical Society.

45 Brynjolfsson, Erik and Andrew McAfee (2014). *The Second Machine Age: Work, Progress, and Prosperity in a Time of Brilliant Technologies*. New York: W.W. Norton & Company.

46 Chen, Yan, Grace Young, et al. (2013). 'A Day without a Search Engine: An Experimental Study of Online and Offline Searches'. *Experimental Economics* 14 (4) : 512–536; Brynjolfsson and McAfee, *The Second Machine Age*.

47 Metcalfe, Robert (4 December 1995). 'Predicting the Internet's Catastrophic Collapse and Ghost Sites Galore in 1996'. *InfoWorld*.

48 Arthur, Brian (2010). *The Nature of Technology*. London: Penguin.

49 Mansfield, Harvey (1998). *Machiavelli's Virtue*. Chicago: Chicago University Press.

50 Arthur, *The Nature of Technology*.

51 Brynjolfsson and McAfee, *The Second Machine Age*.

52 EvaluatePharma (2015). 'World Preview 2015, Outlook to 2020'. London: Evaluate Group. Retrieved from info.evaluategroup.com.

53 Lloyd, Ian (2015). 'New Active Substances Launched during 2014'. *Pharma R&D Annual Review 2015*. Citeline. Retrieved from www.citeline.com.

54 Mullard, Asher (2015). '2014 FDA Drug Approvals'. *Nature Reviews Drug Discovery* 14: 77–81.

55 Ward, Andrew (22 July 2015). 'Eli Lilly Raises Hopes for Breakthrough Alzheimer's Drug'. *Financial Times*. Retrieved from www.ft.com.

56 World Health Organization (April 2015). 'Malaria'. *Fact Sheet No. 94*. Geneva: WHO. Retrieved from www.who.int/mediacentre/factsheets.

57 Mora, Camilo, Derek P. Tittensor, et al. (2011). 'How Many Species Are There

on Earth and in the Ocean?' *PLOS Biology* 9（8）: e1001127.

58　Smith, Dennis A., editor.（2010）. *Metabolism, Pharmacokinetics, and Toxicity of Functional Groups: Impact of the Building Blocks of Medicinal Chemistry in Admet*. London: Royal Society of Chemistry.

59　Guicciardini, Francesco（1483–1540）（1969）. *The History of Italy*, translated by S. Alexander. New York: Macmillan.

60　Bartlett, Kenneth R.（2011）. *The Civilization of the Italian Renaissance: A Sourcebook*（2nd Edition）. Toronto: University of Toronto Press.

61　Mallet, Michael and Christine Shaw（2012）. *The Italian Wars, 1494–1559: War, State and Society in Early Modern Europe*. Harlow, UK: Pearson.

62　Wimmer, Eckard（2006）. 'The Test-Tube Synthesis of a Chemical Called Poliovirus: The Simple Synthesis of a Virus Has Far-Reaching Societal Implications'. *EMBO Reports* 7: S3–S9.

63　von Bubnoff, Andreas（2005）. 'The 1918 Flu Virus Is Resurrected'. *Nature* 437: 794–795.

64　Takashi, H., P. Keim, et al.（2004）. 'Bacillus Anthracis Bioterrorism Incident, Kameido, Tokyo, 1993'. *Emerging Infectious Diseases* 10（1）: 117–120.

65　Doornbos, Harald and Jenan Moussa（28 August 2014）. 'Found: The Islamic State's Terror Laptop of Doom'. *Foreign Policy*. Retrieved from www.foreignpolicy .com.

66　Levy, Frank and Richard Murnane（2004）. *The New Division of Labor: How Computers Are Creating the Next Job Market*. Princeton: Princeton University Press, p. 20.

67　Frey, Carl and Michael Osborne（2013）. *The Future of Employment*. Oxford: Oxford Martin School. Retrieved from www.oxfordmartin.ox.ac.uk; Schwab, Klaus（2016）.

The Fourth Industrial Revolution. Geneva: World Economic Forum.

68　Berger, Thor and Carl Frey（2014）. *Industrial Renewal in the 21st Century: Evidence from US Cities*. Oxford: Oxford Martin School. Retrieved from www. oxfordmartin .ox.ac.uk.

69　Gunn, Steven（2010）. 'War and the Emergence of the State: Western Europe 1350– 1600'. In *European Warfare 1350–1750*, edited by F. Tallett and D. Trim. Cambridge: Cambridge University Press, pp. 50–73.

70　Sands, Philippe（23 May 2014）. 'No Place to Hide: Edward Snowden, the NSA and the Surveillance State by Glenn Greenwald – a Review'. *The Guardian*. Retrieved from www.theguardian.com.

71　Gallagher, Ryan（25 August 2014）. 'The Surveillance Engine: How the NSA Built Its Own Secret Google'. *The Intercept*. Retrieved from firstlook.org/theintercept.

72　Machiavelli, Niccolò（1469–1527）（1532）. *Florentine Histories*. Rome: Antonio Blado. Second Book, Chapter 22.

第７章　蔓延する梅毒、沈みゆくヴェネツィア

1　Tognotti, Eugenia（2009）. 'The Rise and Fall of Syphilis in Renaissance

Europe'. *The Journal of Medical Humanities* 30（2）: 99–113.
2　上記同書
3　Allen, Peter Lewis（2000）. *Wages of Sin*. Chicago: University of Chicago Press.
4　上記同書
5　Hale, J. R.（1985）. *War and Society in Renaissance Europe, 1450–1620*. London: Fontana Press.
6　Tognotti, 'The Rise and Fall of Syphilis in Renaissance Europe'.
7　上記同書
8　Calvin, John（1509–1564）（1574）. 'Sermon 141 on Job 36'. In *Sermons of Master John Calvin, Upon the Book of Job*. London: George Bishop.
9　Phillips, Tony（2014）. 'Near Miss: The Solar Superstorm of July 2012'. *NASA Science News*. Retrieved from science.nasa.gov/science-news/science-at-nasa/2014/23jul _superstorm.
10　Tognotti, 'The Rise and Fall of Syphilis in Renaissance Europe'.
11　French, Roger, Jon Arrizabalaga, et al., editors.（1998）. *Medicine from the Black Death to the French Disease*. Aldershot: Ashgate.
12　World Health Organization（2014）. 'Factsheet No. 211: Influenza（Seasonal）'.
Geneva: WHO. Retrieved from www.who.int/mediacentre/factsheets/fs211/en.
13　Goldin, Ian and Mike Mariathasan（2014）. *The Butterfly Defect*. Princeton: Princeton University Press.
14　World Health Organization（2003）. 'Agenda Item 14.16: Severe Acute Respiratory Syndrome（SARS）'. *Fifty-Sixth World Health Assembly*. Geneva: WHO.
15　Brilliant, Larry（February 2006）. 'My Wish: Help Me Stop Pandemics'. TedTalks. Retrieved from www.ted.com.
16　Lee, Jong-Wha and Warwick J. McKibbin（2004）. 'Estimating the Global Economic Costs of SARS'. In *Institute of Medicine Forum on Microbial Threats: Learning from SARS: Preparing for the Next Disease Outbreak: Workshop Summary*, edited by S. Knobler, A. Mahmoud and S. Lemon. Washington, DC: National Academies Press; World Health Organization（2003）. 'Chapter 5: SARS: Lessons from a New Disease'. *The World Health Report*. Geneva: WHO.
17　World Health Organization（2015）. 'Severe Acute Respiratory Syndrome（SARS）'. *Emergencies Preparedness, Response*. Geneva: WHO. Retrieved from www.who.int/csr/ sars/en.
18　Roberts, Michelle（2014）. 'First Ebola Boy Likely Infected by Playing in Bat Tree'. *BBC News*. Retrieved from www.bbc.co.uk.
19　Centers for Disease Control and Prevention（2015）. 'Outbreaks Chronology: Ebola Virus Disease'. Atlanta: CDC. Retrieved from www.cdc.gov/vhf/ebola/outbreaks/ history/chronology.html.
20　Fink, Sheri（3 September 2014）. 'Cuts at WHO Hurt Response to Ebola Crisis'. *The New York Times*. Retrieved from www.nytimes.com.
21　（14 November 2014）. 'The Toll of a Tragedy'. *The Economist*. Retrieved from www. economist.com.
22　Centers for Disease Control and Prevention（2015）. '2014 Ebola Outbreak in

West Africa – Case Counts'. Atlanta: CDC. Retrieved from www.cdc.gov/vhf/ebola/outbreaks/2014-west-africa/case-counts.html.

23 Blas, Javier (19 November 2014). 'World Bank Dramatically Reduces Projection of Ebola's Economic Toll'. *The Financial Times*. Retrieved from www.ft.com.

24 World Bank (2014). 'Health Expenditure Per Capita (Current US$)'. *World Development Indicators*. Retrieved from data.worldbank.org.

25 World Health Organization Global Health Observatory (2014). 'Density of Physicians (Total Number per 1,000 Population, Latest Available Year)'. *Global Health Observatory Data Repository*. Retrieved from apps.who.int/gho/data.

26 BBC News (7 October 2014). 'Ebola Outbreak: Liberia "Close to Collapse" – Ambassador'. *BBC*. Retrieved from www.bbc.co.uk.

27 Callimachi, Rukmini (18 September 2014). 'Fear of Ebola Drives Mob to Kill Officials in Guinea'. *The New York Times*. Retrieved from www.nytimes.com.

28 United Nations Conference on Trade and Development (2015). 'Intra-Trade of Regional and Trade Groups by Product, Annual, 1995–2014'. *UNCTADStat*. Retrieved from unctadstat.unctad.org.

29 Grepin, Karen (2015). 'International Donations to the Ebola Virus Outbreak: Too Little, Too Late?' *British Medical Journal* (*BMJ*) 350: 1–5.

30 Gire, Stephen, Augustine Goba, et al. (2014). 'Genomic Surveillance Elucidates Ebola Virus Origin and Transmission during the 2014 Outbreak'. *Science* 345 (6202) : 1369–1372.

31 World Health Organization (26 September 2014). 'Experimental Therapies: Growing Interest in the Use of Whole Blood or Plasma from Recovered Ebola Patients (Convalescent Therapies)'. *Ebola Situation Assessment – 26 September 2014*. Geneva: WHO. Retrieved from www.who.int/mediacentre/news/ebola/26-september-2014/en.

32 Gaidet, Nicolas, Julien Cappelle, et al. (2010). 'Potential Spread of Highly Pathogenic Avian Influenza H5N1 by Wildfowl: Dispersal Ranges and Rates Determined from Large-Scale Satellite Telemetry'. *Journal of Applied Ecology* 47 (5) : 1147.

33 International SOS (8 February 2015). 'Pandemic Preparedness: H5N1 Affected Countries'. Retrieved from www.internationalsos.com/pandemicpreparedness; International SOS (5 April 2013). 'Pandemic Preparedness: H5N1 in Birds'. Retrieved from www.internationalsos.com/pandemicpreparedness.

34 上記同書

35 Arnold, Jeffrey L. (2002). 'Disaster Medicine in the 21st Century: Future Hazards, Vulnerabilities, and Risk'. *Prehospital and Disaster Medicine* 17 (1) : 3–11.

36 International SOS (2 February 2015). 'Pandemic Preparedness: Avian Flu'. Retrieved from www.internationalsos.com/pandemicpreparedness.

37 World Health Organization (2015). 'HIV/AIDS'. *Global Health Observatory Data Repository*. Retrieved from apps.who.int/gho/data.

38 UNAIDS (2002). 'Fact Sheets: Twenty Years of HIV/AIDS'. Retrieved from library. unesco-iicba.org/English/HIV_AIDS.

39 World Health Organization, 'HIV/AIDS'.

40 上記同書

41 Goldin and Mariathasan, *The Butterfly Defect*.

42 Brockmann, Dirk, Lars Hufnagel, et al. (2005). 'Dynamics of Modern Epidemics'. In *SARS: A Case Study in Emerging Infections*, edited by Angela McLean, Robert May, et al. Oxford: Oxford University Press, pp. 81–91.

43 Liu, Yi-Yun, Yang Wang, et al. (2015). 'Emergence of Plasmid-Mediated Colistin Resistance Mechanism MCR-1 in Animals and Human Beings in China: A Microbiological and Molecular Biological Study'. *The Lancet*. Retrieved from dx.doi. org/10.1016/S1473–3099 (15) 00424–7.

44 Schoenberger, Erica (2014). *Nature, Choice and Social Power*. London: Routledge, p. 95.

45 Dattels, Peter and Laura Kodres (21 April 2009). 'Further Action Needed to Reinforce Signs of Market Recovery: IMF'. *IMF Survey Magazine*. Retrieved from www.imf.org/external/pubs/ft/survey/so/2009/RES042109C.htm.

46 World Bank (September 2009). 'Impact of the Financial Crisis on Employment'. Retrieved from go.worldbank.org/9ZLKOLN0O0.

47 United Nations Development Programme (2010). *The Real Wealth of Nations: Pathways to Human Development*. Human Development Report 2010. New York: United Nations.

48 Parts of our discussion of systemic risk in the financial sector draw upon prior work by Goldin and Mariathasan in *The Butterfly Defect*.

49 Gorton, Garry B. and Andrew Metrick (2009). 'Securitized Banking and the Run on Repo'. *National Bureau of Economic Research Working Paper No. 15223*. Retrieved from www.nber.org/papers/w15223.

50 Goldin and Mariathasan, *The Butterfly Defect*.

51 Lewis, Michael (26 March 2008). 'What Wall Street's CEO's Don't Know Can Kill You'. *Bloomberg*. Retrieved from www.bloomberg.com.

52 International Monetary Fund (2007). 'Global Financial Stability Report: Market Developments and Issues'. *World Economic and Financial Surveys*. Washington, DC: IMF, p. 7.

53 Thompson, Anthony, Elen Callahan, et al. (2007). 'Global CDO Market: Overview and Outlook'. *Global Securitization and Structured Finance 2007*. Frankfurt: Deutsche Bank.

54 Goldin and Mariathasan, *The Butterfly Defect*.

55 Kosmidou, Kyriaki, Sailesh Tanna, et al. (2005). 'Determinants of Profitability of Domestic UK Commercial Banks: Panel Evidence from the Period 1995–2002'. *Money Macro and Finance (MMF) Research Group Conference 2005*. Retrieved from repec.org/mmfc05/paper45.pdf; Maer, Lucinda and Nida Broughton (2012). *Financial Services: Contribution to the UK Economy*. London: House of Commons Library, Economic Policy and Statistics.

56 'Cracks in the Crust'. *The Economist* (11 December 2008). Retrieved from www. economist.com.

57 Haldane, Andrew G. (28 April 2009). 'Rethinking the Financial Network'. Speech given to the Financial Student Association, Amsterdam. Retrieved from www. bankofengland.co.uk/archive/Documents/historicpubs/speeches/2009/speech386.

pdf.

58　Green Growth Action Alliance（2013）. 'Required Infrastructure Needs'. *The Green Investment Report*. Geneva: World Economic Forum.

59　American Society of Civil Engineers（2013）. 'Grade Sheet: America's Infra structure Investment Needs'. Reston, VA: ASCE. Retrieved from www.infrastructure-report-card.org.

60　Bhattacharya, Amar, Mattia Romani, et al.（2012）. 'Infrastructure for Development: Meeting the Challenge'. Policy brief. Seoul: Global Green Growth Institute. Retrieved from www.gggi.org.

61　Bolt, J. and J. L. van Zanden（2014）. 'The Maddison Project: Collaborative Research on Historical National Accounts'. *The Economic History Review* 67（3）: 627–651.

62　Crowley, Roger（2011）. *City of Fortune: How Venice Won and Lost a Naval Empire*. London: Faber&Faber.

63　上記同書

64　'When the Chain Breaks'. *The Economist*（15 June 2006）. Retrieved from www.economist.com.

65　For more on the Thailand case, see *The Butterfly Defect*.

66　Chongvilaivan, Aekapol（2012）. 'Thailand's 2011 Flooding: Its Impact on Direct Exports and Global Supply Chains'. *ARTNeT Working Paper Series, No. 113*. Retrieved from hdl.handle.net/10419/64271.

67　Thailand Board of Investment（2012）. 'Expertise, New Investment Keep Thai E&E Industry at the Top'. *Thailand Investment Review*. Retrieved from www.boi.go.th.

68　Abe, Masato and Linghe Ye（2013）. 'Building Resilient Supply Chains against Natural Disasters: The Cases of Japan and Thailand'. *Global Business Review* 14: 567.

69　上記同書

70　Smalley, Eric（12 December 2011）. 'Thai Floodwaters Sink Intel Chip Orders'. *Wired*. Retrieved from www.wired.com.

71　Thailand Board of Investment（2015）. 'E&E Industry: Hard Disk Drive Export, 2005–2014'. *Thailand Investment Review*. Retrieved from www.boi.go.th.

72　Oxford Economics（2010）. *The Economic Impacts of Air Travel Restrictions due to Volcanic Ash, Report Prepared for Airbus*. Oxford: Oxford Economics.

73　Kaplan, Eben（24 April 2007）. 'America's Vulnerable Energy Grid'. *Council on Foreign Relations*.

74　US–Canada Power System Outage Task Force（2004）. *Final Report on the August 14, 2003 Blackout in the United States and Canada: Causes and Recommendations*. Washington, DC and Ottawa: Department of Energy and Ministry of Natural Resources, p. 19.

75　Kharas, Homi（9 January 2015）. 'The Transition from "the Developing World" to "a Developing World"'. *Kapuscinski Development Lectures*. Retrieved from www.brookings.edu.

76　Airports Council International（2015）. 'Annual Traffic Data'. Retrieved from www.aci.aero/Data-Centre/Annual-Traffic-Data.

77　World Shipping Council（2015）. 'Top 50 World Container Ports'. Retrieved

from www.worldshipping.org/about-the-industry/global-trade.

78 EMC Corporation（2 December 2014）. 'Over $1.7 Trillion Lost per Year from Data Loss and Downtime according to Global IT Study'. Retrieved from uk.emc.com/about/news/press/2014/20141202-01.htm.

79 Miller, Rich（July 2013）. 'Who Has the Most Data Servers?' *Data Center Knowledge*. Retrieved from www.datacenterknowledge.com/archives/2009/05/14/whos-got -the-most-web-servers.

80 IBM（2015）. *2015 Cyber Security Intelligence Index*. New York: IBM Security. Retrieved from public.dhe.ibm.com/common/ssi/ecm/se/en/sew03073usen/SEW03073US -EN.PDF.

81 Greenberg, Andy（2015）. 'Hackers Remotely Kill a Jeep on the Highway – with Me in It'. *Wired*. Retrieved from www.youtube.com.

82 Symantec（2015）. *2015 Internet Security Threat Report, Volume 20*. Mountain View, CA: Symantec. Retrieved from www.symantec.com/security_response/publications/threatreport.jsp.

83 Rogin, Josh（9 July 2012）. 'NSA Chief: Cybercrime Constitutes the "Greatest Transfer of Wealth in History"'. *Foreign Policy*. Retrieved from www.foreignpolicy.com.

84 上記同書 ; IBM, *2015 Cyber Security Intelligence Index*.

85 Rainie, Lee, Janna Anderson, et al.（29 October 2014）. 'Cyber Attacks Likely to Increase'. Pew Research Center. Retrieved from www.pewinternet.org.

86 Ponemon Institute（2015）. *2015 Cost of Data Breach Study: Global Analysis*. Traverse City, Michigan: Ponemon Institute.

87 Associated Press（23 September 2015）. 'US Government Hack Stole Fingerprints of 5.6 Million Federal Employees'. *The Guardian*. Retrieved from www.theguardian.com.

88 Symantec, *2015 Internet Security Threat Report*.

89 Kushner, David（26 February 2013）. 'The Real Story of Stuxnet'. *IEEE Spectrum*.
Retrieved from spectrum.ieee.org/telecom/security.

90 Menn, Joseph（29 May 2015）. 'US Tried Stuxnet-Style Campaign against North Korea but Failed – Sources'. *Reuters*. Retrieved from www.reuters.com.

91 Bundesamt fur Sicherheit in der Informationstechnik（2014）. *Die Lage Der IT-Sicherheit in Deutschland 2014*. Berlin: German Federal Office for Information Security. Retrieved from www.bsi.bund.de.

92 Industrial Control Systems Cyber Emergency Response Team（2015）. *ICS-CERT Year in Review*. Washington, DC: Department of Homeland Security. Retrieved from ics-cert.us-cert.gov.

93 Maddison, Angus（2003）. *The World Economy: Historical Statistics, Vol. 2: Statistical Appendix*. Paris: OECD.

第８章　虚栄の焼却と社会への所属

1 Savonarola, Girolamo（1452–1498）（1971）. 'O Soul, by Sin Made Blind'. In *Ital-*

ian Poets of the Renaissance, edited by J. Tusiani. New York: Baroque Press, p. 81.

2 Weinstein, Donald (2011). *Savonarola: The Rise and Fall of a Renaissance Prophet*. New Haven: Yale University Press.

3 Cameron, Euan (2012). *The European Reformation*. Oxford: Oxford University Press.

4 Weinstein, *Savonarola*.

5 上記同書

6 Viladesau, Richard (2008). *The Triumph of the Cross: The Passion of Christ in Theology and the Arts*. Oxford: Oxford University Press, p. 30.

7 Jones, Jonathan (19 October 2011). 'The Lusts of Leonardo Da Vinci'. *The Guardian*. Retrieved from www.theguardian.com.

8 Martines, Lauro (2006). *Scourge and Fire: Savonarola and Renaissance Florence*. London: Jonathan Cape.

9 Martines, Lauro (2006). *Fire in the City: Savonarola and the Struggle for the Soul of the Renaissance*. Oxford: Oxford University Press.

10 Black, Robert (2010). '(Review) Venice Besieged: Politics and Diplomacy in the Italian Wars, by Robert Finlay'. *English Historical Review* CXXV (512) : 170–171.

11 Martines, *Fire in the City*.

12 Martines, *Scourge and Fire*.

13 Savonarola, Girolamo (1452–1498) (2005). 'Aggeus, Sermon XIII. Delivered on the 3rd Sunday of Advent, 12 December 1494'. In *Selected Writings of Girolamo Savonarola, Religion and Politics, 1490–1498*, edited by A. Borelli, D. Beebe and M. Passaro. New Haven, CT: Yale University Press.

14 Shane, Scott (24 June 2015). 'Homegrown Extremists Tied to Deadlier Toll Than Jihadists in US since 9/11'. *The New York Times*. Retrieved from www.nytimes.com; Hitchens, Christopher (January 2006). 'Childhood's End'. *Vanity Fair*. Retrieved from www.vanityfair.com.

15 Kershner, Isabel (30 July 2015). 'Ultra-Orthodox Israeli Stabs 6 at a Gay Pride Parade for Second Time, Police Say'. *The New York Times*. Retrieved from www.nytimes.com; Eisenbud, X. Daniel (2 August 2015). 'Member of Bat Ayin Jewish Underground Released from Prison 2 Years Early'. *The Jerusalem Post*. Retrieved from www.jpost.com.

16 Human Rights Watch (2013). *All You Can Do Is Pray: Crimes against Humanity and Ethnic Cleansing of Rohingya Muslims in Burma's Arakan State*. New York: Human Rights Watch.

17 Khalaf, Roula and Sam Jones (17 June 2014). 'Selling Terror: How ISIS Details Its Brutality'. *The Financial Times*. Retrieved from www.ft.com.

18 Cliffe, Sarah (2014). *The Evolving Risks of Fragile States and International Terrorism*. Washington, DC: Brookings Institution; Schmitt, Eric and Somini Sengupta (26 September 2015). 'Thousands Enter Syria to Join ISIS despite Global Efforts'. *The New York Times*. Retrieved from www.nytimes.com.

19 Maher, Bill (25 October 2013). 'Interview with Maajid Nawaz'. *YouTube*. Retrieved from www.youtube.com.

20 Berrebi, Claude (2007). 'Evidence about the Link between Education, Poverty

and Terrorism among Palestinians'. *Peace Economics, Peace Science and Public Policy* 13（1）: 1–36.

21 Bergen, Peter and Swati Pandey（14 June 2005）. 'The Madrassa Myth'. *The New York Times*. Retrieved from www.nytimes.com.

22 Husain, Ed（18 July 2014）. 'How "Caliph" Baghdadi Aimed His Sermon at the Muslim Devout'. *The Telegraph*. Retrieved from www.telegraph.co.uk.

23 Site Intel Group（1 July 2014）. 'Islamic State Leader Abu Bakr Al-Baghdadi Encourages Emigration, Worldwide Action'. Retrieved from news.siteintelgroup.com/Jihadist-News.

24 Whiting, Alex（2014）. 'Islamic State Lacks Funds to Keep Control of Iraqi, Syrian Territory – Experts'. *Reuters*. Retrieved from www.reuters.com.

25 UNHCR（2015）. *Report of the Office of the United Nations High Commissioner for Human Rights on the Human Rights Situation in Iraq in the Light of Abuses Committed by the SoCalled Islamic State in Iraq and the Levant and Associated Groups*. Geneva: UN Human Rights Office.

26 Site Intel Group, 'Islamic State Leader Abu Bakr Al-Baghdadi Encourages Emigration, Worldwide Action'.

27 International Fund for Agricultural Development（2011）. 'Syrian Arab Republic: A Country Fact Sheet on Youth Employment'. IFAD. 2011 Governing Council.

28 Arnold, David（20 August 2013）. 'Drought Called a Factor in Syria's Uprising'. *Voice of America*. Retrieved from www.voanews.com.

29 World Bank（2011）. *Doing Business 2011: Making a Difference for Entrepreneurs*. Washington, DC: World Bank & International Finance Corporation.

30 World Bank（2014）. *Doing Business 2015: Going beyond Efficiency*. Washington, DC: World Bank & International Finance Corporation.

31 United Nations Development Programme（2014）. 'About Iraq'. Retrieved from www.iq.undp.org/content/iraq/en/home/countryinfo.

32 The Black Ducks（2015）. 'About'. *YouTube*. Retrieved from www.youtube.com.

33 Wischenbart, Rudiger and Nasser Jarrous（7 November 2012）. 'An Arab Publishing Panorama'. *BookBrunch*. Retrieved from www.bookbrunch.co.uk; plus Google Books estimate of total universe of books.

34 Strathern, Paul（2011）. *Death in Florence: The Medici, Savonarola, and the Battle for the Soul of Man*. London: Jonathan Cape.

35 Luther, Martin（1483–1546）（1908）. 'Letter to Christoph Scheurl, March 5, 1518'. *The Letters of Martin Luther*, edited by M. Currie. London: Macmillan and Co., p. 23.

36 Edwards Jr., Mark U.（2005）. *Printing, Propaganda, and Martin Luther*. Minneapolis: Fortress Press; Hsia, R. Po-chia（2006）. *A Companion to the Reformation World*. Oxford: Blackwell.

37 MacCulloch, Diarmaid（2003）. *Reformation: Europe's House Divided, 1490–1700*. London: Allen Lane.

38 Goldstone, Jack A.（1991）. *Revolution and Rebellion in the Early Modern World*. Berkeley: University of California Press.

39 Te Brake, Wayne（1998）. *Shaping History: Ordinary People in European Poli-*

tics. Berkeley: University of California Press.
40 MacCulloch, *Reformation*.
41 上記同書, pp. 671–672.
42 Hall, Edward (1497–1547) (1904). *Henry VIII*. Edited by C. Whibley, *The Lives of the Kings, Volume 2*. London: T.C. & E.C. Jack, p. 43.
43 Lean, Geoffrey (17 July 1999). 'The Hidden Tentacles of the World's Most Secret Body'. *Sunday Independent*. Retrieved from www.independent.co.uk.
44 World Trade Organization (1999). 'Document No. 99-5154: List of Representatives'. *Third Ministerial Conference*. Seattle: WTO. Retrieved from docs.wto.org.
45 Piketty, Thomas (2014). *Capital in the 21st Century*. Cambridge: Harvard University Press.
46 Credit Suisse Research Institute (2010). *Global Wealth Report 2010*. Zurich: Credit Suisse.
47 Piketty, *Capital in the 21st Century*, Chapters 6 and 10.
48 OECD (2015). *In It Together: Why Less Inequality Benefits All*. Paris: OECD Publishing.
49 Saez, Emmanuel (2013). *Striking It Richer: The Evolution of Top Incomes in the United States* (*Updated with 2012 Preliminary Estimates*). Berkeley: Stanford University Center for the Study of Poverty and Inequality.
50 Rosenblum, Harvey, Tyler Atkinson, et al. (2013). 'Assessing the Costs and Consequences of the 2007–09 Financial Crisis and Its Aftermath'. *Federal Reserve Bank of Dallas Economic Letter* 8 (7). Retrieved from www.dallasfed.org/research/eclett/2013/el1307.cfm.
51 CoreLogic (2013). *National Foreclosure Report*. Irvine, CA: CoreLogic. Retrieved from www.corelogic.com/research.
52 Simiti, Marilena (2014). 'Rage and Protest: The Case of the Greek Indignant Movement'. *Hellenic Observatory Papers on Greece and Southeast Europe, No. 82*. London: London School of Economics. Retrieved from www.lse.ac.uk/europeanInstitute/research/hellenicObservatory.
53 RTVE.es (6 August 2011). 'Más de Seis Millones de Españoles Han Participado en el Movimiento 15m'. *RTVE*. Retrieved from www.rtve.es.
54 RT.com (15 October 2011). 'Rome Descends into Chaos as Protests Turn Violent'. *RT*. Retrieved from www.rt.com.
55 Rowley, Emma (16 January 2011). 'Bank Bail-Out Adds £1.5 Trillion to Debt'. *The Telegraph*. Retrieved from www.telegraph.co.uk.
56 BBC News (7 January 2011). 'Bank Bonuses "to Run to Billions in 2011"'. *BBC*. Retrieved from www.bbc.co.uk.
57 BBC News (20 June 2015). 'Thousands Attend Anti-Austerity Rallies across UK'. *BBC*. Retrieved from www.bbc.co.uk.
58 Helm, Toby and Daniel Boffey (13 September 2015). 'Corbyn Hails Huge Mandate as He Sets Out Leftwing Agenda'. *The Guardian*. Retrieved from www.theguardian. com.
59 Kassam, Ashifa (13 March 2015). 'Ciudadanos, the "Podemos of the Right," Emerges as Political Force in Spain'. *The Guardian*. Retrieved from www.theguardian.

com.
60 Kriesi, Hanspeter (2014). 'The Political Consequences of the Economic Crisis in Europe'. In *Mass Politics in Tough Times: Opinions, Votes and Protest in the Great Recession*, edited by L. Bartels and N. Bermeo. Oxford: Oxford University Press.
61 Wee, Sui-Lee (18 August 2015). 'Chinese Police Arrest 15,000 for Internet Crimes'. *Reuters*. Retrieved from www.reuters.com.
62 Page, Jeremy and James Areddy (28 February 2011). 'China Mobilizes against Activists'. *The Wall Street Journal*. Retrieved from www.wsj.com.
63 OECD (2015). *In It Together: Why Less Inequality Benefits All*, p. 240.
64 Centers for Disease Control and Prevention (2013). 'CDC Health Disparities and Inequalities Report – United States, 2013'. *Morbidity and Mortality Weekly Report*. Washington, DC: US Department of Health and Human Services.
65 Ineq-Cities Atlas (2015). 'Paris Socio-Economic Indicators and Mortality Maps'. *Socio-Economic Inequalities in Mortality: Evidence and Policies in Cities of Europe*. Retrieved from www.ucl.ac.uk/silva/ineqcities/atlas/cities/paris.
66 Korda, Rosemary, Ellie Paige, et al. (2014). 'Income-Related Inequalities in Chronic Conditions, Physical Functioning and Psychological Distress among Older People in Australia: Cross-Sectional Findings from the 45 and up Study'. *BMC Public Health* 14: 741.
67 World Food Programme (2014). 'Hunger Statistics'. Retrieved from www.wfp.org/ hunger/stats.
68 Frey, Carl Benedikt and Michael Oxborne (2015). *Technology at Work: The Future of Innovation and Employment*. New York & Oxford: Citigroup and Oxford Martin School.
69 OECD, *In It Together: Why Less Inequality Benefits All*.
70 Dabla-Norris, Era, Kalpana Kochhar, et al. (2015). 'Causes and Consequences of Income Inequality: A Global Perspective'. *IMF Staff Discussion Note*. Washington, DC: International Monetary Fund.
71 'Mine, All Mine'. *The Economist* (10 February 2011). Retrieved from www .economist.com.
72 Dabla-Norris, Kochhar, et al. 'Causes and Consequences of Income Inequality'.
73 Federal Election Commission (27 March 2014). 'FEC Summarizes Campaign Activity of the 2011–2012 Election Cycle'. *FEC*. Retrieved from www.fec.gov.
74 Parnes, Amie and Kevin Cirilli (21 January 2015). 'The $5 Billion Presidential Campaign?' *The Hill*. Retrieved from thehill.com/blogs/ballot-box/presidential -races/230318-the-5-billion-campaign.
75 World Trade Organization (1999). 'Seattle Conference Doomed to Succeed, Says Moore'. *WTO*. Retrieved from www.wto.org.
76 Davidson, Nicholas (10 March 2014). *Republicanism, Resistance & Rebellions* (Lecture). Oxford: University of Oxford.
77 Pettersson, Therese and Peter Wallensteen (2015). 'Armed Conflicts, 1946–2014'. *Journal of Peace Research* 52 (4) : 536–550.
78 UN Office for Coordination of Humanitarian Affairs (2016). 'Syrian Arab Republic'. Retrieved from www.unocha.org/syria.

79 Martines, *Fire in the City*.

80 Machiavelli, Niccolò (1469–1527) (1940). 'Discourses on the First Ten Books of Titus Livius, First Book, Chapter XI: Of the Religions of the Romans'. *The Prince and the Discourses*, edited by C. E. Detmold, M. Lerner, L. Ricci and E. Vincent. New York: The Modern Library.

81 Van Paassen, Pierre (1961). *A Crown of Fire: The Life and Times of Girolamo Savonarola*. London: Hutchinson.

82 Seward, Desmond (2006). *The Burning of the Vanities: Savonarola and the Borgia Pope*. Stroud: Sutton.

83 Bethencourt, Francisco (2009). *The Inquisition: A Global History, 1478–1834*, translated by J. Birrell. Cambridge: Cambridge University Press, p. 444.

84 Pew Research Center (16 September 2014). 'Faith and Skepticism about Trade, Foreign Investment'. *Pew Research Center Global Attitudes and Trends*. Retrieved from www.pewglobal.org.

85 Frontex (8 August 2015). 'Number of Migrants in One Month above 100,000 for First Time'. Warsaw: European Agency for the Management of Operational Cooperation at the External Borders of the Member States of the European Union. Retrieved from frontex.europa.eu/news.

第９章　ダビデ

1 Twain, Mark (1975). *Mark Twain's Notebooks & Journals*, edited by F. Anderson, L. Salamo and B. Stein. Berkeley/Los Angeles: University of California Press, pp. 232–233.

2 Paoletti, John (2015). *Michelangelo's David: Florentine History and Civic Identity*. Cambridge: Cambridge University Press.

3 上記同書, p. 198.

4 Erasmus, Desiderius (c. 1466–1536) (1924). 'To Marcus Laurinus, February 1, 1523.' *Opus Epistolarum Des. Erasmi Roterodami. Volume V: 1522-1524*. Edited by P.S. Allen and H. M. Allen. Oxford: Oxford University Press, p. 277.

5 Strauss, Valerie (17 May 2014). 'The Greatest Commencement Speech Ever'. *The Washington Post*. Retrieved from www.washingtonpost.com.

6 Mokyr, Joel (1990). *Twenty-Five Centuries of Technological Change*. London: Harwood Academic.

7 NobelPrize.org (2015). 'List of Nobel Prizes and Laureates'. Retrieved from www. nobelprize.org/nobel_prizes.

8 United Nations Department of Economic and Social Affairs (2015). *World Population Prospects: The 2015 Revision*. New York: United Nations.

9 Bhopal, Kalwant (2014). 'The Experience of BME Academics in Higher Education: Aspirations in the Face of Inequality'. *Leadership Foundation for Higher Education Stimulus Papers*. Retrieved from www.lfhe.ac.uk.

10 Rippon, Gina (5 September 2014). 'Prejudice, Not Brainpower, Is Behind the Gender Gap'. *The Times*. Retrieved from www.thetimes.co.uk.

11 XPrize (2015). 'Who We Are'. *XPrize.org*. Retrieved from www.xprize.org.

12 Barnett, Chance (9 June 2015). 'Trends Show Crowdfunding to Surpass VC in 2016'. *Forbes*. Retrieved from www.forbes.com.

13 Crowdsourcing.org (2015). 'Global Crowdfunding Market to Reach $34.4B in 2015, Predicts Massolution's 2015 CF Industry Report'. Retrieved from www.crowdsourcing.org/editorial.

14 World Bank (2013). 'Crowdfunding's Potential for the Developing World'. *Information for Development Program*. Washington, DC: The World Bank.

15 上記同書

16 National Science Foundation (2014). 'Table 4-3: US R&D Expenditures, by Performing Sector, Source of Funds, and Character of Work: 2011'. *National Science Foundation*. Retrieved from www.nsf.gov; OECD (2015). 'Main Science and Technology Indicators'. *OECD.Stat*. Retrieved from www.oecd.org/sti/msti .htm.

17 Spickernell, Sarah and Clive Cookson (22 January 2014). 'R&D Suffers Biggest Cuts in Government Spending'. *The Financial Times*. Retrieved from www.ft.com.

18 OECD, 'Main Science and Technology Indicators'.

19 Alberts, Bruce, Marc W. Kirschner, et al. (2014). 'Rescuing US Biomedical Research from Its Systemic Flaws'. *Proceedings of the National Academy of Sciences of the United States of America* 111 (16) : 5773–5777; National Institutes of Health (2015). 'Research Project Grants: Average Size'. *NIH Data Book*. Retrieved from report.nih.gov/ nihdatabook/index.aspx.

20 National Institutes of Health (2012). *Biomedical Research Workforce; Working Group Report*. Bethesda, MD: National Institutes of Health.

21 Harris, Richard (9 September 2014). 'When Scientists Give Up'. *National Public Radio*. Retrieved from www.npr.org/sections/health-shots/2014/09/09/345289127/ when-scientists-give-up?refresh=true.

22 Partridge, Loren (1996). *The Art of Renaissance Rome, 1400–1600*. New York: Harry N. Abrams.

23 Phelps, Edmund (2013). *Mass Flourishing: How Grassroots Innovation Created Jobs, Challenge and Change*. Princeton: Princeton University Press, pp. 316, 324.

24 Kharas, Homi (2010). 'The Emerging Middle Class in Developing Countries'. *OECD Development Centre Working Paper No. 285*. Paris: OECD; Cisco (2015). *The Zettabyte Era: Trends and Analysis*. San Jose: Cisco Systems Inc. Retrieved from www.cisco.com.

25 Terdiman, Daniel (11 February 2014). 'No, Flappy Bird Developer Didn't Give up on $50,000 a Day'. *CNET*. Retrieved from www.cnet.com.

26 ALS Association (29 August 2014). 'The ALS Association Expresses Sincere Gratitude to over Three Million Donors'. Retrieved from www.alsa.org/news/media/press-releases.

27 Ling, Jonathan (8 August 2015). 'Science AMA Series: Hi, I'm Jonathan Ling, a Researcher That's Here to Share Our New Breakthrough Discovery for ALS (Amyotrophic Lateral Sclerosis)'. *The New Reddit Journal of Science*. Retrieved from www.reddit.com/r/science/comments/3g4c7v/science_ama_series_hi_im_jonathan_ling_a.

28 Apple Events (2 June 2014). 'Apple Special Event: June 2, 2014'. Cupertino:

Apple. Retrieved from www.apple.com/apple-events/june-2014; Phone Arena（10 June 2013）. '6m Developers in Apple Ecosystem, $10B Paid in Revenue'. *Phone Arena*. Retrieved from www.phonearena.com/news.

29 Pettersson, Therese and Peter Wallensteen（2015）. 'Armed Conflicts, 1946–2014'. *Journal of Peace Research* 52（4）: 536–550.

30 Ungerleider, Neal（11 July 2014）. 'IBM's $3 Billion Investment in Synthetic Brains and Quantum Computing'. *Fast Company*. Retrieved from www.fastcom-pany.com.

31 Carroll, John（11 September 2014）. 'Google's Stealthy Calico Inks an R&D Deal for New Compounds Aimed at Neurodegeneration'. *Fierce Biotech*. Retrieved from www.fiercebiotech.com.

32 International Monetary Fund（17 July 2015）. 'Counting the Cost of Energy Subsidies'. *IMF Survey*. Retrieved from www.imf.org/external/pubs/ft/survey/so/2015/ new070215a.htm; OECD（2015）. *Agricultural Policy Monitoring and Evaluation 2015*. Paris: OECD.

33 OECD（2015）. *In It Together: Why Less Inequality Benefits All*. Paris: OECD Publishing, Chapter 4.

34 Klapper, Leora, Luc Laeven, et al.（2006）. 'Entry Regulation as a Barrier to Entrepreneurship'. *Journal of Financial Economics* 82（3）: 591–629; Golec, J. and J. A. Vernon（2010）. 'Financial Effects of Pharmaceutical Price Regulation on R&D Spending by EU versus US Firms'. *Pharmacoeconomics* 28（8）: 615–628.

35 Winkler, Andy, Ben Gitis, et al.（2014）. 'Dodd-Frank at 4: More Regulation, More Regulators, and a Sluggish Housing Market'. Retrieved from americanactionforum.org.

36 Spowers, Rory（2002）. *Rising Tides: A History of Environmentalism*. Edinburgh: Canongate.

37 Haldane, Andrew G.（2012）. 'Federal Reserve Bank of Kansas City's 36th Economic Policy Symposium, "The Changing Policy Landscape"'. *The Dog and the Frisbee*. Jackson Hole, Wyoming: The Bank of England.

38 Connell, William（2002）. *Society and Individual in Renaissance Florence*. Berkeley: University of California Prèss, p. 111.

39 Arthur, Brian（2010）. *The Nature of Technology*. London: Penguin.

40 Chandler, Tertius（1987）. *Four Thousand Years of Urban Growth: An Historical Census*. Lewiston, ME: Edwin Mellen Press.

41 McKinsey Global Institute（2013）. 'Urban World: A New App for Exploring an Unprecedented Wave of Urbanization'. Retrieved from www.mckinsey.com/ insights.

42 Ferguson, Niall（20 January 2016）. 'Florence.' Interviewed by I. Goldin, Davos.

43 Statistics Canada（2011）. 'NHS Focus on Geography Series – Toronto'. *National Household Survey 2011*. Ottawa: Statistics Canada.

44 Downie, Michella（2010）. *Immigrants as Innovators Boosting Canada's Global Competitiveness*. Ottawa: The Conference Board of Canada; Dungan, Peter, Tony Fang, et al.（2013）. 'Macroeconomic Impacts of Canadian Immigration: Results from a Macro Model'. *British Journal of Industrial Relations* 51（1）: 174–195.

45 Murray, Sarah (2015). 'The Safe Cities Index 2015: Assessing Urban Security in the Digital Age'. *The Economist Intelligence Unit*. London: The Economist.

46 Wile, Rob (14 June 2014). 'It's Clear That the Future of Bitcoin Is Not in the US'. *Business Insider*. Retrieved from www.businessinsider.com; SourceForge (2015). 'Bitcoin'. Retrieved from sourceforge.net/projects/bitcoin/files/stats/timeline.

47 International Monetary Fund (2015). 'House Price-to-Income Ratio around the World'. *Global Housing Watch*. Retrieved from www.imf.org/external/research/housing.

48 Allen, Kate and Anna Nicolaou (16 April 2015). 'Global Property Bubble Fears Mount as Prices and Yields Spike'. *The Financial Times*. Retrieved from www .ft.com.

49 Passel, Jeffrey S. and D'Vera Cohn (2010). 'Unauthorized Immigrant Population: National and State Trends, 2010'. *Pew Research Center Hispanic Trends*. Retrieved from www.pewhispanic.org.

50 Platform for International Cooperation on Undocumented Migrants (22 April 2013). *PICUM Submission to the UN Committee on the Protection of the Rights of All Migrant Workers and Members of Their Families*. Geneva: PICUM.

51 US Department of Homeland Security (2006). *Report on H-1B Petitions: Fiscal Year 2004, Annual Report October 1, 2003 – September 30, 2004*. United States Citizenship and Immigration Services. Washington, DC: US Department of Homeland Security.

52 Brynjolfsson, Erik and Andrew McAfee (2014). *The Second Machine Age: Work, Progress, and Prosperity in a Time of Brilliant Technologies*. New York: W.W. Norton & Company.

53 Charette, Robert N. (30 August 2013). 'The Stem Crisis Is a Myth'. *IEEE Spectrum*. Retrieved from spectrum.ieee.org; *The Wall Street Journal* (19 March 2007). 'Does Silicon Valley Need More Visas for Foreigners'. *The Wall Street Journal*. Retrieved from www.online.wsj.com.

54 Congressional Budget Office (2013). *The Economic Impact of S. 744, the Border Security, Economic Opportunity, and Immigration Modernization Act*. Washington, DC: CBO. Retrieved from www.cbo.gov.

55 Lisenkova, Katerina and Marcel Merette (2013). 'The Long-Term Economic Impacts of Reducing Migration: The Case of the UK Migration Policy'. *National Institute of Economic and Social Research, Discussion Paper No. 420*. London: NIESR.

56 Pew Hispanic Center (2013). 'A Nation of Immigrants: A Portrait of the 40 Million, including 11 Million Unauthorized'. *Pew Research Center*. Retrieved from www .pewhispanic.org.

57 Meissner, Doris, Donald M. Kerwin, et al. (2013). *Immigration Enforcement in the United States: The Rise of a Formidable Machinery*. Washington, DC.: Migration Policy Institute.

58 Kynge, James and Jonathan Wheatley (3 August 2015). 'Emerging Markets: Redrawing the World Map'. *The Financial Times*. Retrieved from www.ft.com.

59 Riffkin, Rebecca (12 March 2014). 'Climate Change Not a Top Worry in US'. *Gallup*. Retrieved from www.gallup.com/poll/167843/climate-change-not-top-worry.aspx; Lomborg, Bjorn (9 March 2014). 'EU Likes to Say "Climate Change Is One of

the Greatest Challenges of the Modern Age"'. *Facebook*. Retrieved from www.facebook.com/photo.php?fbid=10152349665523968.

60 Pew Research Center (14 July 2015). 'Climate Change Seen as Top Global Threat'. *Pew Global Attitudes & Trends*. Retrieved from www.pewglobal.org.

61 World Health Organization (2015). *Programme Budget 2016–2017*. Geneva: WHO. Retrieved from www.who.int/about/finances-accountability.

62 Rainforest Conservation Fund (2015). 'How Much Biodiversity Is Found in Tropical Rainforests'. Retrieved from www.rainforestconservation.org/rainforest-primer/2-biodiversity/b-how-much-biodiversity-is-found-in-tropical-rainforests; Hood, Laura (8 October 2010). 'Biodiversity: Facts and Figures'. *SciDev.Net*. Retrieved from www.scidev.net/global/biodiversity/feature/biodiversity -facts-and-figures-1.html.

63 della Mirandola, Pico (1463–1494) (2012). *Oration on the Dignity of Man: A New Translation and Commentary*, translated by F. Borghesi, M. Papio and M. Riva. Cambridge: Cambridge University Press.

64 Hector, Helen (4 December 2014). 'Trillion Dollar Scandal: The Biggest Heist You've Never Heard of'. *ONE.org*. Retrieved from www.one.org/scandal/en/report.

65 First proposed by the Oxford Martin Commission for Future Generations (2014). *Now for the Long Term*. Oxford: Oxford Martin School.

66 Machiavelli, Niccolò (1469–1527) (2005). 'Chapter XXV: Of Fortune's Power in Human Affairs and How She Can Be Resisted'. In *The Prince*, edited by P. Bondanella. Oxford: Oxford University Press.

67 Virgil (70 BC–19 BC). *The Aeneid*. Book 10, verse 284.

68 Machiavelli, 'Chapter XXV', in *The Prince*.

69 上記同書

70 Oxford Martin Commission for Future Generations, *Now for the Long Term*.

71 Thompson, Bard (1996). *Humanists and Reformers: A History of the Renaissance and Reformation*. Cambridge: William B. Eerdmans.

72 Cicero, Marcus Tullius (106 BC–43 BC) (1961). *De Officiis*, translated by W. Miller. New York: Macmillan, Book I, Section 7.

73 Cohen, Jere (1980). 'Rational Capitalism in Renaissance Italy'. *American Journal of Sociology* 85 (6) : 1340–1355.

74 Rosen, Sherwin (1981). 'The Economics of Superstars'. *The American Economic Review* 71 (5) : 845–858.

75 Beardsley, Brent, Jorge Becerra, et al. (2015). *Global Wealth 2015: Winning the Growth Game*. Boston: Boston Consulting Group; Oxfam (2015). *Wealth: Having It All and Wanting More*. Oxford: Oxfam International.

76 Hudson Institute Center for Global Prosperity (2013). *Index of Global Philanthropy and Remittances 2013*. Hudson Institute.

77 Baker, Vicki, Roger Baldwin, et al. (2012). 'Where Are They Now? Revisiting Breneman's Study of Liberal Arts Colleges'. *Association of American Colleges & Universities*. Retrieved from www.aacu.org/publications-research/periodicals/where-are-they -now-revisiting-brenemans-study-liberal-arts.

78 UN Refugee Agency (2016). 'Evolution – Mediterranean Sea – Dead/Missing Persons'. *Refugee/Migrants Emergency Response – Mediterranean*. Retrieved from

data.unhcr.org/mediterranean/regional.php.

79 Mohammed, Omar (27 August 2015). 'A Kenyan Won the Gold Medal in Javelin after Learning How to Throw on YouTube'. *Quartz Africa*. Retrieved from qz.com.

80 Nauert, Charles (2012). 'Desiderius Erasmus'. In *The Stanford Encyclopedia of Philosophy* (*Winter 2012 Edition*) , edited by E. N. Zalta. Retrieved from plato.stanford.edu /archives/win2012/entries/erasmus.

81 della Mirandola, *Oration on the Dignity of Man*.

82 Machiavelli, Niccolò (1469–1527) (2005). 'Chapter XXVI: An Exhortation to Seize Italy and to Free Her from the Barbarians'. In *The Prince*, edited by P. Bondanella. Oxford: Oxford University Press.

訳者紹介

桐谷知未（きりや・ともみ）

東京都出身。南イリノイ大学ジャーナリズム学科卒業。翻訳家。

主な訳書に、『世界的名医が教える脱・糖尿病の最新戦略』（ジョージ・L・キング他著、日経BP社、2017年）、『子どもの脳を伸ばす「しつけ」』（ダニエル・J・シーゲル他著、大和書房、2016年）、『これから始まる「新しい世界経済」の教科書』（ジョセフ・E・スティグリッツ著、徳間書店、2016年）、『幽霊とは何か』（ロジャー・クラーク、国書刊行会、2016年）など、共訳書に『ハイパーインフレの悪夢』（アダム・ファーガソン著、新潮社、2011年）がある。

新《あら》たなルネサンス時代《じだい》をどう生《い》きるか
——開花《かいか》する天才《てんさい》と増大《ぞうだい》する危険《きけん》

2017年11月24日　初版第1刷発行

著者　イアン・ゴールディン、クリス・クターナ
訳者　桐谷知未
発行者　佐藤今朝夫
発行所　株式会社国書刊行会
〒174-0056　東京都板橋区志村1-13-15
TEL 03（5970）7421　FAX 03（5970）7427
http://www.kokusho.co.jp
印刷・製本　三松堂株式会社
装幀　真志田桐子
カバー画像　shutterstock

ISBN 978-4-336-06194-2